本丛书的出版得到华东师范大学历史学系战争与和平基金会、
上海市高峰学科发展基金的支持

大夏世界史文丛 ▸
史学家文萃

陈崇武先生文萃

陈崇武 著

全国百佳图书出版单位
时代出版传媒股份有限公司
黄山书社

图书在版编目(CIP)数据

陈崇武先生文萃 / 陈崇武著. —合肥: 黄山书社, 2019.3
(大夏世界史文丛·史学家文萃)
ISBN 978-7-5461-8190-5

Ⅰ. ①陈… Ⅱ. ①陈… Ⅲ. ①法国 - 历史 - 文集
Ⅳ. ①K565.07-53

中国版本图书馆 CIP 数据核字(2019)第 048859 号

陈 崇 武 先 生 文 萃
CHEN CHONGWU XIANSHENG WENCUI

陈崇武 著

出 品 人 贾兴权
责任编辑 秦矿玲
责任印制 李 磊
装帧设计 李 昕
出版发行 时代出版传媒股份有限公司(http://www.press-mart.com)
黄山书社(http://www.hspress.cn)
地址邮编 安徽省合肥市蜀山区翡翠路 1118 号出版传媒广场 7 层 230071
印 刷 安徽新华印刷股份有限公司
版 次 2019 年 12 月第 1 版
印 次 2019 年 12 月第 1 次印刷
开 本 700mm × 1000mm 1/16
字 数 450 000
印 张 24.5
书 号 ISBN 978-7-5461-8190-5
定 价 69.00 元

服务热线 0551-63533706
销售热线 0551-63533761
官方直营书店(https://hsss.tmall.com)

编委会名单

与导师王养冲教授合影

1982 年在巴黎高师校门前留影

1982 年在巴黎高师进修期间与导师索布尔合影

1987 年在巴黎与夫人刘镇娟在导师索布尔墓悼念时合影

1991 年 10 月校庆 40 周年在欢迎华东师范大学历史系系友回校参加校庆座谈会上致辞(时任系主任)

1992 年与法国大革命史研究专家戈蒂埃女士合影留念

1992 年全国社科基金评审世界史学科成员合影

1997 年参加博士生学位论文答辩会

1998 年与法兰西学院院士巴斯蒂夫人在阿腊斯市立图书馆合影

1999 年 12 月 2 日在华东师范大学校长培训中心与法国史学会会长、北大教授张芝联先生合影

总 序

经过两年多的策划和准备,“大夏世界史文丛”终于问世了。本套丛书由三部分组成:资深学者的个人文集、反映华东师范大学世界史学科队伍最新研究水平的论著和着眼于人才培养的教材及读本。

世界史学科是华东师范大学历史学系的传统优势学科。1951 年建校时便汇聚了林举岱、王养冲、郭圣铭、王国秀等一批知名教授。20 世纪 80—90 年代,在法国史、二战史、非洲史、俄苏史、美国史、德国史等研究领域在国内学界都确立了自己的地位,拥有孙道天、艾周昌、陈崇武、王斯德、李鉅廉、钱洪、孙炳辉、余志森、洪波、潘人杰等一批知名学者。1984 年,华东师范大学历史学系获批成立世界史博士点,1987 年获得博士学位授予权,为改革开放后我国世界史学科的发展培养了一大批青年才俊。1995 年华东师范大学世界史又成为上海市教委重点学科。1998 年,设立历史学一级学科博士后流动站,2000 年获得历史学一级学科博士学位授予权,确立了地区国别史、断代史和专门史(思想史)等三个重点发展方向。

华东师范大学世界史学科目前所取得的成就和影响力与老一辈学者打下的良好基础密不可分。今天我们编辑和出版这些老先生的个人文集,不仅是重温他们的学术思想,了解他们的学术发展轨迹,更是对他们治学理念的回顾和传承,管窥他们对学术的孜孜追求和敏锐的学术洞察力。

进入 21 世纪后,华东师范大学世界史学科发展获得新的发展机遇。2007 年,被教育部批准为国家重点学科(培育),同年被上海市政府批准为上海市重点学科。在国家 211 和 985 工程建设中,世界史学科也一直作为重点学科建设对象,获得研究资金和人员配备上的支持。在调整学科布局和保持原学科优势的基础上,涌现出以国际冷战史、中国周边关系史、地区国别史、全球思想文化史、国际历史教育比较等为代表的 5 个学科群。其中国际冷战史研究已成为国内一流、国际影响较大的学科发展方向，形成一支实力强劲的优秀研究团队；继 2016 年华东师范大学成立中国周边国家关系研究院后，中国与周边国家关系，尤其是 20 世纪下半叶的双边关系史研究异军突起，研究团队几乎访问了所有的周边国家档案文献收藏机构，并搜集了数量可观的周边国家对华关系档案，总量有数百万页，搭建起了一个周边国家对华关系文献数据库，档案语种涵盖越南语、缅甸语、泰国语、马来西亚语、柬埔寨语、蒙古语、韩语、日语和俄语等。在此基础上，研究团队除了给有关部门提交了数十篇高质量的咨询报告外，还在国内外权威期刊上公开发表了数篇学术论文。在地区国别史方面，非洲史、德国史和美国史在继承老先生文脉的基础上又有了新的发展，其中非洲史侧重于中非关系、非洲文化和坦桑尼亚历史的研究，与达累斯萨拉姆大学联合成立了“坦桑尼亚研究中心”，密切了双方的学术交流和人才培养机制；德国史主要关注 20 世纪德国历史的演进，特别是断代史、社会史、外交史、史学史及中德关系史，郑寅达教授当选为德国史学会会长；美国史则倾向于对美国城市发展过程中的内部治理的研究。在国际历史教育比较方面，引领中国历史教育走向国际化。本学科从 21 世纪初开始便积极同国际历史教育界建立联系，近 4 年已两次召开国际历史教育工作坊，邀请来自世界各地的专家与会，讨论如“各国历史教科书中的中国形象”等重大话题。孟钟捷教授当选为国际历史教育学会学术委员会成员，多次参加国际历史教育领域内的合作项目。杨彪教授多次前往国际教科书研究所。2015 年起，本学科与德国奥格斯堡大学合作，创立国内首个历史教育海外研修学校，组织大学教师、中学教师、历史师范生前往德国。

“路漫漫其修远兮，吾将上下而求索。”经过 60 多年的学术积累和发展，华东师范大学世界史学科已经形成具有自己特色的研究领域和学科布局，并建立了从本科到博士后的完整专业人才培养体系，学术研究水平和人才培养质量在国内同类系科中位于前列，若干研究领域处于国际领先地位。在 2016 年全国第四轮学科评估中，华东师范大学世界史学科获得 A+的评价。这既是对我们过去几十年来不遗余力地发展世界史学科的肯定，也是对我们未来学科能否成为世界一流学科的鞭策。我们倍感肩上的责任与重担，为此，我们本着有所为、有所不为的原则，在继承华东师范大学世界史学科前辈奠定的学科特色基础上，放眼全球，努力与当今世界著名高校的世界史研究相接轨，重点发展以下三个方面：

一是世界史学科在发展过程中主动对接国家战略，以适应社会经济发展提出的新需求。冷战史、地区国别史、欧洲社会文化史和历史教育国际比较研究等都涉及国家重大对外战略与重要学术创新。冷战国际史研究引领国内学术研究的潮流，同国际上的许多知名大学和研究机构建立了广泛而密切的学术联系，成为极具特色和优势的研究领域之一。结合华东师范大学“引领中国教师教育”的办学方针，世界史学科积极开展国际历史教育的比较研究，以“中国周边国家历史教科书中的中国形象”作为未来的重大研究课题。学科还积极参与上海市的智库建设，提交咨询报告。

二是致力于思考华东师范大学世界史学科人才培养的目标和方向，形成自己的学科特色和目标。那就是致力于培养热爱祖国，德智体全面发展，专业基础扎实、能力强、素质高，自觉为社会主义现代化事业，为繁荣历史科学服务的高级专门人才。其中以两类为主：一是基础教育的骨干师资，二是高等院校和科研单位的研究人员。人才培养过程中秉持“宽口径、厚基础”的理念，注重科研能力的训练和综合素质的培养。要求所培养的硕士研究生具有较系统的理论基础和正确的教育思想观念，熟悉国内外史学研究动态，打好扎实深厚的专业基础，能运用科学的研究方法进行专业领域的学术研究，熟练掌握一门外国语，毕业后能在本学科领域独立从事研究和教学工作，或在实际工作部门从事相关工作。博士研究生具有较深厚的理论素养和先进的教育思想观念，熟悉本专业领域史学研究成果和国内外最新研究动态，能够站在学术前沿，运用先进的研究方法和手段进行创造性研究，至少熟练掌握一门外国语，毕业后能在本学科领域独立从事高层次的研究和教学工作，或在实际工作部门从事相关的较高层次工作。目前，华东师范大学世界史学科下设世界断代史、世界地区国别史、专门史（冷战国际史）三个二级学科博士点和硕士点，同时拥有世界史一级学科的博士后流动站。世界断代史方向涵盖了世界上古中世纪史、世界近代史、世界现代史和世界当代史。注重世界通史观的培养，注意打破各断代史的壁垒，使学生形成宏观的世界史认识。地区国别史方向包括非洲史、美国史、德国史、日本史、法国史等国别地区史，其特色是注意将国别史中的国内史与对外关系史相结合。专门史方向主要为冷战国际史和中外关系史，目前是国内领先的学科方向，集合了国内顶尖的学者。学科以冷战国际史研究中心和当代文献史料中心为依托，将档案资料的收集与科学研究紧密结合，在利用档案文献研究社会主义国家关系史、中国与周边国家关系史方面已经形成了自身的特色，同时在研究生培养方面也形成了以档案文献整理为特色的理论与实践课程。

三是努力与国际接轨，及时跟进国际社会世界学科研究的新进展。早在2013年，就在美国著名智库伍德罗·威尔逊国际学者中心设立了“华东师范大学-威尔逊中心冷战研究美国工作室”。此后，从2017年开始，又陆续在日本早稻田大学、越南国家社会科学研究院、德国奥格斯堡大学和坦桑尼亚达累斯萨拉姆大学设立了工作站，目的是在世界历史研究领域内增进双方的学术交流、学生培养和联合研究等方面的深入合作。上述5个工作站同时也是开放式的，为中国其他高校世界史的师生进站研究提供必要的相关帮助。

当今国际学术界的世界史研究日新月异，国际冷战史、全球史、环境史、社会史、妇女史、城市史、医疗史、移民史等领域的研究成果不断涌现，华东师范大学世界史学科在跟踪这些领域研究动态的同时，也努力展现自己的学术研究成果，为建构中国特色的世界史学科体系、学术体系和话语体系贡献自己的微薄之力。

沐涛　孟仲捷

2019年10月

目　录

中国的法国史研究[①]

(La recherche concern I' histoire de France en Chine)

一

中国的法国史学研究状况与世界史整体研究状况一样，起步晚、底子薄、遗产少、基础差，可以说是先天不足，后天失调。它的发展大体经历了这样的过程：中华人民共和国成立前因袭欧美，中华人民共和国成立后照搬苏联，十年“文革”荒芜，只是到了20世纪70年代后期才有起色，到80年代以后所取得的成绩蔚为壮观，为世人所瞩目。

法国是欧洲最重要的国家之一，也是世界上举足轻重的资本主义国家之一。法国历史悠久，如果从凯尔特人（罗马人曾称之为高卢人）迁居于此地算起，至今约有3000年的历史。法兰西民族的历史进程对人类社会的各个发展阶段都起过重要作用。法国历来被认为是资本主义民主的发祥地，它在欧洲最早采用资产阶级共和政体，实现了全国男性公民的普选权，并提出了“自由、平等、博爱”三位一体的口号。此外，法国在思想文化、文学艺术、工程技术、医药卫生等各个领域的杰出创造都为世界文明的发展做出了巨大贡献。

对这样的一个国家，中国是怎样开始对它有了认识和研究的？

实际上，法国对中国的认识远远早于中国对法国的认识。如果从13世纪路易九世派使节到蒙古算起，法国与中国的接触已有7个半世纪了。而中国

---

① 本文参考了张芝联的《近百年来中国的法国革命史学》《中法文化交流——历史的回顾》，端木正的《法国革命史研究在中国》，陈叔平的《巴黎公社与中国》等文章和著作写成，曾在《历史研究》1998年第3期上刊出，现有增改。

对法国的认识则要晚得多。17 世纪之前，中国人对法国还几乎一无所知。那时中国人往往把葡萄牙人即伪“法郎机”，当作真法国人即“法兰克”。中国与法国的交往远远落在葡萄牙、西班牙、荷兰、英国、意大利等国之后。1623 年，意大利传教士艾儒略（Giulio Aleni）在他所著的《职方外纪》一书中第一次向中国人介绍了世界各国的人文地理，其中提到了法国，把它称为“拂兰察（祭）”。鸦片战争后，尤其是到了 19 世纪 70 年代至 20 世纪初，由于清政府更趋腐败没落，中国逐步沦为半封建、半殖民地国家，中国人，首先是知识分子为救亡图存，开始重视西学，中国才对法国有了些认识。如徐继畬的《瀛环志略》、魏源的《海国图志》、姚莹的《康輶纪行》、梁廷枏的《海国四说》，以及夏燮的《中西纪事》等书，都不同程度地介绍了法国的历史。

戊戌变法运动的先驱王韬曾两次游历法国。他根据日本冈千仞的《法兰西志》、冈本监辅的《万国史记》等书编写了《法国志略》，根据英文材料编写了《普法战记》。《法国志略》不仅开了中国人自己编撰法国历史的先河，记载了“上至美罗万（墨洛温氏），下至首领麦马韩（麦克马洪）上下 1600 年历代治乱兴废之迹”，而且第一次粗略介绍了法国大革命的始末。另外，《普法战记》不仅是我国最早记述普法战争的著述，也可以说是我国第一篇巴黎公社史。但此书史实失误甚多，而且完全站在凡尔赛一边，为梯也尔政府说话。

几乎与王韬同时代的职业外交官张德彝，曾 8 次出国访问，以日记或大事记体裁写下了《航海述奇》、《欧美环游记》（又称《再述奇》），直到《八述奇》，对法国的风土人情、社会生活、物质文明作了具体的描述，尤其是《随使法国记》（《三述奇》）一书共 18 卷，其中 5 卷记述了普法战争和巴黎公社有关历史，有一定的参考价值。

从此时起直到中华人民共和国成立以前，我国可以说没有一部自撰的、全面系统的、能体现国人研究水平的法国通史著作，只有几本零星的、通俗的读物。如 1940 年商务印书馆出版，由马绍良翻译的 John Finnimoze 著的《法兰西小史》，共 15 章 86 页，始于高卢，止于第一次世界大战。此书是史地丛书一类，谈不上有什么学术价值。其次还有冯友兰编的《法兰西史》，1936 年由中华书局出版，此书分 4 章，再加上《绪论》和《结论》，共 188 页。它比上书详细，史论结合，属中华百科知识丛书之类。此外在 1928 年，商务印书馆曾出版了由金兆梓编的《法国现代史》，共 7 章 131 页。第 1 章写第三共和国以前之法兰西,从第 7 章起写第一次世界大战后法国之政治。这是一本很简要的断代史,属新时代史地丛书。

在编译方面,此时也出了几本法国简史,如 1928 年,由左舜生编译,启智书局出版的《法兰西战史》;1941 年,由杨有怀译,安德列 · 马罗兹著的《法兰西痛史》,国华编译社出版。严格说来,这类书均不属学术著作,只是普及读物。

值得一提的是,此间出了两本有关法国史的专著。一本是 1938 年束世徵的《中法外交史》,由商务印书馆出版。此书是参考西文资料而成的,可说是开山之作。束世徵先生是从事中国古代史研究的学者,能写到如此程度已属不易。1936 年,商务印书馆又出版了伍纯武著的《法国社会经济史》,此书也是参考了西文资料而成。在当时史学界普遍重视政治史、事件史的条件下,能致力于社会经济史的编写,确系难得,但此书过分简单陈旧,且多有疏漏,若与当代拉布鲁斯和布罗代尔的法国社会经济史巨著相比,实在有如霄壤之别。

由于中国的具体国情和思想认识等原因,在我国的法国史研究中,法国大革命和巴黎公社一直是热门课题。因此,有必要重点回顾一下这方面的情况。

从研究法国大革命的角度来看,首先值得一提的是王韬的《法国志略》。王韬虽然没有把法国大革命独立成卷,但在卷 5《波旁氏记》中直接记载大革命达 8 节之多。卷 6 还专门记述了拿破仑自执政到流放圣赫勒那岛的有关历史。此书基本上采取了纪事本末体。对法国大革命,王韬所表达的看法是抑君重民和君主立宪思想,同时也表露了他对大革命的恐惧心态。而魏源在《海国图志》中对法国大革命的记述只有 90 字的一段话,未能给人们留下深刻印象。因此,王韬的记载可以说有史实、有评议,当属我国法国大革命研究的第一本书。

维新派康有为、梁启超,革命派冯自由、章太炎、邹容、陈天华、汪东(寄生)、孙中山等,都没有真正研究过法国大革命史,只是利用法国大革命史为他们的政治主张辩护。他们在政治论战中各取所需,为其所用。康有为在 1898 年写了《法国革命记》一书,向光绪进呈,并写了《进呈法国大革命记序》一文,充分表露了他对法国大革命的惊恐和谴责。1902 年,梁启超写了《罗兰夫人传》,此文篇幅虽短,但非常生动,充满激情,充分反映了他同情罗兰夫人和吉伦特派的情感。此文开头和结尾的“呜呼,自由自由天下古今几多之罪假汝之名而行”脍炙人口,这也是他对法国大革命那种复杂心态的流露。与维新派不同,革命派竭力颂扬法国大革命。如邹容在《革命军》中称赞法国大革命是“应乎天而顺乎人之革命,去腐败而存良善之革命,由野蛮而进文明之革命,除奴隶而为主人之革命”,并极力称颂法国启蒙思想是“为起死回生之灵药,返魂还魂之宝方,金丹换骨,刀圭奏效,法、美文明之胚胎,皆基于是”。孙中山在 1904 年 1 月也写了《驳保皇报书》,有力驳斥了康有为等维新派所宣扬的法国大革命死了“一千二百万人”的论调。他讥讽道:“试问巴黎当时人口几何,作者知之乎?”与此同时,一些留日学生也积极参与宣传、介绍法国大革命。1900 年,冯自由翻译了《法国革命史》,连载在《开智录》上。1903 年我国至少有 6 家书局、出版社翻译出版了有关法国大革命的著作。法国大革命的重要文献《人与公民权利的宣言》、卢梭的《民约论》、孟德斯鸠的《万法精神》等启蒙思想家的名著、论文也相继刊出。

辛亥革命后,一些无产阶级的革命先驱如陈独秀、李大钊等也纷纷著文肯定法国大革命。陈独秀的《法兰西人与近世文明》一文说:“自一千七百八十九年,法兰西拉飞耶特之‘人权宣言’刊布中外,欧罗巴之人心,若梦之觉、若醉之醒,晓然于人权之可贵,群起而抗其君主,仆其贵族,列国宪章,赖以成立……人类之得以为人,不至永沦奴籍者,非法兰西人赐而谁耶?”李大钊写有《法俄革命之比较观》等文章,也说“尔后法人之自由幸福,即奠基于此役,岂惟法人,十九世纪全世界之文明,如社会或社会之组织等,罔不胚胎于法兰西革命血潮之中”。当然,陈独秀、李大钊均认为如果把法国大革命与俄国十月革命作比较的话,那么十月革命的意义要比法国大革命的意义伟大得多。

从“五四”到中华人民共和国成立的 30 年间,法国大革命史的研究比过去有所进步,有所建树。其主要表现为以下几点:(1)专门研究法国革命史的历史学家开始出现,最突出的代表是沈炼之和杨人楩。沈炼之自北京师范大学英语系毕业后留学法国,就读于里昂大学,他是我国 20 世纪 20 年代唯一听过法国大革命史大师马蒂埃有关大革命史全部课程的留学生。1941 年 9 月,他的《法国大革命史讲话》正式出版,该书不仅是中国学者撰写的第一部系统的法国大革命史著作,也是一部激励中国青年从法国大革命汲取力量,发扬爱国精神，奋起抗战以拯救中华民族的好书。杨人楩也毕业于北京师范大学英语系，曾在牛津大学师从法国革命史名家汤普森。1930年他就开始翻译克鲁泡特金的《法国大革命史》上下册，并专门为此书写了17页的序言。杨先生回国后的10年间，在抗战时期极其艰难的条件下完成了3部著作的翻译工作，约90万字，即马蒂埃的《法国革命史》、戈特沙克的《法国革命时代史》以及他本人的学位论文《圣鞠斯特》。杨先生学风严谨，在译马蒂埃的《法国革命史》时不仅根据法文原著，而且参考了英译本，发现了原著的6处疏漏、英译本的20处错误，功力之深，令人钦佩。他所留下的几部译著是我们研究法国大革命史的专业工作者的宝贵财富。(2)法国大革命的研究不像过去那样仅仅停留在比较肤浅的介绍、评议、政论层次，而是逐渐注意学术研究的专业性。不过，该时期的学术活动仍是普及多于提高，一般性多于专业性，翻译著作多于自撰著作。这时期出版的译著有伍光建译的路易·马德楞的《法国大革命史》(1928年版)，此书观点反动，公开敌视法国大革命；孙望涛译的德国的威廉·布洛斯的《法国革命》(1929年版)，此书是试图用马克思主义指导研究的早期著作；刘隐汉译的德国的卡尔·考茨基的《法国革命与阶级斗争》(1930年版)，恩格斯曾认为此书的主要缺点是“缺乏好材料”。除译著和沈炼之先生的《法国革命史》之外，这时期还出版了卢逮曾的《法国革命史》(1941年版)，此书充满了抗战的时代气息，尽管还不能算是学术著作，但这样的书在当时已是凤毛麟角。(3)这个时期，人们研究法国大革命不再像过去那样利用它来论争革命或改良、君主立宪与民主人权等议题，而是将它纳入抗战与投降、爱国与卖国的主题里了。沈炼之和卢逮曾的书都证明了这一点。

回顾关于巴黎公社研究的演进，可以看出，从旧民主主义革命到新民主主义革命时期，巴黎公社始终是我国知识界研究法国史的又一个重要课题。

巴黎公社起义的消息远不像法国大革命那样经历了漫长岁月才传到中国。巴黎公社虽为时短暂，仅存在72天，但它很快就在我国引起了强烈反响，如同一石激起千层浪。

对巴黎公社的认识和研究，我国也经历了一个发展的过程。上面提到的王韬的《普法战记》和张德彝的《三述奇》是我国最早记述巴黎公社的两本书，从研究巴黎公社的角度来说都是值得一读的。

当时由美国纽约监理会教士林乐知(Young John Allen)在上海主办的中

文刊物《中国教会新报》(*The Church News*),对巴黎公社经常有所报道,曾连续刊出了“布法战争”“法国近事”“法国民变”“法京近事”等专题。该报的报道不仅立场反动,黑白混淆,而且往往出现许多失实和错误之处。因此它只能算是研究巴黎公社的反面教材。

在巴黎创刊的《新世纪》创刊号上所发表的《新世纪的革命》是一篇评价巴黎公社的文章。它对巴黎公社的起因和过程,巴黎公社的失败原因和伟大历史意义都作了论述。但是其中也有无政府主义的倾向,有“扫除一切政府”的错误观点。

在“五四”之后,我国革命进入新民主主义阶段,有不少革命领袖都论述过巴黎公社,如李大钊、瞿秋白、周恩来、李达、张太雷、毛泽东等。但他们当时对巴黎公社(La Commune de Paris)一词的称谓不一。1920 年李达在《社会革命的商榷》一文中称它为“法国地方自治团”。1921 年瞿秋白在《赤都心史》的《公社》一节中第一次正确地将它译为“巴黎公社”。1922 年周恩来在《十月革命》一文中仍称之为“巴黎共治团”。1923 年李大钊则音译为“康妙恩”。他所写的一篇文章标题就是《1871 年巴黎“康妙恩”》。此文对公社作了相当系统和深刻的分析论述,今天看来仍是一篇值得一读的好文章。1926 年,纪念巴黎公社 55 周年,大会筹备处编印了《巴黎公社纪念手册》,它汇集了张太雷等人写的 11 篇文章,这是中国第一部纪念巴黎公社的专题论文集。同年 8 月,毛泽东发表了《纪念巴黎公社》的演讲(未收入《毛泽东选集》),也是一篇非常珍贵的资料。从第一次国内革命战争到抗日战争时期,我国几乎每年都有配合形势发表的纪念巴黎公社的文章。值得一提的是,1938 年延安解放出版社出版的吴黎平和张闻天合译的马克思的《法兰西内战》一书,对提高巴黎公社的研究水平无疑是件大事。

以上是从晚清到中华人民共和国成立以前,巴黎公社在我国的反响及研究简况。我们从中至少可以看出两个特点:(1)对公社的研究完全是联系实际,配合形势,为当时的政治斗争服务的。例如有的文章强调工农大众夺取政权建立劳动者共和国、共产党领导、革命政府镇压反革命派的必要,联系国防政府投降行径揭露国民党卖国政策等,把历史研究与现实斗争密切结合起来;(2)这一时期有关公社史研究的水平仍停留在宣传和普及层次上,不仅没有出现一部像样的学术专著和可供参考的原始资料,而且连一部学术译著也没有(《法兰西内战》除外),也没有出现真正研究巴黎公社史的专家。这比同一时期对法国大革命史的研究要逊色得多。

二

中华人民共和国的成立为法国史的研究开辟了广阔前景。从1949年到20世纪70年代末约30年间,我国的法国史研究取得了一定的成绩,比起前一时期有了些进步。但总的说来成绩仍不显著,最多只能算是刚刚起步。这是因为:(1)在这30年内约有10年时间被“文化大革命”耽误了,法国史的研究和其他人文学科一样实际上处于停顿和中断状态;(2)在“文革”前,我国的学术研究处于相当封闭的状态,世界史研究缺乏与国外同行交流的机会;(3)“左”的路线干扰严重,史学工作者无法正常从事学术研究;(4)新中国成立初期提倡一边倒学习苏联,在一定条件下有其积极意义,但也带来了一些消极影响。本来,苏联在研究法国史方面有过卓越的贡献,如卢切斯基、卡列耶夫、塔尔列、卢金,后来的达林、阿多等著名史学家,在研究法国农村土地问题、农民问题、工人阶级状况问题等方面成果卓著,居世界一流水平。但我国在这些方面学习得不多,却在政治上接受了不少“左”的东西。如斯大林、日丹诺夫、基洛夫在20世纪30年代所强调的资产阶级革命与无产阶级革命、法国大革命与十月革命根本对立的观点,再加上国内流行“以阶级斗争为纲”,这就使我国的法国史研究的路子越走越窄。尽管如此,在史学界的共同努力下,还是取得了一些成绩。

(一)关于法国通史方面的译著

在中华人民共和国建立之前,严格说来我国还没有一部真正自撰、自编或翻译的法国通史,但自1949年之后到20世纪70年代后期,却连续出版了3部法国史的译著。两部是苏联学者编写的,另一部是法国学者写的。这3部法国史各有特色,对于推动我们学习研究法国史起了一定的作用。

1962年,三联书店出版了由刘立勋翻译的苏联历史学家罗琴斯卡娅的《法国史纲》。此书严格说来不是通史,而是断代史,它只是叙述17世纪中叶起到普法战争和巴黎公社的法国历史。该书的特点是对人们比较熟知的法国大革命、第一帝国、1848 年革命等从略，而对复辟王朝、七月王朝和第二帝国时期记载较详细。它不仅注意政治史，也重视社会经济史，因而有一定的参考价值。但书中也有疏漏，如写到《人权宣言》时说，“自由、平等、博爱”的口号从这时起成了一切革命战士的口号，其实三位一体的“自由、平等、博爱”口号的提出是《人权宣言》以后的事。

另一本是苏联历史学博士、教授亚·德·柳勃林斯卡娅等著的《法国史纲》，由北京编译社翻译，1978 年三联书店出版。该书从远古叙起，直到第一次世界大战。全书分古代史、中世纪史、近代史三部分，叙述扼要、取材精练，是高等学校法国史教学比较合适的参考书。它与罗琴斯卡娅一书可以互相补充、相得益彰。但该书最大的缺陷是对沙皇俄国在欧洲，尤其在维也纳会议和神圣同盟时期所扮演的宪兵角色揭露不足。

1964 年，商务印书馆出版了由沈炼之翻译、张芝联核校的法国历史学家沙勒·瑟诺博斯所著的《法国史》。张芝联还为本书写了序言，这实际上也是一篇译介。该书是瑟诺博斯的晚年著作，原名为《真诚的法兰西民族史》，副标题是《法国人民演变史论》。它再版多次，译成多种文字。书中提供了不少关于法国社会历史的资料，知识面广，写作技巧也颇有新意。此书充分反映了作者的实证主义的史学观点。他认为，当所有的材料被发现、被考订和被按序整理后，历史就写成了。另外，此书还特别美化第三共和国，说“自由、平等、博爱”三大口号在第三共和国得到了实现，这充分体现了他在政治上坚持温和的共和派观点。尽管如此，该书对我们研究法国史是有参考价值的。从以上情况看，虽然这三本书都不是我国自撰自编的法国通史，但我国总算有了各具特色的法国通史译著，比起过去是一个不小的进步。

（二）关于法国大革命史的研究状况

自 1949 年后至 20 世纪 70 年代末，我国又翻译和自编自撰了几本法国大革命的著作，而且第一次编译了法国大革命的原始文件。虽然收集的资料极其有限，但毕竟意味着零的突破。

在翻译方面：1955 年出版了方兆琏译的苏联史学家曼弗列德的《18 世纪末的法国大革命》一书。这是一本通俗读物，是作者的早年著作，而非其代表作。1956 年，端木正翻译出版了著名史学家、法国大革命史专家索布尔的《法国大革命史》（1962 年作者已作了较大的修改和补充）。值得一提的是，本书中收入的一篇附录《法国大革命中的阶级与阶级斗争》是一篇很有分量的论文,从中可以看出索布尔的马克思主义史学的功底。1963 年何新翻译了英国著名史学家乔治·吕德的《法国大革命中的群众》一书。该书资料极其丰富,运用了很多原始档案材料,是一本研究法国大革命期间下层群众、无套裤汉的很有分量和价值的专著。乔治·吕德是索布尔的同窗好友,志同道合,皆曾师从名师勒费弗尔。1965 年,又出版了赵涵舆译的罗伯斯比尔的《革命法制与审判》一书。该书收集了罗伯斯比尔的 23 篇演讲,对研究大革命和罗伯斯比尔有参考价值,但美中不足的是该书不是直接译自法文,而是从俄文转译而成的。1977 年,翻译和出版米涅的《法国大革命史》一书是我国法国革命史研究中的一件大事。米涅的书与其他人的书不同,他写法国大革命从 1789 年开始一直到 1814 年,而不像其他学者那样只写到 1794 年或 1799 年就终止了。这是一种创新。另外全书贯彻了阶级斗争的观点,认为大革命是不可避免的。这种观点得到了马克思的肯定。加之文字简练生动且寓意深刻,其不愧为世界名著。

值得一提的是,在 20 世纪 70 年代还出版了两本有分量的研究拿破仑的译著。一本译自苏联学者塔尔列的《拿破仑传》,另一本译自英国历史学家约翰·霍兰·罗斯的《拿破仑一世传》(上下册)。前者史论结合,观点比较正确;后者站在英国人的立场,从英国人的角度,利用英国所存的档案资料,反映的是英国人的观点。但两本书均值得一读。

在著作方面:这个时期也出版了几本国人自编自撰的法国大革命史普及性读物。如胡代聪的《18 世纪法国资产阶级革命》、刘宗绪的《法国资产阶级革命》、孙娴的《罗伯斯比尔》等。此外,王荣堂的《18 世纪法国革命》和曹绍濂的《法国资产阶级革命》等属于中型的学术著作和知识读物。这些著作反映了我国当时研究法国大革命的水平,对普及和研究大革命史起了推动作用。

(三)关于巴黎公社史的研究状况

这 30 年里,我国史学工作者在翻译、研究巴黎公社史方面做了卓有成效的工作。这一时期发表的论文、编译出版的著作之多是我国任何时期都无法比拟的。

1961 年中央编译局编辑出版了《马克思、恩格斯、列宁、斯大林论巴黎公社》一书,把马克思主义经典作家所涉及巴黎公社的有关著作、书信、演讲等尽可能全面地收集成册,为研究巴黎公社提供了一部指导性文件。

这一时期还编辑出版了一批有价值的资料。如1958年由华东师范大学历史学系翻译的《巴黎公社时期第一国际总委员会会议记录》,1961年何清新翻译的《巴黎公社会议记录》(上下卷),为研究巴黎公社史提供了重要资料。遗憾的是这两本资料均译自俄,文而不是直接从原文翻译。1961年,出版了由中国人民大学编译室译的苏联凯尔任策夫的《巴黎公社史》。此书资料充实、内容丰富、观点公允,是一本有分量的专著。1962年柯新翻译出版了利沙加勒的《1871年公社史》。利沙加勒是公社委员,亲身参加过公社运动,是公社历史的目击者。此书的出版曾得到马克思的赞扬。可惜此书不是从法语而是从德语翻译过来的。1960年,中央编译局还翻译了卢利耶的《巴黎公社活动家传略》,1962年黎星翻译了阿达莫夫编的《巴黎公社史料辑要》等,对研究公社史有一定参考价值。1975年吴惕安等译的《马克思关于巴黎公社报刊消息摘录》,1978年罗新璋编译的《巴黎公社公告集》,同年杭州大学外语系俄语组译的苏联巴赫主编的《第一国际与巴黎公社》等书,都为巴黎公社研究提供了有价值的资料。

从以上情况看,自中华人民共和国成立到20世纪70年代后期的30年间,我国的法国史研究具有以下几个特点:(1)尽管受"左"的路线的干扰,"文革"的破坏,但还是取得了不少成绩,具有讽刺意味的是这些成就恰恰是在被"四人帮"斥为"黑线专政时期"取得的;(2)30年间法国史研究领域所发表的论文,出版的专著、译著都力图用马克思主义的观点进行解释和评价;(3)由于缺乏规划和组织,法国史研究是零星、自发进行的,未能形成蔚然壮观的局面;(4)从所有的成果来看仍存在内容单薄、题材狭窄的问题,仅停留在政治史、事件史的范围内;(5)对国外法国史研究的各种流派及其代表作的引进和评价也不够。

三

自1978年后至今约20年时间,是我国的法国史研究的黄金时期,出现了以往任何时期都未曾有过的新局面。

法国史学工作者率先在国内世界史学界成立了中国法国史研究会，统一规划和组织法国史的研究工作，培养和造就了一批优秀的青年法国史研究工作者，其优秀成果已被世界史学界同仁所承认。打破封闭状态，加强对外交流，使我国的法国史研究尽快与世界法国史研究接轨。在这20年里，我们邀请了索布尔、佛维尔、孚雷、勒高夫等20多位国际公认的具有一流水平的法国史研究者来华讲学，同时也派出多位学者出国进修、访问、讲学等。1990年英国和法国首次出版了中国法国史研究论文集，为我国学者参加国际学术交流做出了应有的贡献。研究领域不断拓宽，题材不断更新，内容不断丰富，逐渐打破了过去“以阶级斗争为纲”，只重视政治史、事件史的狭隘框架，转而从多角度、多层次，如社会、经济、文化、心态、风俗、民情等方面研究法国史。特别重视引进和介绍各史学流派的观点、内容和方法，以扩大视野，消化吸收国外的优秀成果，提高我们的研究水平。这方面，张芝联、王养冲、端木正、顾良、陈叔平、金重远、姚蒙等做了大量工作，取得了显著的成绩。

我国的法国史研究还得到法国文化机构和法国史学工作者的大力支持和帮助，尤其是得到法国人文科学院(Maison des Sciences de L'Homme)以及M. Aymord, C.Willard, Mme Bastid等学者的大力支持和帮助。他们大力帮助我们出版翻译著作，资助我国法国史研究人员到法国访问进修，参加国际学术会议，搜集资料，赠送图书、杂志以及其他资料等，为我们开展法国史研究创造了良好条件。

由于上述种种原因，近20年来我国的法国史研究可谓成绩突出、硕果累累，所发表的论文和出版的论著、译著比过去任何时期的总和还要多，其中有的论著达到了相当高的水平，因而受到了国内外史学界的好评。择其要者，如沈炼之主编的《法国通史简编》、张芝联主编的《法国通史》及其著作《从高卢到戴高乐》、端木正的《法国史研究文选》、朱庭光主编的《巴黎公社史》、陈叔平的《巴黎公社与中国》、楼均信主编的《法兰西第三共和国兴衰史》、张锡昌和周剑卿的《战后法国外交史》、刘宗绪主编的《法国大革命新探》、孙娴的《法兰西第二共和国史》、郭华榕的《法兰西第二帝国史》、洪波的《法国政治制度变迁》、高毅的《法兰西风格：大革命的政治文化》、吴国庆的《战后法国政治史》、许明龙的《孟德斯鸠与中国》等。此外还出版了不少有分量的人物评传，如李元明的《拿破仑评传》、李兴耕的《拉法格传》、陈崇武的《罗伯斯比尔评传》、马胜利的《饶勒斯评传》等。近几年来，仅法国史研究论文集就出版了7部，有不少论文被译成英、法文在国外杂志上发表。除此之外，还翻译了许多国外法国史研究名家的代表作，为推动我国的法国史研究起了重要作用。

这一时期，我国的法国史研究在一些重大问题上也取得了突破性进展，涉及了许多过去未曾涉及的问题，提出了一系列新的见解，并在国内外产生了一定的影响。

（一）关于法国大革命的分期问题

法国大革命一直是我国的法国史研究的“热门”课题，而大革命的分期又是其中的一个重要问题。关于大革命的上限、下限，过去由于受苏联史学家影响，一般把1789年7月14日和1794年7月27日作为大革命的上下分界线，并且把大革命分为三个阶段。第一阶段为大资产阶级君主立宪派统治时期，第二阶段为工商业资产阶级吉伦特派统治时期，第三阶段为中小资产阶级雅各宾派专政时期。把1794年7月27日热月政变、雅各宾派专政崩溃作为革命的结束。

关于大革命的上限在我国史学界分歧不大，争议不多。而对下限问题，近年来随着对大革命研究的深入，尤其是开展对“热月政变”性质问题的讨论，分歧较大，争议较热烈。在此基础上有些人提出了新的分期法。最有代表性的是王养冲，他在《关于法国资产阶级大革命分期的若干问题》一文中指出，1794年7月27日热月政变“不是这次革命的结束”，法国大革命分期“应当冲破热月这个界限”，“应该以封建王权的削弱和覆灭，以新的政治体制的出现和演变作为分期的标志”，“因为，除国体变更以外，用统治形式的递嬗来分期，或许是比较妥当的”。据此，他把法国大革命划分为六个时期：立宪君主国时期（1789.7.14—1792.8.10），吉伦特共和国时期（1792.8.10 —1793.6.2），雅各宾共和国时期（1793.6.2—1794.7.27），热月党与督政府共和国时期（1794.7.27—1799.11.9），执政府共和国时期（1799.11.9—1804.5.18），拿破仑帝国时期（1804.5.18—1815.6.22）。

王养冲的分期法引起了法国史研究者的极大兴趣，有赞成，也有反对。林贤报、程镇芳认为热月政变也只是标志着从革命的冲击时期转入革命的巩固时期。拿破仑失败后，波旁王朝复辟，才意味着革命的终结。而刘祚昌仍认为，法国大革命的下限应截至热月政变，而不应包括拿破仑统治时期。争议还将继续存在，但目前较多的人则认为，绝不能把热月政变作为法国大革命的下限。

（二）关于热月政变的性质问题

对于热月政变性质的评价与对法国大革命的分期问题的争议有着密切的联系，它是分期的一个关键性问题。过去我国史学界对热月政变的评价由于受苏联史学家的影响，对它持否定态度。苏联法国史专家曼弗列德说："热月9日是革命的最后一天。反革命政变推翻了雅各宾派专政，结束了法国资产阶级大革命的最后一章。"苏联其他历史学家也有类似的看法。我国过去编写的所有教科书和论著都沿袭此说，认为热月政变是反革命政变，热月党人统治是反革命统治。其主要理由是，热月党人上台后废除了雅各宾的革命民主专政的一系列措施，侵犯了下层群众的利益，开始了代表大资产阶级利益的反动统治。

1979年，刘宗绪发表《试论热月政变的性质》一文，对热月政变的性质予以重新评价。文章认为热月政变不是反革命政变，它实际上是结束雅各宾派专政的非常措施，建立资本主义正常秩序的一个转折点。雅各宾派专政超越了资产阶级性质的革命范围，热月党人推翻了雅各宾派专政，历史呈现出似乎是倒退的现象，其实这恰恰是历史的正常，它使资产阶级革命回到了正常的轨道。刘宗绪的这一新论点得到了刘祚昌、冀恩等史学界多数同仁的支持。当然也有反对意见，余小慎在《世界历史》发表的《关于热月政变的性质问题》一文就认为，热月政变具有反动性本来也是相对而言的；热月党人镇压了王党的叛乱，维护了雅各宾的土地法，无非说明它是资产阶级的一个党派，而不能据此就说它不具有反动性。

（三）关于罗伯斯比尔和丹东的评价

罗伯斯比尔和丹东是法国大革命时期的核心人物，历来受到法国史学界、尤其是大革命史学研究者的重视。法国大革命史学家奥拉尔对丹东推崇备至，而另一位著名的大革命史学家马蒂埃则相反，他竭力颂扬罗伯斯比尔，谴责丹东。苏联史学家多数是褒罗伯斯比尔，贬丹东。直到1993年波兰导演凡依达拍摄的有关丹东的电影上映后，法国史学界又出现了一场争议。1980年以来，陈崇武连续在《历史研究》《法国研究》等杂志上发表了多篇评价罗伯斯比尔的文章，与法国历史学家展开争论，表明了我国马克思主义历史学家对罗伯斯比尔应有的看法。陈崇武的论文既不同意某些历史学家把罗伯斯比尔说成一个虚伪、嗜血成性的人物，也不赞成马蒂埃、弗洛郎斯·戈蒂埃等历史学家把罗伯斯比尔称为“社会主义的先驱”，反“自由主义”的“国际主义者”等。他认为，罗伯斯比尔是一位杰出的资产阶级民主主义者，而不是社会主义的先驱；是革命的现实主义者，而不是伪善者；是一位有节制的恐怖主义者，而不是嗜血成性的人。他的观点得到了国内外多数同仁的肯定。英国著名历史学家乔治·吕德曾称赞这些看法是公允的、站得住脚的。

对丹东的重新评价更引起史学界的重视。我国史学家过去认为，丹东前期在法国大革命中起过重要作用，后期则成了资产阶级暴发户的代理人；他主张“宽容”，侈谈“幸福”，丧失了革命先期的锐气，成了“半截子英雄”。1983 年，楼均信首先在《世界历史》杂志上发表文章，不赞成这种看法。他认为，历来对丹东的不公正看法关键是对其宽容政策的不同认识。所谓宽容政策，就其内容而言不外乎两个方面：对外主张通过谈判稳定战场，实现和平；对内主张人道、宽大与法治，反对恐怖扩大化。通过这种政策的实现在法国创造一个和平安定的局面，以巩固新兴资产阶级的统治，巩固共和国。因此楼均信认为这种政策在当时有纠偏、务实的作用，是合理的、正确的。张芝联的《略论丹东》一文则认为，“丹东在对斐扬派和吉伦特派斗争中有过动摇，但基本上是革命者、爱国者。特别在 1792 年夏秋之际作出重大贡献”；“丹东对罗伯斯比尔派和公安委员会显然怀有敌意，存心改组甚至推翻两个委员会，但并无恢复君主制或抛弃国民公会的意图”。楼均信和张芝联对丹东的评价，反映了我国多数法国史学家的看法，纠正了过去某些评价的片面观点。

（四）关于拿破仑和拿破仑帝国

“文革”时期出于某种政治需要，拿破仑曾被人们尊为“洋法家”“反封建反复辟的英雄”；“文革”后，人们仍然重视对他的研究，但把他和拿破仑帝国作为对人类社会从封建社会向资本主义社会过渡曾起过重要作用的人物和历史阶段来看待。20 年里这方面的研究所取得的成果主要表现在：（1）出版了有一定质量的学术专著，如李元明的《拿破仑评传》等；（2）发表了一批有学术价值的论文，如张芝联的《拿破仑与法国大革命》等；（3）王养冲和陈崇武主持编译了《拿破仑书信文件集》；（4）翻译了多种拿破仑传记，如《拿破仑时代》（勒费弗尔著）、《拿破仑一世传》（罗斯著）、《拿破仑》（塔尔列著）等；

(5)引进了大量的原始资料,如由路易·波拿巴主持编辑的34卷本《拿破仑书信集》等;(6)向国内介绍了国外研究拿破仑的史学动态,如王养冲的《拿破仑研究的演进》、端木正的《近年来国外拿破仑史学的一些动态》等;(7)把国内的拿破仑学术讨论推向国际学术界,如张芝联于1979年5月23日在巴黎第一大学法国大革命研究所所作的《拿破仑历史作用的不同解释与方法论问题》报告。更重要的是,对拿破仑和拿破仑帝国的研究集中和深化了以下几个重要问题:拿破仑和拿破仑帝国所处的时代所面临的社会主要矛盾是什么?拿破仑和拿破仑帝国究竟是法国大革命的继续,还是反动?雾月政变是旨在巩固革命成果的政变,还是反革命倒退的政变?拿破仑是革命的捍卫者,还是革命的绞杀者?拿破仑和拿破仑帝国的战争究竟是对外传播革命,还是侵略扩张?

经过反复探讨,现在大多数人认为拿破仑和拿破仑帝国不仅是法国近代史上,而且是世界近代史上一个非常重要的人物和重要的历史阶段。他既捍卫了法国大革命的成果,又绞杀了法国大革命。他既是反复辟的英雄,又是为复辟开辟道路的人物。拿破仑帝国的战争既有巩固革命成果进步的一面,又有侵略扩张的一面,与俄、奥、普等"反法联盟"的战争主要是保卫革命,反对武装干涉,但也有某些侵略扩张的性质;与英国的战争虽有革命的一面,但更主要的是为了争霸;与"反法联盟"之外的战争无疑是侵略扩张。

(五)关于法国大革命的政治文化

过去对法国大革命史的研究仅仅注重政治事件、阶级斗争、党派冲突、革命阶段性、群众斗争、雅各宾派专政等专题,而忽略了对法国的政治文化、法兰西民族传统的特点以及影响革命进程的多种原因的探讨。高毅写的《法兰西风格:大革命的政治文化》一书一反传统的研究方法,借鉴国外史学方法的成果,把法国年鉴派史学、心态史学的一些基础概念引进了大革命史的研究中,从而加深了对历史现象的认识,加强了历史的立体感。还有赵跃兵的《共和二年的非基督教化运动》、马胜利的《关于法国革命中的节日》等论文也都反映了我国的法国大革命史研究中的创新精神。

(六)关于路易·波拿巴与第二帝国的历史地位

"文革"之前,我国史学界对路易·波拿巴与法兰西第二帝国只贬无褒,认为路易·波拿巴是政客小丑、阴谋家、野心家,法兰西第二帝国是大资产阶级最淫贱的统治形式。但经过多年的研究，郭华榕写了《法兰西第二帝国的历史地位》一文和专著《法兰西第二帝国史》，其中以大量事实证明法兰西第二帝国时期是法国近代史上一个重要的历史发展阶段。正是在这一具有鲜明特色的时代，法国完成了工业革命，经济发展迅速，交通运输业发达，财政商业活跃，巴黎城市面貌焕然一新，文化艺术繁荣，法国由此跃升为资本主义强国。因此，路易·波拿巴及其第二帝国不能被全部否定、一笔勾销，其历史地位应予一定的肯定。这是一种与传统观点不同的新看法。在这方面，张芝联所发表的两篇论文《托克维尔的〈旧制度与大革命〉》《托克维尔与法兰西第二共和国》很值得一读，这是他多年潜心研究后写出的很有分量的论文。

（七）关于法国现代化道路的特征

法国与我国有着惊人的相似，有人把它称为"欧洲的中国"。法国是一个以农业为本而实现了由农业国向工业国现代化转变的国家。它所走的现代化道路既不同于美国，也不同于英国，而有自己的特色。它的现代化经验更易于被一些后发型的现代化国家所借鉴。因此研究它有着重要的现实意义。该课题在"文革"之前没有人涉及，可以说是空白。"文革"后 20 年间日益引起史学界的重视。1984 年尤天然在《历史研究》上发表的《试论法国历史上的圈地运动》一文，1993 年洪波出版的《法国政治制度变迁》一书，1985 年陈崇武、金晓常在《华东师范大学学报》上发表的《关于法国资本主义近代化的特征问题》一文，都涉及了该问题，并提出了富有启发的见解。陈崇武等的文章把法国资本主义现代化归纳为五个基本特征：(1)法国的原始资本积累不像英国主要来自圈地运动，而是通过收税；(2)农业中存在着大量的小农经济，在一定程度、一定阶段促进了资本主义的发展，但后来则成为资本主义迅速发展的阻碍因素，关于小农经济对法国资本主义发展是否起阻碍作用，要具体分析，不能一概而论；(3)法国在整个近代一直存在着小企业与大企业长期并存、共同繁荣的奇特景象，其结果是造成了生产分散、劳动力浪费的严重问题，但也弥补了大企业的许多不足；(4)法国农业在国民经济体制中处于相当重要的地位，轻工业在整个工业体系中一直占着优势，对法国经济的稳定发展起了一定作用；(5)法国的金融资本特别发达，但它是通过借贷资本形式出现的，因而严重影响了法国工业的发展和竞争能力。由于以上特征，法国"走的是一条与其他资本主义国家不同的道路，而这条道路在一些比较次要的资本主义国家中带有一定的普遍性”。作者进而提出,在世界资本主义发展史上,除了“美国式道路”和“普鲁士道路”以外,是否还“存在一条资本主义近代化的‘法国式道路’呢?”近年来,沈坚在这方面的研究更具特色。他认为法国工业化所走的道路既不同于英国,也不同于后来居上的美国、德国乃至日本的道路。法国的工业没有“起飞”阶段,法国工业呈“二元结构”;法国国家组织在工业化过程中干预作用比较大,而银行作用相对比较被动。

(八)关于法兰西第三共和国史

法兰西第三共和国从1870年成立到1940年灭亡,前后经历了70年,比第一、第二、第四共和国存在时间的总和还要长。可是长期以来,我国史学界对它的研究非常薄弱。“文革”前很少有人涉及,直到“文革”后,尤其是20世纪80年代以来,有关研究才有较大的进展,近20年来出版的专著、译著有20多种,发表的论文、译文有200多篇,楼均信主编的《法兰西第三共和国兴衰史》是其中最重要的著作。这个时期,史学界对法兰西第三共和国史的有关问题提出了一些新的见解。

其一,关于第三共和国的建立问题。法国一些学者曾认为,第三共和国的建立与革命没有关系,而我国的学者不赞成这种说法。沈炼之、张芝联、楼均信等认为,第三共和国的建立与9月4日的革命是密切联系的。沈炼之、楼均信提出,“9月4日革命是法国历史上最后一次资产阶级革命,它推翻了帝国,宣布了法兰西第三共和国的成立”。张芝联指出,“9月4日,首都爆发革命,推翻第二帝国,共和国在民众的欢呼声中诞生”。

其二,对这一时期政治制度稳定性的探讨比过去深入。传统观点认为,第三共和国时期政局的特征是内阁更替频繁,政局不稳定。而沈坚在《试论法兰西第三共和国政治制度中的稳定因素》一文中则提出了新的看法。他认为,第三共和国的政治统治是相对稳定的,过分强调政局动荡是不确切的,因为“宪法的灵活变通性使之成为法国历史上持续时间最长的宪法。在法国政治派别斗争格外错综复杂的情况下,这种貌似不稳定的灵活变通性却成了宪法的护身符”。

其三,对“布朗热运动”的研究也取得了新的成果。过去我国史学界认为,布朗热运动的性质是沙文主义的。1993年,计翔翔发表了《布朗热运动性质辨析》一文。该文考察了布朗热运动的全过程,认为这一运动“充分反映其本质特征的是反共和主义的波拿巴主义运动”。该文还特别指出这一运动“给法国历史带来了深远的影响”，“极大丰富了动员群众的政治手腕”，“保守势力受到致命的打击”，“使共和国顺利地战胜了对它的严重威胁，议会制共和国已经走向成熟”。

其四，关于第三共和国灭亡的原因，我国史学界自20世纪80年代以来对此进行了较多的探讨，提出了不同的看法。高振明在《试论1940年法国失败》一文中认为，“法军防线的迅速崩溃和法国政府的屈服并不是偶然的，而是法国一部分主事人长期追随英国推行绥靖政策的结果”。戴成钧的《论1940年法国溃败的原因》一文则认为，“军事战略思想和方针上的错误，以及战术应用上的失误是法国溃败的主要原因”。

（九）关于戴高乐和戴高乐主义

戴高乐是法国历史上一位叱咤风云的人物。他对内加强总统权力，削弱议会的权力；对外推行独立自主的外交政策，提出了“欧洲是欧洲人的欧洲”的口号。从近年来发表的论文和出版的专著看，本课题的研究取得了相当丰硕的成果。

早在1973年，张芝联就翻译了让·莫里亚克著的《戴高乐将军之死》一书。1979年9月，周剑卿发表了《戴高乐是怎样登上历史舞台的》一文。1982年，周剑卿又发表了《论戴高乐的历史地位》。文章认为，戴高乐属于大资产阶级，虽然有反共反人民的消极一面，但不失为反法西斯侵略，维护民族独立的民族英雄。他是法国资产阶级出类拔萃的政治家。

1984年，吴国庆发表了《戴高乐主义初探》，认为戴高乐主义是在战后长期演变中形成的，它包括政治、经济、社会、外交等各个方面，而外交方面比较突出。陈乐民在1984年发表的《论戴高乐主义》一文则认为，戴高乐主义的核心是维护法国的民族独立和争取在国际事务中的世界大国地位。戴高乐主义不仅对法国后来的发展具有长远的影响，而且几乎成为第二世界反霸斗争的典型形象。

张锡昌、周剑卿合著的《战后法国外交史》一书不仅对戴高乐和戴高乐主义作了细致深入的描述和分析，而且对近代法国的外交政策、法国在国际新格局中的作用和特点作了恰当的表述和分析。这是一部很有分量的著作。

（十）关于中法关系史

近年来，该课题的研究取得了重要成果。1980年，张芝联发表了《历史上的中法关系》，1984年又发表了《中法文化交流——历史的回顾》。文章对中法关系和文化交流的历史作了深入浅出的回顾和叙述，提供了不少新鲜材料。1989年是法国大革命200周年，法国史学界召开了国际史学讨论会，主题就是“法国大革命与中国”。会后汇编出版了国内外史学家的论文集《法国大革命200周年纪念论文集——大革命与中国》，分别用法文、英文、中文三国文字在三国出版。论文集获得了国内外学者的高度评价。1994年又以中法关系史为主题召开了国际学术讨论会，会后又出版了论文集《中法关系史论》。此外，端木正的《法国革命史的研究与中国》和《关于〈马赛曲〉在中国的历史》、戴逸的《四库全书和法国百科全书》、章开沅的《法国大革命与辛亥革命》、金重远的《拉萼尼使团与中法黄埔条约》，以及陈叔平的《巴黎公社与中国》等著述集中反映了我国史学工作者对中法关系史的研究水平。

以上十个方面并不十分全面，著作和论文的介绍也是挂一漏万。不过可以说明我国法国史研究在新中国成立后，尤其在“文革”后20年来所取得的成就。当然还可以举出一些例子，如金重远对法国革命时期最高限价政策，尤天然对法国宗教世俗化，孙娴对第二共和国，陈文海对法国封建社会的督察官，李宏图对法国民族主义思潮，沈大力对巴黎公社，许平对法国农村社会结构变化，王加丰对胡格诺教派，端木美、周以光、张丽、王家宝对法国社会变迁，申晨星对忿激派运动，许虹对大革命时期旺代地区农民叛乱的原因，刘文立对法国金融资产阶级的作用，曹特金对布朗基等课题的研究都取得了可喜的成果。因限于篇幅，不再一一赘述。

四

20年来，我国的法国史研究无论从量和质，从广度和深度来说都取得了可喜的成就。尤其令人高兴的是，法国史研究开始从单纯的政治史、事件史的框架中摆脱出来，注意从不同侧面、不同角度、不同层次来探索问题。但是在充分肯定成绩的同时，一定要有清醒的头脑，应从世界史学的大范围来反观我们的成绩。平心而论，我国法国史研究的整体水平不仅不能与法国比，而且不能与苏联比。

我国的法国史研究仍存在许多薄弱环节和空白。拿整个法国史研究来说，近代史研究相对较多，古代、中世纪、现代史研究较弱。迄今为止还没有出版过一本有关法国古代史和中世纪史的著作。即使是近代史研究也有许多薄弱的地方，如第四共和国、督政府、复辟王朝、七月王朝等问题的研究仍是空白。从纵向来看，政治史、事件史的研究较多，而经济史、文化史、思想史的研究很少。从课题来说，有些重要的问题尚未涉及，或有所涉及而成果尚不显著，如法国民族性问题，民族传统和爱国主义问题，法国的人口变迁和移民问题，法国的农业现代化与工业现代化的关系问题，大工业与小企业长期并存发展的互补和协调问题，农民怎样从温饱、小康水平走向富裕道路的问题，社会福利和社会保障问题，奢侈品工业、服饰、饮食、化妆、装潢、广告、风俗、建筑、艺术、社会生活的特点问题，法国学术思想的自由争辩传统问题，华工、华侨与勤工俭学问题等，这些方面都还没有进行深度的研究。这些问题都应该引起我们的重视，以便在真正研究的基础上拿出在国际上立得住的第一流精品来。我认为，我国的法国史研究要赶上国际先进水平，还应坚持不懈地以马克思主义为指导；坚持改革开放的方针，善于吸收国外史学的优秀成果；创造条件建立全国性的法国史研究中心和资料中心；有规划、有领导，既有分工又有合作地开展研究。

《历史研究》，1998 年第 3 期
《〈历史研究〉五十年论文选》，社会科学文献出版社，2005 年
人大报刊资料复印

坚持、吸收、拓宽

——世纪之交对中国史学的几点浅议

世纪之交的中国史学应如何加强它的研究和发展？想提几点粗浅的建议。

一、中国史学要想登上世界史学的高峰，真正创造出有中国特色的史学，我认为最重要的还是要坚持马克思主义，坚持历史唯物主义作为史学的指导原则。

中国史学如果没有马克思主义指导，就等于一个人只有躯体而没有灵魂，也就等于一艘没有罗盘的大船在航海时会迷失方向。

有比较，才会有鉴别。通过对比，我认为马克思主义史学是最能说明问题、最高明的史学。

我国从孔子写《春秋》到司马迁的《史记》、班固的《汉书》、司马光的《资治通鉴》，一直到《廿四史》等都给我们留下了很好的史学传统；国外从希罗多德写《希·波战争》到伏尔泰的《路易十四时代》，再从修昔底德写《伯罗奔尼撒战争》到兰克的《教皇史》等也都给我们留下丰富的遗产。但是他们写历史的一个共同特点无非是只是说清事情是在什么地方发生、事情的经过怎样、由谁发动的，等等。至于事情的真正原因究竟是什么？他们仅仅作了唯心主义的解释或者讲得不清楚。正如列宁所指出的："以往的历史理论，至多是考察了人们历史活动的思想动机，而没有考察产生这些动机的原因。"兰克说历史就是事实，只要有事实，就能写历史，事实清楚了，历史也就清楚了，他标榜不偏不倚的"客观主义"。把历史如实地写出来，这当然是对的，但是否就那么简单？历史学家写历史就没有受阶级的、传统的偏见束缚？受时代条件的限制？谁能相信这种所谓的不偏不倚的客观主义？

马克思主义史学诞生于19世纪40年代，它的诞生是对兰克以前的史学的一种革命。它与以往的一切史学不一样，它明显的特点和优点是，坚持认为历史的终极原因要到经济生活中去找，要从全部的生产力与生产关系矛盾冲突的整个运动中去找，这是历史唯物主义最基本的立足点；把历史现象分几个层次——经济基础和上层建筑，认为经济基础是决定上层建筑的，同时它又反过来作用于经济基础；认为阶级斗争是推动历史发展的直接动力；认为历史发展是有规律的，一种社会制度被另一种社会制度所代替是必然的，是不以人们的意志为转移的，必然性支配偶然性，但偶然性也为必然性开辟道路；认为历史的发展变化主要决定于内因，而不是外因，内因是变化的根据，外因是变化的条件；他们公开声明要为无产阶级利益辩护，竭力反对客观主义和超阶级观点；主张彻底的国际主义，反对资产阶级狭隘的爱国主义；认为历史不是个别帝王将相而是人民群众起了决定作用，等等。正是这些特点和优点使马克思主义史学超出以往一切史学，而这些特点和优点也正是我们应该维护和坚持的历史唯物主义的一些最基本的观点。这些观点我认为迄今仍然是颠扑不破的真理，仍然在闪闪发光。中国的史学能否对世界史学做出更大的贡献，在我看来就是能否首先坚持上述的基本观点，然后再进一步发展它们，在坚持中发展，在发展中坚持。

二、善于吸收外国史学新鲜的研究成果、理论和方法，不断丰富、改善和发展我国的史学。

在对待外国史学的态度上，我们要反对两种倾向。一种是“食洋不化”。认为外国的史学什么都好，全盘照抄，囫囵吞枣，结果是新名词一大堆，弄得丈二和尚摸不到头脑。另一种是“见洋不食”，故步自封，结果是孤陋寡闻，陈旧不堪。

虽然，我国的传统史学在马克思主义的指导下已形成了具有我国特色的史学，有很多的优越性。但外国的史学经历了漫长的岁月也形成了自己的特色。再说自19世纪末到20世纪初西方有些史学家也接受了马克思主义历史唯物主义的影响，20世纪中叶以来，某些史学家还直接用历史唯物主义的史观来解释分析史学问题。如英国的罗杰斯、德国的格罗塞和希尔德布、意大利的安东尼奥、美国的塞利格曼等都对马克思的历史唯物主义作了不同程度的介绍，尤其是法国的年鉴学派，新史学派受马克思主义影响最深。他们吸取了马克思主义研究成果，提出了“全面研究历史”，“长时段研究历史”的著名口号,他们还重视特定社会环境中从事活动的普通人民的研究。年鉴学派的著名代表费弗尔曾说:“马克思表达得那样完美的许多思想早已成为我们这一代精神宝库的共同储备的一部分了。”另一位著名代表布罗代尔也说:“马克思的天才,马克思的影响经久不衰的秘密,正是他首先从历史长时段出发,创造了真正的社会模式。”英国史学家巴勒克拉夫曾公正地认为马克思从5个方面对西方史学产生影响:(1)它既反映又促进了历史学研究方向的转变;(2)使历史学认识到需要研究人们生活的物质条件;(3)促进了对人民群众历史作用的研究;(4)马克思的社会阶级结构和他对阶级斗争的研究对历史研究产生了广泛的影响;(5)重新唤起了对历史研究的理论前提的兴趣以及整个历史学理论的兴趣。巴勒克拉夫的意见是非常中肯的。西方有远见卓识的资产阶级史学家尚且能做到学习马克思主义、吸收马克思历史唯物主义的研究成果,而我们为什么不可以有取舍地学习和吸收他们所研究的新鲜成果?我认为这是完全应该的,而且对发展我国的史学只会有好处,而不会有坏处。

三、跳出老框框、破除旧观念,拓宽和丰富史学研究的领域和内容。

我国的史学要改革,首先要破除国内外尤其是苏联史学留给我们的只重视政治史、事件史编写的旧观念、老框框。苏联在20世纪30至40年代的史学以及我国过去一段时期的史学,由于受国际、国内环境的影响强调政治史、事件史、革命史在当时当地曾是正确的,但又绝对化了,因而这绝不是马克思主义的。马克思主义认为,人类社会的矛盾运动是由两个方面——生产力和生产关系构成的。在某种意义上,生产力发展的历史更为重要。因此,我们不能只强调写社会关系发展的历史而忽视写生产力发展的历史,也不能只讲上层建筑而不讲经济基础,而讲上层建筑也只是片面地强调政治制度、法制典章而忽视文化艺术,等等。试问离开了生产力能讲清楚生产关系?离开了经济基础能讲清楚上层建筑?马克思、恩格斯等经典作家总是全面地讲生产力和生产关系两个方面,经济基础和上层建筑两个方面。他们非常重视工业革命、科学技术在人类历史发展中的重要作用,马克思的这些指导性的观点长期以来被我们忽视了,却引起了西方史学界的重视,并被吸收了,无怪乎法国史学家勒高夫在这方面曾称马克思为“新史学的大师之一”。另一位法国著名史学家伏维尔曾对我们说:“30年代前的法国历史学界是强调政治史、事件史，30 年代后转向社会经济史，五六十年代一些学者开始研究心态史。”我认为各国有各国的实际情况，有不同传统和特色，但有一点我认为是共通的、是合理的，历史学的面要拓宽，不能像过去那样面很窄，仅仅停留在政治史、事件史上。历史研究应该包括多方面，如政治、经济、社会、文化、艺术、思想道德、科学技术、民情风俗等，使历史具有真正历史本来的面貌：绚丽多姿、丰富多彩，生动活泼、有血有肉。

我国的史学要想登上世界史学的高峰，我认为在上述几个方面应多做一些努力，目标是一定能达到的。

意见当否，仅供参考。

《史学理论研究》，1992 年第 4 期
人大报刊资料复印

上海世界史学科前沿和发展趋势

世界史学科是历史学的一门分支学科，也是后起的新兴学科。与中国史学科的研究状况相比，它起步晚、底子薄、遗产少，可以说是先天不足，后天失调。但近几年来，世界史学科发展十分迅速，取得了蔚为壮观的成绩，为世人所瞩目。上海的世界史学科同样取得了很大的成绩，在许多方面居于国内研究的前沿，有创新，有突破。

本调查就以下三个方面加以阐述：一、上海近几年来在世界史学科的热点、重点问题的研究上所取得的成绩；二、存在的问题及其倾向；三、对“十五”世界史学科研究课题的建议。

一、近几年来上海世界史学科前沿问题研究的主要成绩

（一）关于犹太史和以色列史的研究

进入20世纪90年代，特别是1992年中以两国建交以来，上海地区的犹太史和以色列史研究取得了突破性进展，呈现出前所未有的繁荣景象，形成了上海社科院上海犹太研究中心等在国内外颇具影响的研究机构，出版了一大批专著和论文。

上海犹太史和以色列史研究主要集中在以下几个方面：一是犹太文明和犹太文化史研究，其主要成果有顾晓鸣主编的《犹太世界史文化丛书》（1991年），潘光、陈超南、余建华合著的《犹太文明》（1999年），顾晓鸣著的《犹太——充满“悖论”的文化》（1990年），陈超南编著的《犹太的技艺》（1998年），顾骏著的《犹太的智慧》，潘光撰写的《美国犹太人的成功与犹太文化特

征》(《美国研究》1999 年第 3 期)等;二是犹太民族历史和以色列国史研究,主要成果有潘光、余建华、王健合著的《犹太民族复兴之路》(1998 年),潘光、金应忠编的《以色列犹太学研究》(1991 年),朱威烈、金应忠主编的《90 年代中国犹太学研究总汇》(1992),赵伟民著的《以色列经济》(1998 年),余建华、潘光撰写的《试论古代犹太人宗教复国的思潮及其渊源》(《史林》1991 年第 4 期),余建华撰写的《1882—1914 年犹太复国主义运动初兴阐析——兼论现代阿犹冲突的起源》(《西亚非洲》1997 年第 4 期)等;三是中国(上海)犹太人历史研究,主要成果有潘光主编的《犹太人在上海》(1995 年),潘光等主编的《犹太人忆上海》(1995 年),唐培吉、许步青等著的《上海犹太人》(1992 年),潘光、虞卫东撰写的《关于旧上海犹太复国活动的历史考察》(《学术季刊》1992 年第 1 期),王健撰写的《犹太人和近代上海经济》(《史林》1999 年第 2 期)等。

在上海各研究机构中,上海社科院上海犹太研究中心表现出色。这家成立于 1988 年的机构主要从事犹太文明、犹太(以色列)史、犹太人在中国(特别是在上海)的历史的研究。该中心现有专、兼职研究人员 10 余人,掌握英、俄、德、日、法、希伯来等语种,并设有犹太史硕士点,是目前国内规模最大、研究水平最高的犹太学研究机构之一,也是国际中国犹太人(特别是上海犹太人)研究的重要中心。

上海犹太史和以色列史的研究在已取得成绩的基础上,又进一步拓展研究领域和课题,如犹太文化和中华文化的比较研究、当代以色列史研究、世界各地犹太社团研究(特别是美国犹太人研究)和近代中国犹太社团研究等,编撰了《犹太人在中国》等著作。

(二)关于世界民族主义的研究

20 世纪 90 年代初以来,随着冷战后全球民族主义新浪潮的掀起,与国内外学术界一样,上海学者也兴起了世界民族主义问题研究热潮。1993 年上海社会科学院国际问题研究小组组织该院欧亚所、亚太所、世经所及华东师范大学、上海国际问题研究所等单位研究人员,针对当前国际关系中民族主义问题进行一系列研讨,重点分析了这一趋势的负面效应及其对中国的影响。在此基础上相继推出潘光、崔志鹰的《试论全球民族主义的上升及其对中国的影响》和余建华的《中东跨国民族主义及其对中国西北边陲的影响》等论文

（均载于《上海理论内刊》1993 年第 2 期）。翌年华东师范大学历史系李宏图发表《民族与民族主义》（《欧洲》1994 年第 2 期）一文，以历史的描述和理论的分析相结合的方法，对“民族”与“民族主义”两个概念的涵义及其历史发展作了学理式的探究。1995 年余建华、潘光发表了《试论本世纪三次民族主义浪潮》（《欧洲观察》1995 年第 2~3 期），分析比较了 20 世纪初、二战后及冷战后先后兴起的三股全球民族主义浪潮的不同特征。

“九五”期间，上海学者在先前研究的基础上，围绕不同专题对世界民族主义问题进行全方位、多元化的深入、系统研究，不断推出一批兼具学术价值和现实意义的研究作品。择要归纳如下：1996 年由上海社科院欧亚所潘光、余建华、姚勤华和邓新裕等组成的课题组，经过数年对巴尔干—高加索—中亚民族宗教冲突焦点带的全面深入研究，完成有关研究报告及论文《巴尔干—高加索—中亚民族宗教冲突热点带剖析》（《东欧中亚研究》1996 年第 5 期），受到诸多关注与好评。同时潘光、余建华也发表长篇论文《后冷战时代全球民族主义新浪潮的若干特征》（《上海社会科学院学术季刊》1996 年第 1 期），该文与由李宏图撰写的国内首部系统论述西欧近代民族主义思潮的专著《西欧近代民族主义思潮研究——从启蒙运动到拿破仑时代》（上海社科院出版社 1997 年），均荣获 1996—1997 年上海哲学社会科学优秀成果奖；另一本由潘光、余建华、王健撰写的《犹太民族复兴之路》（上海社科院出版社 1998 年）从另一侧面专门研究了犹太民族主义的兴起、形成、复苏与演变，也荣获 1998—1999 年上海哲学社会科学优秀成果奖。由余建华撰写的《民族主义：历史遗产与时代风云的交汇》（学林出版社 1999 年）则是国内首部系统研究 20 世纪世界民族主义问题的专著。此外由复旦大学历史系金重远发表的《马克思主义？民族主义？——1948 年苏南冲突的再审视》（《史林》2000 年第 1 期）也是关于民族国家利益冲突研究的一篇佳作。

（三）关于全球化对世界历史影响的研究

对全球化的研究已成为目前国内学术界的显学，但是就上海而言，研究全球化的主力似乎为世界经济学界和国际关系学界，上海世界史学界对全球化的研究不够广泛，但也取得了一定的成绩。

金重远的《“全球化”，路漫漫兮！》（《复旦学报》1996 年第 6 期）对全球化的客观性提出质疑，认为“‘全球化’，似乎是当今世界发展的一个总趋势，然而它今后要走过的道路必然是十分漫长和曲折的，绝不可能在短期内实现”。叶江对此有相当不同的看法，他在承担“20世纪资本主义发展研究——全球化、区域化和欧美关系”的研究过程中，就全球化问题先后发表了下列论文和专著：《论经济全球化与国家的关系》（《世界经济研究》1998年第1期）、《试论全球化对国际关系的影响》（《国际观察》1998年第1期）、《经济全球化与国际经济政治新格局》（《探索与争鸣》1998年第4期）、《融入全球化，直面风险》（《探索与争鸣》1998年第11期）、《全球化的同时：贫困扩散》（《探索与争鸣》1999年第7期）、《浅论全球化及其对战后世界历史的影响》（《历史教学问题》1999年第5期）、《后冷战时期的世界历史与世界的主要矛盾》（《上海师范大学学报》1999年第9期）、《经济全球化与当代世界历史》（《现代化扩展中的世界与中国》，学林出版社1999年），《解读美欧——欧洲一体化进程中的美欧关系》（上海三联书店1999年）。叶江认为，全球化是世界历史发展中客观存在的过程，在很大程度上，从资本来到世间，全球化的过程就已开始，但是严格意义上的全球化则是在1945年二战结束后，随着高新科技革命的出现而到来的。全球化的本质不是文化的，也不是政治制度的，而应该是经济的全球化。而在经济全球化的过程中，全球的政治、文化，乃至社会生活因深受经济一体化的影响也同样显示出某些一体化的倾向。全球化的主要动力在于全球化生产结构的形成和发展，以及世界性国际金融市场的不断扩张。全球化对战后世界历史的最直接的影响是，经济全球化使国家在当代国际舞台上所扮演角色的地位、性质、作用和能力发生了巨大的变化。在全球化的作用下，国家间的关系逐渐地成为国际关系诸种因素中的一个而不再是全部。作为当代国际关系中的新行为者，跨国公司和国际政府间组织在国际体系中的作用不断地显著起来，而当代国际政治和经济关系中的互相依赖程度因此不断提高。但是，全球化也造成战后世界经济发展的极不稳定和不平衡，而且使战后的世界政治向着不确定的方向发展。尤其值得注意的是，全球化使冷战后的国际政治格局不易确定而具有某种“无极化”的倾向。

（四）关于20世纪研究

20世纪研究是当前正在形成热点的一个研究领域。作为广义的20世纪研究涉及人文社会科学的多个学科；作为世界史学科的20世纪研究，是在原“世界现代史”和“世界当代史”的基础上，对20世纪世界历史运动的整体性研究。该研究力图突破原来的世界通史框架,从世纪之交的认识高度和理论视野对刚刚过去的20世纪进行历史总结,并对正开始的21世纪提供前瞻性思考。上海的世界史学者在新一轮20世纪研究中走在国内同行的前列,近几年以来已经组织了若干次学术讨论会,发表了一些有影响的论文和著作。

为了推进20世纪世界历史的宏观研究,交流和切磋新的研究思路,由华东师范大学历史系和上海市社联、中国史学会东方历史研究中心联合发起,举办了"20世纪的世界:回顾与思辨"系列学术讨论会。1997年11月举行的第一次讨论会以"俄国十月革命与20世纪"为主题,就20世纪历史的起始阶段及对其后世界历史发展的深远影响进行了多角度的探讨。1998年10月,以"20世纪世界体系运动的再认识"为主题,举行了第二次学术讨论会。与会者围绕20世纪研究的理论与方法、资本主义与世界体系、民族主义与世界体系、全球化趋势与世界体系的走向等问题展开讨论,对一些具有普遍意义的历史现象及其本质进行了深入分析,提出了一些新的研究视角和理论观点。

到目前为止,关于20世纪的研究基本属于事件研究、阶段研究、区域(国别)研究和专题研究,缺乏总体性研究(具有"总体"框架的教科书尚不是总体研究的成果),而且,以往的研究大多停留在对局部问题的阐释上,缺乏对20世纪历史运动本质的总体把握和理解,以致各种经常性的研究所得出的结论往往互相矛盾、彼此冲突。鉴于此,世纪之变的20世纪研究应该调整视角,把研究重点转向总体性研究和对历史运动本质的阐释。这样做,既是一种必要,也已具备了基本的条件(研究对象的完整性)。当然,突出总体性研究并不排斥局部研究,而是要把两者更好地结合起来,用总体研究的成果提高局部研究的水平,通过对历史本质的理解使历史表象的叙述更符合客观的历史。

余伟民就20世纪研究的范式和中心概念问题提出了自己的见解。他认为,作为总体性的20世纪史研究应该把20世纪的历史运动看作一个有机的整体,各个局部有机结合的系统。因此,20世纪的总体研究需要打破以往各种局部性研究所造成的概念上的间隔和分离,形成系统研究的范式,确立能够反映20世纪历史运动本质特征的中心概念。如果没有这样一个中心概念,20世纪总体研究的理论框架势必难以构建,因为不以"体系"为对象的总体研究仅仅是时间维度上对某一历史阶段的历史现象的综合,而不是对世界历史整体运动的研究。

1999 年年底,上海市社联推出《20 世纪聚焦》系列丛书第一批共 7 本著作,包括《现代化扩展中的世界与中国》(武克全主编)、《战争与和平:时代主旋律的变动》(李鉅廉著)、《民族主义:历史遗产与时代风云的交汇》(余建华著)、《世界经济一体化的历程》(张幼文等著)、《科技革命与社会变迁》(高惠珠著)等。这些著作体现了 20 世纪 90 年代上海学者在 20 世纪研究领域所取得的成果。尤其是收入论文集《现代化扩展中的世界与中国》的 21 篇论文大多展示了 20 世纪研究各个侧面的前沿性成果,具有较高的学术水准。

(五)关于法西斯和新法西斯的研究

我国对法西斯问题的研究开始于 20 世纪 80 年代中期,主要成果是《法西斯新论》和《法西斯体制研究》。我国学者在这两部著作里分别对德、意、日等国的法西斯运动和体制作了探索,就早期法西斯运动的性质、法西斯政党性质的转变、法西斯政党同社会各阶级、阶层关系的演变、法西斯体制的思想理论基础、法西斯体制的运行特点等重大问题作出了自己的回答。

近年来,上海学者结合上海社联组织的 20 世纪整体研究的大课题,在充分吸收微观研究成果的基础上,加强对法西斯问题的整体性思考,不仅把研究范围延伸到新法西斯阶段,更主要的是从整个法西斯运动着手,通过纵坐标和横坐标的测量,划分出法西斯运动的发展阶段和类别流派,探讨法西斯组织的共性,并且思索法西斯兴起的历史条件。

1935 年,季米特洛夫曾经代表共产国际对法西斯下过定义,但是,随着历史的发展和研究工作的深入,该定义的缺陷日益暴露。在历次全国学术讨论会上,学者们围绕这个问题展开讨论。郑寅达在《20 世纪的法西斯》一文中,尝试在考察世界各地新老法西斯的基础上,归纳法西斯的共性,以便为进一步确定法西斯的定义创造条件。该文认为,法西斯的共性包括:鼓吹极端民族主义和民族沙文主义;鼓吹社会达尔文主义,歌颂暴力和战争;其社会基础是以小资产阶级分子为主的中下层民众,这些民众在各种危机的打击下,对现实不满,要求改造社会,用心目中的理想社会来取代现实社会;既反对科学社会主义,又反对传统的资本主义,鼓吹寻求第三种道路,强调并实行本民族内部的阶级调和与阶级合作;宣扬和推行独裁统治。在这一基础上,作者认为,法西斯是垄断资本主义阶段,在资本主义陷入政治、经济、社会全面危机,或处于局部失调状态时,以克服危机、改造社会、实行扩张为目的的反动思潮、政治运动和政权形式。

关于法西斯兴起的历史条件，20 世纪 80 年代发表的文章大多从一个国家的一个时段出发探讨问题，答案往往缺乏普遍意义，例如，对日本法西斯兴起的历史条件的分析不能用于解释德国纳粹运动，对 20 世纪前半期老法西斯运动的分析也不能用于新法西斯。郑文综合考察了 20 世纪各国的法西斯运动，提出法西斯首先是西方社会运行失调，陷入危机的产物；其次，是民族主义情绪恶性发展的产物。在第二点上，文章着重探讨了欧洲小国法西斯运动的民族主义问题，认为主要是由犹太人问题、移民问题、由疆界调整导致的少数民族问题等引起的。文章还从文化和心理因素入手，认为法西斯既是传统的生活方式和价值观遇到挑战、面临危机的产物，又在一定程度上满足了民众“激情爆发”和“群体归属”的心理需求。

新法西斯运动以往常被视为老法西斯运动的余波，近年来上海学者突破了这一认识，除了在两篇文章中分析了这个问题外，还在《精粹世界史 · 法西斯运动和法西斯专政》一书中专门撰写了第四章《新法西斯运动》，探讨了“法西斯缘何阴魂不散”，对法西斯组织加以归类，划分出四种类型的新法西斯组织，并重点分析了德国新纳粹运动、意大利新法西斯运动和英国新法西斯运动的状况。

(六)关于美国对华政策与美国有限战争战略理论形成的研究

在战后世界史研究中，中美关系史一直是史学界的研究重点，已有许多成果，而近年又有了新的突破。上海地区较为突出的有杨彪撰写的专著《战略的嬗变——美国对华政策与美国有限战争理论的形成》(花城出版社，1999 年)。这项专题着力研究了第二次世界大战后美国政府对华政策的演变与美国有限战争战略理论形成和确立的过程。这不仅对推进这一时期世界历史和国际关系史的研究有重要的学术价值，而且对认识当前中美关系的复杂现状有着重要的启迪作用。

这项研究以及形成的专著遵循历史唯物主义的基本原理，以大量原始文献为依据，从新的视角详细地考察和分析了美国政府和军方在中国内战、新中国成立、朝鲜战争、台湾问题、原子弹使用等重大问题上的长期分歧、争论和冲突，提出了一系列很有创见和学术价值的观点，并实事求是地克服了以往学术界存在的某些简单化和绝对化的弊病。该著作深入研究了第二次世界大战后美国“有限战争”理论形成和确立的背景、历史过程及其与美国政府对华政策的演变之间的关系。以往对美国有限战争理论的缘起和确立及其在政策中的体现研究甚少，此著作则填补了这方面的空白，这对探究近现代美国政治和外交政策的深层思想背景有重要启发作用。该著作将美国对华政策的演变与美国“有限战争”战略理论的形成结合起来研究，在学科间建立了新的交叉点，为中美关系史的研究提供了新的视角。这不仅对推进这一时期的世界历史研究有很高的学术价值，而且对认识战后国际关系发展走向有重要的参考价值。该著作还使用了大量在美国直接收集的原始资料，如美国国家档案馆、杜鲁门总统图书馆、麦克阿瑟档案馆和美国海军部历史档案馆等处的第一手资料。这些资料的发掘整理和研究运用为促进本领域研究的深入开展和研究水平的进一步提高提供了新的思想基础。

（七）关于人权问题的研究

人权问题是历史学中，尤其是世界史学中一个值得重点研究的课题。近年来，我国学术界对人权的研究已经取得了可喜的成果，关于人权问题的各种学术著作和论文不断发表。华东师范大学的洪波较早地开始了对人权的研究，他重点对1789年法国《人权宣言》和1948年《世界人权宣言》，以及近50年来人权的发展趋向进行了深入研究，先后发表了《资本主义的政治民主和社会民主的宪章——纪念法国〈人权宣言〉发表200周年》《走向普遍人权的历程——从法国〈人权宣言〉到〈世界人权宣言〉》等论文。他认为两个人权宣言虽然都存在时代的局限性，但仍不失为人权发展史上两个具有标志性和里程碑意义的历史文献。法国的《人权宣言》开辟了资产阶级人权运动的新纪元。它不仅被看作法国大革命的纲领，也被视为资本主义政治民主和社会民主宪章；它以人权对抗神权，以主权在民对抗主权在君，以法制反对人治，以自由、平等反对专制、特权。从此，人权不再仅仅是一种理论，而成为资本主义国家政治生活和立法活动的一项原则，推动了资产阶级民主制的发展，构成欧美各国现代化的一个重要方面。1948年的《世界人权宣言》开创了人权普遍化与国际化的新时代。它第一次系统地在国际范围内提出了人权的具体内容和共同奋斗目标，成为所有人民和所有国家努力实现的共同标准，为国际人权运动的广泛开展奠定了基础。特别是最近50年来，在社会主义国家和广大发展中国家的共同努力下，人权的概念和内涵获得了前所未有的深化,人权的内容已从最初资产阶级的人权发展为全人类的人权,已从资产阶级人权观发展到社会主义人权观,而且东西方国家在某些方面达成一定的共识,已从政治权利扩大到经济、社会和文化权利,已从个人人权扩大到诸如民族自决权、发展权、和平权、环境权等集体人权。今后,随着社会的不断进步,人权的内容将更加丰富。

(八)关于人类战争与和平历史运动的研究

当人类进入新千年、新世纪的时候,人们纷纷从不同方面和角度,回首总结历史,展望探索未来。这一特定的历史时刻,向社会科学提出了一系列新的研究课题,其中包括有关“战争与和平”的课题。

20 世纪是人类战争发展到顶点的世纪,出现了前所未有的无限化总体战争——世界大战,但同时也是人类争取和平的努力大发展的世纪,争取和平开始成为世界的主旋律。我们必须以整个人类“战争与和平”历史运动发展的宏观视野,去考察和认识这一转折,才能比较清楚地理解其意义,才能比较正确地展望人类未来的发展趋势。近几年国内外学术界已展开了研究,华东师范大学的李鉅廉在这方面的研究上取得了可喜的成果。

20 世纪 90 年代中期,李鉅廉在国内率先提出从宏观角度考察战争与和平的历史运动,发表了《战争历史运动坐标上的第二次世界大战》(《世界历史》1995 年第 4 期)、《二次大战对战争历史运动的划时代影响》(《学术月刊》1995 年增刊)等数篇论文,从战争与人类历史进步的新视角和新观点,重新评价第二次世界大战,探讨战争历史运动的演变。他强调,世界大战是 20 世纪的历史现象。第二次世界大战把人类战争推到无限化总体战争的顶点,造成战争具有空前的规模、暴烈和破坏,直到出现了原子弹。战争发展到了能够毁灭整个人类文明的极限。物极必反,人类已不能再把自己的全部能力和手段都投入战争了。制约和控制战争的趋势开始上升到主导地位,和平成为世界的主流,人类从此进入了有限战争时代。这一新视角和新观点的发表,获得国内外有关学者关注。

随后经过几年的研究,在千禧之交的 1999—2000 年,李鉅廉接连出版了《战争与和平——时代主旋律的变动》《血碑——震撼全球的两次世界大战》两本著作,发表论文《人类战争运动的历史趋势及 21 世纪世界大战的可能性分析》《回眸世纪,探求和平》等 5 篇。其中,《战争与和平——时代主旋律的变动》(学林出版社 1999 年)获上海哲学社会科学优秀成果著作三等奖。李钜廉提出,人类战争历史发展存在两种不同的运动趋势。一种是随着人类生产力的提高,科技和武器的发展,战争向着规模和范围越来越大、破坏性越来越烈的方向发展,也就存在一种向越来越无限化方向发展的趋势。这在历史上是处于主导地位的趋势,比较容易看到,故可称之为"显性趋势"。另一种随着人类社会的进步,战争作为一种工具、一种手段,它在被利用的同时,又受到越来越多的制约和控制:战争的自由度在下降,战争的野蛮度在下降,战争的伤亡率在下降,战争向着控制大于自由的方向发展。由于这后一种趋势直至第二次世界大战结束以前是不明显和不占主动地位的,故可称之为"隐性趋势"。这两种趋势同时存在,它们之间的互动辩证关系,就决定了人类战争与和平历史运动起伏发展的轨迹。他还强调,20 世纪是人类战争历史运动发展到顶点的世纪,同时也是人类争取和平大发展的世纪,和平开始成为世界的主旋律。

(九)关于世界文化史的研究

20 世纪 80 年代初,周谷城先生明确指出:"着眼于文化方面的关系,组织学者、专家研究世界文化,出版世界文化丛书,已成了我们当前的迫切要求。"(《"世界文化丛书"序》)为此,复旦大学历史系组成了以周谷城、田汝康两位教授为主编,庄锡昌教授为常务编委的编委会来从事"世界文化丛书"的撰写、编辑和出版工作。这一举措得到了国家教委和浙江出版社的大力支持,也得到了国内学术界同仁的积极响应。1984 年春,在复旦大学召开了"世界文化史研究学术讨论会",就"世界文化丛书"的编辑方针、学术定位等问题进行了研讨。随后,1986—1994 年完成选题计划 40 种,其中包括翻译 13 种、编著 3 种、专著 24 种,如美国人类文化学家本尼迪克特的《菊花与刀》、法国史家福柯《癫狂与文明》等均为享誉国际学术界的名著。一批国内知名专家亦纷纷为丛书撰稿。复旦大学历史系的教授们在丛书的 40 种中承担了 12 种,其中如金重远的《炮火中的文化》、张广智的《史学:文化中的文化》、庄锡昌的《20 世纪美国文化》、顾晓鸣的《犹太——充满悖论的文化》、刘文龙的《墨西哥:文化碰撞的悲喜剧》等。这些著作大都从一种新的角度论述与研究了世界各国的文化发展进程,说明了各种文明与文化都以其独特的方式对人类文明史的发展做出了应有的贡献,许多著作填补了国内学术研究的空白。尽管水平有高低,论述深浅不一,但从总体上说,这样一套"世界文化丛书"对于促进学术界加强文化史研究起了很好的作用,在此后出版的各种有关著作中引用率很高。此丛书的出版在国内外学术界引起了很大的反响,出现了一批书评,一些著作获得了国内的学术奖,台湾淑馨出版社还出版了繁体字版。在此基础上,1996 年复旦大学历史系的张广智、刘文龙、袁传伟和顾云深等又合作主编了 3 卷本《世界文化史》,以通史的形式,对"世界文化丛书"这一学术工程作了一个圆满的小结。

(十)关于世界古代文明的研究

作为面向世界的前沿城市,上海应该注重对世界各文明传统的研究。但实际上,同国内其他文化中心如北京相比,上海的文明史研究比较薄弱,尤其是世界古代文明的研究。从现状来看,上海的世界古代史研究侧重于古希腊史的研究,并在这方面取得了初步的成果,已经处在国内希腊史研究的前沿。近几年来,上海的希腊史研究者主要做了以下几个方面的工作:一是对作为一种独特的国家形式又影响深远的希腊城邦制度进行了深入的探讨,不仅重新审视了城邦制度的起源这一经典问题(黄洋:《试论荷马社会的性质与早期希腊国家的形成》,《世界历史》1997 年第 4 期;郭长刚:《古希腊城邦制度起源研究》,博士论文),而且通过对古代希腊土地制度的实证性研究(黄洋:《古代希腊土地制度研究》,复旦大学出版社 1995 年),充分论证了希腊城邦是以农业为基础,并以农业为根本特征的(黄洋:《希腊城邦社会的农业特征》,《历史研究》1996 年第 4 期),从而改变了国内知识界以往常常将古希腊文明的所谓"工商业特征"同中国文明的农业特征相对比的谬误,目前这一结论已为国内史学界所接受。二是在希腊文明的社会与文化研究方面作了有益的尝试。黄洋撰写的《从同性恋透视古代希腊社会》(《世界历史》1998 年第 5 期)一文在国内首次从历史的角度分析了古代希腊的同性恋现象,并将它同希腊妇女的社会地位联系起来进行分析,有助于加深人们对古希腊社会的理解。同时,裔昭印对古代希腊妇女地位的研究(裔昭印:《从家庭和私人生活看古雅典妇女的地位》,《历史研究》2000 年第 2 期)、裔昭印和吴晓群对古代希腊宗教的研究在国内都是具有影响的。

从研究队伍来看,上海地区已经具备了一支以高校青年教师为主的希腊史研究队伍(具体人员包括复旦大学的黄洋、上海师范大学的裔昭印和陈恒、上海社科院的吴晓群、上海大学的郭长刚)。他们均具有博士学历,从年龄结构和队伍整体水平上看,在国内具有优势。其中,黄洋已经成长为国内希腊史研究领域最具实力的青年学者之一。

但是,对世界古代史的一些重大课题,上海和国内尚缺乏深入的研究。如对从古典文明向基督教文明的转变,对与汉帝国并雄于世界东、西方的罗马帝国的研究,以及对罗马帝国和汉帝国的比较研究,都是亟待研究且具有重大意义的课题。

(十一)关于西欧行会组织的研究

行会作为中世纪和近代重要的社会经济组织之一,曾在很大程度上一度控制了西欧城市的经济活动,时间长达数百年之久。研究西欧行会组织不仅能全面客观地揭示行会自身发展变化的过程,而且有助于将西欧城市史和经济史的研究推向一个更高的层次。国外有关这方面的研究起步于行会尚未完全退出历史舞台的18世纪,目前各类专著、资料集和论文集数量已经相当可观,研究水平亦相当高。国内这一课题的研究在很长一段时间内处于空白状态,"文革"前仅限于大学教科书中简单的介绍,"文革"后开始出现一些论文及相关著述,力度和深度均有待加强。金志霖的《英国行会史》(上海社会科学院出版社1996年)是国内这一领域中的第一部专著,受到学术界的广泛关注。

《英国行会史》在国内第一次阐明了西欧行会的四大基本特征,即生产者拥有一定数量的属于它们自己的生产工具,行会的经济活动已脱离自然经济的轨道而步入了商品经济的范畴,单个生产单位内都没有分工,基本上是一个享有封建特权的封闭性组织;第一次将英国行会史分为三大阶段,即商人行会、手工业行会和工会阶段。此外,该书探讨了一系列与行会发展有关的英国经济史问题,诸如英国中世纪城市的复兴,市政当局与手工业行会的关系,英国资本主义生产关系的萌芽,工会与雇佣工人,等等。在理论问题上,该书依据翔实的史料基础,提出了若干全新的见解,主要有二:一是"英国中世纪城市都是各级教俗封建主在生产力发展的一定水平上,根据自身的经济需要而建立起来的,城市的兴起亦在一定范围内满足了他们的经济要求";二是"相当数量的雇佣工人在产业革命前的很长一段历史时期内仍然占有一定数量的生产资料。否定这一客观事实,不仅有悖于历史的真实性,而且违背了马克思主义政治经济学的基本原理”。

《英国行会史》问世后，受到了国内学术界很高的评价，《世界历史》1998年第1期刊载书评指出：“英国行会史的研究在我国史学界一直是十分薄弱的领域。金志霖先生的力作《英国行会史》一书堪称我国史学界关于这一课题研究中的一项重要成果。笔者之所以如此评价，不仅是因为该书是目前国内唯一的一部英国行会史专著，更重要的是因为它在英国行会史研究的许多方面所做出的具有一定突破性的贡献……”“此外该书还对国内外英国行会史学的演进、手工业行会在英国行会史中的承上启下地位、工会特殊的历史地位以及中英手工业行会的经济作用的比较等方面也有许多精到之见。整部著作史料新颖，观点明确。更重要的是，该书体现出作者实事求是的治学态度，对各种学术观点，无论是国内的或是国外的，也不管是普通学者的或是经典作家的，不轻信，不盲从，更不毫无根据地一概怀疑和否定，表现出作为历史学工作者的强烈的责任感。书中大篇幅的理论分析，更使此书锦上添花，成为一部名副其实的有史有论的英国行会史力作。”

（十二）关于非洲史的研究

在对世界各大洲的历史研究中，非洲史是较落后的一块。1980年以前，除了翻译了一些非洲史著作外，国内史学界在这方面的研究成果寥寥无几。改革开放后，我国非洲史研究有了长足的发展，在地区史和专题史研究中都取得了可喜的成果。

1984年杨人楩先生的遗作《非洲通史简编》出版，成为国内出版的第一部非洲通史。此后，作为教材使用的由赵淑慧等人编写的《非洲通史》，和由陆庭恩、艾周昌编著的《非洲史教程》相继出版。1995年由华东师范大学出版社出版的《非洲通史》则“标志着中国对非洲问题的研究进入了新的阶段”。该书是国家哲学社会科学“七五”重点研究项目，由艾周昌和陆庭恩任项目负责人，从1985年起开始组织全国非洲史研究人员编写，历时10年完成编撰出版。该书分古、近、现三卷，共192万字，在非洲史的分期、黑奴贸易的评价、殖民入侵和殖民统治对非洲的影响、中非关系等方面有突破性的研究。该著作先后获得1993—1995年上海市优秀图书一等奖，1994—1995年上海市哲学社会科学优秀成果著作二等奖，1996年中国图书一等奖，教育部普通高校第二届人文社会科学研究成果一等奖，国家社会科学基金项目优秀成果三等奖等5项省部级以上的奖励。

在专题史的研究中,20世纪90年代以来相继出版了《中非关系史》《非洲人口增长与经济发展研究》《非洲民族资本的发展》《非洲民族主义政党和政党制度》《南非种族主义探析》《黑非洲文化研究》(以上均由华东师范大学出版社出版)、《非洲黑人文明》(中国社会科学出版社出版)、《非洲民族独立简史》(世界知识出版社出版)、《非洲华侨华人史》(中国华侨出版社出版)等。

由于国内非洲史研究的基础非常薄弱,且缺少资料,研究的人员也相对较少,所以非洲史研究仍然处于较落后的状态,对非洲一些重要国家的历史和一些重大问题尚缺少研究,如南非史、坦桑尼亚史、非洲奴隶制史、黑奴贸易史等。随着我国与非洲交往的日益扩大,特别是双方经贸往来日益加深,有必要继续加强对非洲史的研究。

(十三)关于拉丁美洲的研究

在世界史领域内,拉丁美洲史的研究是一个比较薄弱的环节。20世纪五六十年代在程博洪教授的率领下,复旦大学有一批专业人员从事这一领域的研究,曾编译出版了多部著作和20多期拉美研究资料。后来由于各种原因曾经有一段时间处于不景气的状况。直到改革开放以后,研究才有转机,尤其是近几年来取得了不少成绩,出版了不少专著,发表了不少论文。陈才兴教授主持完成了《战后世界历史长编》(拉美部分)(上海人民出版社1994年),继之又出版了《切·格瓦拉》(复旦大学出版社1997年),还发表了论文《墨西哥整顿国企的性质和启示》《战后外国直接对拉美投资的发展变化》《拉美国家吸收外资的调整措施及其效果》《对拉美与东亚发展模式的比较思考》《对拉美新兴市场经常遭受金融危机冲击的思考》等数十篇;刘文龙教授出版了《墨西哥:文化碰撞的悲喜剧》《拉美文化史》等专著,并主持上海社科项目"近代南北美洲发展模式比较研究"等;陈明明发表的《拉美军人政治模式与政治发展战略》《发展中国家军人政治经济政策若干特征》、王留栓发表的《拉美高等教育改革与发展》等论文,都获得学术界的好评。

拉美史的研究是非常重要的,尤其是拉美现代化的研究具有借鉴作用。因为在发展中国家现代化进程中,拉美国家起步较早,受20世纪30年代世界经济危机猛烈冲击后,拉美国家就先后走上了"进口替代"内向工业化发展道路。在西方发展学,特别是"发展主义"理论指导下,拉美一些国家在20世纪五六十年代经济取得了持续快速增长，率先向新兴工业化国家迈进，出现了令人瞩目的“巴西经济奇迹”和古巴的社会主义发展道路。拉美国家在经历了数十年快速增长后，于80年代普遍陷入了债务危机深渊，被“亚洲四小龙”迅速赶了上去。在新自由理论及东亚“出口导向”发展模式影响下，拉美大部分国家于80年代中期逐渐转向了市场化改革的发展道路，通过制定宏观经济政策，在贸易、金融、公共部门、养老金制度和劳工市场等方面，进行了大规模调整和改革，经济逐渐恢复和增长，但经济增长率依然偏低，对外资依赖仍旧较大，金融体系较为脆弱，失业率居高不下，社会两极分化突出。继1994年岁末爆发墨西哥金融危机后，又于1999年初出现了巴西金融市场的激烈动荡。拉美国家在战后发展道路选择上，几经周折，历尽磨难，其经验和教训，特别是走上市场化改革道路后的得失，很值得总结和研究。

(十四)关于法国史的研究

法国是欧洲最重要的国家之一，也是世界上举足轻重的几个大国之一。法兰西民族的历史进程对人类社会的各个主要阶段都起过重要作用。而且法国还与我国有许多惊人的相似之处，有人曾称法国是“欧洲的中国”。因此研究法国历史对我们来说有相当重要的意义。

华东师范大学历史系法国史教研室的同志在原来研究的基础上，近几年对法国史的研究在以下几个方面有新的突破：

一是关于法国政治制度现代化的研究。洪波经过多年的研究出版了《法国政治制度变迁》(中国社会科学出版社1993年)一书。这是我国第一部完整而系统论述1789年以来法国政治制度史的学术专著。该书在时段上覆盖了从法国大革命至第五共和国两个世纪法国政治制度变迁的过程；在理论上对这一长期过程中形成的具有影响的思想和理论做出了客观而公正的评价，深刻地阐明了法国政治制度形成的思想渊源、发展的历史前提、演变的具体过程、发展的基本趋向，从而呈现出了一幅清晰可见的法国政治制度变迁的历史画面，为我国的现代化道路提供了借鉴。1998年陈崇武在《华东师范大学学报》上发表了《法国政治现代化开端的一项重要举措》一文，通过宏观和微观的结合，探讨了法国大革命头两年的区域划分和行政机构改革。此文不仅对法国史的研究具有重要的参考价值，而且对我国的现代化建设也具有十分重要的借鉴意义。

二是关于法国经济现代化的研究。20 世纪 80 年代,陈崇武和金晓常在《华东师范大学学报》发表了《关于法国资本主义近代化的特征问题》,对法国经济现代化的特征作了很好的概述。近年来华东师范大学历史系博士生沈坚发表了一系列有关法国近代工业化的论文,并在此基础上出版了专著《近代法国工业化新论》。其中提出了许多新的观点,如认为法国的工业化没有一个起飞阶段;工业呈“两元结构”,即现代工业和传统工业并存,共同繁荣;银行在法国工业化过程中的作用相对比较被动,等等。最后作者得出结论:法国工业化的道路有其特殊性,它既不同于英国,也不同于后来居上的美国、德国和日本的道路。这些论点很有说服力,也很有新意。

三是关于法国大革命的研究。法国大革命是一个旧课题,但华东师范大学历史系博士生宋发清却研究出新的水平。近年来,国内外一些学者有否定革命的倾向,甚至认为大革命是一场大灾难。如著名的《世界体系》的作者沃勒斯坦就持这样的观点,国内一些学者也有同样的看法。宋发清以研究伯克的《法国革命论》为契机,写了《没有“终结”的革命》的博士论文。论文根据大量的事实,通过熟虑的思考和反复的论证,最后很有说服力地提出了法国革命是永久的资源,革命不会终结。所以无论从学术价值上,还是现实性上,《没有“终结”的革命》都是值得称赞的。

四是关于法国宗教世俗化与现代化的关系研究。经多年思考,1997 年尤天然在《历史研究》上发表了《英法两国现代化模式中的世俗化过程及其特征》一文,深入浅出地论述了宗教世俗化与现代化的关系,突破了过去一些传统的、肤浅的观点,很有新意。

(十五)关于史学史和史学理论的研究

在世界史的分支学科中,上海地区的西方史学史与史学理论的教学和研究工作历来处于全国领先的地位。前辈学者耿淡如、郭圣铭等先生为此做出了贡献。新时期以来,特别是在“九五”期间,继续在这方面做出了成绩。

“九五”期间出版的主要作品有张广智、张广勇的《现代西方史学史》(复旦大学出版社 1996 年),郭圣铭、王少如主编的《西方史学名著介绍》(华东师范大学出版社 1996 年),张广智的《西方史学史》(复旦大学出版社 2000 年)。后者是教育部规划的面向 21 世纪课程教材,出版后在学界颇有反响,同年 6 月已第 2 次印刷。

上海社会科学院出版社近年来致力于西方史学理论名著的翻译，在此期间还出版了巴勒克拉夫的《当代史导论》、马克·布洛赫的《历史学家的技艺》、保罗·利科的《法国史学对史学理论的贡献》等，为西方史学的引进做出了积极的贡献。

自“九五”以来，上海地区的西方史学史与史学理论研究工作者，及时追踪国外这方面的前沿课题，结合我国的史学实践，取得了上述著作及诸多论文的成果，其主要研究方向(或前瞻性的方向)可大体归纳为如下几个方面：一是更加关注当代西方史学的发展趋势。关注20世纪西方史学思潮的流变、史学流派的嬗变、史学理论与史学方法的革新等。如后现代史学思潮、年鉴学派的最新趋向、当代史学方法的最新成就(如《影视史学》)等。二是更加关注西方史学理论与中国史学的结合。关注西方史学理论与中国历史的现实、与历史学家的课题相结合，如用年鉴学派的“时段理论”来分析近代基督教传入中国的问题。华东师范大学、复旦大学的博士研究生纷纷借用西方史学理论与方法进行课题研究。三是注意西方史学史与西方史学理论之间的结合。近些年来，上海地区西方史学史方面的研究成果与同时期的西方史学理论研究成果是相得益彰、不可分离的，这是史学研究的一种前沿趋势。

以上是上海市世界史学科近几年来所取得的成绩。它体现了以下几个特点：(1)能反映前沿性和前瞻性的研究；(2)突出了现代史和当代史的研究；(3)重视了世界文化史的研究；(4)既重视了学科的应用性，又兼顾了基础性的研究；(5)把宏观的理论探索与微观实证的研究结合起来，等等。无论是新课题，还是老课题，都能做出新水平，有新突破，因而也有新特色。因此上述成绩的取得是值得赞许的。

但是在充分肯定成绩的同时，一定要有清醒的头脑，如果从世界史学科大范围来反观我们的成绩，我们做得还很不够，有不少课题的研究不仅落后于首都世界史学界，而且落后于其他兄弟省市的世界史同仁。这应该引起我们的高度重视。

二、上海近几年来世界史学科研究存在的主要问题及其倾向

1.对关系世界史研究的战略性、全局性的重大问题还注意不够，研究不够。如对时代问题、国际格局问题、转型时期的社会问题，其中包括对国际资本主义的新特点、新变化；对国际社会主义运动的新特点、新变化；对殖民主义的新特点、新变化；对国际社会思潮的新特点、新变化；对转型时期国家职能、社会问题、社会心态和风尚的新特点、新变化；现代化中新出现的社会问题及其对策；对世界史体系从宏观到微观的思考和构想；欧美社会阶级结构的新特点、新变化等问题到目前为止还没有拿出真正称得上精品的、高水平的著作和论文。

2.世界史研究缺乏世界性，看不出世界历史从古至今历史发展总的趋向和规律。在国外，众所周知马克思是非常重视历史发展的总体规律研究的，重视世界历史进程的世界性。马克思之后年鉴学派的布罗代尔也很重视这一点，如他写的《15—18世纪的物质文明、经济和资本主义》就是一例。还有美国的沃勒斯坦的《世界体系》、兰克的《白银资本》等书也都在塑构世界体系，尽管其观点我们不能完全苟同。在国内，武汉大学吴于廑先生也曾提出“从分散到整体”的主张，北京大学罗荣渠先生又提出了以现代化作为构建世界史体系的理论框架。这对我们世界史的研究无疑是非常有价值的意见。但是，迄今为止我们还没有看到一套真正从宏观到微观、从理论到史料结合得很好的精品著作问世，世界史仍没有跳出国别史加国别史、断代史加断代史的框架。历史学家如果不是站在世界历史发展总体的高度去观察和把握世界历史发展的进程，总结历史发展的变化，预见世界历史的发展趋势，就不可能对世界历史作出科学的解释，就不可能解释历史的发展为什么先从地中海、两河流域、尼罗河、长江、黄河流域等世界发展为大西洋世界，以后又发展为太平洋世界的发展趋势。因此我们一定要下决心跳出狭隘的国别史和地区史的范围，胸怀世界，放眼全球，真正把世界史写成有世界性的历史。

3.学风不佳，商业气味较浓。近几年来从世界史学科的论文选题和水平来看呈两极化发展。一方面一些学者进行纯理论的研究，缺乏必要的史料论

据;另一方面占有第一手资料的学者进行具体的实证研究,又缺乏必要的理论框架。一些文章在选题、观点上迎合需要,缺少学术价值。一些作者的学风不够严谨,抄袭他人的外文引文,选题、观点和论述方式均在低水平上重复。更有甚者,一些“学者”不是靠练“内功”,而是靠装潢,靠拉关系,到处钻营,承接项目,手头课题一大把,自己却没有时间也没有能力好好去研究,到时不是滥竽充数,就是弄出“豆腐渣工程”,既浪费国家钱财,又败坏学术界名誉。这种不良倾向,不能不引起重视。

4.一些学者用非历史主义观点进行历史研究,否定马克思主义对历史学研究的指导意义,否定革命。如有人直言不讳地讲,我认为法国大革命尤其是雅各宾专政是很不人道的、残忍的、恐怖的,马克思对此的肯定是不足取的。还有人毫不掩饰地同意沃勒斯坦关于法国大革命是一场灾难的观点。近几年,一些大学生包括一部分教师在内,认为马克思主义已经过时,不愿阅读马列原著,相反,囫囵吞枣、生搬硬套西方的所谓名著,这已成为一种不能不引起重视的严重倾向。

5.加强应用研究不能削弱基础研究。世界史应该“洋为中用”“古为今用”,加强应用研究是必要的,否则就会缺乏生命力,不受社会欢迎。但是,在加强应用研究的同时也应该兼顾基础研究,否则应用研究也是提不高的。如对海湾战争、科索沃战争、以巴关系的研究,如果抛开历史渊源的追溯和研究就不能很好地解释其真正原因。近些年来,有些单位的基础研究被削弱了。如拉丁美洲史、法国史、二战史、非洲史原来是非常有基础的强项,也很有特色,而现在却因不受重视走下坡路了。有些研究室被取消了,以致原来大量从国外引进的珍本藏书无藏身之地而被封存。这是一种严重的浪费,也是非常可惜和令人痛心的。

6.世界史研究缺乏一个协调、管理研究的机构来统一规划世界史学科的建设和分工协作。近几年本市世界史研究的一些活动,学术讨论和一些较大的论文集和专著都是市社联支持和世界史学会具体拟订的。但社联和学会总归是群众团体,既无很多经费,又无实权,很难开展较多的实质性的活动。因此,正值“十五”规划时,我们强烈呼吁能否在上海成立一个各学科的研究中心,统一由市委宣传规划办领导,统一管理和规划各学科的研究工作,如果市委认可,也可以委托给市社联管理,但必须增加规划协调和经费支持的力度。

三、关于“十五”期间世界史学科重点研究课题的建议

(一)加强对当代国际资本主义发展的特点与变化,国际社会主义运动发展的特点与趋势的研究

对当代国际资本主义和国际社会主义运动发展的特点与变化的研究,实际上是一个问题的两个侧面,可以结合起来研究。只有对国际资本主义认识清楚了,才有利于认识当代社会主义运动的新变化、新特点,因此这个问题应该成为世界史学科“十五”规划中一个急需研究的重大课题。

从理论上说,社会主义比资本主义优越,社会主义应该战胜资本主义,因为社会主义是一种目的在于消灭阶级、消灭剥削,最终实现人类“大同”的社会制度;资本主义从本质上是一个人剥削人、人压迫人,为少数人谋利的社会制度。十月革命的胜利给人类提供了推翻资本主义制度、通向社会主义制度的现实可能,和实现人类最高理想的可能。但是到了20世纪后半期,资本主义不仅没有腐朽、灭亡,反而经过调整、改革,呈现出勃勃生机,把现代化又大大推进了一步,取得了比较长时期的经济繁荣。而社会主义却遭受挫折,在“东欧突变”“苏联解体”以后,国际社会主义运动处于低潮。难道这一奇特现象和巨大反差不值得我们好好研究,重新认识和认真比较,以吸取有益的经验教训吗?

近几年来,有不少西方的社会主义学者和共产党人纷纷提出一些新的理论,如法共的第29、30次代表大会就在其纲领性文件中提出“超越资本主义”的理论,他们不是提出推翻资本主义,而是要超越资本主义,即是在发扬资本主义好的一面的同时克服其阴暗的一面。这样,才能逐渐由社会主义取代资本主义。他们不提先破后立,而是提边破边立等主张。因此对当代的社会主义和资本主义的认识的思潮,我们也应该予以高度重视和研究,写出真正高质量的著作和论文。

(二)加强对20世纪世界史的研究,尤其是当代史的研究

20世纪世界史的内容不仅仅局限于第二次世界大战、冷战、欧洲联合等

内容。它的重点应该转移到社会的巨变方面来，尤其要转移到研究社会阶级、社会思潮、社会运行机制和政治运行机制的变化等方面，并且将20世纪这种变化与19世纪的变化进行对比研究，这种对比显示出20世纪世界变化的特点、作用及其意义。

与19世纪不同，20世纪世界变化的最大特征是新中产阶级的扩大，这批人在社会运行中起着愈来愈重要的作用。他们既不同于资本家，又不同于工人阶级。对于这一阶层的兴起、地位和作用，值得我们予以深入研究。

与19世纪不同，20世纪的总统权力普遍增大，大众民主成为一股势不可挡的潮流，从议会民主到总统权力增大，再到大众参与民主，这是否是一种发展趋势？

与19世纪不同，20世纪的社会思潮还出现了新的特点，科学主义与非理性主义两者并存。一方面由于科学技术的迅速发展，世俗社会中的人崇尚科学；另一方面，由于社会的变化促使人们深入思考人自身的问题。从尼采、弗洛伊德开始，非理性化逐渐发展。"二战"后，反理性主义在欧洲思想界占据了重要地位。对全世界也产生了重要的作用。这两种看似对立的思潮各自发展和相互之间的关系都应认真研究。

与19世纪不同，20世纪的社会生活也出现了重大的变化。这种变化更加显而易见。要对社会变化进行深层次的研究，首先要对社会生活领域进行深入研究。

(三)加强对第三条道路的研究

在19世纪末，当列宁领导布尔什维克进行十月革命，建立社会主义制度时，第二国际中的一部分国家的社会民主党提出和平过渡的道路。20世纪30年代，奥地利社会民主党人奥托·鲍威尔提出整体社会主义主张，即处于社会民主主义和布尔什维克主义之间的第三条道路。这就是第三条道路的渊源。20世纪70年代以后，第三条道路曾经一度衰落，90年代中期再次复兴，但是意义有所不同，今天的第三条道路是指社会民主主义与自由主义之间的一条道路，意欲将社会公正注入资本主义之中。第三条道路在当今世界引起广泛关注，欧盟15个国家有13个国家的社会民主党在选举中获胜而上台执政。理论研究方面，1997年欧洲社会民主主义学者论坛成立，它是欧洲社会民主主义政党的思想库，每年举行一次论坛会议，专门探讨欧洲的社会民主主义和第三条道路问题。目前国内学术界对此已经展开研究，但是史学界对这一研究领域却无人涉足，第三条道路与福利制度国家、第三条道路与社会民主主义、第三条道路的前景等都是值得探讨的课题。

（四）加强对现代西方文明的研究

改革开放以来，我们在西方文明的介绍、研究方面做了大量工作，取得了重要成就。但直到现在，这种工作仍处在“各自为战”的状态，一些重大问题尚无人问津。从当前我国现代化的现实来看，下面几个问题特别值得注意：

西方现代文化的形成和发展，主要指其思想意识方面。过去的研究偏重于资产阶级反封建的一面，把无限丰富的内容简单化了，大量与经济社会发展过程相关的问题没有进入我们的视野。如现代时间、工作纪律观念和职业道德的形成，对神、人关系的见解或迷信思想的演变，政治上、法律上的平等思想如何与财富上的不平等混合起来发挥一种综合作用，还有诸如环保意识如何产生并深入人心、全球意识与经济全球化的等问题，大多很少有人关注或几乎无人涉及。

西方思想文化在非西方世界传播的经验与教训。这是一个非常现实的问题。西方文化的传播是一个不可阻挡的过程。但在任何非西方的国家，全盘西化是不可能的。过度西化会破坏现代化，造成混乱；过分谨慎、保守也会延缓甚至破坏现代化。在这个问题上，各国都有一些经验和教训，了解这些经验和教训应该是非常有意义的事情。这方面的研究已经开展，但研究者不多，总的来说仍未得到应有的重视。

研究近现代西方经济、社会发展过程中的各种问题。这里强调“过程”两字，是因为经济学、社会学往往只看到现在发达国家是怎么样的，但它们对这个“怎么样”是怎样来的问题，一般不是很注意，这正是历史学发挥特长的地方。比如，当前经济学讨论遗产税、反垄断等问题，但关于西方国家建立遗产税或制定反垄断法的历史，它们在制定这方面法律的前后过程及其发生过的争论和问题并不是很清楚。

（五）加强对某些研究薄弱地区的研究

近几年来，我国对过去一些研究比较薄弱的地区史已经开始重视，并已取得了一定的成绩，如非洲史、拉丁美洲史、澳大利亚史、加拿大史等。但有些地区如北欧、爱尔兰等的历史研究仍是落后的，甚至无人问津。这对于世

界史学科的建设、对提高整个世界史学科水平,以及对我国现代化的建设都是不利的。因此我们特别提出:

加强对北欧的研究。在国内欧洲史研究中,学者们较偏重英、法、德的研究,而忽略其他国家和地区。在我国近几年有关欧洲的80余部论、译著中,欧洲总体论述11部,英国约30部,法国约25部,而北欧只有4部,且都是简要介绍之类的书籍,没有一部真正的史著,有关北欧的论文只有1篇,可见国内的北欧研究基本上是空白。在20世纪30年代以前,北欧国家还是相当落后的农业国,30年代初,丹麦、挪威、瑞典三国社会民主党上台执政,建立福利国家制度。从比,北欧工业一直处于高速、稳定的发展状态,目前已跻身于世界上最富有的国家行列,芬兰的经济发展更为迅速,其诺基亚手机遍布全球,与摩托罗拉、爱立信并列成为三大国际电信巨头,1999年在中国开设500家专卖店。而且由于收入差距小,社会稳定,犯罪率较低,北欧被认定为目前世界上社会综合发展水平最高的地方。因此,开展对北欧的研究将是必要且有现实意义的。

加强对爱尔兰的研究。爱尔兰是西欧少数命运多舛的国家之一。其居民系凯尔特人后裔,信奉罗马天主教。12世纪英国撒克逊-诺曼王朝入侵爱尔兰,确立了英国的统治,英格兰、苏格兰人纷纷移居北爱尔兰。16世纪,英国宗教改革,加剧了爱尔兰当地居民与英格兰、苏格兰移民之间的宗教对立。1801年,英国通过合并条例吞并了爱尔兰,组成了大不列颠与爱尔兰联合王国。1921年,在爱尔兰民族主义者的强烈要求下,英决定对爱尔兰实行分治,南部以天主教居民为主的26郡,组成独立自由邦,不久后独立。北部以新教徒为主的6郡仍留在英国内,组成大不列颠与北爱尔兰联合王国。20世纪60年代末,北爱新教与天主教居民矛盾激化。据统计,近30年来,围绕北爱问题的暴力活动与动乱造成3200人丧生,3万多人受伤,英爱两国为防范暴力活动,每年支付4亿英镑以上。1996年2月9日,伦敦大爆炸,震惊世界。国内对爱尔兰问题的研究几乎是空白。有关爱尔兰的论著、译著、普及读物,5年来未见一本,论文只有刘金源的一篇《爱尔兰问题在一战期间的发展》。爱尔兰问题的由来,为何在民族主义发源地的西欧却始终存在爱尔兰问题,爱尔兰的政治、经济及国际地位怎样都是可以研究的课题。

上海社会科学院出版社,2001年

世界近代史教学和研究中的若干问题

世界近代史的范围是从17世纪英国资产阶级革命到第一次世界大战和俄国十月社会主义革命为止，前后大约280年的历史。

世界近代史是资本主义制度确立、发展和开始走向衰落的历史。资产阶级和人民大众反对封建专制制度的斗争，无产阶级和被压迫的劳动群众反对资产阶级的斗争，殖民地半殖民地的被压迫民族和人民反对殖民主义、帝国主义的斗争，构成了世界近代史的主要内容。

一

世界近代史可以划分为两个时期。一般说，从1640年的英国资产阶级革命到1871年巴黎公社前夕为世界近代史的第一时期；从1871年的巴黎公社到第一次世界大战和1917年俄国十月社会主义革命为世界近代史的第二时期。

世界近代史的第一时期，即从英国资产阶级革命到巴黎公社前夕这个时期的基本特征，是资本主义在先进国家中胜利和确立的时期，是资本主义经过反复和长期的斗争取代封建主义的时期，可称为资本主义上升时期，或"自由"资本主义时期。列宁在概括这一时期的特征时曾指出："这是资产阶级斗争上升的阶段，一般说，这是资产阶级民主运动的时代，特别是资产阶级民族运动的时代，是迅速摧毁过时的封建专制制度的时代。"①

第一时期可以划分为两个阶段。

---

① 《列宁全集》第21卷，第125页。

第一阶段是从英国资产阶级革命到18世纪末法国资产阶级革命。这个阶段也可称为欧美早期资产阶级革命阶段。它体现了从封建制度向资本主义制度过渡的若干特征：

(1)资本主义作为统治的生产方式刚刚在欧美三四个国家建立起来，而在西欧大多数国家仍然是封建制度占统治地位。

(2)资本主义仍处在手工工场阶段，资本主义生产方式虽已存在，但还没有建立与其相适应的物质技术基础，仍旧保持着手工劳动。

(3)资本主义社会的基本阶级还没有最后形成。在资产阶级中间起主导作用的还不是与工业资本主义相联系的工业资产阶级，而是与商业资本、高利贷资本相联系的商业资产阶级。在资本主义手工工场阶段，工人还没有形成为近代的产业无产阶级，他们还刚刚从小生产的农民和手工业者转化而来，还没有摆脱地方性和狭隘的社会观念及小生产的传统偏见。

(4)这个阶段的阶级斗争主要是在业已确立的资本主义制度和封建制度的残余之间展开，资产阶级和无产阶级之间的矛盾尚处在一种不发达的状况，处在从属的次要地位。无产阶级这时还不是反对自己的直接的敌人，而是反对自己敌人的敌人。

(5)资产阶级在忙于夺取政权的同时，要巩固自己的统治，建立资产阶级专政，确立资产阶级法权，运用自己的政权作为杠杆来改变所有制关系，即变封建所有制为资本主义所有制。

第一时期的第二阶段是从英国工业革命和法国资产阶级革命到1871年巴黎公社。

这个阶段的主要特征是资本主义的成熟时期，是“资本主义机器生产时期”。它具体表现为：

(1)资本主义已成为世界体系。

(2)资本主义已建立了与其相适应的物质技术基础——大机器工业，资本主义生产方式在欧美已最后确立其统治地位，资本主义的上层建筑、政治制度、法律规范已最终形成。

(3)近代的两大对抗阶级——工业资本家和工业无产阶级最终形成，资本主义制度下的生产社会化和资本主义私人占有之间的矛盾日益暴露出来，资本主义的周期性经济危机已开始出现，无产阶级和资产阶级之间的阶级斗争在发达的资本主义国家中已上升到首要的地位。

(4)马克思主义和科学共产主义在同形形色色的假社会主义的斗争中正式诞生,并在斗争中得到进一步的传播。社会主义不仅由空想变成了科学,而且在工人运动中逐渐扎根。

(5)在世界无产阶级革命运动蓬勃发展的同时,被压迫民族的解放运动也汹涌澎湃地发展起来,亚非拉广大地区成为直接打击殖民主义的革命风暴地区。19世纪初中叶,从波斯湾、印度到中国,出现了亚洲第一次反殖民主义、反封建主义的革命高潮。

从巴黎公社到俄国十月社会主义革命为止,这是世界近代史第二个时期,这个时期总的特点是资本主义开始衰落,并且进入帝国主义阶段。正如列宁所指出的,这是“资产阶级绝对统治和衰落的时代,是从进步的资产阶级变成反动的和最反动的财政资本的时代。这是新的阶级即现代民主派准备和慢慢聚集力量的时代”。①

这个时期也可以划分为两个阶段。

第一阶段从巴黎公社到1898年美西战争,这是一个由“自由”资本主义向垄断资本主义过渡的时期,资本主义出现了一个所谓“和平”发展的时期,即没有发生大规模的战争,又没有发生大规模的革命。列宁在评述这个时期的特征时指出,在西方资产阶级革命已经结束了,而东方还没有成熟到实现这种革命的程度。而当时工人运动的特点是积蓄力量,准备条件,组织教育工人阶级,并在各民族国家范围内建立独立的工人阶级政党,以迎接未来的新的决战。其特征具体表现在以下几点:

(1)自由竞争逐渐为垄断组织所代替,并在垄断组织内开展激烈的斗争。资本主义的不平衡性比从前大大加强了,美国和德国等新兴的资本主义国家超过了英法等老牌资本主义国家。

(2)由于新的技术发明和科学的发展,为了追求超额利润,垄断资产阶级剧烈争夺未被分割的土地,把整个世界分割完了。

(3)垄断资本用获得的超额利润收买工人阶级上层,西欧和北美普遍出现工人贵族,工人运动中的机会主义大大加强。

---

① 《列宁全集》第21卷,第125页。

(4)国家政权的官僚机构、军阀制度以及暴力镇压大大加强。

第二阶段自1898年美西战争到俄国十月社会主义革命。在这个时期,帝国主义最后形成,资本主义发展到最高的、垂死的、腐朽没落的阶段。资本主义面临社会主义革命的前夕,这具体表现在以下几点:

(1)资本主义的相对"和平"发展时期结束。

(2)帝国主义的五大特征最后形成,三大矛盾开始迅速激化。

(3)马克思主义发展到列宁主义阶段,列宁主义是帝国主义时期的马克思主义。1903年列宁主义正式诞生,这是国际共产主义运动史上一个重大事件,也是世界近代史上一个重大事件。

(4)工人运动中的第二国际修正主义泛滥,修正主义进一步堕落成为社会沙文主义、社会帝国主义。

(5)"帝国主义的一个重要的特点,是几个大国都想争夺霸权,即争夺领土"。[①] 到19世纪末,世界领土已被瓜分完毕,为了重新分割,争夺霸权,只有通过战争。第一次世界大战就是几个帝国主义殖民强盗为了这一罪恶目的所发动的战争。

(6)战争引起革命,革命制止战争。1917年俄国十月社会主义革命的胜利,开辟了历史的新纪元,推动了整个欧洲和殖民地、半殖民地的革命运动,制止了帝国主义战争。因此,第一次世界大战和俄国十月社会主义革命改变了整个世界历史的方向,结束了世界近代历史,揭开了世界现代史的序幕。

二

世界近代史究竟从何时开始呢?

关于世界近代史的开端问题,过去曾有过不同意见,归纳起来大致有以下几种:

(1)开始于1492年地理大发现。福斯特在《美洲政治史纲》一书中就曾

① 《列宁全集》第2卷,第810页。

这样认为，他把哥伦布发现新大陆作为世界近代史的开端。[1]

（2）开始于宗教改革和德国农民战争。恩格斯在《社会主义从空想到科学的发展》一书中曾把宗教改革和德国农民战争作为资产阶级反对封建制度的第一次大起义。[2] 有些历史学家的意见和恩格斯差不多。

（3）开始于意大利文艺复兴时期。恩格斯在《共产党宣言》1893 年意大利文版序言中曾有这种说法。他指出，意大利文艺复兴时期的诗人但丁"是中世纪最后一位诗人，同时又是新时代的最初一位诗人"。[3]

（4）开始于 16 世纪尼德兰资产阶级革命。这不仅根据 16 世纪中叶尼德兰爆发了一次资产阶级革命，这次革命以资产阶级的胜利而告结束，而且还根据马克思在《资本论》中所说的，荷兰是"17 世纪资本主义标本国家"。[4]

（5）开始于 18 世纪末法国资产阶级革命。列宁在《打着别人的旗号》一文中曾明确地把 1789 年的法国革命作为世界近代史的开端。

（6）开始于 17 世纪英国资产阶级革命。这是一般的说法，我国的教科书和其他一些世界近代史著作都采用这种说法。这种说法是从苏联搬来的。苏联在 1934 年曾经讨论过这个问题，斯大林、日丹诺夫，基洛夫曾主张世界近代史的开端应根据列宁的提法从 1789 年开始。过去苏联的世界近代史教材是把法国革命作为近代史开端的。后来苏联的一些历史学家认为，以法国大革命作为世界近代史的开端不妥，太晚了，还是从 17 世纪英国资产阶级革命开始较好，其理由是：资本主义手工工场渐臻成熟；英国革命是欧洲范围的革命；英国革命在国内确立了资本主义制度，其影响深远。1940 年，斯大林、日丹诺夫采用了这个意见，后来苏联的世界近代史教科书和一些著作都把英国资产阶级革命作为近代史的开端。我国到目前为止，绝大多数的世界近代史的著作都采用这种说法，唯独我们的教材在《17 世纪英国资产阶级革命》一章之前加了一章《欧洲资本主义的兴起》。在这章中，概述了资本原始积累、文

---

① 福斯特在《美洲政治史纲》一书中指出，美洲的发现，"它进一步摧毁了那时正在腐朽的封建主义，它加速了年轻的欧洲资本主义制度的成长，由是而真正地结束了中世纪"。参见《美洲政治史纲》第 1 章，第 1 页。

② 《马克思恩格斯选集》第 3 卷，第 441 页。

③ 《马克思恩格斯选集》第 1 卷，第 237 页。

④ 马克思：《资本论》第 1 卷，第 499 页。

艺复兴、资产阶级革命的序幕——宗教改革、尼德兰革命等重大历史事件。这并不是为了表示我们对历史的分期有什么标新立异，而只是把这一章作为学习世界近代史的“引桥”，作为承上启下的过渡。同时，我们还有另一种想法，即想使读者在学习近代史时，一开始就要造成这样的印象：资本主义的诞生，一方面有着批判封建主义的革命活力，新兴资产阶级在历史上曾富有活力地创造过英雄业绩；但另一方面，“资本就是从头到脚每个毛孔都渗透着血污来到世上的”①，新兴资产阶级又处处表现出同劳动人民相对立。

当然，我们在教材中开宗明义安排《欧洲资本主义的兴起》一章虽然不是为了标新立异，但也不等于我们确认英国资产阶级革命作为近代史的开端是合理的、妥当的。无疑这个问题是可以继续讨论、继续研究的。

三

应该怎样正确评价资产阶级革命？正确评价上升时期资产阶级的历史地位和作用呢？

过去曾存在过两种倾向，受两种思潮的干扰。

其一是否定一切的历史虚无主义。打着批判的旗号否定资产阶级革命和上升时期资产阶级的历史进步作用，否定根据历史辩证法、根据历史唯物主义原则对它们作应有的、具有说服力的肯定和评价。

其二是肯定一切的非阶级观点。抹杀资产阶级革命和无产阶级革命的区别，抹杀资产阶级和无产阶级与劳动人民的区别及对立，一味颂扬。

这两种倾向看来截然不同，但是实质上却有相通之处，它们都是历史唯心主义。

我们认为，评价资产阶级革命和上升时期资产阶级的历史作用及其历史地位，应坚持历史唯物主义，坚持历史主义和阶级观点的统一。

资产阶级革命，无论是17世纪英国革命、18世纪美国独立战争、19世纪60年代美国内战，或18世纪末法国革命、1848年二月革命等；资产阶级代表

① 《马克思恩格斯选集》第2卷，第336页。

人物，无论是克伦威尔、华盛顿、林肯，或马拉、罗伯斯比尔、丹东、拿破仑等等；资产阶级的意识形态，无论是“自然状态”“社会契约”“三权分立”“人民主权”“天赋人权”，或“自由”“平等”“博爱”等，都充满资产阶级的两重性：反封建的进步性和反人民的局限性，与封建主义相对立的革命性和与封建势力相妥协的不彻底性。毛泽东同志在《新民主主义论》一书中曾指出：“一方面——参加革命的可能性，又一方面——对革命敌人的妥协性，这就是中国资产阶级（一身而二任焉）的两面性。这种两面性，就是欧美历史上的资产阶级也是同具的。大敌当前，他们要联合工农反对敌人；工农觉悟，他们又联合敌人反对工农。这是世界各国资产阶级的一般规律。”①毛泽东同志这一论断与马克思、恩格斯、列宁下面的论述是一脉相承的。马克思、恩格斯指出：“资产阶级在历史上，曾起过非常革命的作用”②。“资本主义的诞生是曾需要过英勇行为、自我牺牲、恐怖手段、内战以及民族战争的”③，在这个意义上，“如果对伟大的资产阶级革命者不抱至深的敬意就不能成为马克思主义者”。但另一方面，他们又指出资产阶级只是“用公开的、无耻的、直接的、露骨的剥削代替了由宗教幻想和政治幻想掩盖着的剥削”④。列宁指出：“资产阶级的民主同中世纪制度比较起来，在历史上是一个大进步，但它始终是而且在资本主义制度下不能不是狭隘的、残缺不全的、虚伪的、骗人的民主，对富人是天堂、对穷人和被剥削者是陷阱和骗局。”⑤马克思主义经典作家从马克思到毛泽东对资产阶级革命、资产阶级革命家、资产阶级的意识形态的论述都坚持了历史唯物主义原则，坚持了全面地、辩证地、历史地看问题的方法。

资产阶级革命、资产阶级革命家和资产阶级意识形态为什么有两重性呢？

首先，要从资产阶级的本性来看。资产阶级在历史上是最后一个剥削阶级，它对劳动人民的剥削是集历史上一切剥削阶级剥削之大成，是历史上最隐蔽、最狡猾的剥削阶级。他们只是在与封建势力争夺统治权时才需要劳动人民，一旦大权在握就会翻脸，就会把昔日的同盟者一脚踢开，或套上新的锁链。

---

① 《毛泽东选集》第2卷，第625页。
② 《马克思恩格斯选集》第1卷，第241页。
③ 《马克思恩格斯选集》第2卷，第7页。
④ 《马克思恩格斯选集》第1卷，第241页。
⑤ 《列宁全集》第28卷，第225页。

其次,从资产阶级当时所处的历史条件来看,上升时期的资产阶级不同于没落时期的资产阶级。当工人阶级还没有独立地登上历史舞台,还只是同自己敌人的敌人作斗争时,资产阶级的革命性是比较强的。但是,即使资产阶级还处在进步的地位时,它们的反人民性也处处暴露出来,何况当封建势力一推翻,资产阶级取得了政权,尤其是无产阶级与资产阶级的矛盾上升为第一位时,它的反人民性、反革命性就愈来愈加强了。这是世界近代史上常见的一般规律。

因此,我们对世界近代史上资产阶级革命、资产阶级革命家、资产阶级意识形态的评价一定要实事求是,坚持历史唯物主义原则,既不能一味颂扬,又不能抱虚无主义;既要有肯定,也要有否定。肯定主要是肯定它的反封建的进步性,肯定资产阶级代替封建主义的进步性、合理性,目的是宣传历史的辩证法,证明无产阶级必然代替资产阶级,正如当年资产阶级代替封建主义一样,都是符合于历史规律的。在这个意义上,我们的肯定不是从根本上否定了资产阶级吗?

怎样才能更好地认识上升时期资产阶级的两重性?下面几个区别是值得考虑的:

(1)必须区别上升时期的资产阶级和没落时期的资产阶级。一般说来,上升时期的资产阶级比没落时期的资产阶级的革命性要强。

(2)必须区别取得政权之前的资产阶级和取得政权之后的资产阶级,一般说来,资产阶级在取得政权之前革命性较强,取得政权之后革命性较弱。

(3)一般说来,资产阶级的政权受封建复辟势力的威胁愈大,它的革命性愈强;反之,政权如果比较稳固,它的革命性就较弱。

(4)必须对资产阶级作阶层分析。一般说来,上层资产阶级革命性比较弱,下层资产阶级革命性比较强。

这些都可以从世界近代史的具体事实中得到证明。

四

关于资产阶级革命和资产阶级民主革命的区别问题,是世界近代史教学和学习中所遇到的另一个重要问题。

资产阶级革命和资产阶级民主革命是两个不同的概念。但就其社会经济性质、阶级内容来说是没有什么区别的,它们都是资产阶级革命。资产阶级民主革命也好,资产阶级革命也好,它们的根本任务都是在于推翻封建主义制度和腐朽没落的贵族统治,建立资本主义制度和资产阶级的统治,使政权从封建地主手中转到资产阶级手中。

但两者又是有区别的。列宁曾指出,区别资产阶级或资产阶级民主革命的原则,主要看广大人民群众参加革命的程度。人民群众广泛地参加革命,在革命的整个进程中独立自主地进行活动,提出自己的要求,使得整个革命的进程打下自己的烙印,留下了自己的痕迹,这样的革命可称为资产阶级民主革命。

在资本主义上升时期,像 17 世纪的英国资产阶级革命、18 世纪末的法国资产阶级革命,都属这种类型的革命。18 世纪末法国革命尤为典型。

法国资产阶级革命是资产阶级与人民群众建立联盟,以彻底战胜封建贵族而告结束的一次资产阶级革命。在革命中,人民群众不仅独立地提出自己的要求,而且迫使资产阶级接受了他们的部分要求,深深地打下了烙印。如忿激派、无套裤汉所提出的最高限价政策、平分土地、恐怖政策等激进主张,雅各宾派最初不愿意接受他们的要求,后来不得不接受而成为他们的革命民主措施。在整个革命过程中,人民群众广泛积极地参加活动,造成了革命形势,点燃了革命的火焰,影响了立法和行政,甚至使社会生活各方面都发生深刻的变化,如改变日历、确立无套裤汉的节日、改变人的称呼等。总之,由于人民群众的干预,法国革命成为一次资产阶级民主革命,而不是一般的资产阶级革命。

为什么说 17 世纪英国资产阶级革命也属于资产阶级民主革命?因为在这次革命中,人民群众也是独立自主地进行活动。在人民群众的推动下,独立派处死了国王查理一世,并使英国宣布为共和国,而这些都是资产阶级所不愿意的。此外,掘土派提出了反对资本主义的要求。当然,英国革命不像法国革命那样富于人民性,但毕竟人民群众积极参加了活动,而且留下了痕迹,因而,它应属于资产阶级民主革命。

在世界近代史上,哪种革命算是纯粹的资产阶级革命?

在我们看来,最典型的是 1830 年的法国七月革命。在这次革命中,同样是人民群众推翻了波旁复辟王朝,但是,人民群众并没有提出自己的独立要求,并没有把自己的要求强加在资产阶级身上,其结果只是用一个王朝代替另一个王朝,即用奥尔良王朝代替了波旁王朝。路易·菲利普掌握了政权,建立了资产阶级君主政体,如列宁所称的“半君主”政体,甚至连共和国也没有宣布过。没有实现普选权,只是稍微放宽了选举人的资格,即从每年缴纳500法郎的人有选举权,降低到缴纳300法郎的人有选举权。可见,在七月革命中人民群众没有独立地提出自己的要求,也没有打下自己的烙印,留下自己的痕迹,因此是一次资产阶级革命,而不是资产阶级民主革命。

在帝国主义时代,区别资产阶级革命或资产阶级民主革命的标准能否完全根据“自由”资本主义时代的标准呢?那就要看各国资本主义发展的程度,无产阶级成熟的程度。在无产阶级已壮大起来的国家,我们不能再限于以人民群众广泛参加革命的程度作为资产阶级民主革命的标志,还应该看无产阶级在资产阶级革命中的领导权问题。

根据这一标准,1905年的俄国革命是帝国主义时期的资产阶级民主革命的典型。在这次革命中,无产阶级已是一个极为重要的政治力量。这次革命就其阶级内容来说,是资产阶级民主革命;就其斗争方法来说,是无产阶级革命,因为在这次革命中无产阶级掌握了领导权。在一些国家,无产阶级掌握领导权应该是帝国主义时代资产阶级民主革命和帝国主义时代之前资产阶级民主革命的一个根本区别。

那么,中国辛亥革命应属何性质的革命呢?是资产阶级革命,还是资产阶级民主革命呢?

辛亥革命是资产阶级民主革命,或者说是旧民主主义革命。因为在当时,中国不像俄国这类国家,无产阶级还没有作为一支独立的力量登上历史舞台,所以不能按俄国那样的标准来要求,不能按无产阶级领导权这一标准来要求。但是,一旦当无产阶级独立地登上历史舞台,我们就不能以原来的标准来要求了。

五

世界近代史上无产阶级与资产阶级的矛盾究竟何时上升为社会的主要

矛盾呢？

在我们看来，欧洲许多国家无产阶级和资产阶级的矛盾在资产阶级夺取政权之后一个相当长的时间里才逐渐上升为社会的主要矛盾。这是因为，当时一些资本主义国家尚未建立大机器工业，近代的无产阶级还没有真正诞生，更未独立地登上历史舞台，资产阶级与封建残余势力的矛盾仍占主要地位。无产阶级仍如恩格斯所说的是前无产阶级，他们仍充当资产阶级的尾巴，参加资产阶级民主改革的斗争。这在英国，最明显的是参与资产阶级反对土地贵族而进行的争取选举改革和反谷物条例的斗争。但是在 1832 年选举改革胜利后，工业资产阶级挤进了国会，参加了国家政权的管理，转而一脚踢开了无产阶级，制订了《新济贫法》，把矛头直指无产阶级。从此，无产阶级就与资产阶级分道扬镳，开展了宪章运动，反对自己直接的敌人。在法国，经过资产阶级革命、拿破仑帝国、复辟王朝，无产阶级才逐渐壮大起来。在七月王朝期间，里昂丝织工人发动了两次起义。1848 年，巴黎工人又举行了六月起义，这是近代两大阶级——无产阶级与资产阶级首次伟大的搏斗。在此期间，工人阶级第一次提出了建立“社会民主共和国”的要求。从此，无产阶级与资产阶级的矛盾才真正上升到第一位。在德国，1844 年西里西亚的织工起义也表明无产阶级已独立地登上了历史舞台，共产主义同盟的建立、1848 年的革命、马克思和恩格斯的活动也都证明了无产阶级与容克资产阶级的矛盾已渐渐上升为第一位了。

1871 年的巴黎公社，从世界近代史的整个范围来说，从欧美资本主义国家总体意义上来说，是矛盾转化的转折点。因为欧美国家经过 19 世纪五六十年代资本主义的发展，无产阶级和资产阶级的矛盾日益尖锐、日益激化，终于在 1871 年爆发了巴黎公社革命，出现了人类历史上第一次无产阶级推翻资产阶级政权，打碎资产阶级国家机器，建立无产阶级专政的尝试。这正如列宁所指出的：“巴黎公社（1871 年）最终结束了这一资产阶级改革的发展过程；只是由于无产阶级的英勇，才使共和国制度即最暴露地表现出阶级关系的那种国家组织形式巩固起来。”巴黎公社之后，即是“资产阶级绝对统治和衰落的时代，是从进步的资产阶级变成反动的和最反动的财政资本的时代。这是新的阶级即现代民主派准备和慢慢聚集力量的时代”。在这个意义上说，巴黎公社也可以成为世界近代史第一时期的结尾和第二时期的开端，资本主义上升时代的结束和没落时代的开始。当然,这个问题还是可以讨论的。

总之,我们认为近代社会的基本矛盾——无产阶级与资产阶级的矛盾成为主要矛盾,这在发达的资本主义国家于巴黎公社之前早就提升到首位。巴黎公社从整个资本主义世界范围来说,是一个划时代的事件,是带有方向性转折的事件,但不等于说它是近代社会的基本矛盾——无产阶级与资产阶级的矛盾成为主要矛盾的转折。

六

应当怎样认识殖民主义和民族解放运动在世界近代史中的地位和作用呢?

近代殖民主义开始于15世纪。葡萄牙、西班牙最早开始罪恶的殖民活动。以后,荷兰、英国、法国相继在亚、非、美地区进行人类历史上空前野蛮残酷的屠杀和掠夺。到19世纪末20世纪初,世界领土被瓜分完毕。世界进入帝国主义时代,殖民地成为帝国主义赖以生存的生命线。

在世界近代史上,殖民主义在各个不同时期的殖民政策各有特点。在资本原始积累时期,葡、西等主要是通过海盗式掠夺、欺诈性贸易、奴隶贩卖等方式,从殖民地掠夺了巨额财富。在自由资本主义时期,英、法等国主要是打着"自由贸易"旗号,以商品输出为主要剥削手段,加强对殖民地原料和市场的掠夺。在帝国主义时期,主要是依靠资本输出从事掠夺,殖民地、半殖民地作为帝国主义的原料基地和销售市场的作用更加重要了。殖民地、半殖民地成为帝国主义发财致富的主要源泉。

从世界近代史看,殖民地、半殖民地反抗殖民侵略的革命斗争前赴后继,从未停止过。1775年,北美殖民地人民展开了反抗宗主国的独立战争;18世纪末19世纪初,拉丁美洲人民掀起了反抗殖民统治,争取民族独立斗争的高潮;19世纪中叶,从波斯湾、印度到中国也出现了亚洲第一次反封建反殖民主义的革命高潮;20世纪初,亚洲各国人民又开展了轰轰烈烈的民族民主革命运动,使亚洲成为巨大的世界风暴的新源泉。

无产阶级革命导师马克思、恩格斯、列宁等都非常重视民族解放运动,他们始终把它看作无产阶级解放斗争事业的一个重要组成部分，是无产阶级革命可靠的同盟军。

马克思、恩格斯在《共产党宣言》里第一次发出了“全世界无产者，联合起来”的伟大号召。同时，他们从国际无产阶级整体利益出发，第一次指出了国际无产阶级的事业和被压迫民族解放斗争的不可分割的联系。马克思鉴于压迫民族无产阶级斗争利益，始终把“压迫其他民族的民族是在为自身锻造镣铐”这个国际主义和社会主义的根本原则放在第一位，认为支持被压迫民族的解放斗争是压迫民族无产阶级自身解放的先决条件。

列宁第一次提出了世界划分为压迫民族和被压迫民族的理论，把民族问题和帝国主义联系起来，把殖民地半殖民地的民族解放运动和欧美无产阶级革命并列，第一次把被压迫民族的反帝斗争看作世界无产阶级社会革命的一个组成部分，决定着世界革命的结局。列宁还提出了“全世界无产阶级和被压迫民族联合起来”的口号，补充和发展了马克思、恩格斯的“全世界无产者，联合起来”的口号。

在世界近代史的教学和学习中，尤其要注意打破欧洲中心说。因为欧洲曾是资本主义的摇篮，也是近代世界物质文明和资本主义精神文明的发源地。但我们要问：资本主义近代文明究竟建立在什么基础之上呢？难道不是建立在广大的亚、非、拉的白骨累累的基础之上吗？为什么亚、非、拉勤劳智慧的人民能创造古代那么光辉灿烂的文化，到了近代反而不行了呢？这难道不是由于殖民主义和帝国主义掠夺所造成的吗？因此，我们认为，在近代史上，不仅要重视欧美各国的历史，而且要重视广大亚、非、拉地区的历史，尤其是要给民族解放运动史以应有的地位，应像无产阶级革命导师那样把民族解放运动的历史作为无产阶级社会主义运动的一个重要组成部分来认识，来描述，来歌颂。

七

世界近代史的教学和学习的根本任务是什么？

（1）必须揭示资本主义由产生、发展到必然灭亡的规律，社会主义和共产主义由产生、发展到必然胜利的规律。这就是要阐明马克思、恩格斯在《共产党宣言》中所指出的:“资本主义的灭亡和无产阶级的胜利同样是不可避免的。”①以及毛泽东同志所指出的:“社会主义制度终究要代替资本主义制度,这是一个不以人们自己的意志为转移的客观规律。”②从而树立社会主义、共产主义必胜的信念。

(2)正确评价资产阶级革命、资产阶级革命家、资产阶级意识形态的历史地位和作用。绝不能混淆资产阶级革命与无产阶级革命的区别,资产阶级民主与无产阶级民主的区别,资产阶级专政与无产阶级专政的区别,资产阶级物质文明、精神文明与无产阶级物质文明和精神文明的区别。

(3)阐明劳动人民是历史的真正的主人,无产阶级是新时代的曙光。阐明社会历史不是个别杰出人物的历史,而是生产发展的历史,是生产关系必须适合生产力发展法则的历史,是物质的生产者本身的历史,是劳动群众即真正的历史创造者的历史。资本主义社会是通过无产阶级和人民群众对封建专制制度的长期斗争而建立起来的。同样,一切资本主义国家的工业化,即由工场手工业阶段向机器工业阶段过渡,作为物质和文化财富的真正创造者的人民群众也起着决定作用。从而真正树立“人民、只有人民才是创造世界历史的动力”这一历史唯物主义的根本观点。

(4)阐明马克思列宁主义是科学社会主义的理论,真正能使无产阶级和一切被压迫人民和被压迫民族获得彻底解放的唯一正确的理论。要批判形形色色的机会主义和修正主义,批判各种假社会主义和资产阶级反动思潮。

(5)阐明殖民地被压迫民族反侵略和反压迫的英勇斗争的历史,破除欧洲中心论,揭露殖民主义、帝国主义掠夺和奴役殖民地半殖民地的罪行,揭示亚、非、拉广大地区受灾难的真正原因,总结民族解放运动的历史经验,正确阐明无产阶级革命和民族解放运动的关系,民族解放运动在世界近代史中的重要地位,歌颂被压迫民族英勇斗争的事迹,鼓舞世界革命人民,增强人们反霸反殖的信心和勇气,促进无产阶级革命的发展,推动历史的前进。

学习世界近代史时,读者必须以马列主义、毛泽东思想为指导,必须站在

---

① 《马克思恩格斯选集》第1卷,第251页。

② 毛泽东:《在苏联最高苏维埃庆祝十月革命四十周年会议上的讲话》,《人民日报》1957年11月7日。

无产阶级立场上，坚持历史唯物主义，坚持为无产阶级利益服务，为我国四个现代化建设服务。要以自学为主，把教学、辅导结合起来，把学习马列著作和学习近代史专业结合起来，同批判形形色色修正主义和资产阶级思潮结合起来，这样才能把世界近代史学好。

参考书目

(1)马克思恩格斯：《共产党宣言》，见《马克思恩格斯选集》第1卷。

(2)恩格斯：《社会主义从空想到科学的发展》，见《马克思恩格斯选集》第3卷。

(3)马克思：《资本论》第1卷第24章，见《马克思恩格斯选集》第2卷。

(4)列宁：《打着别人的旗帜》，见《列宁全集》第21卷。

(5)列宁：《帝国主义是资本主义的最高阶段》，见《列宁选集》第2卷。

思考题

(1)世界近代史分几个时期、几个阶段？其基本内容和特征是什么？

(2)你认为世界近代史应从何时开始？为什么？

(3)在世界近代史中，无产阶级与资产阶级成为社会的主要矛盾是从何时开始的？

(4)资产阶级革命和资产阶级民主革命有何区别？

(5)如何评价上升时期资产阶级在世界近代史中的地位和作用？

《世界近代史学习指导书绪论》，华东师范大学出版社1985年

人类划时代的事件——法国大革命

1789 年的 7 月 14 日，巴黎的武装人民攻占了戒备森严、象征着封建专制统治的巴士底狱。攻占巴士底狱的胜利意味着法国大革命的真正开始。

法国革命从 1789 年 7 月 14 日开始，到 1794 年 7 月 27 日雅各宾专政崩溃为止，经历了整整 5 个年头、3 个阶段。在立宪派统治之后有吉伦特派的统治，之后又有雅各宾派的专政。

法国大革命之所以称得上世界近代史上具有划时代意义的大革命，是因为它不仅在政治上推翻了封建专制的波旁王朝的统治，在经济上摧毁了封建的所有制关系，代之以资本主义的所有制关系，而且使法国社会生活各个方面都发生了重要的变化。

正是这次大革命，颁布了《人权和公民权宣言》和多部《宪法》，宣布了人的各种权利：自由、平等、民主、财产、安全；改革了旧制度遗留下来的不合理区域划分和行政机构的弊端；把象征封建专制主义的国王路易十六和王后玛丽·安托瓦内特送上断头台；向全世界宣告了法兰西为共和国，在世界上最早承认了所有的男性公民有普选权，并提出了“自由、平等、博爱”的政治口号；建立了革命民主专政，给反动的天主教僧侣和贵族以致命的打击；改造了旧军队，代之以新的人民的武装力量；人民的主动性和积极性被充分地调动起来，高唱《马赛曲》，奋起抗击外国武装干涉，给反法联军以无情的打击，为后世树立了保家卫国正义战争的榜样；进行了土地改革，将封建领主长期来从农民手里夺去的土地还给农民，并将逃亡贵族的土地分给无地、少地的农民，封建的文书、契约一律当众烧毁，违者严惩；革命造就了一大批具有世界意义的领袖人物，诸如罗伯斯比尔、丹东、马拉、罗兰夫人等；革命还改变了社会生活的各个方面，如服饰、风尚、历法、人与人的称呼等都发生了重要变化；

文化艺术、义务教育、科学技术,尤其是军事工程技术都有了空前的发展。总之,法国大革命是以革命民主、大胆创新、正义理性的形象载入人类史册的。

因此,马克思曾称法国大革命是“18 世纪对 17 世纪的胜利”,是“欧洲范围”的革命。列宁称颂它是“把文明赐予全人类”的革命。黑格尔、歌德认为它是“划时代”的“曙光”。孙中山曾把法国大革命的政治口号“自由、平等、博爱”比作他的“民族、民权、民生”。李大钊热情地赞扬说:“19 世纪全世界之文明,如社会或社会之组织等,罔不胚胎于法兰西革命血潮中。”

当然,法国大革命也出现过某些不足和局限,但正如著名历史学家米涅所指出的,这是由于历史条件所使然,是不可避免的,它的目的已实现了:旧制度被摧毁了,新制度被建立起来了。这是很公正的评价。

《解放日报》,2000 年 5 月 12 日

永远值得纪念的“九三年”

1793年是一个永远值得法国人民和世界人民纪念和赞扬的年份，因为它是以革命民主、主动创新、大胆果断、坚韧不拔、光辉灿烂的形象载入人类史册的。

因为正是在这一年，它把象征封建专制主义，似乎不可侵犯的国王路易十六、“赤字夫人”玛丽·安托瓦内特送上了断头台。

它颁布了世界近代史上最民主的资产阶级新《宪法》和新《人权宣言》。宣布了“追求幸福是社会的普遍目的”；宣布在法律面前人人平等；宣布普选权及人的种种自由的权利。

它真正把恐怖提上日程，用革命的恐怖回敬了反革命的恐怖，给国内外反革命势力以沉重的打击，从而推进了革命，拯救了法兰西共和国。

以罗伯斯比尔为首的资产阶级革命民主派进入了救国委员会，改组了委员会，建立了著名的雅各宾专政，以钢铁般的意志和手腕，推行了种种有利于人民的革命民主措施。

它以革命民主的精神改造了旧军队，把真正有才能的年轻军事指挥人员，不受资历限制破格提拔到最重要的领导岗位，并委以重任，由于军队成分的改变，指挥力量的加强，采取了新的战略战术，从而保证了共和国前线的胜利，威慑了反法联盟军队。

宣布了最高限价法，组织了“革命军”，并随身携带断头机，给投机倒把分子和窝藏粮食的富商以严厉的打击，从而保证了巴黎和其他城市物价的暂时稳定和粮食的供应。

无情地镇压了旺代的反革命叛乱，收复了被英国人控制的军港——土伦，大大振奋了人心。

雅各宾派连续颁布了3个《土地法》,将封建领主长期来从农民手里夺去的公社土地归还给农民,并将逃亡贵族的土地分配给无地和少地的农民,封建的文书、契约一律当众烧毁,违者严惩,从而使农民长期来为之斗争的却从来没有实现的愿望,在雅各宾派统治的初期——1793年的短短几个月之内奇迹般地实现了。

法国的科学技术、文化艺术、教育也得到了很大的发展,军事工程技术有了空前的发展。

更重要的是人的主动性、积极性被空前地调动起来,爱国主义热忱得到了充分的发挥。

总之,无论从政治经济或社会生活各个方面综合起来看,它明显地会给人们形成一个"九三年"革命民主的概念、精神和原则。"九三年"确实是"八九年"革命的继续和发展、深入和扩大。可以说,如果没有1793年,1789年革命的胜利只能是昙花一现,一瞬即逝。正是有了"九三年",1789年的革命才能成为划时代的革命。因此,我们更有理由说如果没有"九三年"那样的辉煌灿烂,绝不会有"八九年"那样的光辉夺目。无怪乎维克多·雨果专门为"九三年"写了一本小说,书名就是《九三年》;同样,无怪乎黑格尔、歌德、列宁都把法国大革命称为"划时代"的"曙光"和把文明赐予全人类的大革命。这里当然是包括1789年和1793年在内的,在这个意义上,我认为在纪念法国大革命时,只对1789年加以轰轰烈烈地庆贺,而对1793年则不予庆贺,这是不公允的,不符历史事实的。

1793年,此时在中国正是清政府乾隆皇帝统治时期。据说正是在这一年,英国政府派马戛尔尼使团到中国觐见乾隆皇帝时把法国大革命消息传到了中国(为纪念此事和法国九三年革命200周年,今年9月在我国承德召开了国际学术讨论会,以资纪念)。

对于1793年的评价,历来褒、贬、毁、誉,众说纷纭,莫衷一是。有不少历史学家认为"九三年"是了不起的年份,应该大书特书,大颂特颂;但也有不少历史学家却认为"九三年"是一个瘟疫似的年份,是一个失控"滑倒"的年份,是一个狂热无政府的年份,让人毛骨悚然,如英国的历史学家阿克顿勋爵、法国的历史学家泰纳等都持此类观点。中国近代历史上保皇派与革命派争论时就曾对此壁垒分明,康有为曾谴责法国大革命尤其是"九三年"杀人太多,尸横遍野。他说，“巴黎 100 日，伏尸 129 万”，甚至还说“法国革命死了 1200 万”人等。当时孙中山就撰文《驳保皇报书》，旗帜鲜明地反驳道：“试问巴黎当时人丁几何？作者知之乎？”驳得保皇派哑口无言，体无完肤。

事实上怎样？1793 年法国处在什么样的情况？

1793 年夏，法兰西共和国内忧外患，岌岌可危。国外有十几个国家兵分五路包围法国，想把法国大革命绞死在摇篮之中；国内王党举行反革命叛乱，当时法国 83 个郡有 60 个郡起来反对革命、反对雅各宾派，另外投机倒把盛行，物价飞涨，封建势力猖獗。正是大革命和共和国处于危机之中，雅各宾派与人民群众采取了果断的革命民主措施，挽救了革命，保卫了共和国。这应该说是历史的进步。试问如果当时没有雅各宾派 1793 年的这种革命精神和铁的手腕，法兰西第一共和国能存在？大革命的原则能维护？1789 年的革命成果能巩固？

当然，我们颂扬 1793 年，主要是颂扬它的革命民主精神和原则、它的钢铁般的意志和手腕，而不是它所有的行为。1793 年确实还存在着许多缺陷，诸如法制不健全，存在无政府主义现象；尤其是镇压反革命有扩大化现象；在革命政府内有不少戴红帽子的恐怖分子故意将一些正确的革命措施推向极“左”，乱杀乱捕，从而败坏了革命的声誉，特别是在 1794 年弗勒吕斯战役胜利之后敌人已被赶出国境，内部敌人已被镇压下去，而恐怖仍在变本加厉地进行，弄得人人自危。因此，我们不能也不应颂扬这些，相反，还应批评这些。但我们不要忘记，这主要是 1794 年的事，而不是 1793 年的事。

历史学家应该实事求是，秉笔直书，而不应该不顾事实，持主观偏见。本着这种精神，我们应该充分肯定 1793 年合理的东西，应该理直气壮地否定其不合理的成分，从而吸取有益的历史教训。肯定 1793 年是为了肯定历史的辩证法，肯定资产阶级代替封建势力的进步性和历史的必然性。作为一个历史学家还应有强烈的历史责任感和正义感，应该有颂扬什么、谴责什么的鲜明态度。

1993 年 8 月于巴黎

《欧洲时报》连载，1993 年 10 月 2~3 日

论资产阶级两重性

——以法国大革命为例

什么叫资产阶级的两重性呢?

所谓资产阶级两重性,是指资产阶级既有参加革命反封建的一面,又有反人民的另一面;既有与封建势力相对立的一面,又有与封建势力相妥协的另一面。毛泽东同志在《新民主主义》一文中指出:“一方面——参加革命的可能性,又一方面——对革命敌人的妥协性,这就是中国资产阶级‘一身而二任焉’的两面性。这种两面性,就是欧美历史上的资产阶级,也是同具的。大敌当前,他们要联合工农反对敌人;工农觉悟,他们又联合敌人反对工农。这是世界各国资产阶级的一般规律。”毛泽东同志这一论断具有普遍的意义,纵观世界各国资产阶级革命,资产阶级的表现大体如此,就是法国大革命那样彻底的革命,资产阶级也不例外。

本文拟以法国革命为例证明毛泽东同志这个论断的正确性。

一

从哪些方面看法国资产阶级革命时期资产阶级的两重性呢?

(一)首先从法国大革命实践本身来看

法国大革命是一次由资本主义代替封建主义的大革命。革命无论从它的广度和深度来说都是其他国家的资产阶级革命所不及的。革命是沿着上升路线发展的。在立宪派统治之后有吉伦特派的统治,在吉伦特派的统治之后是雅各宾派的统治。后面的党派都比先前的党派先进。革命经历了内战和外战、革命和反革命激烈的斗争。从攻克巴士底狱开始,中经10月5日—6

日、8 月 10 日、9 月 2 日以及 5 月 31 日—6 月 2 日等事件,斗争场面波澜壮阔,一个胜似一个。在革命舞台上所涌现出来的人物如西哀耶斯、拉法耶特、米拉波、布里索、罗兰夫人、德穆兰、丹东、马拉、罗伯斯比尔、圣·茹斯特、拿破仑等,群星灿烂。正如马克思所说:"不管资产阶级社会怎样缺少英雄精神,然而它的诞生是曾需要过英勇行为、自我牺牲、恐怖手段、内战以及民族战斗的。"但是,资产阶级革命很快就达到自己的顶点。资产阶级在革命中的反人民性和与封建主义的妥协性日益暴露,资产阶级的两重性不断明显地表现出来。

在立宪派统治时期,资产阶级在攻克巴士底狱取得对封建专制制度第一个回合的胜利之后,就曾宣布取消封建义务,没收教会财产,废除教会的什一税;通过《人权宣言》,宣布人生而自由,人在法律面前一律平等,建立君主立宪政体,制定 1791 年《宪法》,取消贵族爵位;改造行政机构,把全国划分为 83 个郡,等等。这些措施在反封建斗争中无疑是一大进步。但就是这个立宪派却马上表现了它与封建势力相妥协、和人民相对立的一面。如它给国王保留了很大的权利,国王有否决权、不可侵犯权,有任命各部部长权、有宣战媾和权等;反之,它没有给人民以普选权,人为地以财产的多寡把人划分为"积极公民"和"消极公民",使绝大部分法国人民被剥夺了选举权和被选举权;承认可耻的殖民制度;通过旨在禁止工人集会和罢工的《勒·夏普利埃法》;没有解决农民对土地问题的要求,规定很高的价格来赎偿封建义务。尤其严重的是在 1791 年 7 月 17 日,当人民群众提出废黜路易十六的请愿和示威时,竟动用了国民自卫军马队对集合在马尔斯广场的手无寸铁的人民实行血腥的屠杀,当场留下 50 来具尸体,使几百人受伤。难道这不是对资产阶级在"人权宣言"中所宣布的种种自由、平等权利的一个尖刻的讽刺吗?难道这不也是资产阶级两重性的另一面——反人民和与封建势力相妥协的最好的证明吗?

在吉伦特派统治时期,吉伦特派的工商业资产阶级比大资产阶级立宪派有不少进步。他们主张反对君主立宪政体,建立共和制度;没收逃亡贵族和国王的地产,把它加以拍卖,减少农民赎买封建义务的数量;取消积极公民和消极公民的划分;在人民群众的压力下,把路易十六送上了断头台。但吉伦特派同样暴露了它的资产阶级反人民、与封建势力相妥协的本性,他们没有能真正以民主的方法解决农民对土地的要求,放纵投机商人和囤积居奇者,导致经济危机，使劳动人民生活恶化；对外来武装干涉打击不力，吉伦特派的将领叛变投敌；对国王千方百计袒护，甚至堕落为保皇派。吉伦特派领袖布里索一方面说“财产就是剽窃”，显得非常革命；另一方面却说：“这次革命应该停止了，否则就会发生危险，那它便仍然是什么也没有打倒。”罗兰在出任内政部长后就叫嚷：“必须把一部分国民武装起来对付另一部分国民。”他指的另一部分国民就是生活最无保障的无套裤汉，难道吉伦特派的资产阶级两重性也不明显吗？

雅各宾专政是法国大革命的顶峰，也是资产阶级革命性表现最突出的时期。在此期间，资产阶级革命民主派与人民群众建立了联盟，果敢地给国内外封建势力以沉重的打击；彻底地废除了封建义务和权利，在一定程度上用民主的办法解决了农民的土地问题；实行普遍最高限价的政策，给投机商以有力的打击；颁布新《人权宣言》和新《宪法》，宣布社会的目的在于普遍的幸福。卢梭的资产阶级革命民主思想得到了充分的体现。但就是这个所谓资产阶级革命的“黄金”时期，资产阶级同样暴露了它的局限性，雅各宾派同样是私有财产、自由贸易的拥护者；它在通过全面限价的同时也规定了工人的工资最高额，反工人的《勒・夏普利埃法》仍然被保留下来；剥夺了广大妇女及家庭佣人的选举权；尤其是镇压了下层群众利益的保卫者——“疯人派”的领袖扎克・卢，等等。

由以上的事实可以看出，无论是大资产阶级立宪派、工商业资产阶级的吉伦特派，还是中小资产阶级的雅各宾派，都毫无例外地具有资产阶级两重特性。

（二）从法国资产阶级革命的口号及其理论来看

法国革命的口号是“自由、平等、博爱”，这个口号的理论渊源是18世纪启蒙思想家所提出的学说，如“自然状态”“社会契约”“普遍理性”“普遍人性”“天赋人权”“人民主权”等。从这个口号以及它的理论基础来看，同样具有资产阶级的两重性，即反封建的进步性和欺骗群众的虚伪性。

1.其反封建的进步性主要表现在：

（1）反映了第三等级的愿望。18世纪末法国还处在“旧制度”统治之下，国王专横昏庸，特权等级胡作非为，腐败透顶。第三等级政治上无权，尤其是下层群众过着暗无天日的生活。推翻旧制度、建立资本主义新制度成为不可抗拒的历史潮流,一场争自由、争平等的斗争就成为第三等级的共同愿望。"自由、平等、博爱"的口号是符合这种要求的。

(2)在精神上起了很大的解放作用。在中世纪禁锢人们的思想和理论是经院哲学、王权神授理论、禁欲主义等,理性从属于信仰,哲学成为"神学的奴婢"。为了在物质上推翻封建制度,以及作为封建制度精神支柱的教会,必须先来一个精神上的解放运动。"自由、平等、博爱"的口号和启蒙思想家的理论,在这方面曾起了很大的作用。

(3)对推动革命深入发展、彻底战胜国内外敌人起了很大作用。法国革命之所以成为一次完全丢开宗教外衣、在公开的政治基地上作战的革命,一次使整个19世纪都在法国革命的旗帜下走过的革命,是与这个革命有着明确的口号、鲜明的理论旗帜分不开的。

2.这个口号除了反封建进步性的一面,也表现了它的虚伪性和与劳动人民相对立的一面:

(1)从革命实践来看。法国大革命实践本身揭穿了这个口号的虚伪性。上面已经提到,根据启蒙思想家的理论所制定的《宪法》及所宣布的《人权宣言》,规定了"人生而自由",并且有集会结社、出版言论等自由,规定人在法律面前一律平等。但劳动人民在革命中究竟享受到什么呢?是马尔斯广场的镇压,是禁止罢工的《勒·夏普利埃法》,是忍饥挨饿、生活无保障、生存权受到严重的威胁。1793年6月24日,"疯人派"领袖扎克·卢在国民公会上,就无情地鞭挞过它。他说:"如果一个阶级可以不受惩罚地使另一个阶级受饥饿的痛苦,那么自由就不过是海市蜃楼。如果富人利用垄断地位操纵着那些在法律上应当同他平等的人的生死大权,那么平等就不过是海市蜃楼。难道说骗子的财产真比一个人的生命还要神圣吗?"但扎克·卢却被雅各宾政府投入监狱,死于狱中。法兰西"自由、平等、博爱"口号的面纱不是被撕得精光了?

(2)从理论上来看。马克思历来认为,任何意识在任何时候都可能是被意识到了的存在。正因为资本主义社会最一般和最本质的特征是商品关系的普遍化和劳动力转化为商品,从商品的现象形态或流通领域来看,包括劳动力的买卖在内,好像一切都是平等的和自由的,都是契约的关系,双方都是一种交换价值的占有者,都是"自由"的人,进行着"等价交换"的"权利平等"

者,甚至劳动力的购买者好像是一个“博爱”者。所以,马克思说:“这个领域,实际上是天赋人权的真正乐园。”但是,一旦人们把视线转到资本主义的生产领域,马上就可以发现,这个所谓的“天赋人权的乐园”只是属于资产阶级的,对劳动人民来说,仍然是“囚禁穷人的巴士底狱”。“自由、平等、博爱”纯粹是种假象,在这种假象掩盖下的是资本对劳动的剥削、资本家迫使工人为他们生产剩余价值的罪恶行为。

实际上,资产阶级提出“自由、平等、博爱”的口号及其理论仅仅是建立在私有财产的基础上的,是以承认私有财产神圣不可侵犯为前提的。很多启蒙思想家和革命家,以及革命时期所公布的《人权宣言》和《宪法》,总是在承认自由、平等是人的基本权利时,也承认财产权是人的最基本的权利。爱尔维修说,“保持所有权乃是各个国家的道德神”,“个人利益是人类行为价值的唯一而普遍的标准”。罗伯斯比尔说:“财产权是由法律保障的,使每个公民有享有和处理属于他们那份财产的权力。”《人权宣言》最后一条,即第十七条规定“财产是神圣不可侵犯的权利”。1793 年新《人权宣言》把自由、平等、安全与财产并列作为人的自然的不可剥夺的权利。承认私有财产是神圣的,不可剥夺的权利,实际上不就是承认以资本主义所有制代替封建所有制,以资本主义剥削代替封建主义剥削的合理性吗?

(三)从资产阶级代表人物所具有的两重性来看

法国革命涌现出了许多资产阶级著名的代表人物,资产阶级代表人物是资本人格化的集中表现,是资产阶级阶级性的集中表现,是资产阶级的精华,是革命的领袖。因而在他们身上也最能体现资产阶级的两重性,从西哀耶斯到拿破仑都毫不例外。当然,在他们之间有着程度上的差异。下面想以丹东、罗伯斯比尔、拿破仑为例加以说明。

先看丹东。丹东(1759—1794)是山岳派的重要领袖之一。丹东在革命初期,曾猛烈地抨击君主专制制度,宣传自由平等的资产阶级民主思想,提出以激变来推翻封建君主政体、建立共和国的主张;在外国武装干涉、敌军长驱直入、兵临城下,而吉伦特政府无力抵抗,企图迁都逃跑时,唯有丹东挺身而出,将自己的老母亲迁到巴黎,表示与敌人决一死战的决心,他还在立法会议上发表了著名的演说:“要想战胜敌人,我们必须勇敢、勇敢、再勇敢!这样法国才能得救!”在审判国王时,他极力主张处死国王,还提议成立革命法庭,审判革命的敌人,组织救国委员会,以加强革命政府的权力。但丹东却在革命中发了国难财,成了暴发户。他挥金如土,贪恋酒色,后来经他挥霍后所剩下来的财产,还比他参加革命时多了 9 倍。他后期过分强调与敌人妥协谈判,主张“宽容”、侈谈“幸福”,完全丧失了革命初期的那种锐气,成了“半英雄式”的人物。

再看罗伯斯比尔。罗伯斯比尔(1758—1794 年)是雅各宾派和雅各宾革命政府的领袖,革命民主主义者卢梭的忠实信徒。他不仅主张实行政治民主,还主张社会民主,他坚决主张处死国王,建立资产阶级民主共和国。主张用铁的手腕,镇压共和国的敌人,认为对敌人的仁慈就是对人民的残忍。同时,他还提出:只有恐怖而无道德,则恐怖是残忍的;只有道德而无恐怖,则道德是软弱无力的。他竭力将资产阶级民主革命进行到底,认为事情半途而废等于什么事也没有做。为了战胜国内外敌人,他认为必须利用人民,联合人民,他铁面无私、不可腐蚀,这点连他的敌人也是承认的。因此,在 1793 年 6 月至 1794 年 7 月雅各宾专政期间,他赢得了很高的威望和权力。但像罗伯斯比尔这样革命性较强的人物,也充满着资产阶级的两重性。他既认为私有财产是一切社会不幸的根源,但又认为它是不可避免的;他既主张自由贸易,又主张限制自由贸易;既有平均主义的倾向,又有反平均主义的倾向,认为财产的平等是一种渺茫的梦想;既认为财产平等对于个人幸福还不如对于社会福利那么需要,又反对土地法,认为土地法只是“骗子们为了恐吓糊涂虫们所捏造出来的幻想”。雅各宾专政时期,他不仅镇压了丹东派、阿贝尔派、肖美特派,而且镇压了“疯人派”。罗伯斯比尔的结局——被送上断头台恐怕主要的也是他的资产阶级两重性矛盾冲突到最后不能摆脱的结果。

最后,再看拿破仑。拿破仑(1769—1821 年)是法国革命最后阶段的主要代表人物,法兰西第一帝国的缔造者,杰出的政治家和军事家。青年时代受过启蒙思想,尤其是卢梭思想的影响。在法国革命高潮时,曾与雅各宾派并肩战斗过。无论是土伦战役、葡月风云、雾月政变,还是奥斯特里兹大会战等,都表现他对王党的镇压是坚决有力的,对欧洲反法同盟的斗争是刚毅顽强的。人们称他为“马背上的罗伯斯比尔”,这是当之无愧的。拿破仑还为法国资产阶级奠定资本主义的统治作了不少工作。他建立中央集权制,制定《拿破仑法典》,巩固小农土地所有制,建立法兰西银行,鼓励新技术,执行国家订货等。总之,拿破仑从经济基础到上层建筑,从内政到对外关系,为巩固资产阶级革命成果立下了汗马功劳。因而,马克思主义经典作家把他与罗伯斯比尔等人并列为英雄人物,称之为“真正的伟大的拿破仑”,这也是理所当然的。

然而,拿破仑虽然有反复辟的一面,却还有为波旁王朝复辟铺平道路的另一面;他虽然有捍卫革命、保卫革命成果的一面,却又是一个革命的绞杀者;他虽然一面口口声声地宣称帝国是以自由、平等为原则的,但另一面却大肆镇压革命人民,剥夺人民民主的权利,还与封建势力、天主教会相妥协。1802年他与罗马教皇签订的教会协议和1810年他与奥地利公主结婚等都充分暴露了他与封建主义相妥协的资产阶级两重性。拿破仑在圣赫勒拿岛同拉斯卡斯说:“本世纪的伟大战斗已经赢得了,革命完成了;当时必须做的一切就是把革命和没有予以破坏的东西调和起来。那项任务由我承担了。……我成为旧和新之间联盟的拱门,成为旧秩序和新秩序之间的天然居间人。”这是拿破仑资产阶级两重性最好的自我画像。

总之,无论是从法国大革命实践本身来看,从法国大革命的口号和理论来看,还是从资产阶级各种代表人物来看,都充分说明了资产阶级具有两重性的特征。这种既矛盾又统一的两重性就像歌德证明两种灵魂在胸中冲突一样。尽管资产阶级是革命的领导力量,是那时的进步阶级,经常打着全民族利益的代表者的旗号,但他们的本性总是会暴露出来的,掩盖不住的。这就进一步证明毛泽东同志所提出的资产阶级“一身而二任焉”的特征完全是正确的,具有普遍意义的,就是法国革命那样彻底的革命也不例外。

二

为什么资产阶级会有这种两重性?应该怎样更好地认识资产阶级这种两重性呢?

首先,从资产阶级的本性来看。资产阶级是由封建社会末期产生出来的新兴阶级,是新的生产方式的代表。18世纪末的法国,资产阶级虽然在居民中人数不多,但影响很大,他们在经济上已成为强大的阶级,他们手中握有法国财产的最大部分,掌握了国内工业,操纵了国内外贸易,攫取了大量地产,但在政治上仍然是无权的,受到封建专制制度的种种压迫和蔑视。资产阶级的经济实力同他们在政治上所处的无权地位极不相称。同时,他们更深地感觉到他们所处的法律地位的低下。正如马蒂埃在《法国大革命史》一书中所说的:巴那夫当其母亲在格罗布尔剧场观剧被贵族赶出她所定的包厢之时,即成了一个革命党人;罗兰夫人老抱怨她和她母亲被留在封建内堡吃饭,却只能在厨房里吃。于是,他们对封建特权等级怀着极大的不满。腐朽没落的封建专制制度的压迫和束缚,必然引起新兴的资产阶级的反抗,他们千方百计地要摆脱封建的桎梏,夺取他们的权力,使之适合资本主义的发展。这就是资产阶级之所以能成为革命的阶级,有参加革命的可能性的重要原因。

但是,另一方面,资产阶级是历史上最后一个剥削阶级,它对劳动人民的剥削也是历史上最隐蔽、最狡猾的。他们只是要求推翻封建、与封建势力争夺统治权才需要人民,一旦掌握政权就会翻脸,就会把自己昔日的同盟者一脚踢开,并套上新的锁链,就会以资本主义的剥削方式代替封建主义的剥削方式。这也就决定了它之所以与人民相对立,与封建势力相妥协的另一面。

其次,从资产阶级所处的历史条件来看。18 世纪末法国资产阶级革命时期的资产阶级的革命性是较强的,这是由他们所处的历史条件决定的:(1)18 世纪末的法国大革命是上升时期的资产阶级革命,它不同于腐朽没落的帝国主义时期的资产阶级,这个时期的工人阶级还没有独立地登上历史舞台,资产阶级还是处在进步的那个点上;(2)法国革命时期资本主义的关系和封建关系的矛盾、第三等级和特权等级的矛盾特别尖锐,法国封建专制制度特别顽固死硬,资产阶级与封建势力没有妥协的余地;(3)法国革命面临着外国武装干涉、欧洲各封建君主像害怕瘟疫一样害怕法国大革命,从俄国的沙皇到罗马的教皇,从奥地利的哈布斯堡到普鲁士霍亨索伦王朝都联合起来,一次次拼凑反法联盟,想扑灭法国大革命的烈火。在这种历史条件下,资产阶级为了战胜内外敌人,就必须与人民群众建立联盟,这时资产阶级的革命性也是较强的,甚至有时似乎超出了自己的范围,采取了"平民"的手段,如恐怖手段、最高限价措施等。不过,即使是这些措施,也根本没有超出资产阶级范围,时时暴露出其反人民的本性、与封建势力相妥协的特性。到后来,由于工人阶级独立地登上历史舞台,它的反人民性那就充分暴露了。

其三,对资产阶级革命时期的资产阶级两重性的评价,我们一定要坚持马列主义、毛泽东思想，坚持历史唯物主义。既不能“左”，也不能右。既不能一味颂扬，也不能抱虚无主义态度，一定要实事求是。要全面地、历史地、辩证地去看。既要有肯定，也要有否定。要肯定资产阶级在历史上反封建的进步性，也要否定他的反人民性和与封建势力相妥协的妥协性。肯定资本主义代替封建主义的进步性和合理性的目的在于宣传历史辩证法，在于证明无产阶级代替资产阶级正像当年资产阶级代替封建阶级一样，都是合乎历史发展的规律。在这个意义上，我们肯定资产阶级也是为了从根本上否定资产阶级。同时，在肯定资产阶级进步性时，一分钟也不要忘记揭露资产阶级反人民的本性。在这方面马克思主义经典作家已给我们作了很好的榜样。马克思、恩格斯在《共产党宣言》中，一方面肯定“资产阶级在历史上曾起过非常革命的作用”，同时指出另一方面：资产阶级只是“用公开的、无耻的、直接的、露骨的剥削代替了由宗教幻想和政治幻想掩盖着的剥削”。毛泽东同志所一再强调的资产阶级“一身而二任焉”的两重特性的论断，与马克思、恩格斯上述论断是一脉相承的。

其四，怎样才能更正确地具体分析各种不同情况下的资产阶级两重性呢？我们认为还必须做好以下几个区别：

（1）必须区别上升时期的资产阶级和没落时期的资产阶级。一般说来，上升时期的资产阶级革命性比较强。法国自 19 世纪 40 年代起，资产阶级的反革命性就逐渐增强了。

（2）必须区别取得政权之前的资产阶级与取得政权之后的资产阶级。一般来说，资产阶级在取得政权之前，即推翻封建阶级统治之前，其革命性比较强。

（3）必须区别取得政权之后，资产阶级政权稳固的程度如何。一般来说，资产阶级在取得政权之后尚受国内外封建势力威胁的时候，其革命性比较强，反之则较弱。

（4）还必须对资产阶级作阶层区别。一般来说，资产阶级越是上层，同封建势力联系越多，他的革命性就越弱。

以上几个区别，我们都能从法国大革命具体事实中资产阶级的表现得到证实。

《历史教学问题》，1984 年第 2 期

纪念法国大革命

——现实的斗争是历史上斗争的继续

一、法国在加紧筹备200周年纪念活动

1789年法国大革命200周年的到来已屈指可数，仅20多个月了，正如一些人所说的它犹如火箭已处于点火阶段，只待发射。

世界各国都在积极准备迎接这个伟大节日的到来。从现在起，美、英、日、德、中国和其他国家对200周年都表达了自己的向往，尤其是法国更表示了主人翁的态度。为了纪念，密特朗想举行世界宏大博览会的计划虽然不能兑现，但各种学术活动、纪念活动、书刊出版仍在加紧进行。从今年起到1989年，法国要组织70次国际性学术讨论会（到目前为止已经举行过15次，如"法国大革命，模式还是特殊道路""马布里讨论筹备会"等都在今年5月份举行）；有的学术讨论会还将围绕各种主题举行，如"革命在资本主义历史上的作用""革命对艺术的破坏""革命的文化遗产""1789年与书籍""革命与森林空间""红色南方和白色南方""法国革命时期的政治对立及这种对立在南方地中海沿岸地区的遗产""19世纪以及法国革命在中国的形象""旧制度下的民众文化（在芝加哥举行）""法国大革命与十月革命的比较研究（在莫斯科举行）"。可见，世界各地都有这种活动。

从经费上看，法国政府将拨1500万法郎资助这些学术活动、庆祝活动（美国是1200万美元）。而法国全国科学研究中心1985年的预算只有37.5万法郎，1986年为30万法郎，1987年略微多一些。经费虽然不多，但比起索

布尔时代已大不一样，索布尔当年领导法国大革命研究所每年的行政预算总共只有4000法郎，1981年的预算为9000法郎，与这些数字比较，那现在当然是很大的进步。

与200周年有关的大革命的各种书籍的大量出版和再版：伏弗尔的《大革命的画册和史话》（5卷本）出版；克洛德·芒塞龙的包括《巴士底的血（续编）》在内的一系列作品问世；弗朗索瓦·孚雷批判马克思主义的书籍畅销；埃尼·富尼埃写的有关旺代省的三部曲广受欢迎；罗伯斯比尔的《新保王派的公开信》等书籍再版等。随着大革命200周年纪念的临近，这些书籍的销量亦在提升。

为了迎接200周年的到来，前《人道报》体育记者达尼埃尔·佩雷西尼设立了“89年革命袖珍历史电话”（电话号码为36-15-91-77RJ2）和“历史电话”（电话号码为43-69-17-89），这两架电话向公众提供有关200周年的各种活动信息，讲述自1786年至罗伯斯比尔垮台这一时期中每天的革命情况，同时也征询公众对庆祝活动的建议，起着公众信箱的作用。

此外，法国还将于1989年2月举办《革命和欧洲》的展览会，此展览会还将在法国各重要城市展出；1989年5月5日将在凡尔赛举行3000年伦理学世界代表会，届时将有全国和世界各国的思想界代表参加；还将成立200周年思想俱乐部，就“怎样共同生活”出版主张人间博爱的手册，并将于7月14日在练兵场提出一份“公约”；在法国和欧洲各城镇举行盛大庆祝活动，在斯特拉斯堡举行人与公民权利与义务世界大会；成立企业首脑俱乐部；成立通讯企业委员会和国民教育委员会；向具有创造精神促进200周年纪念活动的城市、协会和个人颁发200周年星形纪念纹章。

在电影、电视、资料方面，将有菲力浦·德·希洛卡执导的一部反映朱安党人的巨片，由电视二台播出；由法国电视三台委托克洛德·桑泰利执导连续剧，逐日播放；建立一所大革命资料库，供袖珍电话使用……当然，有可能还举行穿戴当时服装的盛大游行等。

法国是一个热爱过去、热爱文化的国家，它将会竭尽全力来筹备这一光辉节日的到来。但没有料到，法国革命竟会在这个光辉的节目面前，在筹备这个节日的过程中遭遇到严重的分裂，斗争是激烈的，是始料所不及的。

二、严重的分歧与斗争

法国大革命是一次由中世纪封建制过渡到近代资本主义制的具有极为重要意义的革命。这次革命不仅在政治上较为彻底地摧毁了封建的特权等级制，废除了绝对君主专制制，在经济上摧毁了过时的行会制、封建大土地所有制，而且使社会生活的各个领域发生了深刻的变化。通过革命，资本主义新的政治经济制度、道德风尚、法律规范都建立起来了。革命动摇了旧世界，建立了新的世界。

正因为如此，在法国大革命中，新与旧、革命与反革命、进步与保守势力的斗争特别激烈。正因为如此，围绕着对于大革命的看法而展开的各种史学流派尤其是传统派和修正派的斗争也特别激烈。

当前，在筹备200周年的活动中这场斗争的严重性已充分地暴露出来，到目前为止几乎达到了白热化的程度。具体表现在以下几个方面：

第一，革命与反革命斗争方面。

今天的法国虽然没有人公开地提出回到过去的中世纪的黑暗时代，公开闹出波旁王朝复辟的丑剧。但是有人的的确确为路易十六翻案（费朗索瓦·布吕舍）；有人把路易二十这位后来的王位觊觎者推上法国的王座，把他作为新的官爵标志（蒂埃里·阿尔迪松）；有人则在旺代声嘶力竭地揭露共和国的罪状；在里昂，出现了一个1793年镇压受害者委员会，他们是否想要共和国赔偿损失，"恢复名誉"？

在巴黎则出现了一个由一批社会党知识分子组成的保卫法国革命委员会，这个委员会的负责人于贝尔·皮卡尔肯定地说："我们动员起来捍卫法国革命的精神，保卫受到不公正的贬谪、正在受到损害的大革命的准则，我们首项行动之一是与贝尔纳·安东尼的计划斗争。"贝尔纳·安东尼又名罗曼·马里，是全国阵线在欧洲议会里的议员，他在欧洲议会上提出了一项议案，《一分钟》周刊最近已把此项议案发表了，并附了两张照片，一张是达豪(Dachau)流亡者的照片，一张是在1794年被杀的保王派党人的照片。这项议案建议：(1)为千百万革命受害者及千百万被布尔什维克革命和纳粹革命

（这两次革命是法国革命的畸形鬼）杀害的人举行悼念活动；（2）要求不思悼念亡者，因而也就无视人类尊严的一切自以为有权威筹备这场如此可憎的革命200周年纪念活动的政府改辕换辙，希望这种决定是出于无知而非欣赏做出的。这种说法实在是无耻至极。归根到底，它无非是说一场革命是对西部反革命派进行的大屠杀运动的逻辑结果罢了。到现在为止还没有任何人提过“反抗者”这一说法，但是看来用不了多久就有人会这么说的。旺代保王派惨绝人寰的暴行无论在事实上还是数字上都已相当能说明问题，无需对这种寻衅闹事和时代错误再作什么补充了。

贝尔纳·安东尼在斯特拉斯堡欧洲议会上提出的议案，其中有一条理由是重提了“革命是一切专制主义的原动力”这句话，而这句话是《新观察家》杂志撰稿人弗朗索瓦·孚雷的杰作。以上事实已足够看出问题的严重性质。

第二，传统派与修正派的斗争方面。

孚雷是谁呢？大家知道，孚雷与索布尔论战了十年多，曾被索布尔称为“典型的修正派代表”。他是巴黎高等社会科学院院长，年鉴学派具有影响力的人物。孚雷对200周年纪念活动怀有疑虑，因为他们认为彻底回到革命的真正意义的方法有二，要么说它的坏话，要么是庆祝它。在第一种情况下，人们只能对伴随来之不易的民主而来的混乱无动于衷，在后一种情况下则只能准备宽恕恐怖时期的罪行。在他眼中，革命造成了让人捉摸不定之处，即它既主张人权，又造成了专制主义。人们不能只纪念它的一个方面而置另一方面于不顾。孚雷还说：“法国革命已经冷却，不再有刺激了，只会受到冷遇。”英国史学家理查德·考本也参加合唱道，“这一年尽管发生了攻克巴士底狱这样的大事，但这件事也是无关紧要的，它只不过是一件象征性的事件罢了”。照他的观点，革命并不是十分重要的，他还说，“共和历二年和三年是重要的，热月事件确实是一件值得纪念的大事，它是一个结局，是革命中最持久的东西”。

历史学家、大革命200周年筹备委员会学术方面的负责人、传统派索布尔的接班人伏维尔针锋相对地说：“1789年国庆纪念会像特洛伊战争一样将如期举行，它将动员所有的法国人。”他还说：“我们忧心忡忡，极为不安地迎接着200周年纪念活动，所以不惜耗用巨资。”伏维尔自认是“雅各宾精神的”捍卫者，他充满自信地说：“右翼已经走投无路了，它在人民共和阵线的弗里吉亚帽和菲力浦·德·维里埃的朱安党人之间无所适从。”马克思·加洛在抨击文章中也说:“目前赌注可不应这么下了,例如说什么平等是一大祸端,因而不平等则是一件好事,这样就会连带对大财东征收的赋税也一并取消了。”

总统的历史顾问克洛德·芒塞龙曾参加过 1939 年 7 月 150 周年纪念活动,并且聆听过达拉第的演说,他认为辩论应反映社会的现状。他说:“在讨论革命时,我们应当无愧于革命。”他竭力反对克里蒙梭把法国大革命称为一块顽石,要么接受下来,要么把它扔掉。他说:“我是法国革命的儿子,法国革命是我的母亲,我的血肉之躯是它给的。”伏维尔也认为:“革命根本不是一块顽石,而是一个运动。”

第三,第三种势力的兴起。

两派对峙,势不两立,互相攻击,互不相让,在这两派不可调和的对立斗争中,崛起了第三种力量。这第三种力量,是以“团结、友爱”为旗号的,它的代表人物是米歇尔·巴鲁安。第三种力量的兴起从另一个侧面也反映了斗争的严重性。

米歇尔·巴鲁安现年 56 岁,他是强有力政府官员互保会的总经理,也是全国军人协会和设在美国、西班牙、意大利保险公司的负责人,担任过诺相·絮尔·塞纳的市长,曾担任本土警戒局警察分局局长,又担任情报局局长达 8 年之久,再后,就先后担任国民议会议长办公室副主任、议长助理,他善于调和,使平时不来往的人互相见面。他说:“在大革命问题上争论吗?这我不感兴趣,我甚至不愿听这些话!左派、右派,我才不在乎哩!只有法国才使我感兴趣,而不是它那些分歧的意见。在 200 周年庆典时,我要发扬光大的是法国的光辉,让法国重新成为一座灯塔。我们需要团结,我们应该表现出这个国家的正气。节日纪念,这对青年人来说,是一次了不起的教育成果:它将以崭新的面貌献给全世界。”为了更好地表明自己的信念,他说:“它该是宽容和博爱的节日,在共和国的格言上,我们将题上 4 个词。我们甚至可以把这句格言题作 200 周年的建议:工作、竞争、勇敢、进步。为什么不这样呢?想一想,把勇敢放在第一位,因为对工作,就需要勇敢。”他认为 1989 年的庆典将是全民的,或者就不举行。他还确信:“由于这个伟大的节日,法国人感到或将感到它所赋予的友爱和团结,我们将为此而努力!”这第三种的居间路线却遭到“左”右两面的反对。孚雷说:“讨论会、刊物,我对之加以祝贺;但是,在调解场合开始进行 200 周年筹备工作是可笑的,我拒绝参加。”伏维尔也不赞成第三种势力,他承认围绕着总体上的大革命和庆祝活动的具体效益之间展开的一场喋喋不休的论战深感震惊,但他不期望在雅各宾派(他本人即是)和正统革命派的修正派代表(如孚雷)之间沸沸扬扬地再出现什么第三种势力。

综上所述,在法国大革命 200 周年到来之际,对于如何筹备大革命的纪念,在法国产生了严重的分歧,使纪念日濒于危机。一部分人兴高采烈,为雅各宾精神所鼓舞、所激励、所启示,以便尽可能地组织难以忘怀的庆祝大典;而对另一部分人来说,节日与其说是庆典,不如说是“丧期”和“悔恨”的同义词。争斗仍很激烈,仍在继续,第三种势力能否调和,能否居上风我们拭目以待!

由于意见上的分歧,存在严重的斗争,因而在现在如何纪念,纪念什么,包括具体的事件和人物都有分歧。革命派要纪念革命精神,继续发扬雅各宾精神,纪念罗伯斯比尔;而反革命派则纪念旺代,纪念拉·查拜勒、巴斯·迈耳攻击革命的恐怖主义等。

到目前为止,要纪念 5 月 5 日、7 月 14 日、8 月 26 日这三个日子已取得比较一致的意见,7 月 14 日应着重庆祝,并且使其成为博爱的节日(也是联盟节的节日)。

三、当前的斗争是历史上斗争的继续

革命既是现实的,又成为是历史的,革命从它开始的那天起就成为争论的主题:有反对革命的,有拥护革命的;有反革命,也有革命;有保守,也有先进。他们围绕着革命开展了激烈的斗争。反映在史学领域里也是如此。自 1789 年法国大革命以来的 200 年间,在对待大革命的态度上历来就分成两大派,一派是传统派,一派是修正派,有的甚至是反革命派。

1792 年自从巴纳夫撰写《法国革命导论》提出所谓“财产的再分配导致政治权力的再分配”的原理以来,中经复辟王朝时期自由资产阶级史学家梯也里、基佐、梯也尔和米涅,再经饶勒斯、马蒂埃、勒费弗尔、索布尔和伏维尔等都注重社会经济、阶级结构的研究,主张法国大革命是一场阶级斗争,它的发生有它的历史必然性,历史的发展具有“倾向性的规律”;他们认为法国大革命是人类由黑暗的中世纪过渡到近代的资本主义社会的必然进步的事业,甚至有些历史学家还竭力为“恐怖统治”“雅各宾专政”辩护,认为雅各宾的恐怖统治是法国当时内外形势所逼所采取的必要措施,它具有历史的正义性和合理性。这一部分历史学家对法国大革命研究的观点,构成了传统派的观点。

相反,另一些历史学家如泰纳,在法国大革命中只看到黑暗的地方,只看到恨和恐怖。他认为促成恐怖是卢梭的“社会契约论”麻醉的结果。雅各宾专政的人们的心理状态就是麻醉剂药效达到了极点的结果。在他看来,大革命的人物都是不能肯定的。他把丹东描绘成一个野人,他认为罗伯斯比尔是一个学究,马拉是个疯子,拿破仑是个军阀,而整个革命是喝了烈性酒的过度疯狂。又如托克维尔,他认为法国大革命并没有像人们所描绘的那么完善,那么可歌可泣,法国大革命所完成的东西原是不经过革命也可以完成的,旧制度并不如人们所想象的那么可怕,旧制度下的农民也不如人们所想象的那么贫穷,革命与旧制度之间并不是绝对相反的,反而它是逻辑发展上的继续。托克维尔的目的在于反对革命,反对民主政治。再如西柏尔,他认为革命领袖都是坏人,非学究即流氓,学究比流氓更危险。

到了20世纪六七十年代,特别值得提出的是索布尔和孚雷的论战更具有典型性和集中性。

1965年,孚雷和里歇合著出版了《法国大革命》一书,这本书对法国大革命传统派的解释进行了系统的修正,否认了法国大革命的合理性和必然性的基本观点,提出了所谓“优秀人物论”和“革命运动侧滑论”,两个论点都意味着大革命具有偶然性。两位作者都否认“大革命是不可避免的”,他们认为“一切仍取决于法国国王的裁决能力和改革能力”。1981年,索布尔出版了《理解法国大革命——法国革命的政治问题(1789—1797)》一书,此书可以说是与孚雷等人论战的论文集,全书共380页。索布尔研究法国大革命坚持了传统派的观点,坚持同来自“左”“右”的各种歪曲法国大革命的理论和观点开展了激烈的论战,索布尔把孚雷和里歇的从根本上否定资产阶级的概念,从而否定法国大革命的资产阶级性质的观点称为“修正企图”,并进行有分析和有说服力的批判,从而捍卫和发展了传统派的立场。对大革命的研究,索布尔基本上是符合马克思主义的。他坚持研究阶级与阶级斗争,研究群众运动,研究社会经济结构,研究历史发展的"规律性倾向",但他并不排斥人物、事件和思想的作用,反对年鉴学派和结构主义史学对马克思的进攻。他对年鉴学派的贡献也是肯定的,他并不拒绝应用社会科学如人口学、统计学等作为史学研究的工具,但对于年鉴学派贬低个人事件的作用,过分重视经济史,重视社会史的倾向,他是持否定态度的,他认为计量法是重要的,但不能离开人,尤其是不能离开阶级的人,这些都是千真万确的。

由以上的事实可以看出,在法国大革命200周年到来之际,围绕着筹备大革命的庆祝活动而展开的激烈的论战和斗争,都可以从历史上曾经开展过的论战和斗争中看出端倪,这场斗争可以说是历史上斗争的继续和发展。

四、以怎样的态度迎接法国大革命200周年纪念?

法国全国庆祝活动总团(文化部)负责人伊利沙伯·波利说:"我喜欢用'庆祝'一词,不赞成用'纪念'这一字眼。从词源上说,这两个词的意义十分相近,不过'庆祝'一词涵义更令人喜悦,而'纪念'则较为忧伤。"在某种意义上说,我不同意用"纪念",也不同意用"庆祝"一词,我主张用"迎战"一词比较合适。因为它更接近实际,更能反映事物的本质,更有积极意义。那么,应怎样迎战?我认为我国的法国大革命史学工作者要这样做:

第一,要坚持马克思主义立场,历史唯物主义观点研究和阐发法国大革命的性质、意义、特征、道路等原则性的问题。同时要防止反革命阶级借纪念200周年活动之机进行反革命的活动,企图为已被推翻的阶级翻案,如为朱安党人、路易十六、王位觊觎者、路易二十等翻案。

第二,坚持两线作战,既要反"左"又要反"右"。坚持用三中全会的精神,用既要坚持马列主义又要坚持开放,吸收外来的新鲜的研究成果,辩证统一的观点来反思对法国大革命各个时期的重要事件、代表人物、党派活动等的评价。诸如对立宪派、吉伦特派、雅各宾派,热月党人、督政府、拿破仑帝国,雅各宾专政、恐怖统治、非基督教运动、农民运动,自由平等博爱,资产阶级民主、1789年8月26日《人权宣言》、1791年《宪法》、1793年《宪法》、1795年《宪法》《拿破仑法典》,革命、改革、群众运动,罗伯斯比尔、丹东、马拉、米拉波、拉法耶特、罗兰夫人、孔多塞、埃贝尔等的评价。例如对雅各宾专政,我们既要反对有人将它加以全盘否定,同时也要反对有人将它加以全盘肯定;又如对待无套裤汉运动,我们既要反对以贵族老爷式的态度对它持否定的态度,又要反对把什么群众运动都说成是好的;再如既要反对只重视法国大革命中政治史、事件史的研究,又要反对把经济史的研究作为唯一的基础,既要坚持阶级和阶级斗争的研究方法,又要扩大视野吸取新的社会科学手段,如计量学、人口学等研究方法。任何放弃马列主义的根本原则,毫无批判地去追求所谓外国的新鲜的东西,这很有可能会迷失方向,滑到邪路上去,这是我们要坚决反对的;同时我们也要绝对避免以僵化的观点对新鲜研究成果不加吸取,不加引进,这同样是错误的,是不足取的,我们也要坚决反对。总之,我们一定要实事求是,做到既不是僵化又不是资产阶级自由化地去研究阐述法国大革命的历史,反省法国大革命的历史。只有这样,才能高瞻远瞩。

第三,大量出版论文集、专著、辞典、译稿及举行有关"法国大革命和中国"的学术讨论会。近几年来,学会为这一纪念活动已做了大量的准备工作,出了不少成果,如李元明的《拿破仑评传》,孙娴、郭华榕、周剑卿等译,张芝联校的皮埃尔·米盖尔著的《法国史》,王养冲、陈崇武主编的《拿破仑书信文件集》,申晨星译,扎赫尔著的《忿激派运动》都已出版。即将出版和定稿的有冯棠译、张芝联校:西哀耶斯的《第三等级是什么?》(已完稿);托克维尔的《旧制度和法国革命》(已有初稿)。张芝联:《法国大革命史学简史》(即将着手)。王养冲、陈崇武主编:《罗伯斯比尔选集》(即将定稿);《法国革命1789—1815年》(进入编写阶段)。端木正译:"世界近代史资料丛书"中的《1789—1794年法国革命》与《1789—1815年国际关系》(已有初稿)。金贡男译,西罗特金著:《1801—1812年俄法两国外交的决战》(已有初稿)。刘宗绪:《法国大革命探新》(1988年出版);《法国革命人物》(基本完稿)。陈叔平、端木美译,邦纳罗蒂著:《平等派的秘密》(即将出版)。顾良译,勒费弗尔著:《法国大革命》(已完稿)。王令愉译,巴纳夫著:《法国革命导论》(已完稿)。马胜利等译,索布尔著:《法国革命简史》(已完稿)。陈斯骏译,塔尔列著:《塔列朗传》(已完稿)。由沈炼之领导的法国史研究室编写了一部《法国史》及其他几本有关法国史的译稿。此外,学会将进行以下几项活动和工作:(1)在上海举办法国大革命实物展览会,召开"法国大革命与中国"的国际学术讨论会;(2)编撰《法国大革命辞典》;(3)编辑《法国大革命论文集》;(4)与法国学者讨论法国大革命问题,等等。在这方面我们一定要做出更出色的成绩。

总之,我们中国的法国史研究工作者应以积极的态度,迎接法国大革命200周年的到来!

《历史教学问题》,1987年第5期

法国政治现代化开端的一项重要举措

——大革命头两年(1789—1791年)的区域划分与行政改革

法国大革命最初两年(1789—1791年)的区域划分和行政改革是大革命的重要民主措施,也是它的重要成果之一。在某种意义上,它是法国政治现代化的开端。旧制度的封建权利是在1793年被废除的,可是旧制度末期的区域划分和行政改革却早在1789年末到1790年上半年就已进行了。研究一下大革命初期的区域划分和行政改革,对于研究法国大革命和法国大革命后的历史有着重要的意义。

一、旧制度末期法国行政区划的弊端及其特点

要想研究法国大革命的区域划分和行政改革必须先研究旧制度末期的区划和行政状况,因为法国大革命的区划和行政改革正是针对它的弊端和特点进行的。

那么旧制度末期的行政区划的情况究竟如何?它有哪些弊端和特点?研究过旧制度的人们都会知道,旧制度末期的行政区划是非常复杂的。它的弊端和特点:一是集权,二是混乱,三是重叠。集权、混乱和重叠三位一体,密不可分。

就集权而言,法国的君主制的中央集权制在欧洲较为典型。它从亨利四世即16世纪后期开始产生,到17、18世纪大体完成,路易十四时期达到鼎盛。法国的三级会议形同虚设,自1614年召开过最后一次就被停止,直到1789年5月5日国王为解决财政困难才想到再一次召开三级会议,不料正是这次三级会议成了革命的导火线。在长达2个多世纪里,法国国王拥有一切权力,不

受任何限制。国王的权力不能被分享，也不能转让。国王是一切司法、立法的本源，行政的首脑，军队的统帅。三级会议纯粹属于咨询的机构。在国王权力控制下的中央政府，由一个内阁组成（成员有 1 名大法官、4 名国务大臣和 1 名财政总监），它是专制王权的有力工具，国务大臣既是国王的私人秘书，又是管辖地方省、市、团体、等级的中介。17 世纪后半期国王还派督察官（Intendant）代表国王到省、地方实行巡视、监督、管理和控制，权力极大。地方的民主、自由、自治越来越受到限制和剥夺。

再说混乱，从表面上看，以国王为首的法兰西王国行政体系似乎是一统天下，井井有条，但实际上王国的统一并不统一，集权并不集中。省和地方仍然各自为政，到处是一片混乱、纠缠不清的局面。首先，王国历史上形成的行政区划对近代生活实际很不适应，国界也不明确，国王的权力究竟起于何时、止于何处，无人确切知道。有些城镇或村落半属法国，半属日耳曼帝国。国王在布列塔尼是个公爵，在普罗旺斯则成了伯爵。纳瓦尔始终认为自成一个单独王国。在香槟省中心剌累库尔市每家要缴纳三次捐税（给法国王国、日耳曼帝国和孔代亲王）。其次，中央政府职责不清，办事不是为公而是为私，要么到处插手，要么大家都不管。该年大臣萨丁纳（Santine）随意花销了几百万，而财政总监却一点儿也不知道；甲大臣要保护的人，乙大臣却蓄意加以迫害，彼此忌恨，互相暗算。

再说重叠，旧制度末期法国的区划和行政组织是叠床架屋，臃肿不堪。自 16 世纪起，法兰西王国有所谓军区（Gouvernement）的军事区域划分，是法国主要的区划，“军区长官”是国王的代表，共 39 名，根据 1776 年的敕令，他们都是从高级贵族中产生的。在 18 世纪，他们只享有名义上的权威。其官职纯属一种荣誉。税区由督察官管理，始于 17 世纪，17 世纪后半期普遍建立起来。督察官的管辖范围以“税区”为最高区划，然而这两者之间又不完全一致。法国 1789 年时有 32 个督察区，而税区则有 33 个。图卢兹和蒙彼利埃两个税区被合并成朗格多克督察区。17、18 世纪专制君主制时各税区的督察官的权力很大，他们是国王在地方的代表，是地方行区的领导。较早时，在法国王国里还存在一种司法的区域划分，在北方叫大司法区（ Bailliage），在南方称塞内夏尔（Sénéchal）。那时巴伊阿热管区和塞内夏尔管区是法国的主要行政区划。16 世纪时，由于卖官鬻爵的实行，这些地方的长官就成为供捐购的官职了。除此以外,法国还存在古老的宗教教区区划。自罗马帝国时代以来几乎不曾有什么变化,宗教教区跨过了政治区分的界线,有些神父还属日耳曼等国的管辖,情况错综复杂。总之,旧制度末期以上四种类型的区划同时并存、互相交错纠缠又互相重叠混杂,这就构成了法国行政区划的弊端和特点,这种集权、混乱和重叠的行政区划的弊端和特点越到后来越像赘瘤一样纠缠和窒息着法国整个社会的肌体。看来只有革命的手术刀才能使其切除、修复和完善。正是如此,1789 年的大革命及革命后的头两年制宪派不失时机地、快刀斩乱麻似的开始在这方面进行改革,并取得了惊人的成功,这是一项很了不起的大革命业绩。

二、1789—1791 年的区划与行政改革

大革命初期,制宪议会就及时地针对旧制度末期所遗留下来的区域划分和行政机构的弊端进行改革。制宪议会把新的区划工作委托给宪法委员会。宪法委员会力图用地方分权取代中央集权,用统一和分级的区划取代杂乱无章、纠缠不清的区划,用协调和合理的行政机构取代叠床架屋、臃肿不堪的行政机构。

攻克巴士底狱后不久,制宪议会就着手讨论改革旧的区划和行政制度。西哀耶斯(Sieyes)、图雷(Thouret)、米拉波(Mirabeau)和巴纳夫(Banarve)等人起了重要的作用。自 1789 年 9 月 29 日起,图雷就提出了新的区划方案。他说:“王国按不同部分分为不同种类的制度和职能:就教会而言,分为教区;就军事而言,分为省、市政府;就管理部分而言,分为财政区;就司法而言,分为大法官管辖区。任何部分既不能有效、又不适合用于代议制的范畴……因而,委员会考虑按全国领土将作新的划分,这是势在必行的。划分后,这些部分尽可能是相等的。这些新的划分区计划将见之于王国的地图。先生们,请看,我们尽可能尊重以前的分界以及交通的便利。按这一计划,就选举而言,可将法国分为 80 个大区,它们均命名为省(départements)。”西哀耶斯曾精心研究过这一问题,他认为,为了缔造全法国精神上的一致,必须对这些旧的区划作改革。迪凯努瓦(Duquesnoy)、米拉波、欧斯奈尔(Oelsner)等都认为图雷

的方案和讲话全是西哀耶斯所提供和策划的。米拉波说:“将法国划分为省是西哀士的业绩。”欧斯奈尔也说:“这几乎是西哀耶斯唯一被采纳的方案。”11 月 3 日,图雷又在宪法委员会上陈述了由西哀耶斯提供讲稿的报告,他们提出了将全法国划分为 81 个省,巴黎组成一个特别省,每个省为 320 平方里,每个省又分为 9 个公社(Communes),每个公社面积为 36 平方里,每个公社又分为 9 个区(Cantons)。根据拉博·圣艾蒂安(Rabaut Saint-Etienne)的说法,由此“一目了然地掌握全国总体及总机构下的具体部分”。

然而,米拉波反对这个方案。他反对几何式的划分,反对不尊重历史与传统,他主张从实际出发,实事求是,需要“物质和事实上的划分”“人与物的管理结合起来的划分”。他说:“我主张划分要实事求是,考虑到地区和环境的固有特点,而不赞成数学式的、近乎唯心的划分。这样的划分是难以实施的。我认为,划分的目的不只是建立按比例的代表制,而是把对人与对物的管理结合起来,使公民能最大限度地参与管理。最后,我要求实行一种不显得过分标新立异的划分。恕我直言,这种划分应该容忍既成现实甚至错误,能够同样满足各省的愿望,并建立在已经成形的关系之上。”他建议把全国分为 120 个省,并取消 720 个公社和 6480 个区。他要求重视不是相等的土地面积,而是相等的重要性、相等的分量,也就是说相等的人口。11 月 4 日,巴纳夫却宣称应将法国划分为 80 个省,并建议放弃公社建制,每省至多分为 3 或 4 个县(Districts)。

11 月 11 日,议会决定将法国划分为 72~85 个省。12 日,公社建制仍保留下来。1790 年 1 月 15 日,议会最后投票表决通过法国划为 83 个省,并明令公布划定的省区范围的日期为 2 月 26 日。新的区划很明显避开了西哀耶斯、图雷的方案,采取了米拉波的划分原则。1 月 8 日,波兹办公室(Bureau de Pusy)的报告里阐述道,新的省区划分经常遇到这样和那样的麻烦。因而,人们经常遵循旧省区的划界,照顾原有的历史和地理方面的因素,各省的省界由各省的代表协商决定,尽量考虑使每省所辖区域内的居民能够于一日之内到达其省府,各省的名称都以河流和山川命名,也便于记忆。

这样一来,法国旧制度所遗留下来的重叠混杂的行政区划,如税区、军区、司法区等被打破了,代之以新的区域划分法,即省区制:省以下设县、县以下设区和公社。公社是法国行政区划的最基层单位。由以上的情况也可以看出，革命头两年区划的特点是：(1)不是按几何方式而是按地域、经济特点区划；(2)采取了省县的等级制，小公社派占了优势；(3)坚持了革命原则，打破了旧制度遗留下来的不合理的混杂重叠的区划，又照顾了历史传统因素。这是很了不起的举措。

制宪议会对行政制度和机构也进行了改革。规定国王名义上仍是行政首脑。但他与过去不一样，不是神授王权之国王，不是受上帝之命的法兰西国王，而是受宪法之命的法兰西国王。议会为防止国王由立宪君主蜕变为专制君主采取了种种措施。如国王不得自由动用国库；国王不得擅自离开王国，否则作叛国论处，予以推翻；国王如果没有部长的附签不能有任何行动，等等。

1789 年 12 月 22 日的法律规定了省的行政机构由省选举大会选出 36 名省议会议员，任期两年，每年改选一半，组成省的评议机构。省议会任命 8 名议员组成常设机关——政务厅(Directoire)，作为省议会的执行代理。省政务厅控制本省全部行政管理。它们有权分配县的直接税额，监督其收入支出费用，管理各省、牢狱、学校、农业、工业、桥梁、道路以及法律执行等事宜。中央当局在省没有任何直接代表，各省似乎是一个小共和国。12 月 22 日的法律第三节第九条还规定："省的行政官是与最高执行职能之间，没有任何中间机构。"在省行政官与县行政官周围设有一个检察官(Procureur Syndic)，任期 4 年，监督法律执行，他能直接与各部部长通信。他们的权利有些空泛，包括提醒议会关于公民权利和国家总体利益。检察官是由选民指定的。县的组织形式与省相仿。乡一级不设任何专门行政机构。

公社行政由市长、行政官员与市政委员会负责。公社的各类官员从纳税相当于 10 天工资的"积极公民"中选举产生，任期两年，每年改选一半，以保持与人民的联系。公社最高立法机关是总委员会。由市政委员会、检察长和各区议会代表组成，讨论、决定重大问题。公社拥有广泛的权力；享有极大的自治权；有权调动国民自卫军和军队；规定税收的基数及进行征收；还有普通治安司法权等。公社机关官员由直接选举产生，比由两级选举产生的省行政机关要民主得多。因此，它在法国大革命时期的民主激进运动中起了重要的作用。

巴黎作为首都被规定占有特殊重要的位置。12 月 14 日，巴黎委员会非正式宣布它的成员们一致同意首都作为正规省的永久首府。在1789年7月起,西哀耶斯写过一本小册子,题名是《可适用于巴黎宪法的一些想法》,9月24日,小册子印制完成。西哀耶斯为维护巴黎的权利作了不妥协的辩护。1790年1月14日,制宪议会最终通过了巴黎和它的郊区在12公里范围内组成一个省。

制宪议会对司法也进行了改革。旧制度时期一切旧的不平等的司法制度和管理办法一律废除,代之以人民主权为原则的司法等级制,规定一切人在法律面前一律平等。法官由选举产生,建立陪审制度、审判公开、律师辩护。1790年8月16日法令规定设立乡"调解法官",由初级议会从积极公民中选出,任期两年。他们的职责重在调解争论,而不重在裁判。对50利弗尔以下的争讼有终审权,对100利弗尔以下的有初审权。此种司法速度快、费用小、效益高,很受人民欢迎。在乡调解法庭之上,设"县法庭",由县选举大会选出的5名法官和国王任命的检察官员组成,任期6年。县法庭审理对调解法官判决的上诉,对1000利弗尔以内的案件有终审权。商务法庭(Des Tribunaux de Commerce)设法官5人。由领有执照的商人从其本集团中选出,对于1000锂以内的案件也有终审权。大理院(Lun Tribunal de Cassation)由每省选一法官组成,有权推翻其他法庭的判决,它不能解释法律,解释法律的权力在议会。最后是最高法院,由大理院法官及高级陪审员组成,其职责是审理各部部长及高级官吏的罪犯以及危害国家的罪犯。司法机关改革后的最大特点是它的独立性,它不受国王和各部部长的控制,但高等法院要听从于议会,似乎它是专门牵制行政的工具。

三、地方政府机构的民主选举及其斗争

实现全国行政机构改革,尤其是地方行政机构改革不是一帆风顺,而是通过了激烈的斗争。越往基层,人民越是要求民主,因而斗争也越尖锐。它充分体现了大众政治参与的作用。

根据人民主权的原则,法国的行政人员由选举产生的。乡、市镇(公社)机关由直接选举产生。省和县级的行政人员由复选产生。在当时的法国,不

是所有的人都有选举权和被选举权。只有纳直接税相当于当地3天工资数目被称为积极公民的人才有选举权！交纳相当于当地10天工资的直接税者才有初级议会的被选举权；议员、裁判官、省及县的议会议员、主教等所纳的直接税至少需1马克（Mac d'argent，相当于50法郎），这样实际上是原先门第的特权、财产的特权被取而代之。据统计，1791年在法国2600万人口中，积极公民只有4298360人。有300万贫民完全没有公民资格。

从1789年12月14日关于组建市政府的法令和1789年12月22日关于组建省行政国民议会的决定开始，法国全国到处开展了基层的选举和行政的民主改造工作。这种以资格选举制度所创建的地方机关代替1789年夏天所产生的未经官方准许的革命政权机构，在大革命中起了非常重要的作用。正如恩格斯所说："这种和美国类似的地方和省区自治制，正是革命的最强有力的杠杆。"因此，1790年年初创立的地方政府有着重要的历史意义。1790年1—3月在法国地方市镇、农村到处召开大会，直接选举市长、公社检察长、市政府成员和名流。历史学家戈德肖写道："乡政府，在1790年的1月、2月或3月，通常在巨大的热忱高涨中选举产生……"

历史学家加东在《革命时期的勃朗扎克镇》一书中曾写道："在勃朗扎克镇（沙伦德省），新的乡政府3月27日通告，选举会是在'极其平等与最值得称赞的合乎礼貌的气氛中召开的……神甫、军人、司法人员、手工业者、农民——大家似乎构成了一个大家庭。"他把基层的选举描绘得似乎是和谐、平静，一片温情脉脉、彬彬有礼的气氛下进行。可是，戈德肖却另有说法。他的《革命与帝国下的法国制度》一书中举出了许多例子，提供了不少资料证明，如在阿尔代希省、普罗旺斯省、歇尔和恩德尔省等正好相反，充满着严重的斗争，如选民与领主、富有者、神父的严重冲突和斗争。如果我们再细心钻研一下法国国家档案馆D、第四类的第1、3、4三个公文夹关于法国大革命时期乡政府选举有关的申请书、申诉书，我们就会不难发现在乡政府的创建过程和选举进程中产生的矛盾、发生的冲突和尖锐的斗争。

首先，反映居民与领主的斗争。瓦兹省鲍仁公社的居民们同领地占有者的觊觎始终不渝地进行顽强的斗争。领主和领主的儿子破坏选举会议的第一次阴谋得逞了，但居民们不甘心、不妥协，他们到别处法律家那里去请教，于2月14日举行新的选举会议时选出了自己的乡政府。这个新的乡政府没有选出一个领主及领主的儿子。在尼韦内省的彼耶尔克洛公社，领主在选举中被赶出了会场；在阿里埃日省恩赞公社，居民们不顾领主的意志，选举产生了自己的乡政府，在请愿书中写着："现在使领主发怒的是什么东西不能使他再独断独行地统治着居民们。"不过领主亲自插手选举的事务并不多，在农村中往往有许多领主的代理人如管理员，缴纳十一税和封建权利的佃农、总农场主等参与干涉地方自治的事务，他们把征收封建权利的税款和征收租赁费，把管理巨大的财产全都集中在自己手中，他们也想伸手管理地方的政府事务，因此，居民与他们的冲突更为直接，矛盾也越来越频繁和突出。在某些公社里，领主的代理人的阴谋往往能得逞。他们占领了乡政府，或者把亲信安插到那里去，于是居民们提出强烈抗议，并要求重新改造政府，有几份请愿书详细地记录着这些事情，如阿里埃日省的阿顿公社、埃尔省的丹古公社、马恩省的布律尼亚公社等都是如此。

其次，反映居民与天主教教士的斗争。在选举和政府的民主建设过程中除了与领主作斗争之外，还要与教士作斗争。教士是特权阶级的代表，也是封建势力的代表和支柱。有许多教士在选举中是非常活跃的。许多天主教神父分别当选为市长及公社检察长、市政府成员。天主教神父在农村中有根深蒂固的影响，而且具有相当的学识。但我们对教士也不能一概而论，也应作具体分析。有些教士出身贫寒，与下层群众有天然的联系，他们同情疾苦、倾向革命。一些被人们称为"红色神父"，如扎克·卢、彼耶尔·多利维埃、卡里翁、普蒂·让、克鲁瓦西等。"红色神父"在地方政权建设中表现较好，他们和居民一起对领主开展斗争。索恩-卢瓦尔省的伊西-勒韦克镇人让·弗朗索瓦·卡里翁神父是一个最好的例子。他在教区里把小农、对分制佃农、雇农团结在自己的周围，同大私有者和其他"名流"进行了生死的斗争。1790 年 3 月 7 日，卡里翁在重新创建的伊西市政府中当选为市长。正是他的红色行动遭到了当地上层分子的剧烈抵抗、并诬告他入狱，而他并不灰心，在狱中仍坚持斗争，直至 1793 年昭雪平反，在雅各宾专政时期他仍坚持不懈地进行反对大私有者、捍卫小农利益的斗争。尽管如此，但神父总归还是神父，他们与下层人民有很大差异，有差异就有矛盾和斗争。在 1790 年市政府选举中所反映的一系列诉讼书和抗议书中可以看到下层居民不让教士在新生的市政府选举和机构中施加影响的企图。索恩-马恩省尚佐依公社神父们被一片"打倒神父”的喊声中赶出了会场。1790 年 2 月 10 日汝拉省康利埃日乡召开的会议上，一部分居民高呼：“我们不要神甫、打倒神父，打倒旧政府官员。”曼恩-卢瓦尔省彪伊-诺特丹教区的临时市政委员会通过了正式决议，不准神父担任市长之职。在 1790 年 2 月 14 日的会议上，索恩-卢瓦尔省的圣拉索公社里的神父不遵守任何手续，擅自宣布任命了政府的所有官员，引起了居民的强烈抗议。申诉想拥有“自由选举”出来的官员和名流类似这样的申诉书的还有诺尔省的库蒂什公社、松姆省的勒克内尔公社、瓦兹省勒能公社等。

其三，反映下层群众与城乡上层的斗争。我们在档案里还发现，这种斗争不仅表现在居民与特权阶层、教士之间，而且还表现在城乡的下层与上层，即贫民和贫农与农村中的大农场主和市镇的资产者的斗争。在塔尔纳-加隆省的格里佐尔小城市的农民和小手工业者在选举会上“侮辱并想驱逐”“可敬的公民和资产者”“土地所有者们(Maitres Terrain)”。人们把消极公民选进政府中去。新政府和公社委员班子大多是下层群众，在名单中发现成员有：1 个“资产者”、1 个雇农、2 个大车工人、3 个农民、1 个制造木鞋的手工业者、3 个裁缝、2 个织布工、2 个旋工、1 个面包商和 1 个仆人。索恩-马恩省的尚佐伊公社里的居民大部分是脱粒工、樵夫、普通的雇农，他们高喊着：“打倒神父，打倒农场主。”神父和两个农场主在阵阵的喊声中都被轰出会场。居民们还作出决定，要从享受社会慈善事业的人中或者只在缴纳 3 利弗尔 10 苏贡税的人中，从不识字的人中选出政府来。就在革命高潮时期，消极公民、穷人因被剥夺了选举权而非常恼火，非常震动。勒费弗尔说：“在革命高潮的鼎盛时期，穷人目睹自己被排斥后而大为震动。”于是他们“期望着有时手里能拿着武器去参加许多乡的选举”。1790 年 1 月 29 日，有一封写给奥唐斯基主教的信，非常有意思，写信者没有署名，他把对资格限制选举的抗议同财产公有制思想联系起来：“如果有人对我说，无财产者不能享受社会成员的权利，我将回答说：‘那好，既然这样，那就把财富消灭掉，把个人所有制消灭光。这样，就将消灭贫困了。让土地如今不属于任何人，让土地果实根据每个人的需要、职能和劳动，分发给所有的人’。”下层群众总是把“资产者”、富家、磨坊主等人与原来的行政人员、领主、神父联系起来，认为他们休戚相关，相依为命，认为反对他们的斗争是与反对封建势力总的斗争联系在一起的，是它的重要的组成部分和内容。

综上所述,法国大革命初期的基层民主选举和行政改革是大革命的重要成果和重大贡献之一。它是反对封建专制制度、君主集权制,实现地方分权、地方自治,实现人民主权民主内容的重要措施。这种选举和改革不是风平浪静的,而是充满着激烈的斗争实现的。大革命为民主选举、行政改革提供了有利条件,而基层的民主选举及行政改革又为大革命向纵深发展开辟了道路。

四、余论

法国大革命头两年制宪议会在区域划分和行政改革方面取得了巨大的胜利。其主要表现在:用人民主权原则代替了王权神授、君主专制,用最广泛的地方自治代替了中央集权,用一种统一的区划制度代替了重叠混乱的旧区划;用各级行政机关的官员必须经过选举产生代替了任命制,用离国王和各级行政而独立的新的司法制代替旧时的司法依附于国王和行政的司法制。这些改革确实给法国大革命增添了夺目光辉。这是革命形势所造就以及人民群众斗争的结果。同时,也无可否认地包含了制宪议员的一份功劳,也可以说是他们的创业的结果,功不可没。因而,在叙述法国大革命的历史时不能一开始就骂制宪派不革命、反革命、反动派等,否则是不公正的,不实事求是的,因而也是不符合历史唯物主义的。

法国的区划和行政改革在革命的头两年就逐渐完成,这是非常迅速的和高效的。它可以说是开了法国近代政治民主化和现代化的先河。它贯串了人民主权和平等思想原则,它实行了人民选举制和人民大众广泛参与政治,它克服了旧制度所遗留下来封建专制制度、中央集权、区划和行政的重叠混乱的弊端。它的胜利对法国政治现代化乃至后来的世界历史都有着重要的影响。

正如任何事情都有其双重性一样,法国革命初期的区划和行政改革也有它的双重性,既有它光辉首创的一面,又有它局限不足之处。主要表现在:(1)阶级局限。整个改革资产阶级起了主导作用,虽然行政的各级官员是经过选举产生的。但选举者和被选举者被人为地用财产资格加以限制。法国公民由财产多寡被划分为积极公民和消极公民。有财产的是积极公民,有选举权和被选举权。没有财产的被划为消极公民,被剥夺了选举权和被选举权。如上述据统计1791年法国当时有2600万人,而只有4298360人是积极公民。可见,这种民主是极其有限度的。(2)革命初的区划和行政改革主要是针对旧制度遗留下来的弊端——中央集权制。因而特别强调地方分权、地方自治。这对封建制度的冲击所起的作用无疑是积极的、进步的。但是,群众的自发民主往往会走向极端,变成了无政府主义,尤其是当内外战争发生时就很难形成从中央到地方的统一的力量,像捏紧一个拳头一样打出去,因此对保卫国家,推进革命不利。于是在1793年雅各宾专制时才意识到又要加强集权的必要,以利于制止内战、抵御外敌、击败反法联盟的进攻。(3)每个国家的改革都应找到适合自己国情的具体道路,而不能生搬硬套别国的模式,在美国适合的民主,在法国不一定合适,因为各国的实际情况不一样,马蒂埃对此有非常精辟的论述,他说:"在美国,同样的制度已产生良好的结果,因其人民久已习于自治,故能在自由精神中实行此类制度。法国是一古老的王政国,若干世纪以来习惯于服从强权,今忽然将它纳入一个新模子里。在美国,民主政治已是不成问题的,其人民已有参政的能力,且能掌握自己的命运。在法国大部分人民对于这些新制度一无所知,且亦不愿意有所知。他们用他们所得到新的自由来破坏自由。他们仍要求束缚。故此,制宪议会所造成的地方分权不但不能巩固新统治,反而使之动摇,几至将其推翻。革命的资产阶级,自信已为本身利益而组成了人民主权作保障,是以防止封建制度之卷土重来,不料这个人民主权政府动摇了法律的权威,反而使封建制度有易于卷土重来之威胁。""为着保卫受国内战争与国外战争所夹攻的革命工作,两年以后雅各宾党再要回到王政时期的中央集权制。但在当时,谁也没预见到有此必要。"马蒂埃从两个国家具体国情的角度来论述两个国家民主的不同后果,是非常辩证的,非常深刻的。

虽然在法国革命过程中出现过无政府主义,但它的目的已达到了:旧制度被破坏了;具有现代意义的新的资产阶级国家的雏形被建立起来了。虽然这还是一个过渡型的国家组织,但是它的功绩是不能抹杀的,应给予充分肯定,这是我们应抱的历史唯物主义的态度。法国今天的区划和行政组织基本上承袭了大革命时代所开创的区划和行政组织。因此,我们可以这样说:没有大革命头两年的政治现代化的开端——区划和行政改革绝不会有今天法国政治制度的现代化。人类的历史就是在不断地创新、反复、螺旋式地前进的。

《华东师范大学学报》,1998 年第 1 期

人大报刊复印

法国大革命中的土地改革与中国革命的土地改革的比较(提要)

值此法国大革命200周年到来之际,比较研究一下法国大革命中的土地改革和中国革命的土地改革,从吸取历史经验教训来说,这无疑是有益的。

一、法国大革命中土地改革概况

1.旧制度下土地占有制的不合理性

这种不合理性,主要表现在以下几个方面:

(1)封建的土地所有制形式

这种形式的最大特点之一,就是土地的相对分散性以及第一、第二等级土地占有的高比例指数(第一等级高级僧侣阶层的土地占有数因地而异,为总数的1%~20%不等,贵族为9%~44%不等)。值得一提的是,这些都是具有最好肥力的土地。

(2)农村公社

按1669年颁布的土地三分法规定,农村公社占有的公地达三分之二,从积极的方面看,它限制了封建领主的土地占有规模;从消极的方面看,它又是一种十分顽固的封建因素,直接阻碍了资本主义生产方式的实行,而把农业经营的方式局限在中世纪家庭为单位的狭小范围内,并且使农民强烈地附着在土地上而得不到“飞鸟般的自由”。

2.革命中的土地改革

法国革命的中心问题之一是为了解决农民的土地问题,改革土地的所有制关系,变封建的大土地所有制为小农的资本主义的土地所有制。从君主立宪派到吉伦特派再到雅各宾派统治的整个过程中，都是基本上围绕着上述问题而展开的。即通过没收特权等级、教会的土地，归国家所有，然后再进行有偿的再分配。

君主立宪派当政时，曾规定废除农奴的人身依附关系，取消教会什一税和领主法庭，没收教会的土地，并把没收来的教会土地宣布为"国有财产"，由国家出售；但规定一切封建义务的废除，农民要付出高代价赎回。

吉伦特派的土地政策比立宪派的土地政策前进了一步。他们主张没收逃亡贵族的土地、王室的土地，并予以出售；减少了农民赎买封建义务时的赎买费；遗产税、买卖税等也无偿地取消了，等等。

雅各宾派的土地改革比立宪派、吉伦特派的土地改革都来得彻底。雅各宾派在雅各宾专政时期通过了三个《土地法》，将没收的逃亡贵族的土地和农村公社附属地分成小块出售，地价分十年付清；将地主近200年来所掠夺的农村公有地（包括牧场、森林）按人口平均分配给农民；无代价地废除了封建权利、封建义务、地租以及其他封建苛税，一切封建文据和契约必须当众烧毁。雅各宾的土地政策比较彻底地铲除了封建制度在农村中的基础，变封建地主的土地所有制为小农的土地所有制，为资本主义的发展提供了有利的条件。

二、中国辛亥革命到新民主主义革命的土地改革概况

1.旧中国土地占有制的极端不合理

封建社会：皇室、官僚贵族、地主占有大量土地，而广大贫苦农民却没有或少有土地，这种情况比法国表现得更为突出（中国封建社会的农业发展相对发达，故已不存在类似法国的农村公社公有地了，这使农民的状况更趋窘迫）。用古人的话来说，就是"富者田连阡陌，贫者无立锥之地"。

近代半封建半殖民地社会：除了传统的不合理性外，又介入了一层新的不合理因素，那就是外国列强的势力直接侵入中国农村，并侵占了大量农田。主要的有：以开辟租界为借口侵占、继而扩占土地；设立教堂时侵占土地；修筑铁路、公路时侵占土地；强行征购土地，等等。

由于从古到今，中国始终是一个农民占人口绝大多数的农业社会，加上

人多地少的矛盾十分突出,因而,土地问题就一直成为中国社会最根本、最严重的问题。正如1947年10月10日中共中央在《关于公布中国土地法大纲的决议》中指出的:“中国的土地制度极不合理。就一般情况说,占乡村人口不到10%的地主、富农占有约70%~80%的土地,残酷地剥削农民。而占乡村人口90%以上的雇农、贫农、中农及其他人民,却总共只有约20%~30%的土地,终年劳动,不得温饱。这种严重情况,是我们民族被侵略、被压迫、穷困及落后的根源,是我国民主化、工业化、独立、统一及富强的基本障碍。”

究竟如何解决这一紧迫问题呢?

2.孙中山的土地改革思想

(1)前期:孙中山关于解决土地问题的思想是其反对封建制度的思想的重要组成部分,在他的“民生主义”中有重要的发挥。

孙中山土地改革思想不仅来源于美国的亨利·乔治,而且是考察了欧洲国家实际之后而逐渐形成的。孙中山曾回忆说:“伦敦脱险后,则暂留欧洲,以实行考察其风俗,并结交其朝野贤豪,两年之中,所见所闻,殊多心得,始知徒致国家富强、民权发达,如欧洲列强者,犹未能登斯在于极乐之乡也。是以欧洲志士,犹有社会革命之运动也。予欲为一劳永逸之计,乃采取民生主义。”他在《社会主义派别与方法》中又说:“卓尔基·亨利之学说,合于社会主义之主张,而欲求生产分配之平均,亦必先将土地收回公有,而后始可谋社会永远之幸福也。”经过了欧洲的实地考察和受了亨利·乔治资产阶级土地国有说的思想影响之后,他提出了“平均地权”的政纲。其具体办法是“定地价”和“土地国有”。

但是,孙中山又否认“夺富人之田为己有”的主张,认为不应使地主受损失的“均户”才是有效的办法,表现了中国资产阶级特有的软弱性和妥协性。

(2)后期:辛亥革命后,他吸取教训,思想上产生了飞跃。在《民生主义》第三讲中明确指出:“民生主义真是达到目的,农民问题真是完全解决,是要耕者有其田。那才算是我们对于农民问题的最终结果。”他在著名的《耕者要有其田》的演说中更是发挥了这一思想。

孙中山之所以能从前期的温和主张发展到后期的进步思想,无疑是接受了中国共产党的意见的结果。而当时中国共产党的杰出代表就是毛泽东。

3.毛泽东的土地改革思想

毛泽东指出："土地制度的改革，是中国新民主主义革命的主要内容。"他始终认为，没收一切地主土地，实现土地国有，一切土地归农民耕种是解决农民土地问题的重要内容。

从中国的现状来看，革命要取得胜利，首先必须要有工人阶级的领导，但工人阶级面对的敌人又十分强大，因此，还必须积极地依靠自己的天然同盟军——占人口绝大多数的农民，只有在这样的基础上，革命才可能胜利。毛泽东正是从这一实际出发，把解决农民的土地问题提高到一个历史的高度，形成了一条毛泽东特有的土地改革路线。30 年代初毛泽东提出了一条马克思列宁主义的土地改革路线，那就是：依靠雇农、贫农，联合中农，限制富农，保护中小工商业者，消灭地主阶级，变封建半封建的土地所有制为农民的土地所有制。这条路线虽然还有需要充实的地方，但基本代表了土改的方向。

这时期的土改主要有这样几点意见：在革命根据地内部摧毁了封建势力，把贫苦农民从残酷的封建剥削制度下解放出来，对坚持工农武装割据有决定性意义；解放了生产力，促进了根据地农业生产的发展，改善了农民的生活；积累了土地革命的经验，形成了一条路线和一套具体的政策措施。

1949 年新中国成立以后，土改有了全面的大规模的发展，在某些策略上（如对富农的土地予以保护）作了部分修改，使土改得以更进一步地在全国范围内完成。1950 年 6 月 30 日中央人民政府公布的《中华人民共和国土地改革法》是新中国成立后土改的纲领，其中第一条总则就明确规定："废除地主阶级封建剥削的土地所有制，实行农民的土地所有制，借以解放农村生产力，发展农业生产，为新中国的工业化开辟道路。"

随着土改的完成，中国农村的土地占有情况发生了根本性的变化：占农村人口 90%以上的贫农、中农（雇农已不复存在）占了全部耕地的 90%以上。原来的地主、富农只占有全部耕地的 8%左右，另有 2%左右的土地为农村其他人所占有（包括部分公用土地）。这一切表明，在中国延续了两千多年的封建土地所有制被葬入了坟墓，取而代之的是农民个体的土地所有制，孙中山先生提出的"耕者有其田"的理想变成了现实。

50 年代末期开始的所谓"一大二公"的公社化运动，不能不说是在一片土改成功的大好形势下出现的一种浮夸的错误。它脱离了中国经济发展的实际，好大喜功，把本来应稳步前进的农村改革，来了个"三级跳"，以急功求成，导致生产关系脱离生产力发展这一基础,反过来阻碍、破坏了生产力的发展。这是中国的改革所应吸取的历史教训。

三、两个国家土地改革的异同点

1.相同点:

(1)革命前的土地占有状况都极为不合理(中国更显著),土地所有制形式和落后的封建经营方式阻碍了生产力的发展,因而,革命的中心问题之一都是要解决土地的归属问题,即改变土地所有者的阶级属性问题。

(2)土地改革与整个社会革命紧密相连。两个土改都不是孤立进行的,而是在重大社会革命的大气候下进行的,它们与革命的发展进程有着密切和直接的关系,革命推动了土地改革的发展,土地改革又促进了革命形势进一步发展和不断深入。

(3)改革的后果。政治上:诞生了一个新的土地所有者阶级,并在今后的社会政治生活中发挥了重要的作用。经济上:摧毁了传统的封建社会经济结构,为一种新的生产方式(但两者不同)的实行创造了必要前提,促进了经济发展和生产力的提高。

2.不同点:

(1)改革前的两国社会性质不同。这也就决定了改革本身在领导阶级、任务、性质、目的、路线、后果等方面的巨大的差异。

(2)改革的方式和手段不同。

法国:采取有偿的,将没收的土地以"国有财产"的方式出售,主要是通过土地拍卖方式来完成;1793年"土地法"虽更进一步,但并未真正执行。

中国:是将没收来的地主的土地无偿地分配给无地和少地的农民,并采取剥夺剥夺者的革命民主办法来进行。

(3)与第一点相关的是:改革后的社会性质有着根本的不同,一个是为了发展资本主义,巩固资本主义制度;一个是为了争取社会主义的前途,尽管土改是属于民主革命而不是社会主义革命的任务。

四、值得探讨的问题

1.法国革命后,经过土地改革,废除了封建的土地所有制,建立了资本主义的小农所有制,尤其是拿破仑制订法典之后,法国所确定的像被“压路机”压得粉碎一样的小块土地所有制,它对法国资本主义的发展究竟起什么作用呢?法国革命后确立的土地所有制形式,的确不如英国革命,特别是圈地运动后的形式对工业革命的影响那么大;但法国的这种独特的土地所有制形式却也确保了农业在国民经济中的地位,致使到了19世纪末叶农业产值的比例依然很高(几乎近国民总产值的一半),而且使法国在整个产业革命中没有后顾之忧,农业始终能适应工业的发展,能满足日益扩大的商品粮的需求。反观英国却存在着这样那样的问题。因此,对法国革命的土地改革应作如何正确的评价?似还可以进一步探讨,不能如有些国内外历史学家所说的,法国革命中所实行的土改建立起来的小农土地所有制阻碍了日后法国经济的发展。把帝国主义时期法国经济的相对落后归结于小农经济,难道这是公允的吗?

2.究竟应当怎样来解决农民的土地问题,既能发展生产,又能使农民走上彻底解放的、富裕的道路?

两个国家在这方面究竟都能提供哪些可以借鉴的模式和经验教训?

中国和法国这两个在国民经济中都很重视农业的国家,在哪些方面、在多大程度上,可以相互借鉴、寻找发展与合作的共同点呢?

法国在整个近代化过程中,农业始终起着很大的作用,工业近代化促进了农业近代化。反之,农业近代化也促进了工业的近代化。法国的农业在目前欧洲共同体中所取得的成绩都是比较突出的。应该吸取它们哪些有益的、可以借鉴的经验呢?作为中国的历史学家、经济学家应该重视研究、探索这个问题。

《法国史通讯》第10期,华东师范大学出版社,1989年

关于法国资本主义近代化的特征问题[①]

法国是欧洲最大的国家之一，也是世界上资本主义大国之一。与其他国家比较，如同法国中世纪的封建化有着自己特征一样，它的资本主义近代化也有着自己明显的特征。

一、关于法国资本主义近代化的前提条件问题

世界上任何一个国家的资本主义近代化都是在各国所具备的一定的前提条件下发生的，如果我们将法国的资本主义近代化的前提条件与英国作一比较，它有着明显的特点。

首先，从资本原始积累情况来看。资本原始积累的主要方式是使直接生产者与生产资料相分离，换句话说，是使农民丧失赖以生存的土地，手工业者破产。这种过程在英国是通过圈地运动来实现的，即所谓“农业革命”。早在英国资产阶级革命爆发前，它已经在英国农村中普遍展开了，革命后，资产阶级依靠政权的力量，加速了它的过程，这使资本主义生产关系得以深入到了农村各个角落，其广度与深度是任何其他国家所不能比的，而且非常典型。圈地运动的后果是众所周知的：(1)它改变了土地所有制关系，变封建的土地所有制为资本主义土地所有制；(2)为资本主义经济发展积累了大量资金；(3)为工业提供了广大劳动力后备军和广阔的国内市场；(4)为农业技术的改

---

① 本文是我与金晓常合作的稿子，共同讨论，分头写作，前两部分是我写的，后三部是金晓常写的，最后由我通稿定稿。

革、生产率的提高提供了有利条件，这就不能不给未来的英国工业革命、资本主义近代化打下了坚实的基础。

而在法国情况却有些不同。它的剥夺生产者的资本原始积累运动，不仅在规模上没有这样大，并且在方式上也不是采取强占农民土地的圈地（虽然在小规模上发生过），而主要是利用租税。这在革命前表现得特别明显，以致不少农民抱怨说：即使我们的收入再多，得益的是收税人。革命后，情况略有变化，不过法国对农民征取税收名目之多，在欧洲是颇有名气的，农民反抗最激烈的也往往是税收。1848 年革命时，农民之所以会敲着鼓走上街头去投拿破仑第三的票，就是为了“打倒 45 生丁税”。这种通过租税剥夺农民的方式自然不如圈地显得“干脆”，因而法国农民的破产过程就不如英国那样普遍、迅速，资本向另一极积累也不像英国那样普遍、雄厚。由于原始积累的不同，这就不能不给法国的经济发展，给法国的资本主义近代化运动带来了一定影响。从这个意义上说，法国的资本主义近代化的“先天”条件是不足的。

其次，从政治前提来看，即从取得政权的资产阶级革命来看。法国革命要比英国革命彻底得多、典型得多。法国革命的彻底性主要表现在：（1）它不仅彻底推翻了延续一千多年的封建专制制度和二百多年的波旁王室统治，建立了共和国，废除了封建等级特权，宣布了在法律面前实行人人平等的原则，而且沉重打击了封建社会的精神支柱——天主教会，彻底动摇了教会在封建时代享有的不可一世的地位。而英国则不同，它不仅保留了王权，保留了某些贵族特权，而且保留了国教的地位。（2）在经济上，法国大革命彻底废除了封建义务，取消了领主享受了几个世纪的封建权利，取消了教会的什一税；没收了教会的财产，没收了王室和逃亡贵族的土地，分成小块拍卖，变封建的土地所有制为资本主义的小土地所有制。而英国则不同，它保留了封建权利，甚至还保留了教会的什一税。（3）它还彻底破除了长期以来封建思想对人们头脑的禁锢，不仅抛弃了宗教外衣，而且批判了宗教本身，并在哲学、经济、政治等各个领域建立了较完整、系统的资产阶级理论体系。而英国则不然，它对封建思想的批判是在宗教旗帜下进行的，是以新教反对旧教的形式表现出来的。（4）法国革命还改造了社会生活各个方面，包括人与人的称呼，如对人一律称公民，不称小姐、少爷、先生等，而英国则不同，它仍保留了贵族、乡绅等称号。

按理说,法国革命比英国革命彻底,它的资本主义发展速度应该比英国快。但事实并不如此,法国的资本主义发展,无论在工业、农业方面都不如英国,这是什么缘故呢?应该如何解释呢?有的人硬要把革命彻底性与经济发展速度联系起来,等同起来,好像彻底的革命一定要给生产力发展带来高速度的发展,这是不妥的。我们认为,资产阶级革命仅仅为资本主义的高速发展提供了客观可能性,资产阶级革命越彻底也就越有可能为资本主义的高速发展创造有利的客观条件,法国革命比英国革命彻底,那就是说,它应为法国提供比英国资本主义发展更快的更大可能性,但世界上的事情往往并不那么简单,可能性并不等于现实性,要使可能性变为现实性还要附加其他条件。法国后来资本主义经济发展比较缓慢是有其他多种原因造成的(如:法国的殖民地自18世纪以来一直在不断地缩小,可提供的回旋余地比较小,资源比较贫乏;劳动力市场狭窄,土地所有制变化等都不如英国)。另外,我们也不同意有人由于英国资本主义发展比法国快,就说英国革命比法国革命更彻底,这种论证的办法,我们认为也是不妥的,不甚实事求是的。

二、关于法国的小农土地所有制问题

农业中存在着大量的小农经济,这是法国资本主义近代化过程中的另一个主要特征。

革命前的法国,全国大约有2800万人口,其中2400万~2500万人居住在乡村,大多数人从事农业。当时土地占有情况是:13万僧侣占有10%;35万贵族占有20%;2300多万的农民占有35%;资产阶级占有30%。

僧侣、贵族和国王把占有的大量土地,分成小块出租给农民耕种,而农民则向他们缴纳地租,贵族自己并不直接经营土地,因而在革命前封建的大土地所有制和小农经济相结合是法国农业中的一个特征。与法国不同,英国在革命前,已经有了大规模的农业经济,一种是贵族自己耕种经营,种植一些富有经济价值的作物;另一种是地主把土地租给大农场主,由他们按资本主义方式经营,按资本主义方式剥削农业雇工,而法国还没有出现这种情况。

法国大革命,尤其是雅各宾专政,彻底废除了封建义务,部分地取消了封建大土地所有制，即把教会、王室和逃亡贵族的土地加以没收，加以拍卖；把地主从农民手中夺走的农村公社土地还给农民，从而在法国建立了资本主义小农土地所有制。法国的土地占有关系发生的变化可以从下面的数字中反映出来。以诺尔郡为例，1789—1802 年，农民占有的土地从 30%升至 42%，资产阶级的从 16%升至 28%，贵族的从 22%下降至 12%，教会的从 20%降至 0。到了第一帝国，拿破仑在法典中规定，废除长子继承权，确立了每个继承者之间同等分配遗产的权利，正像某些人所指出的那样，这部法典像压碎机一样把土地压得更加零碎了。

按理说，这种小土地所有制在资本主义近代化过程中会逐步消失，被资本主义大农场所代替，如英国到 18 世纪末 19 世纪初，小农已被彻底消灭干净了。然而法国却不同，它的小农经济在相当长一段时期一直处在发展阶段。据统计，1815 年，全法国共有 900 万份土地财产，到 1881 年该数字竟达 1300 万，增长了 46%。即使如某些经济史学家提出的疑问说，1815 年的数字并不可靠，那么，按 1842 年有 1000 万份土地财产的可靠数字算起，到 1881 年也要增长 28%。考虑到在这段时间内，法国的土地面积并没有增加，这些数字足以说明，法国的土地仍在不断地被分割，划小。假如我们把拥有 10 公顷以下土地的人算成小农，10~40 公顷的人算成是中农，40 公顷以上的人算成大农的话，他们的人数和土地面积的具体比例在 1826 年与 1881 年如下：

	1826		1881	
	人数比例	土地比例	人数比例	土地比例
小农	89.3%	32.5%	92.9%	35.4%
中农	10%	46.4%	5.7%	25.7%
大农	0.6%	20.8%	1.3%	38.8%

自 1881 年起，小农人数比例虽有下降，但下降速度很慢，仅从 1881 年的 92.9%，下降到 1892 年的 85.1%，1908 年下降为 83.8%，27 年中只下降了 9.1%。

如果再考虑到法国的小农无论是在规模上，还是在经营范围上都没法与美国的小农比（1910 年，美国平均每个农民要拥有 55 公顷土地），甚至也没法与英国比（在第一次世界大战前，拥有 20 公顷土地的人在英国就算是小农），我们似乎可以下这样一个结论：直到 20 世纪初，在法国农业中，小生产还占着优势。

这种从封建的大土地所有制桎梏下解放出来的小农土地所有制在一定阶段、一定程度上促进了法国资本主义经济的发展,但随着资本主义经济的进一步发展,这种小农经济就成了阻碍资本主义经济高速发展的因素,由于土地越分越碎,生产规模越来越小,就不利于采用先进技术、增加产品产量、从而为大工业经济高速发展提供充足的原料和丰裕的粮食;同时,由于小农经济的稳固,劳动力附着在土地上,也不可能为资本主义工业提供充足的劳动力;再者,由于小生产易受高利贷资本的盘剥,商品购买力不断下降,这就不利于提供资本主义高速发展所必需的另一个条件——国内广阔的市场,从这个意义上说,小农经济是不利于资本主义经济发展的。

小农经济在法国资本主义近代化过程中的作用问题是个很复杂的问题,对此国外史学家也有争论。

法国著名历史学家勒费弗尔在其《法国大革命和农民》中一再指出:"农民运动在法国革命过程中一方面有力地推动了资产阶级前进,另一方面农民运动则特别表现为它的反资本主义倾向。多数农民却要求保持一小块地产,平分农村公社土地,保存传统的前资本主义经济和社会生产方式,因而阻碍了农业资本主义的正常发展。"

英国历史学家霍布斯·鲍姆在他的《革命的年代》中也同样认为,法国经济的资本主义部分是建立在农民和小资产阶级的不可改变的基础之上的。革命不但没有破坏小生产,相反,却确认了小生产的基础,因此造成了技术发展和资本主义集中过程的缓慢。

与此相反,法国巴黎大学史学家索布尔却针锋相对地提出了与他的导师勒费弗尔的不同看法。他认为,法国资本主义发展缓慢的原因不但不应该从小农生产大量存在中去寻找,而且应该归诸这种小农生产还不够普遍。索布尔指出,19 世纪法国农业生产的消极方面与其说是由于小农强加给革命的东西,包括如勒费弗尔所断定的农村公社的长期存在,不如说是由于小农未能从革命中夺得的东西,破坏大地产与消灭地租。因此,法国日后资本主义发展缓慢乃由于农民革命的不完全性,由于广大农民未能把他们的革命道路贯彻到底。

苏联莫斯科大学历史学教授阿多,在他的《法国大革命期间的农民运动》

一书中也是持这种观点，索布尔非常赞同阿多的看法。

我们认为这两种观点是可以讨论研究的。

三、关于法国工业中小企业与大企业长期共存问题

自18世纪末、19世纪初第一次工业革命在西欧各国普遍展开以来，随着竞争的加剧，所有资本主义国家都出现了生产资料、资金和劳动力集中的趋势。这一方面表现为独立的手工业者逐渐被消灭，另一方面还表现为小企业不断被大企业吞并，工厂规模不断变大。到19世纪末20世纪初，这种集中浪潮来势更为凶猛，在各行各业里都产生了由几个企业垄断所有生产的局面，这标志着各国由“自由”资本主义阶段进入帝国主义时代。法国作为资本主义国家，自然也摆脱不了这个命运。但它在集中的速度和集中的程度上都赶不上其他主要资本主义国家，以致在整个近代史上，出现了小企业与大企业长期并存，共同繁荣的奇特景象。

首先，从动力使用情况来看，1852年，全法国共有6500家工厂，使用的马力总数为76000匹，每厂平均使用11.7匹马力。到1892年，全国工厂增至47700家，马力总数也增至966000匹，每厂平均使用20.2匹马力，仍然小得可怜。1892年到1912年往往被经济史学家称为法国近代史上大发展时期，在这段时间里，工厂总数从47700增加到63000，马力总数增至3235000，可是假如把这两个数字一除，即可发现，平均每厂使用的马力数仅为51.3，与德国的107.5相比，还是属于很小的。

其次，从平均每个企业所雇佣的工人数来看，1851年，法国平均每家工矿企业雇佣2.45人，1872年为2.94人，1896年，即在它已开始进入帝国主义时，也只雇有5.5人。而1898年英国伦敦的8500家使用动力的各种“工厂”平均每家要雇佣工人41人，相比之下，法国的企业规模显然要小得多。

第三，从小企业所占的比例来看，我们根据1896年法国政府进行的工业和职业调查资料可以发现。全国共有575000家企业，其中雇佣1～2人的小企业要有400000家，占总数的69.5%；雇佣3～4人的企业有80000家，占13.9%；雇佣5～10人的企业有54500家，占9.5%；而雇佣1000人或1000人以

上的大企业只有151家,仅占全国企业总数的0.026%,小到可忽略不计的地步。

即使在冶金等那些更需要集中的生产部门,分散的现象仍很严重。据某些在20世纪初到过法国的旅游者记载,在弗朗斯-孔代地区,虽有像勒克勒佐那样雇佣几千人的大企业,但数量极少,只有1~2家,而小企业却到处可见,在勒克勒佐周围就有50家仅装备鼓风炉的、雇佣少量助手的冶炼手工作坊。

英国著名经济史学家大卫·朗兹在谈到19世纪的法国企业主时曾说道,"通常法国的企业家都是一个为自己或至多为一小部分合作者服务的小商人",他们都有很大的"独立性","典型的商号都是些比自足好不了多少的企业"。这种说法虽有些过分,但基本上还是符合当时法国实际情况的。

为什么在法国近代化过程中会产生这种现象?原因是复杂的。比较主要的是因为法国的工业企业,即使是大企业,也普遍存在着缺乏资金,因而也缺乏技术改造手段,进而影响竞争能力的困难,同时,法国封建社会遗留下来的工业结构,也不易产生集中。像家具、奢侈品制造业那样的部门,生产只宜分散不宜集中。

这种小企业与大企业长期并存、共同繁荣的景象给法国的经济发展带来的影响是十分大的。像农业一样,由于企业的分散、规模小,不利于新技术的推广和应用。结果,在法国工业中,一些陈旧的机器和陈旧的技术,直到第一次世界大战前夕还很盛行。例如:1903年全法国的纺织部门,拥有38000台织机,但手摇织机更多,达50000台,其中里昂一个地区就有4000台。同时,由于生产的分散,浪费劳动力的现象也很严重。因此,法国平均每个工人的生产效率一直很低。

但我们也要看到,这种小企业的大量存在也可以弥补大生产的许多不足,到目前为止,法国社会仍在各地存在着一方面是采取先进技术的大企业,如航空工业、汽车制造业、石油开采业等,另一方面却存在汪洋大海似的采用传统的落后的生产方法的小企业(如轻工业和服务工业等),恐怕就是这个道理。

四、关于近代法国资本主义发展过程中农轻重的比例问题

在第一次工业革命完成后，西欧各国都陆陆续续从农业国转变成了工业国，并由轻工业国转变成了重工业国。工业逐渐代替农业，成了国民经济体系中的主导力量，而重工业逐渐代替了轻工业，成了工业中的主导力量。

但法国的情况却有些不同。

首先，从工业与农业的比重来看，法国的农业在国民经济体系中还占着相当重要的地位。

（一）表现劳动力在工农业两大生产部门之间的分配上。从 1781 年起到 1913 年止，一个多世纪的时间里，法国从事农业劳动的劳动力始终要比从事工业劳动的劳动力多，要占到全国劳动力总数的一半以上。如以 1904—1913 的统计数字为例，平均每年从事农业的劳动力要有 856 万，占全国劳动力的 42%；而英国在 1913 年从事农业的劳动力只占到全国劳动力总数的 16%，值得注意的是，在 1781—1913 年这段时间里，不仅法国从事农业的劳动力在全国劳动力总数中所占的比例始终要超过一半，而且绝对数也有增长的趋势，从 1781—1790 年的 575 万上升到 1904—1913 年的 856 万，增加了近 50%。这不能不说明农业对法国的重要性。

（二）还反映农业生产总值在整个法国国民生产总值中所占的比例上。

以 1781—1790 年到 1904—1913 年，法国的工业和农业产值，及农业产值在国民生产总值中所占的比例变化情况大体如下：（单位：百万、法郎）

	农业生产总值	工业生产总值	农业产值在总产值中的占比
1781—1790	2927	2170	57%
1815—1824	4206	3468	55%
1865—1874	8653	9787	47%
1885—1894	7302	10465	41%
1904—1913	10266	16548	38%

可见，在法国国民生产总值中，农业产值所占的比例虽在不断地下降，但仍占着相当大的份额。即使在第二次工业革命爆发后，它似可维持在 40%左

右。而英国在 1865—1874 年中,农业产值在国民生产总值中的比例就已经下降到 28%,到 1913 年更少,只有 12%。难怪英国著名经济史学家克拉潘在谈到法国这时期的经济状况时,曾下结论说:“在 1860—1910 年这半个世纪内,西方比较大的国家中只有法国依然主要是个农业国。”

其次,从重工业与轻工业的比重看,在第一次世界大战前夕,法国的轻工业似乎还一直占着优势。这主要反映在以纺织、食品为首的轻工业部门的产值与以冶金、采矿为首的重工业部门的产值在国民生产总值中所占的比例上。1905—1913 年,法国采矿业产值在国民生产总值中占 3.8%,冶金业占 14.1%,而纺织业却要占到 29.3%,食品业占 13.0%,前两者相加还抵不上纺织一个部门。而英国在 1907 年时,采矿与冶金两大部门的产值要占到国民生产总值的 30%,纺织与食品只占 20%。这充分说明法国轻工业在整个工业中的地位了。

产生这种现象有客观原因,也有主观原因。从客观上讲,由于法国的资源比较贫乏,煤、铁蕴藏量都不太丰富,从而影响了重工业的发展。同时,这也是与法国农业和轻工业、特别是农业相对落后分不开的。上面已经提到过的,由于大量的小农经济的存在,阻碍了先进技术的推广和农业机械的使用,法国的农业的生产率很低。1885—1894 年,法国每公顷土地只能生产价值为 5.1 英镑的农产品,而英国每公顷土地可生产 7.1 英镑;法国每个劳动力可生产价值为 43.8 英镑的产品,而英国可生产 68.8 英镑。这自然使法国不得不把自己的注意力较多地放在农业和轻工业上。从主观上讲,这也是与法国政府没有及时把自己的经济建设转移到以重工业为主的轨道上有关。

那么究竟应该怎样看待这种农业、轻工业在国民经济体系中所占位置比较重要的现象呢?

按照一般经济规律,任何一个国家如要较快、较平稳地发展经济,就必须要注意发展农业与轻工业。因为农业搞好了,可以给工业提供更多的劳动力、原料和更广阔的市场,而轻工业,由于它需要的投资少、资金周转周期短、利润大,则可以给重工业提供更多的资金。所以几乎所有国家在实现近代化时都是以发展农业和轻工业为其起点的。但重视发展农业和轻工业绝不意味着要让农业在国民经济体系中,轻工业在工业体系中始终占主导地位。相反,随着技术的不断进步,机器的广泛使用,工业,特别是重工业应该成为国民经济体系中的主导力量，力求避免出现农业、轻工业和重工业抢劳动力、抢资金的局面，否则就要影响重工业发展速度，进而影响整个经济发展速度。而19世纪末20世纪初的法国就存在着这种现象。

但我们也要看到，由于法国的农业和轻工业始终在国民生产中占着重要的地位，法国人民的各种物质需要基本上可以做到自给自足，而不像西欧其他一些主要的资本主义国家那样，在某些农产品与日用品供应上还要有求于他人。因此，它对法国经济的稳定发展还是有一定作用的。

五、关于金融资本问题

如果说在19世纪50~60年代，拥有广大的殖民地已成了英国资本主义的主要特征之一的话，那么在整个近代史上，金融资本特别发达就是法国资本主义的主要特征之一了。

首先，从法国银行发展的速度来看，与工业发展速度相比，显然要快得多。例如，里昂信贷社，1863年由亨利·热梅思创办时拥有可供流通的资金不多，并且也只在东南各省经营储蓄放贷业务。但18年后，即在1881年，它的资金增加了20倍，并拥有109家分行，可以说它的势力已渗透到所有重要的工业中心中去了。而且，在这以后，它的影响仍在不断地扩大。1898年，它的分行数已达214个。到1908年，该数字又增加到266个，而在工业中，是没有一个企业可以达到这种发展速度的。

其次，从法国银行的集中程度来看，也显然比工业高得多。1914年，在110亿法郎的银行资产总额中，5家最大的银行共占80亿法郎，高达73%。而在工业中，无论哪一个部门，企业的集中程度都没有达到这样的水平，其实，法国银行的这种集中程度在世界上也是很突出的。例如：在19世纪末20世纪初形成的英国银行“五巨头”，即密德兰银行、威斯特敏斯特银行、劳埃德银行、巴克莱银行和国民地方银行，在1913年只拥有全国银行存款的39.7%；美国的20家最大银行，在1900年也只占有全部银行存款的15%。

第三，从法兰西银行的经营方式来看，似乎世界上没有一个国家像它那样，正式行使着国家银行的职能。一般说来，世界上所有资本主义国家银行，在它初创期都享有代表国家发行纸币的权力。但随着银行经营业务的扩大,它们都开始发行起支票来。由于支票在更大程度上是以银行本身信誉作为担保的,它的发行自然要影响到纸币的威望,从而也影响着它们作为国家银行的地位。但法兰西银行却不是这样。它从来没有去发展这种支票制度,也没有想到过要去发展这种制度。因而,它作为法国纸币的唯一发行者的威望一直是很高的。从这点上说,它比其他国家的银行更像一个国家银行。

第四,从国民财富在从事不同职业人之间的分配情况来看,在法国历来是银行家最富。例如:我们经常说的到目前为止还控制着法国经济命脉的200家寡头就是从经营银行业务中发迹起家的。他们的先辈都是在拿破仑时代成立的法兰西银行中占有了大量股份,因而能被拿破仑从4万多股东中挑选出来组成股东会议的人。而在其他国家最富的人就不一定是银行家了。

第五,从银行家在政治上所起的作用看,似乎任何国家都没有能像他们在法国那样支配局势。他们或是通过支持、赞助某一个政治家,甚至是一个政治派别,或是亲自出马,直接参政,影响着政府政策的制订和实施。例如美国的保险公司每年要付给瓦尔德克-卢梭10万法郎,交换的条件是允许它们在法国大量吸取存款;土地出租公司公开聘请米勒兰担任它的法律顾问,以使该公司在投资时避免发生"意外";而银行家拉斐特则公开出面担任了七月王朝的大臣。这在其他国家并不多见。

值得注意的是,法国的银行家还通过财政支援的方式控制着大量的报纸,影响着整个法国的舆论。难怪还在1869年,普鲁东主义者乔治·迪谢恩会指责道:"权力都垄断在'200个大富翁'手里,'而'在古人中是绝没有这样集中的寡头政治的例子的。"

按理说,金融资本如此发达,资本集中程度那样高,法国的工业应该是不愁没有流动资金的。但如前所述,在法国工业企业中,资本活动的余地相当小。那么集中起来的资本到哪里去了呢?

从分析法国银行投资方向看,我们可以发现,法国银行主要是通过两种手段使自己资本增值的。(1)是以很高的利息直接贷款给国家发展某些能产生很大利润的公共事业,如交通运输业。因为这一方面可以保证他们收回投资。另一方面又可以使他们更深入地渗透进政府。事实也确实如此,据统计,1910年全法国国民经济收入的四分之一要作为利息付给借贷者,这不能不说是个很惊人的数字了。(2)直接向国外投资,以便在同样时间内产生更大的利润。但不论那一种方式,都是以借贷资本的形式出现的。因此,在金融资本特别发达的同时,法国还存着借贷资本特别发达的现象。

这种现象自然给法国近代化进程带来了很大的影响,由于资本外流,以及利息很高,借款人为了偿付本息,不得不提高产品销售价格,例如法国政府就不得不始终保持较高的运输价格。这严重影响了法国工业的发展,也影响了法国工业的竞争能力,因而也影响了法国经济发展的速度。由发达的金融资本发展为发达的高利贷资本,也就成为法国日后被列宁称为高利贷帝国主义的重要原因之一。

综上所述,我们可以看到,法国在资本主义近代化过程中,由于存在着特定的历史条件、特定的环境,因而也采取了有别于其他主要资本主义国家的不同做法,诸如原始积累方式比较"陈旧",小农经济的广泛存在,在农、轻、重比例上,农、轻始终占优势,大企业和小企业长期并存、共同繁荣以及金融资本特别发达等,致使它走的是一条与其他主要资本主义国家不同的道路,而这条道路在一些比较次要的资本主义国家中带有一种普遍性。因此,假如说农业改革中可以有"美国式道路"和"普鲁士式道路",我们能否可以说根据以上五个特征,在法国存在着一条资本主义近代化的"法国式道路"呢?

《华东师范大学学报》,1985年1月

“自由、平等、博爱”口号究竟何时提出?

在世界近代史上,“自由、平等、博爱”无疑是一个著名的资产阶级的政治口号。但这个口号究竟什么时候被正式提出,并非都是弄清楚了的,甚至国内外某些研究法国史的“权威”有时竟也把它搞错了。

苏联曼弗列德在其《十八世纪末法国资产阶级革命》一书中说:“从 1789 年宣言(指《人权宣言》——引者)中所得出的三位一体的著名公式:‘自由、平等、博爱’在整个欧洲得到了巨大的反响。”(中译本,三联出版社,1955 年版,第 46 页)

罗琴斯卡娅在其《法国史纲》一书中写道:“从宣言(指《人权宣言》——引者)的内容可以看出……‘自由、平等、博爱’的口号从这时起成了一切革命战士的口号。”(中译本,三联出版社,1962 年版,第 98 页)

我国的某些法国革命史著作也有类似的提法。

从 1792 年 8 月 26 日所通过的法国资产阶级反封建斗争的纲领——《人权宣言》中,能使人们得出“自由、平等、博爱”三位一体口号的结论吗?从《人权宣言》颁布之日起,“自由、平等、博爱”就成了一切革命战士的口号了吗?

让我们从《人权宣言》谈起。通观《宣言》全文,从头到尾,我们没有发现“博爱”字样,甚至也没有出现“博爱”的思想。《人权宣言》只是规定:“人们生来是而且始终是自由平等的”。“这些权利就是自由、财产、安全和反抗压迫”。“在法律面前,所有的公民都是平等的”。“各个公民都有言论、著述和出版的自由”。“财产是神圣不可侵犯的权利”……(参见蒋相泽译《世界通史资料选辑》,上册,第 123 页)从这样的规定中,试问怎么能得出“自由”“平等、博爱”作为三位一体的政治口号这一结论呢?

那么,把“博爱”同“自由、平等”联系在一起,作为完整的政治口号,究竟是何时提出来的呢?

把“自由”“平等”“博爱”作为资产阶级的社会政治理想来宣传,在启蒙学派那里已有所流露。但是在他们的著作里,人们却无法找到一个完整的“自由、平等、博爱”三位一体的概念。在上述的《人权宣言》中,也还没有提出。直到1792年国民公会时期,尤其是在宣布法兰西为共和国之后,“博爱”才与“自由”“平等”联在一起,作为一个完整的政治口号提出。其所以如此,我们只能把它与法国当时革命斗争的形势联系起来考察。

1789年7月14日,巴黎群众攻克了巴士底狱,革命运动刚刚发轫。群众的革命行动尚不足以威胁到资产阶级的利益,当时革命阵营的内部分化仍处于萌芽状态。1789年8月26日的《人权宣言》就是在这种情况下通过的。“博爱”之所以还没有在“宣言”中被提出来,这是一个重要原因。但是到了1792年秋季以后,法国革命形势起了很大的变化,被推翻的国王路易十六勾结国外封建势力,妄想招引外国军队来扑灭法国革命的烈火,代表大资产阶级的斐扬派甚至公开转到国王一边,共同对付人民,代表工商业资产阶级的吉伦特派也满足于既得利益,害怕人民把革命继续推向前进。只有代表中小资产阶级的雅各宾派,才在人民群众的推动下,抱有继续革命的愿望和要求,于是革命阵营内部便出现了十分剧烈的斗争。这种斗争由于外国武装干涉使革命处于十分危险的情况下而加剧起来。它严重地削弱了抵抗国内外封建势力的力量,也危害着资产阶级的既得利益。于是,在法国国内普遍展开了一个停止党争、拯救祖国的运动,但各派的用意不同,有要求协作维护王室的,也有要求协作废黜国王,争取共和的。正是在这样的情况下,“博爱”被作为一个政治口号正式地提了出来。

1792年7月7日,曾经出现过一个所谓“拉摩勒特式拥吻”(Baiser Lamourette)事件:立法议会议员拉摩勒特发表热情的演说,要求议会从右到左的各派议员以兄弟般的、博爱式的拥吻来结束一切党派纷争,然后拉摩勒特率领一个议员团立即把这件事情通报国王。

1792年9月20日—21日,吉伦特派领袖之一——罗兰一方面为了结束党派纷争,另一方面也为了麻痹群众,消弭斗争意志,曾大力鼓吹“博爱”,要求立法议会把宣布“共和国”和宣布“博爱”结合在一起。马蒂埃在他的《法国革命史》一书中曾有一段生动的记叙:

“在傍晚时候（1792 年 9 月 21 日傍晚——引者），这个法令（指废除王政——引者）当即借着火炬的光辉隆重地在巴黎宣布。蒙日陪同其他各部部长到议会来祝贺其已用此一法令宣布共和国，并用他的名义请示，假使必要的话，誓愿为自由与平等而死，才不愧为共和国民。同日，罗兰在给各郡行政机关的通令中，解释这个预期的伟大措施说：‘先生们，请宣布共和国，同时也请宣布博爱，因为二者原是一件东西。’到处都在严肃地宣布共和国，同时也宣布废止王政。当日法令中并无共和国字样，次日修改当日记录时才加进去，但已用不着载明这些字样，因为在人心理上及实际上这已是当然的了。敌人被赶走了，被镇压下去的王党不敢作声了。共和国看来具有拯救革命和祖国的光辉。就在 9 月 21 日这一天，罗兰在鼓吹博爱……”（见马蒂埃：《法国革命史》，杨人楩译，1958 年版，第 216~217 页）

此外，法国人民为纪念革命，曾种植了许多“自由之树”。1793 年初，在此基础上也种了“博爱之树”（Arbres de Fraternité）。其中最有名的一棵是 1793 年 1 月 28 日种在万森树林（Bois de Vincennes）卡罗塞尔广场上，由区议会和巴黎市政厅庄严地种植起来的。还有一棵在法国和日内瓦邦的边境上，是由双方公民共同种植的。（参见：《法国简明辞典》“自由之树”条）

1793 年 4 月 24 日，罗伯斯比尔在国民公会上作关于人权和公民权利宣言的报告时，也曾主张把“博爱”加进新《人权宣言》中去，他说：

“委员会还完全忘记了博爱的义务，这种义务把所有人，所有国家，把他们的权利和相互援助联系在一起。它似乎也忘记了各国人民反对暴君的永恒联盟。人们说，你们的宣言只是为着地球上的一个偏僻角落的一群人制定的，不是为大自然给予土地来经营和居住的大家庭而制定的。

我提议，你们增几条来克服这些缺点。……

第一条，全世界的人都是兄弟，各国人民应像一个国家的公民那样按照他们的能力相互帮助。

第二条，凡是压迫一个国家的人就成为各国的敌人。

第三条，凡是对一国人民发动战争以阻止自由的发展并破坏人权者，应遭到其他各国的攻击；不应把他视为普通的敌人，而应把他作为凶手和强盗。

第四条，国王、贵族、暴君，不管他们是什么，他们都是反对地球的主人——人类，反对大自然的立法者的叛徒。”（见《资产阶级政治家关于人权、

自由、平等、博爱言论选录》,世界知识出版社,第 113 页)

罗伯斯比尔要求增添“博爱”条例的建议,后来未被写入新《人权宣言》和 1793 年雅各宾《宪法》。

1793 年 6 月 24 日正式批准的新《人权宣言》和《宪法》,只是提到了“普遍幸福是社会的目的”,“自由、平等、安全、财产是天赋不可剥夺的人权”等,“博爱”仍未被提到。

同时,在其他一些文件中也没有看到“博爱”字样,只有“自由、平等”,而“自由、平等”则写为“自由、平等或死亡”。

可见,“博爱”这时虽已成为非常流行和深入人心的思想,却很少见之于文字。

下面再提供一些材料加以说明。

人权区会议记录(共和二年 5 月 20 日)左上方写着“自由、平等或死亡”。

阿西区致国民公会请愿书(约为共和二年 6—9 月),左上方仍为“自由、平等或死亡”。

但是,革命某分队致天文台区议会议长书(约为 1794 年 2 月—4 月),中上方则为“自由、平等、博爱或死亡”。

从这时起,一些文件,文书逐渐开始用“自由、平等、博爱”了。

例如:

在致哥德利埃社公民书(约为 1794 年 2 月—4 月)的中上方,也有“自由、平等、博爱”。

布内-罗柴区致国民公会请愿书,两性博爱社致国民公会书(以上两书约为 1794 年 2 月—4 月),两者左上方为“自由”、中上方为“博爱”、右上方为“平等”。

然而,就在这个时期,一般文件上仍大多不用“博爱”二字,只用“自由、平等”。[以上材料均见马柯夫、索布尔编:《巴黎无套裤汉》(*Die Sans-culotten von Paris*)一书,柏林,1957 年版]

现在,让我们再看一看法国《基耶百科词典》(*Dictionnaire Encyclopedique Quillet*)中的“博爱”,并与上述材料加以对照。

《基耶百科词典》“博爱”(Fraternité)条称:

“‘博爱或死亡’是‘国民公会’擅自加在共和国国徽上的一句话——这个

词和自由、平等标志在法兰西共和国的国徽上”。

可见，“自由、平等、博爱”作为三位一体的口号被正式提出，应当是在1792年9月法兰西宣布为共和国的国民公会时期，它见之于文字还要稍后一点，而绝不是1789年8月26日通过《人权宣言》的那个时期。

“博爱”被第一次正式列入宪法条文，据我们所见到的材料，应是1848年法兰西共和国的《宪法》。

该《宪法》载：

“她（指法兰西第二共和国——引者）以自由、平等、博爱为信条。”（见Robert Vexler编：《1589—1974年法国大事年表》，纽约，1977年版，第131页）

众所周知，1848年法兰西第二共和国《宪法》是在资产阶级残酷地镇压了巴黎无产阶级六月起义之后制定出来的。可见，“自由、平等、博爱”作为三位一体的政治口号，在历史上被第一次载入《宪法》时，它的反封建的革命色彩已丧失殆尽，它完全成为资产阶级反革命两手策略的装饰品，成了“步兵、骑兵、炮兵”的代义语。

以上材料只是在阅读法国革命史时顺手录出，既不全面，又缺乏深入研究，现在将这一问题提出，目的在于抛砖引玉、引起讨论、弄清事实，更希望能得到国内研究法国革命史专家的指正！

《历史研究》，1978年12月

《巴黎高师导报》，1982年153期，法文转载并加按语：“是为了表达他们对中国朋友的敬意，也是作为他们研究法国史成果的见证。”

论“自由、平等、博爱”

“自由、平等、博爱”是在近代初期法国资产阶级革命中首先具体形成和提出的一个三位一体的政治口号。本文想就其由来、理论渊源、实质及其历史作用作一些历史的考察。

一、“自由、平等、博爱”口号的由来

“自由、平等、博爱”作为一种思想体系，是近代资本主义生产关系发展的产物。古代社会基本上依靠强迫劳动作为生产的支柱；中世纪社会的劳动，停滞在一种特殊形态下，并非生产一般交换价值的劳动。到中世纪后期，随着资本主义关系的发生和发展，随着商品交换的普遍化，才逐渐出现了像近代的“自由”“平等”“博爱”那样的观念。

自11世纪末，第一次十字军东征起开始加强的东西交往、货币畅通和城市的兴起，刺激了资本主义因素的增长。15世纪末期以后的“地理大发现”，出现在美洲的淘金业以及价格革命等又给资本主义的成长带来新的刺激，为它在欧洲某些国家里的发展奠定了基础。

资本主义的发展必然受到封建制度的阻碍和束缚。新兴资产阶级为发展资本主义，保护他们的私有财产，必然要求摆脱种种封建桎梏，改变自己的无权地位，把矛头指向封建专制制度，指向王权和维护王权的神权。新兴的资产阶级和衰朽的封建势力的斗争，反映在意识形态领域里，也就是“人权”对“王权”，“人道”对“神道”，“自由”“平等”“博爱”对封建专制、封建等级制度和封建特权等思想意识的斗争。

“自由、平等、博爱”作为一个完整的口号，不是一下子提出来的，它经历了一个逐渐形成和发展的过程，而这个过程是与资本主义的发生、发展相联系的。在文艺复兴时期，在封建制度开始向资本主义过渡时期，城市新兴资产阶级意识形态中最突出的内容是什么呢？是“人文主义”，是这个主义所孕育的“自由”和“个性解放”。如莎士比亚在其《哈姆雷特》中所说的：“人类是一件多么了不得的杰作！”皮科在其《论人的尊严》一书中，也说人“是一个奇异的生物”。蒙台涅在其文集中曾号召人们：“是挣脱社会约束的时候了。”但丁在其《君道论》一书中称：“好的国家是以自由为宗旨的。”他还极力宣扬人生的目的在于追求幸福和自由。用人类生活的现实道路和人的特殊意义来对抗神道观；“个性自由”对宗教桎梏所表示的不调和态度，正标志了资本主义生产关系在其封建母腹内的躁动。但是那时的思想家们，还没有直接地赋予“自由”以政治上的意义，还没有提出以资产阶级的政治权利来代替封建特权。

到了17世纪，资本主义生产关系有了进一步发展，自由、人的尊严和个性解放等的政治意义不断明显起来，导致争取政治平等权利的斗争。一部分新兴资产阶级思想家的斗争矛头，日益指向封建贵族的特殊权利，因而平等被看作自由的保证。这些思想家有斯宾诺沙、霍布斯、洛克等。其中斯宾诺沙强调理性的重要作用；霍布斯摒弃神权，提出从人性出发的社会政治组织；洛克的思想似乎更富有典型性，他的《政府论》鼓吹社会契约论，并认为人天生是自由、平等的，保障生命与财产乃是人的基本权利。17世纪的英国资产阶级革命和18世纪的美国独立战争，就是在“自由”和“自由、平等”的旗帜下进行的。

18世纪中叶以后，随着资本主义制度的胜利和确立，资本主义生产关系越出了个别国家的范围。一者，资产阶级要求把自己的触角伸向全世界，把世界上所有角落都卷入资本主义的经济体系之中；二者，是由于国际上反封建斗争的需要，因为资本在与封建势力作斗争时也越来越带有国际性，行将到来的法国资产阶级革命就是在欧洲封建势力联合进攻下进行的；三者，随着资产阶级革命的进展，革命阵营内部的矛盾，也日益显露出来，因而自由、平等思想就需要博爱来加以补充了。所以18世纪法国某些启蒙思想家之所以特别强调博爱，并用博爱来丰富“自由”“平等”的内容，似乎不难理解。卢梭在他的名著《社会契约论》和《论人类不平等的起源和基础》中除了宣扬，“人生来是自由的”，“人与人之间本来都是平等的”。他还特别提出了“人类本是同一上帝的女儿；由于这种神圣的、崇高的、真正的宗教，人们也就认识到大家都是兄弟，而把他们结合在一起的社会是至死也不会解体的”。所谓“人类本是同一上帝的女儿”，“大家都是兄弟”历来是“博爱”的同义语。

尽管在启蒙思想家的著作里包含了“自由”“平等”“博爱”的思想，但还没有构成一个完整的、三位一体的政治口号。1789 年 8 月 26 日颁布的《人权宣言》，也只是提到“自由”和“平等”，而没有提到“博爱”，更没有把“博爱”同“自由”“平等”联成一体。可是，苏联历史学家曼弗列德在其《十八世纪末法国资产阶级革命》一书中说：“从 1789 年宣言中所得出的三位一体的著名公式：‘自由、平等、博爱’在整个欧洲得到了巨大的反响。”罗琴斯卡娅在其《法国史纲》一书中也写道：“从宣言的内容可以看出……‘自由、平等、博爱’的口号从这时起成了一切革命战士的口号。”从《人权宣言》中，能使人们得出“自由、平等、博爱”三位一体口号的结论吗？从《人权宣言》颁布之日起，“自由、平等、博爱”就成了一切革命战士的口号了吗？只要我们认真地阅读《人权宣言》的 17 条条文，就不难发现他们的提法是毫无根据的。“自由、平等、博爱”作为三位一体的政治口号被正式提出那是在 1789 年《人权宣言》颁布之后的事。

1790 年 10 月 5 日，罗伯斯比尔在立宪议会里关于国民自卫军组织的演说时曾第一次提出了“自由、平等、博爱”，他建议国民自卫军胸前要佩戴有“自由、平等、博爱”和“法兰西人民”这样印记的字样。同时建议把它写在国民自卫军举拿的三色国旗上。但，罗伯斯比尔的建议没有被采纳。1791 年所颁布的《宪法》也没有写上这个口号。只是到了 1792 年 9 月 21 日，法兰西宣布为共和国之后，国民公会才把博爱与共和国联系起来，才把博爱与自由、平等联系起来。马迪厄在他的《法国革命史》一书中曾有一段生动的记述：

“在傍晚时候（指 1792 年 9 月 21 日傍晚——引者），当即借着火炬的光辉隆重地在巴黎宣布。蒙日陪同其他各部部长到议会来祝贺其已用此一法令宣布共和国，并用它的名义请示，假使必要的话，誓愿为自由与平等而死，才不愧为共和国民。同日，罗兰在给各郡行政机关的通令中，解释这个预期的伟大措施说：‘先生们，请宣布共和国，同时也请宣布博爱，因为二者原是一件东西。’到处都在严肃地宣布共和国,同时也宣布废止王政。当日法令中并无共和国字样,次日修改记录时加进去,但已用不着载明这些字样,因为在人心理上及实际上已是当然的了。

“敌人被赶走了,被镇压下去的王党不敢作声了。共和国看来具有拯救革命和祖国的光辉。”

“就在9月21日这一天,罗兰在鼓吹博爱。”

法国出版的《茎叶百科辞典》“博爱”条称:“‘博爱’或‘死亡’是‘国民公会’擅自加在共和国国徽上的一句话——这个词和自由、平等标志在法兰西共和国的国徽上。”

可是“自由、平等、博爱”作为一个完整的政治口号,第一次正式列入《宪法》条文却是1848年的《法兰西共和国宪法》。

该《宪法》载:“它(指法兰西第二共和国——引者)以自由、平等、博爱为信条。”

以上就是“自由、平等、博爱”口号由来的大致情况。关于“自由、平等、博爱”口号究竟何时正式提出请参照本文注。

二、“自由、平等、博爱”口号的理论渊源

弄清楚“自由、平等、博爱”口号的理论渊源,有助于弄清楚它的实质。这个口号发源于启蒙思想家们的思想学说。

(一)“自然状态”和“社会契约”说

在18世纪启蒙思想家之前,欧洲有不少思想家曾主张过自然状态说,如荷兰的格劳秀斯,英国的霍布斯、洛克等。卢梭的自然状态说是在他们的基础上发展起来的,并别具一格。“自然状态”论者都认为,人类在国家产生之前生活在“自然状态”中。不过霍布斯认为人之初,性本恶,人生来就是自私的,人们在自然状态中为了谋求生存,占有为生活所需的物品而互相残杀,后来又为保证大家的安全,自然状态中这种自然人才订立契约,组成政治社会——国家。而卢梭则相反,他认为人之初,性本善。“自然状态”是人的黄金时代,大家都是自由、平等的。在“自然状态”时期是没有土地私有制的,因

为土地私有制只是在野蛮人开始从事耕作的时候才产生的；而且，最初占有农作物和土地的权利只是靠个人劳动取得的。但是，所有制一旦产生，就带来了不平等，这种不平等由于掠夺和强者对弱者的压迫而日益加深，并且随着社会的出现而受到法律的确认。这个从自然状态向社会状态的过渡是社会契约的结果，而社会契约是穷人所同意的，因为他们希望社会安宁和共同防御敌人。然而，从中得到好处的只是富人。“谁第一个把一块土地圈起来并想到说‘这是我的’，而且找到一些头脑十分简单的人居然相信了他的话，谁就是文明社会的真正奠基者”。随着私有制的出现，世界上就有了社会不平等以及人类的一切恶习和灾难。卢梭指出，国家的产生，只能是人们自愿协商的结果。这种社会契约的目的是要寻求这样一种结合的形式，使它能够以全体共同的力量来保卫和保护每个结合者的人身和财富；而同时与全体相结合的每个个人又只不过是在服从自己本人，并且仍旧是像以往一样的自由。社会契约的目的在于回复和保持人类的自由和平等。卢梭这种学说虽然是唯心主义的，但它具有非常革命的意义，它为“自由、平等、博爱”口号奠定了深厚的理论基础。

（二）“普遍理性”和“普遍人性”说

文艺复兴以来，“理性”一直是资产阶级用以反对封建专制制度、反对教会的一种思想武器。18 世纪有“理性时代”之称。在启蒙思想家看来，“理性”是人的普遍人性的一个重要因素。因为，人作为人，不管时代、地区、民族、阶级的区别怎样，都有一个共同的普遍本性，即普遍的、自然的人性。如谋求自保，追求幸福，其中包括酷爱自由和平等，等等。启蒙思想家曾把这种人性论作为论证资产阶级政治、经济、法律、道德和文化艺术观点的工具。他们把抽象的人作为一切的中心，鼓吹“人是唯一的点，一切事物从这个点出发”；他们还以宣扬“人类理性”，来宣扬建立“理性王国”。在这个王国里人人都是自由的，都是平等的，并且彼此相爱。这种对理性的崇拜的理论，有力地否定了人对神的依从，否定了神对人的统治。实际上就是力图在尘世建立一个“自由、平等、博爱”的王国来代替神授王权的封建王国。从时代来说，这种理论无疑是一大进步，当然它也有很大的局限性，因为基于天赋的、先验的学说没有任何科学的论据。

（三）“天赋人权”和“人民主权”说

人权是对神权而言，而神权是封建专制制度的理论基础。封建专制君主的权力系神所授予，因而是神圣的。18世纪启蒙思想家针锋相对地提出了人权说，把自由、平等、财产、安全等作为人的基本权利的学说，并强调这种权利也是天赋的，不可剥夺的。卢梭说：“人是生而自由的。”狄德罗说：“自由是天赐的东西。”孟德斯鸠说：“人一生出来就都是真正平等的。”……自由、平等……这些人的基本权利既然是天赋的，它就是不可侵犯的、不可剥夺的，否则就是违反人性的。被封建专制制度剥夺了这种权利的第三等级争自由、争平等——争人权是完全符合人的本性的天经地义的事。卢梭在此基础上提出的“人民主权”说就是“天赋人权”说的进一步发挥。这种学说在反封建专制统治的斗争中同样具有非常革命的意义。法国资产阶级革命中的两次《人权宣言》都是根据这个理论提出来的。

资产阶级启蒙思想家所提出的作为“自由、平等、博爱”口号的主要理论根据的“自然状态”“社会契约”“普遍理性”“普遍人性”“天赋人权”“人民主权”等学说虽然是虚构的、唯心的，但绝不是他们存心捏造出来用以欺骗世人的；反之，倒是资本主义生产关系在他们头脑中的反映，是交换价值在这些思想家头脑中理想化的表现。

马克思主义历来认为，任何意识在任何时候都只能是被意识到了的存在。正因为资本主义社会最一般和最本质的特征是商品关系的普遍化和劳动力转化为商品。从商品的现象形态或流通领域来看，包括劳动力的买卖在内，好像一切都是平等的和自由的，都是契约的关系。双方都是一种交换价值的占有者，都是“自由”的人，进行着“等价交换”的“权利平等”者。甚至劳动力的购买者还好像是一个“博爱”者。所以，马克思说：“这个领域，实际上是天赋人权的真正乐园。”但，一旦当人们把视线转到资本主义生产领域，马上就可以发现，这个所谓“天赋人权的乐园”只是属于资产阶级的，对劳动人民来说，仍然是“囚禁穷人的巴士底狱”。“自由”“平等”“博爱”纯粹是一种假象，在这种假象掩盖下的，是资本对于劳动的剥削，资本家迫使工人为他们生产剩余价值的罪恶行为。马克思曾生动地描绘说，一到这个领域“原来的货币所有者，现在变成了资本家，他昂首走在前头，劳动力的所有者，都变成了他的劳动者，跟在他的后头。一个是笑眯眯，雄赳赳，专心于事业；另一个却是畏缩不前，好像是把自己的皮运往市场去，没有什么期待，只等待着刮似的”。在资本主义社会里，生活在最下层的劳动人民，正是通过商品价值交换，不断把自己的“皮”运到市场上去，并把它送到资本家的刮刀之下。“自由”“平等”“博爱”全部走向了反面，此种情况就启蒙思想家来说，或许也是始料所不及的。

三、从1789年法国革命看“自由、平等、博爱”

1789年法国革命是在“自由、平等、博爱”的旗帜下走过来的。革命的实践表明了这个口号的资产阶级两重性，即反封建主义的进步性和欺骗群众的虚伪性。

这个口号的进步性主要表现在哪里呢？

（一）反映了第三等级反封建的愿望。18世纪末，法国还笼罩在“旧制度”下。国王专横昏庸，特权等级胡作非为，腐败透顶。第三等级政治上无权，下层群众尤其过着暗无天日的生活。推翻旧制度，建立资本主义新制度成为不可抗拒的历史潮流。第三等级与国王、教会、特权等级之间的矛盾就是当时社会的主要矛盾。一场由第三等级掀起的反专制暴政的资产阶级革命运动像火山一样爆发出来了。“自由”“平等”以及后来形成的“自由、平等、博爱”的口号完全符合了这种要求。它是一种历史的需要。

（二）它对推动这场革命的深入发展起了重大的作用。也就是说，鼓舞群众彻底战胜封建势力、击败外国武装干涉，使法国革命成为一次杰出的资产阶级民主革命。在这个口号的鼓舞下，法国革命不仅在政治上比较彻底地摧毁了封建等级制度，处死了国王，宣布了共和，宣布了人人在法律面前一律平等，规定了言论、出版和结社的自由，二十一岁以上的男性公民享有普选权；在经济上彻底地废除了封建土地所有制，建立了小农土地所有制，用自由竞争代替了中世纪的行会，为资本主义发展扫清了道路；在宗教上，没收了教会财产，取消了教会独立，使教士从属于法国政府；此外，它使法国社会生活的各个方面都得到了改造，如改变人和人的称呼，改换基督教的旧历代之以共和新历。所以，马克思曾把法国革命称为是18世纪对17世纪的胜利；列宁甚至还说,整个 19 世纪都是在法国革命的旗帜下度过的。这与法国革命是在公开政治基地上作战的,它有着自己明确的口号、鲜明的旗帜——“自由、平等、博爱”分不开。

（三）它对第三等级在精神上、思想上、理论上起了巨大的解放作用。在中世纪禁锢人的思想和理论的是经院哲学、王权神授理论、禁欲主义等。理性从属于信仰,哲学成为“神学的婢女”。为了在物质上推翻封建制度,必须先来一个精神上的解放运动。任何物质上的批判,如果没有一个精神上的批判作为先导,其目的是不可能达到的。理论一旦掌握了群众,就能发挥无穷的力量。“自由、平等、博爱”作为思想体系,作为政治口号,它在革命中就曾起过这方面的作用。它在启发人们的革命思想、破除迷信方面起了重要的作用。

但是,在显示“自由、平等、博爱”口号的进步性的同时,法国革命的实践也暴露了这个口号的虚伪性。主要表现为:

（一）所谓“自由、平等、博爱”是建立在私有财产基础上的,是以私有财产的神圣不可侵犯为前提的。一些启蒙思想家、资产阶级革命家,某些革命时期所颁布的《人权宣言》和《宪法》都一面承认自由、平等原则,另一面则强调了私有财产是神圣不可侵犯的。爱尔维修说,“保持所有权乃是各个国家的道德神”,“个人利益是人类行为价值的唯一而普遍的标准”。罗伯斯比尔也说过“财产权是由法律保障的,使每个公民有享有和处理属于他的那份财产的权利”。甚至连资产阶级最民主的雅各宾《宪法》也明文规定:“《宪法》保障全体人民的平等、自由、安全、财产的权利。”承认私有财产是神圣不可侵犯的原则,实际上只是承认以资本主义所有制来代替封建主义的所有制,以资本主义的剥削代替封建主义的剥削。自由只是少数有财产的人剥削大多数无财产人的自由,平等也只是意味着少数有财产的人对大多数无财产的人的奴役和压迫;博爱也只是意味着资产阶级对劳动人民的剥削和资本主义社会的“尔虞吾诈”。

（二）革命的实践过程更加揭露了“自由、平等、博爱”的虚伪性。1789 年 8 月 26 日,立宪会议通过的《人权宣言》宣布人生而自由平等以后,同一个立宪会议所通过的 1791 年《宪法》却明文规定按照财产多少把人划分为积极公民和消极公民,没有财产和财产少的消极公民被剥夺了选举权和被选举权;

同时《宪法》还规定了可耻的殖民地奴役制度，难道这是符合“人生而自由、平等”的原则的吗？《宣言》中虽然规定了人身、集会、言论的自由，但同一个立宪会议却在1791年6月14日颁布了一个旨在禁止工人集会和罢工的《勒·霞白立法案》，接着，在1791年7月17日当人民群众提出要求废黜路易十六的请愿和示威，立宪会议即动员了国民自卫军，对集合在马尔斯广场的手无寸铁的人民实行血腥的屠杀，当场留下五十具左右尸体，几百人受伤，难道这也是符合“自由”“平等”的原则的吗？不仅大资产阶级当政的立宪会议时期是这样，就是稍微激进一点的工商业资产阶级吉伦特派当政时期也是如此。正是同一个曾经宣称“财产就是剽窃”的布里索，在他执政后不到一个月就说：“这次革命应该停止了，否则它就会产生危险，那它便仍然是什么也没有打倒。”正是同一个曾经极力鼓吹过自由、平等，并竭力想把博爱同共和国联系起来的罗兰，在出任内政部部长后就说“必须把一部分国民武装起来对付另一部分国民”，对付生活最无保障的下层群众“无套裤汉”。即使在最激进的革命民主派雅各宾派当政时，“自由、平等、博爱”仍然是一纸空文。雅各宾派赋予这个口号以较多的革命色彩，但雅各宾派同样承认神圣不可侵犯的私有财产。1793年4月24日，罗伯斯比尔发表了关于《人权宣言》的演讲时，在强调自由、平等、博爱的同时强调了财产是天赋的，应受到法律的保障。同时他们也赞同对付工人的《勒·霞白立法案》，还镇压了下层群众利益的捍卫者——“疯人派”的领袖扎克·卢等。

由此可见，提出“自由”“平等”“博爱”口号的18世纪法国资产阶级革命家，从代表大资产阶级利益的立宪派，代表工商业资产阶级利益的吉伦特派，以及革命性较强的代表中小资产阶级利益的雅各宾派，在革命过程中实行的所谓“自由”“平等”“博爱”，都暴露出与人民群众相对立的一面，从而证明了这个口号的资产阶级性。同时，就其与封建专制制度相对立这一点来说，也同样具有资产阶级性，因为它反对的是封建制度，要求建立的是资本主义制度——即资产阶级同人民群众相对立的制度。因此，我们在衡量“自由、平等、博爱”这个口号时，既要承认它的历史的进步性，又要指出它对人民群众的虚伪性。我们绝不能一味加以颂扬，或者兼收并蓄，避免可能导致无产阶级专政和资产阶级专政相混淆的危险。

事实上，这个口号在革命过程中所展示的虚伪性，早就遭到当时一些先进的思想家和革命家的揭露和鞭挞。这里引述几则，有助于更好地认识“自由、平等、博爱”的实质。

1793年6月24日，扎克·卢在国民公会上说：“如果一个阶级可以不受惩罚地使另一个阶级受饥饿的痛苦，那么自由就不过是海市蜃楼。如果富人利用垄断地位操纵着那些在法律上应当同他平等……的人的生死大权，那么平等就不过是海市蜃楼。难道说骗子的财产真比一个人的生命还要神圣吗？”

1791年8月20日，空想共产主义者、“平等社”的领袖巴贝夫给库贝的信中说：“这个宣言（指1789年8月26日的《人权宣言》）的内容极不完备，太不具体，而且不明确的词句太多。它虽然辞藻华丽，但在它抽象的长篇大论里隐藏着调和各种矛盾的意图，或者是企图建立冒充真相的假门面。这个宣言，鱼饵和圈套紧挨着放在一起，我们仔细看一看这个‘宣言’，就立刻可以看出，它是危险的，只有那些想哄人民睡觉的人才会创造出来的幻影。他们的‘宣言’除了作儿童玩具以外，没有别的价值。它承认自由和平等的一些大原则，那固然不错的，却附有各色各样的保留，使得人们在实际应用中可以曲解这些概念，或者把这些概念弄得如此温和或者把锋芒磨灭，使之不能发生任何实际效果。”

又说：“共和国并不是一个空洞的字眼或毫无意义的词义的词组。‘自由’和‘平等’这些曾一再对你们说的并曾使你们的耳朵震聋的词，在革命开头的日子里，曾鼓舞你们的心灵，因为你们相信，这两个词多少具有对于人民有利的意义，现在这些词对你们已经没有什么意义了。因为你们看到，它们不过是空话，是花言巧语的装饰。”

空想社会主义者傅立叶，对人权、自由、平等、博爱的口号也作了无情的讽刺，他认为这些漂亮的词句，不是对人民的嘲弄又是什么呢？他说：“事实上，凡是不能实现的权利，都是幻想的权利。最好的证明就是《宪法》上人民有主权的规定。和这种权利相反，一个平民要是没有一苏在身上，他甚至一顿饭都吃不上。这说明由对主权的要求到吃一顿饭的要求有一段很大的距离。所以，许多写在纸上的权利，都是不现实的，把这些权利赋予那些完全没有办法实现的人，那是对他们的一种侮辱。”所以，“人权”作为违反常识的幻想，已成了一种笑柄。

傅立叶还批评"博爱"论，认为普遍的利己主义和对黄金的膜拜才是资产阶级道德观念的准则。资产阶级匍匐在黄金的光辉之下，资本主义制度造成了个人利益和集体利益之间无法调和的矛盾，它是"每个人对全体和全体对每个人的战争"的制度，那能说得上"博爱"。他干脆把"博爱万岁！"讽刺为"竞争万岁！"

所有这些批评、揭露和讽刺是深刻而辛辣的，但是只有马克思主义经典作家才能作出正确的评价。

四、从1848年法国革命看"自由、平等、博爱"

随着历史条件的变化，"自由、平等、博爱"这个口号也起着不同的历史作用。如果说这个口号在18世纪末法国资产阶级革命时期还有进步一面的话，那么，经由"督政府"、"执政府"、拿破仑帝国、复辟王朝、七月王朝直到1848年法国革命，情况就完全不同了。1848年法国革命时期，这个口号成了真正用来对付无产阶级的工具，因而它的两重性只剩下一重性，即虚伪性。第二共和国虽然把"自由、平等、博爱"写进《宪法》，作为法兰西共和国的"信条"，实际上只是给资产阶级共和国穿上一件漂亮的舞衣罢了。

法国1848年的二月革命是一次推翻金融资产阶级的七月王朝的资产阶级民主革命。这次革命的特点正好和1789年法国革命的特点相反，不是沿着上升路线发展，而是沿着下降路线行进的。其所以如此，主要由于：(1)爆发1848年法国革命的历史条件不同于1789年的法国革命，它是在资本主义水平较高的基础上爆发的；(2)与此相联系的是，这个时期资产阶级与无产阶级的对抗越来越尖锐，无产阶级已登上独立的政治舞台，直接与自己的敌人——资产阶级开展斗争，这种情况在1789年时期是不存在的；(3)1848年法国革命是在1789年革命的基础上发生的，革命的任务有限，它仅仅在于使更多的资产阶级分子参与国家政权，并使上层建筑更加适应于经济基础。在有限的任务前面，资产阶级又感到后面的敌人——无产阶级却是那么"可怕"，就彻底暴露出了它的狰狞面目。由于这种特殊的历史条件和阶级关系的变化，就决定了1848年法国革命有别于1789年的法国革命，也决定了"自由、平等、博爱”这一口号在这个历史时期的历史作用有别于1789年法国革命历史时期的历史作用。

1848年二月革命，推翻了七月王朝，建立了临时政府，无产阶级手中掌握了武器。资产阶级临时政府一方面宣布法兰西以“自由、平等、博爱”为“信条”的共和国；另一方面，当无产阶级还陶醉于自己的胜利的狂欢中时，还在企图给共和国打上社会共和国的烙印时，就施展了种种卑鄙阴谋，集结了社会一切力量，挑起了六月流血事件，这是世界近代史上著名的第一次资本和劳动之间的内战，资产阶级一分钟也没有犹豫地把无产阶级被逼举行的起义淹没在血泊之中。接之而来的是卡芬雅克的白色恐怖，建立了纯粹的资产阶级共和派的专政。1848年11月，资产阶级立宪会议正式通过了法兰西第二共和国的《宪法》，冠冕堂皇地写进了“自由、平等、博爱”几个闪闪发亮的大字。这对“自由、平等、博爱”该是多么大的讽刺呀！可见，“自由、平等、博爱”完全成了掩盖资产阶级镇压无产阶级的装饰品。马克思在《1848—1850年法兰西阶级斗争》一书中写道：“二月革命的最后一点正式的残余物——执行委员会——已像幻影一样在严重事变的面前消散了；拉马丁的烟火变成了卡芬雅克的密集的炮火。这就是fraternité，就是一方剥削他方的那些互相对立的阶级之间的博爱，这就是在二月间所昭示的，用大号字母写在巴黎的三角墙上，写在每所监狱上面、写在每所营房上面的fraternité。用真实的、不加粉饰的、平铺直叙的话来说，这种博爱就是内战，就是最可怕的国内战争——劳动与资本间的战争。在6月25日晚间，当资产阶级的巴黎在张灯结彩而无产阶级的巴黎在燃烧、呻吟、流血的时候，这个博爱便在巴黎所有的窗户前面烧毁了。博爱只有在资产阶级利益还和无产阶级利益结合在一起的时候才继续存在。”

马克思还在《路易·波拿巴的雾月十八日》一书中进一步指出：当资产阶级的统治受到威胁时，“自由、平等、博爱”这句格言代之以毫不含糊的“步兵、骑兵、炮兵”。可见，“自由、平等、博爱”这个口号到了1848年法国革命时，它的反人民性完全暴露无遗了。

在1848年革命时期，当资产阶级与无产阶级矛盾十分尖锐的情况下，甚至当资产阶级在磨刀霍霍向无产阶级进攻的时候，自居无产阶级领袖的路易·勃朗，不仅不去揭露资产阶级共和国的实质，不去揭露“自由、平等、博爱”的欺骗性，不去揭露资产阶级和无产阶级利益的根本对立，反而，在资产阶级专政存在的条件下，极力鼓吹阶级“合作”、阶级“协调”，娓娓动听地向无产阶级宣扬“自由、平等、博爱”，劝说无产阶级与资产阶级“博爱”，宣扬什么“通过一切人的自由协作和他们之间兄弟般的团结，使一切人在精神方面和物质方面进行改善，这是包括在我们祖先五十年前在革命旗帜上所写的‘自由、平等、博爱’的豪迈的标语中的”。但是，资产阶级镇压工人的炮火烧毁了这个叛徒的假面具，教育了法国工人阶级和世界各国工人。由此可以看出，资产阶级打起“自由、平等、博爱”旗号来反对革命，是少不了工人运动内部的右倾机会主义者作为帮凶的。这个历史教训我们一定要记取。

五、马克思主义经典作家是怎样看待“自由、平等、博爱”的？

首先，马克思主义经典作家认为，“自由、平等、博爱”口号是历史范畴，它是资本主义生产关系发展的产物，是资产阶级特有的意识形态，它不能与古代的、中世纪的某些自由、平等观念等同起来，因为古代和中世纪没有出现产生这种观念的客观物质前提。马克思说：“具有这样幅度的平等和自由恰好是古代自由和平等的反面；古代的自由和平等不但不是以发展交换价值为基础，反倒是由于交换价值的发展而毁灭的。平等和自由需要一定的生产关系作前提，在古代世界里还没有出现这样的生产关系；在中世纪也没有出现这样的生产关系。古代世界的基础是直接的强迫劳动，社会依靠强迫劳动作它生存的支柱。构成中世纪社会基础的劳动，其自身乃是一种特权，依然停滞于特殊形态之下，并非生产一般交换价值的劳动。”

其次，马克思主义经典作家历来认为“自由、平等、博爱”是资产阶级口号。作为意识形态来说它是“交换价值理想化的表现”。它在历史上的作用要一分为二，既要肯定其反封建的进步性，同时也要揭露它对劳动人民的欺骗和虚伪性。他们在论述时，一再指出“自由、平等、博爱”的口号“作为一定的发展阶段在当时当地曾经是正确的”。它与民主制一样比起中世纪的制度无疑是一大进步，但是他们也一再表明，它对被剥削者和穷人来说是陷阱和骗局，它的实现正好是它的反面，“平等就是不平等、自由就是不自由”，“博爱就是内战”。马克思还在《资本论》中驳斥了资产阶级民主制的自由人权大宪章的浮华辞藻，和关于一般自由、平等、博爱的美丽词句，因为这些词句迷惑了各国的市侩和庸人。

其三，马克思主义经典作家在评价“自由、平等、博爱”时，总是强调要有阶级观点，要用阶级分析的方法。列宁在批判考茨基所鼓吹的一般自由，一般民主时曾指出：“是哪个阶级平等？是摆脱哪一种压迫或哪个阶级的压迫而获得自由？是哪一个阶级的自由？是哪一个阶级与哪一个阶级的平等？谁要是谈政治、谈民主、谈自由、谈平等、谈社会主义，而不提出这些问题，不把这些问题提到第一位，不对隐蔽、掩盖和抹杀这些问题的行为作斗争，谁就是劳动人民最可恶的仇敌，就是披着羊皮的豺狼，就是工人、农民的死对头，就是地主、沙皇和资本家的走狗。”毛泽东同志也指出：“实际上，世界上只有具体的自由、具体的民主，没有抽象的自由、抽象的民主。在阶级斗争的社会里，有了剥削阶级剥削劳动人民的自由，就没有劳动人民不受剥削的自由。有了资产阶级的民主，就没有无产阶级和劳动人民的民主。”又说：“世上绝没有无缘无故的爱，也没有无缘无故的恨。至于所谓‘人类之爱’，自从人类分化成为阶级以后，就没有过这种统一的爱。”“自由、平等、博爱”有鲜明的阶级性，是具体的，而绝不是抽象的概念。因此，谁要是拨弄关于自由、平等、博爱的笼统词句，实际上等于盲目背诵那些反映资本主义商品生产关系的概念。“用这些笼统词句来解决无产阶级专政的具体任务，就无异完完全全转到资产阶级的理论和原则立场上去”。

其四，马克思主义经典作家一再认为，科学社会主义只能提出“消灭阶级”而不是“自由、平等、博爱”作为自己的口号和奋斗目标。恩格斯写道：“把社会主义社会看作平等的王国，这是以‘自由、平等、博爱’这一旧口号为依据的片面的法国看法”，“但是，像以前各个社会学派的一切片面性一样，它现在也应当被克服，因为它只能引起思想混乱，而且因为已经有了更精确的阐述这一问题的方法”。这个方法就是恩格斯把它归结为“消灭阶级的要求”，并且说：“任何超越这点之处的要求都必然要流于荒谬。”这个观点后来也被列宁所一再强调，列宁说：“无产阶级必须消灭阶级——这就是无产阶级的民主、无产阶级的自由和无产阶级的平等的真实内容。只要阶级存在，自由和阶级平等就是资产阶级的欺人之谈。”又说：“消灭封建主义和它的遗迹、实行资产阶级的(完全可以说是资产阶级民主主义的)制度的原则,在全世界历史上占了整整一个时代。而这一全世界历史时代的口号必然是自由、平等、所有权和边沁。消灭资本主义和它的遗迹,实行共产主义制度的原则,构成现在已经开始的全世界历史的新时代的内容。这一时代的口号必然是而且应当是:消灭阶级,为了实现这一目的而实行无产阶级专政,无情地揭露小资产阶级民主派关于自由平等的偏见,同这些偏见作无情的斗争。谁不了解这一点,谁就丝毫不懂得无产阶级专政、苏维埃政权、共产国际的根本原则等问题。"列宁的话说得多么明确、中肯呀!

《法国史论文集》,三联书店,1984 年

孙中山和毛泽东的“自由、平等、博爱”观

众所周知，“自由、平等、博爱”是法国大革命的口号。它像法国大革命一样，对中国近代，尤其对中国的知识界产生过巨大的影响。中国两位伟大革命家孙中山和毛泽东的“自由、平等、博爱”观各有特色，代表了他们各自所处的不同时代和不同阶级的世界观。值此法国大革命二百周年到来之际，介绍一下他们的“自由、平等、博爱”观，从吸取历史的经验教训来说，无疑是有益的。

一、19世纪末期“自由、平等、博爱”口号在中国传播的简况

为了更好地了解孙中山、毛泽东的“自由、平等、博爱”观，有必要约略叙述一下这个口号在中国传播的初期情况。

18世纪末，中西交通阻滞，中国闭关自守，同西方更少交往。1789年法国大革命的消息，究竟何时传到中国？历史学家对此尚有争议。有人认为1793年英国派遣特使马戛尔尼到中国觐见乾隆皇帝，很可能带来了这个消息；也有人认为在这位特使到来中国之前这个大新闻就已传过来了。不管怎样，有一点是可以肯定的，法国大革命这样一件大事在当时的中国没有引起任何反应。在中国传播法国大革命，还是后来的事，是在英国发动鸦片战争，中国逐步沦为半殖民地、半封建国家，全国广大阶层，首先是知识界重视西学，谋求改革中国、挽救中国危亡以后的事。

正是在这种情况下，“自由、平等、博爱”这个口号传入了中国。它的传播情况有几点值得注意。

（一）当时，中国先进的知识分子，无论是洋务派、维新改良派或革命民主派，几乎没有或很少有人把“自由、平等、博爱”作为一个完整的三位一体的口号来加以引用。只是作为一种思想，个别地，零星地提到它们。有的只提自由，不提平等；有的只提自由平等，不提博爱。梁启超是维新改良派，在提到法国大革命时曾说它“结数千年专制之局，开百年来自由之治”；另一个维新派杨度也说“自法国大革命风潮起，演成全欧革命，思想言论，以自由而日发达，遂成今日如锦如荼之世界”；至于为宣传革命而瘐死狱中的邹容说，法国大革命以“牺牲个人以利天下，牺牲贵族以利平民，使人人享其平等，自由之幸福”；又如樊锥提出“人人平等、权权平等”的口号；还有人说“只要中国‘于20世纪而效法人19世纪之所为’”，“自我尽享自由平等之实福，则我中国为地球万国之表率矣”。除此之外，当时还有人说“一国之人，无论贵贱，皆当视为平等”的思想；皮嘉祐则提出了带有墨子“兼爱”印记的“爱汝邻如己”的博爱思想等。但此时无论哪一派，大多数人似乎还没有明确地把“自由、平等、博爱”三者联系起来。

（二）一般地说，当时中国以康有为、梁启超为代表的维新改良派提倡清王朝实行变法，主张“开议院”，“行公民制”，避免人民起来争取权利。所谓“公民制”只是让达官、贵人、名士、富豪来当选议员，维护清王朝的封建专制统治，于是“君忧可免，君权益尊”。如郑观应、王韬以及稍后的汤寿潜、陈炽等也都宣传改君主专制制为君主立宪制。这种并不赋予广大人民自由平等权利的君主立宪制，自然不会比康有为他们的“开议院”“行公民制”高明多少！只是到了中日甲午战争失败以后，自由、平等、博爱思想的宣传才逐渐流行，如何启、胡礼垣等就先强调自由、平等。他们显然已经认识到了只有先争取自由、平等，只有在人人自由平等的基础上，才有可能建立和巩固立宪制。这种认识是一个进步。18世纪法国的启蒙思想家，如恩格斯所说的“为行将到来的革命启发过人们头脑的那些伟大人物”，在改变旧制度的斗争中，都是先从争取自由、平等那样的自然权利——天赋人权开始的。

（三）在中国近代的一些思想家中，还出现过一种奇特现象，即一面提倡民权，一面却反对民主。如上面提到的郑观应、王韬、汤寿潜、陈炽等都是如此。陈炽宣扬民权，却认为民主是“犯上作乱之滥觞也”；维新改良派宋育仁也大谈民权，却担忧如果中国实行法国那样的民主政治制，国家就会乱套，

“均贫富党”就会“起于其后”。如何启、胡礼垣还对民权和民主两者的区别作了解释。梁启超又进一步从“训诂绝异”，指出这两个词的不同的内涵。“民权者，其国之君仍世袭其位；民主者，其国之君由民选立，以几年为期”。所以他们主张君主立宪，反对民主立宪。维新改良派，把民权理解为人民享有部分权力，而不是人民当家作主。他们担心让人民当家作主，必致天下大乱，所以认为民权和民主不是一码事，而是两码事，这正好反映了维新改良派的特点和他们的局限性。所以当西方，尤其是法国大革命的自由、平等、博爱思想被介绍到中国来的时候，这一派的一些代表人物，包括黄遵宪在内，以及陈炽、宋育仁等曾普遍表示冷淡。他们认为宣传这些思想的流弊“不可胜言”，说什么“自由之说，此唱彼和，流弊已深”；“推尚同之说，则谓君民同权，父子同权矣”；“推兼爱之说，则谓父母兄弟同路人矣”，“召乱之道，不可宽恕”。

（四）在“自由、平等、博爱”这个口号中，博爱更鲜为人所提及，即使提及，也往往与墨子的“兼爱”、孔子的“仁”联系在一起，博爱似乎被看成“兼相爱”或“己欲立而立人，己欲达而达人”等思想的延续。康有为的大同博爱思想也只是把卢梭的天赋人权说，耶稣的基督“爱人如己”的教义和佛家的慈悲、平等说以及空想社会主义中的某些言论融为一体，绝不是法国资产阶级革命时期所提出和传播的那种博爱思想。罗伯斯比尔于 1790 年 12 月，就曾把博爱和自由、平等联系在一起，1793 年 4 月 24 日他又在国民公会里所作的关于新《人权宣言》的报告中指出博爱“作为义务在于联合所有的人和所有的民族，而他们的权利是相互帮助”，“各族人民反抗暴君们是这种永恒的团结的基础”。这样的博爱观跟“兼爱”和“仁”之类的说法，是毫无共同之处的。

以上是“自由、平等、博爱”口号最初在中国被引用和传播的情况，这些情况表明了当时我国资本主义发展的不成熟，除一部分革命民主派以外，多数资产阶级知识分子对法国大革命及其口号的认识还不完整，同时也表明了他们具有的软骨症的弱点。他们有进步的要求改革的一面，又有妥协的另一面的双重特征。

二、孙中山的“自由、平等、博爱”观

在中国近代旧民主主义革命时期，发展民主思想、构成完整的民主思想体系，并在这种思想宣传方面最有成效、把维新改良派彻底打垮的是孙中山。同样，他引用、解释法国大革命的“自由、平等、博爱”口号，能够同他自己的革命主张结合起来，旁搜博采，提出了他的新颖、独特的见解。在某种意义上超过了上面提到的所有人的议论。

（一）孙中山首先指出“自由”“平等”是欧美近一百年来的两大革命思想，法国革命又加上了“博爱”。“自由”“平等”和“博爱”的思想有助于推动和壮大法国革命，因而也有助于中国国民革命。他说：“中国近来已感受了‘自由’‘平等’‘博爱’的思想，所以也起了革命。”他认为中国革命与以往的革命有所不同，它不仅在于实现他提出的“驱除鞑虏、恢复中华”，而且“国体民生尚当与民变革，虽经纬万端，要其一贯之精神，则为自由、平等、博爱”。在这个意义下，他指出：“故前代为英雄革命，今日为国民革命。”而“所谓国民革命者，一国之人皆有自由、平等、博爱之精神，即皆负革命之责任”。孙中山在这里引用法国革命的这个口号来论证他所倡导的国民革命，并鼓励中国国民的自由、平等、博爱的精神，也就是以反抗异族专制（自由）、官府迫害（平等），团结互助共同作战（博爱）的精神，投身到国民革命中去。

（二）孙中山又用法国大革命的这个口号来解释他提倡的三民主义，指出三民主义的内容就是自由、平等、博爱。他说：“吾党之三民主义即民族民权民生三种。此三主义之内容亦可谓之民有、民治、民享，与自由、平等、博爱无异，故所向有功。”又说：“法国革命的时候，他们的口号是‘自由’‘平等’‘博爱’三个名词，好比中国革命同‘民族’‘民权’‘民生’三个主义一样。”他在解释“自由、平等，博爱”与“三民主义”的关系时指出：“用我们‘三民主义’的口号和法国革命的口号来比较；法国的‘自由’和我们的‘民族主义’相同。因为‘民族主义’是提倡国家‘自由’的。‘平等’和我们的‘民权主义’相同。因为‘民权主义’是提倡人民在政治之地位都是平等的，要打破‘君权’，使人人都是平等的，所以说‘民权’是和‘平等’相对等的。此外，还有‘博爱’的口号，

这个名词的原文，是‘兄弟’的意思，和中国‘同胞’两个字是一样解法，普通译成‘博爱’，当中的道理和我们的‘民生主义’是相通的。因为我们的‘民生主义’是图四万万人幸福；为四万万人谋幸福就是‘博爱’。”

（三）孙中山认为“自由、平等、博爱”的提倡者是人道主义者，也是社会主义者。他在《社会主义的派别和方法》的演讲中说：“社会主义之国家，一真自由、平等、博爱之境域也。”还说：“社会主义者，人道主义者也。人道主义，主张博爱平等自由。社会主义之真髓，亦不外此三者，实为人类之福音，我国古代，若尧舜之博措济众，孔丘尚仁，墨翟兼爱，有近似博爱也者。然皆狭义之博爱，其爱不能普及于人人。社会主义之博爱，广义之博爱也。社会主义为人类谋幸福，普遍普及，地尽五洲，时历万世，蒸蒸芸芸，莫不被其泽惠，此社会主义之博爱，所以得博爱之精神也。”从孙中山的这个演讲来看，他显然又认为：自由平等博爱不只是一个口号，而是一个政治、社会的目标，要真正实现这个目标，还有大量工作要做，还得做出很大的努力，“谋社会永远之幸福”。

（四）孙中山也讲“天赋人权”——自然权利，但也怀疑是不是有天赋平等。他认为“天生人类本来也是不平等的”。“自然界既没有‘平等’，人类又怎么有‘平等’呢？”在他看来“到了人类专制发达之后，专制帝王尤其变本加厉，弄到结果，比较天生的更是不平等了。这种由帝王造成的不平等，是人为的不平等”。于是他指出：“革命的始意，本是在打破人为的不平等，到了平等以后，便可了事。”他在他的《民权主义》第三讲中，绘了三个图，其中第二、第三个图说明有两种平等：一种是假平等，一种是真平等，前者“必定要把位置高的压下去，成了平头的‘平等’；至于立脚点还是弯曲线，还是不能平等。这种‘平等’，不是真‘平等’，是假‘平等’”。他指出：“说到社会上的地位‘平等’，是始初起点的地位‘平等’。后来各人根据天赋的聪明才力，自己去造就，因为各人的聪明才力有天赋的不同，所以造就的结果，当然不同，造就既是不同，自然不能有‘平等’。……如果不管各人天赋的聪明才力，就是以后有造就高的地位，也要把他们压下去，一律‘平等’，世界便没有进步，人类便要退化；所以我们讲‘民权平等’，又要世界有进步，是要人民在政治上的地位‘平等’。因为平等是人为的，不是无法的！人造的‘平等’只有做到政治上的地位‘平等’；故革命以后，必要各人在政治上的立足点都是‘平等’，好像第三图的底线，一律是平等的；那才是真‘平等’，那才是自然之真理。”当然，法国

1789年的立法者,同样指出人有德行和才能上的差别,但这并不影响"所有的人和士民都是平等的"这个原则。而在法国启蒙学者中,像伏尔泰就不一样了,他曾认为"平等既是一件最自然的事,同时又是一件最荒诞不经的事",因而"组织政府、治理国家是君主、贵族和'自由人'的事"。孙中山明知人有聪明才力上的不平等,但他提倡他的民权主义,谋求人人在政治上的平等,这正是他作为一个民主主义者的伟大之处。

(五)孙中山对自由的看法也别具一格。他认为中国自古以来就有充分的自由,只是没有自由的名词而已。他援引了他称为"先民"的"自由歌"的歌词:"日出而作,日入而息,凿井而饮,耕田而食。"之后说:"由这个'自由歌'看起来,便知中国自古以来,虽无'自由'之名,确有'自由'之实,并且是很充分的,不必再去多求了!"孙中山为什么会得出这样的结论呢?因为他往往把自由理解为"一盘散沙""放荡不羁"。这样的自由多了不好,成了不能团结一致抵抗外来列强侵略的弊病,这种弊病不仅中国有,外国在革命之后,获得自由的民族,滥用自由也会出现这种流弊。他说:"从前欧洲在'民权'初萌芽的时代,便主张争'自由'。到了目的已达,各人都扩充自己的'自由';于是由于'自由'太过,便发生许多流弊。"孙中山赞成这样的意思,即"一个人的'自由'以不侵犯他人的'自由'为范围,才是真'自由'"。他所要纠正的是以"放荡不羁"甚至以"违法乱纪""损人利己"为自由,这是对误解自由的人的一种告诫。这与孟德斯鸠所说的"自由不是愿意做什么就做什么"的意思是吻合的。

(六)上面说过,我国一般凡讲博爱,都同"兼爱""仁"之类说法联系在一起,孙中山也以为博爱就是古代所谓的仁。所以他赞成唐代散文家韩愈所说的"博爱之谓仁"这句话。随后他又分仁为救世、救人、救国三者,认为"其性质则皆为博爱"。他还提出博爱指的是"公爱而非私爱",即"天下有饥者,由已饥之;天下有溺者,已由溺之之意;与夫爱父母妻子者有别。以其所爱在大,非妇人之仁可比,故谓之博爱,能博爱即可谓之仁"。除此之外,他一再强调,中国不是不讲博爱,相反,很早中国人就把"仁爱"(即"博爱")当作中国的好道德,问题是我们在实行方面不如外国人。"只要学他们那样实行,把'仁爱'恢复起来,再去发扬光大,便是中国固有的精神"。

(七)孙中山反对马克思的阶级斗争学说,认为它不适合中国国情。因为中国只有大贫小贫之分。"并没有大富的特殊阶级,只有一般普通的贫",他说:“其实中国的顶大资本家,和外国资本家比较,不过是一个小贫。其他穷人,都可以说是大贫。”于是他得出结论说:“中国今是患贫,不是患不均!在不均的社会,当然当用马克思的办法,提倡阶级战争去打平他。但在中国实业尚未发达的时候,马克思的阶级战争,无产专制便用不着。所以我们今日师马克思之意则可,用马克思之法则不可。”他还进一步论证“社会的进化主要原因是人类求生存,而不是阶级战争”。在此基础上,他便提出了“以民生主义预防社会革命”的主张。在一次《打破旧思想要用〈三民主义〉》的演讲中,很明确地说:“预防这种社会革命,以达到生活上幸福平等的道理,便是‘民生主义’。”而民生主义,在孙中山看来,正是博爱的体现。

由以上孙中山关于“自由、平等、博爱”的言论来看其内容深邃丰富,其见地独到新颖。他用有关“自由、平等、博爱”的各种思想来阐述他的三民主义,既有所继承,又有所发展,具有中国的特色,更有中国旧民主主义的特色。不过,也正因此就有其明显的不足之处,其中尤以试图用民生主义来取代阶级斗争学说更具有空想的成分。但是他的看法比起维新改良派来大大地前进了。

三、毛泽东的“自由、平等、博爱”观

如果说孙中山是中国旧民主革命最杰出的代表人物的话,那么毛泽东无疑是中国新民主革命和社会主义革命的最杰出的代表人物。毛泽东对孙中山的“自由、平等、博爱”观,似乎有过某些继承关系,但由于信仰不同,取向不同,思想的发展也就不同。毛泽东在第一个阶段,即新民主革命阶段,特别是在国共合作、共同抗日阶段,对“自由”“平等”,乃至“民主”等思想是持肯定态度的。当然也有否定,就是在这个阶段,他从来不讲“博爱”。在第二个阶段,即社会主义革命阶段,他不仅对博爱而且对“自由”“平等”也持否定的态度了。1955年的对所谓“胡风反革命材料”所写的按语,1957年反右斗争中和后来的“文化大革命”中发表的言论,都可以看出这一点。尤其在“文化大革命”初期,他在《人民日报》发表的一篇社论中,干脆把“自由、平等、博爱”这个口号指斥为“遮羞布”。

毛泽东的“自由、平等、博爱”观究竟是怎样的呢?

（一）毛泽东首先肯定对孙中山所理解的自由、平等。在20世纪30年代中，他主张中国共产党与国民党联合抗日，主张实行孙中山为中国的自由平等而共同奋斗的遗言。他曾说："1925年，孙中山先生在其临终的遗嘱上说：'余致力国民革命凡四十年，其目的在求中国之自由平等。'"并衷心赞同孙中山所说的"欲达此目的""必须唤起民众及联合世界上以平等待我之民族共同奋斗"的话，指责国民党政府"不是唤起民众，而是压迫民众，将民众的言论、出版、集会、结社、思想、信仰和身体等项自由权利剥夺得干干净净"。可见，毛泽东是自由平等的拥护者。

在抗日战争时期，他进一步强调每个共产党员应该明白认识"完全适合于中国革命的历史要求"："重新整顿三民主义的精神，在对外争取独立解放的民族主义，对内实现民主自由的民权主义和增进人民幸福的民生主义下，两党重新合作，并领导人民坚决地实行起来"。他还一再号召中国共产党人和中国共产主义的同情者，必须为"建立一个在无产阶级领导下的以农民解放为主要内容的新民主主义性质的，亦即孙中山先生革命三民主义性质的独立、自由、民主、统一和富强的中国而奋斗"。由此可见，毛泽东对孙中山曾用"自由、平等、博爱"来加以解释或区别其同异的三民主义或"革命的三民主义"是完全赞同的，也是愿意为它的完全实现而奋斗的。

（二）在新民主革命阶段，毛泽东一再强调自由，强调中国必须要有民主自由，没有民主自由，什么事情也办不成。他主张中国必须实行两方面的改革："第一方面，将政治制度上国民党一党一派一阶级的反动独裁政体，改变为各党派各阶级合作的民主政体。""第二方面，是人民的言论、集会、结社自由。没有这种自由，就不能实现政治制度的民主改革。"他严厉谴责"国民党区域剥夺人民的一切自由"，而竭力歌颂"中国解放区则给予人民以充分的自由"。毛泽东在这里所指的自由就是他谴责为国民党所剥夺的"人民的言论、出版、集会、结社、思想、信仰和身体"等项自由，并说"自由是人民争来的，不是什么人恩赐的"。他也说明这所谓自由是有领导的自由，否则就成了无政府状态，"无政府状态，不符合人民的利益和原理"。另外，自由或自由权以至民主权"只给人民，不给反动派"。换言之，只有革命的自由，没有反革命的自由，其意义是非常明确的。

（三）毛泽东拥护平等，主张无论对内对外，做到一律平等。例如对内实行无差别的平等选举制；对外则像孙中山那样主张联合以平等待我之民族，废除不平等条约。他说：“必须实行无男女、信仰、财产、教育等差别的真正普遍平等的选举制。”“中国人民欢迎许多外国政府宣布废除对中国的不平等条约并和中国订立平等新约的措施。”

平等同自由一样，应靠自己去争取，他认为：“这种实际上的真正平等地位，决不能单靠外国政府的给予。主要地应靠中国人民自己努力争取。”怎样努力去争取呢？“努力之道就是把中国在政治上、经济上、文化上建设成为一个新民主主义的国家，否则便只会有形式上的独立、平等，在实际上是不会有的”。“求中国自由、平等”是实实在在的事，不是口头上的事，毛泽东特别强调了这一点。

（四）上面说过，毛泽东从来不讲博爱，但他提到了“爱”，说到了“人类之爱”。爱可以是出发点，但在他看来，还有一个基本出发点，爱是观念的东西，是客观实践的产物。“我们根本上不是从观念出发，而是从客观实践出发”。他说：“世界上没有无缘无故的爱，也没有无缘无故的恨。至于所谓‘人类之爱’，自从人类分化成阶级以后，就没有过这种统一的爱。过去的一切统治阶级喜欢提倡这个东西，许多所谓圣人贤人也喜欢提倡这个东西，但是无论谁都没有真正实行过，因为它在阶级社会里是不可能实行的。真正的人类之爱是会有的，那是全世界消灭了阶级之后。阶级使社会分化为许多对立体，阶级消灭后，那时就有了整个人类之爱，但是现在还没有。我们不能爱敌人，不能爱社会的丑恶现象。我们的目的是消灭这些东西。”毛泽东是以一位唯物主义者、一位无产阶级革命家来提出“爱”或“爱人类之爱”的问题的，他不怀疑有“人类之爱”，而且相信会有这样的“爱”，但，不是现在，而现在应首先去争取社会主义乃至然后再去争取共产主义的胜利，有了共产主义社会才会有“人类之爱”的。

（五）毛泽东主张用阶级斗争的观点看待一切，对“自由、平等、博爱”也是如此。这是与孙中山截然相反的态度。在讲到自由、民主的时候，毛泽东指出：世界上只有具体的民主、具体的自由，没有抽象的民主、抽象的自由，他说：“在阶级社会里，有了剥削阶级剥削劳动人民的自由，就没有劳动人民不受剥削的自由。有了资产阶级的民主，就没有无产阶级和劳动人民的民主。”这是从马克思、列宁到毛泽东的阶级论和阶级斗争论所得出的当然结论。

（六）在毛泽东晚年亲自发起的“文化大革命”中，就从理论上彻底否定了“自由、平等、博爱”的进步性，在实践上导致了任意侵犯人权、践踏民主的恶果。上面提到过的《人民日报》，就在1966年6月4日，经毛泽东默许发表了题为《撕掉资产阶级“自由、平等、博爱”的遮羞布》的社论，它最集中地反映了毛泽东对“自由、平等、博爱”的看法，也可以说是极“左”路线的总纲领，它贯彻了“以阶级斗争为纲”的思想，对“自由、平等、博爱”进行了以势压人的“批判”。

以上就是毛泽东的“自由、平等、博爱”观的大致内容。与孙中山比较，毛泽东的“自由、平等、博爱”观显然有以下几点不同：(1)与孙中山不一样，毛泽东无论在民主革命阶段还是社会主义革命阶段，从来不讲博爱。在他的论著里，只有一处提到过“爱”或“人类之爱”。(2)毛泽东之所以为此，在于他用阶级的观点看待一切，也这样看待“自由、平等、博爱”，孙中山正好相反，他反对阶级斗争，在政治上这是资产阶级旧民主主义革命的路。毛泽东比孙中山前进、激进。这是毛泽东提出的新民主主义、社会主义革命的路，并取得了成功。

毛泽东和孙中山的“自由、平等、博爱”观为什么有如此地不同呢？这是由于：

第一，两人所代表的阶级不同。毛泽东是无产阶级利益的代表，孙中山则是资产阶级利益的代表。

第二，两人所处的时代不同。毛泽东处在新民主主义革命和社会主义革命阶段，孙中山处在旧民主主义革命阶段。

第三，两人的阅历、信仰和世界观各不同。毛泽东青年时代虽然也受过资产阶级教育、影响，但后来信奉了马克思主义；孙中山则受过欧美资产阶级教育的熏陶，他在很长一段时期里认为西学、资产阶级的方案，包括资产阶级的“自由、平等、博爱”“天赋人权”“自然权利”“人民主权”等能救中国，一直到辛亥革命失败。国家情况一天一天坏，环境迫使人们活不下去，发觉“先生老是侵略学生”后，才产生了怀疑，到晚年他的观点虽然有某些改变，把旧三民主义改变成新三民主义等。但他的立场和世界观基本上未变，仍是资产阶级的立场和世界观，提倡民生史观。因此毛泽东曾说：“孙中山和我们具有各不相同的宇宙观，从不同的阶级立场出发去观察和处理问题。”毛泽东是站在无产阶级立场上，用无产阶级、马克思主义的世界观来观察问题，包括对“自由、平等、博爱”的看法都是继承了马克思主义的看法。比如他首先把“自由”“平等”“博爱”这些口号仅仅看作历史范畴，是近代资本主义关系发展的产物，是资产阶级特殊的意识形态，是资产阶级交换价值理想化的表现；其次，与马克思主义看法一样，他在谈到“自由、平等、博爱”时总是强调要用阶级观点、阶级分析的方法，他反对一般地、抽象地去谈论这些口号；其三，他赞成社会主义、共产主义者的口号只能是“消灭阶级”而不是“自由、平等、博爱”。可见，毛泽东在基本点上确实坚持了马克思主义，这与孙中山的看法当然有原则上的区别。

《法国大革命二百周年纪念论文集》，三联书店，1990 年

英国培戈曼出版社论文集英文版，1991 年，其中第一部分发表《欧洲时报》1989 年 4 月 12 日

19 世纪末期“自由、平等、博爱”口号传播到中国

众所周知,“自由、平等、博爱”是法国大革命的口号,它像法国大革命一样,对中国近代,尤其对中国的知识界产生过巨大的影响。中国两位伟大革命家孙中山和毛泽东的“自由、平等、博爱”观各有特色,代表了他们各自所处的不同时代和不同阶级的世界观。值此法国大革命二百周年到来之际,介绍一下他们的“自由、平等、博爱”观,从吸取历史的经验教训来说,无疑是有益的。本文想重点介绍一下“自由、平等、博爱”口号在中国传播的简况。

18 世纪末,中西交通阻滞,中国闭关自守,同西方更少交往。1789 年法国大革命的消息,究竟何时传到中国? 历史学家对此尚有争议。有人认为 1793 年英国派遣特使马戛尔尼到中国觐见乾隆皇帝,很可能带来了这个消息;也有人认为在这位特使到来中国之前这个大新闻就已传过来了。不管怎样,有一点是可以肯定的,法国大革命这样一件大事在当时的中国没有引起任何反应。在中国传播法国大革命,还是后来的事。是在英国发动鸦片战争,中国逐步沦为半殖民地、半封建国家,全国广大阶层,首先是知识界重视西学,谋求改革中国、挽救中国危亡以后的事。

正是在这种情况下,“自由、平等、博爱”这个口号传入了中国。它的传播情况有几点值得注意。

(一)当时,中国先进的知识分子,无论是洋务派、维新改良派或革命民主派,几乎没有或很少有人把“自由、平等、博爱”作为一个完整的三位一体的口号来加以引用。只是作为一种思想,个别地、零星地提到它们。有的只提自由,不提平等;有的只提自由平等,不提博爱。梁启超是维新改良派,在提到法国大革命时曾说它“结束千年专制之局,开百年来自由之治”;另一个维新派杨度也说“自法国大革命风潮起,演成全欧革命,思想言论,以自由而日发

达，遂成今日如锦如荼之世界”；至于为宣传革命而病死狱中的邹容说，法国大革命以“牺牲个人以利天下，牺牲贵族以利平民，使人人享其平等、自由之幸福”；又如樊锥提出“人人平等、权权平等”的口号；还有人说“只要中国‘于二十世纪而效法人十九世纪之所为’”，“自我尽享自由平等之实福，则我中国为地球万国之表率矣?”除此之外，当时还有人宣传“一国之人，无论贵贱，皆当视为平等”的思想；皮嘉祐则提出了带有墨子“兼爱”印记的“爱汝邻如己”的博爱思想等。但此时无论哪一派，大多数人似乎还没有明确地把“自由、平等、博爱”三者联系起来。

（二）一般地说，当时中国以康有为、梁启超为代表的维新改良派提倡清王朝实行变法，主张“开议院”“行公民制”，避免人民起来争取权利。所谓“公民制”，只是让达官、贵人、名士、富豪来当选议员，维护清王朝的封建专制统治，于是“君忧可免，君权益尊”，如郑观应、王韬以及稍后的汤寿潜、陈虬等也都宣传改君主专制制为君主立宪制。这种并不赋予广大人民自由平等权利的君主立宪制，自然不会比康有为他们的“开议院”“行公民制”高明多少！只是到了中日甲午战争失败以后，自由、平等、博爱思想的宣传才逐渐流行，如何启、胡礼垣等就先强调自由、平等。他们显然已经认识到了只有先争取自由、平等，只有在人人自由、平等的基础上，才有可能建立和巩固立宪制。这种认识是一个进步。18 世纪法国的启蒙思想家，如恩格斯所说的“为行将到来的革命启发过人们头脑的那些伟大人物”，在改变旧制度的斗争中，都是先从争取自由、平等那样的自然权利——天赋人权开始的。”

（三）在中国近代的一些思想家中，还出现过一种奇特现象，即一面提倡民权，一面却反对民主。如上面提到的郑观应、王韬、汤寿潜、陈炽等都是如此。陈炽宣扬民权，却认为民主是“犯上作乱之滥觞也”；维新改良派宋育仁也大谈民权，却担忧如果中国实行法国那样的民主，国家就会乱套，“均贫富党”就会“起于其后”。何启、胡礼垣还对民权和民主两者的区别作了解释。梁启超又进一步从“训诂绝异”，指出这两个词的不同的内涵。“民权者，其国之君仍世袭其位；民主者，其国之君由民选立，以几年为期。”所以他们主张君主立宪，反对民主立宪。维新改良派，把民权理解为人民享有部分权力，而不是人民当家作主。他们担心让人民当家作主，必致天下大乱，所以认为民权和民主不是一码事，而是两码事，这正好反映了维新改良派的特点和他们的局限性。所以当西方,尤其是法国大革命的自由、平等、博爱思想被介绍到中国来的时候,这一派的一些代表人物,包括黄遵宪在内,以及陈炽、宋育仁等曾普遍表示冷淡。他们认为宣传这些思想的流弊"不可胜言",说什么"自由之说,此唱彼和,流弊已深""推尚同之说,则谓君民同权,父子同权矣""推兼爱之说,则谓父母兄弟同路人矣""召乱之道,不可宽恕"。

(四)在"自由、平等、博爱"这个口号中,博爱更鲜为人所提及,即使提及,也往往与墨子的"兼爱"、孔子的"仁"联系在一起,博爱似乎被看成"兼相爱"或"己欲立而立人,己欲达而达人"等思想的沿续。康有为的大同博爱思想也只是把卢梭的天赋人权说、耶稣基督的"爱人如己"的教义和佛家的慈悲、平等说以及空想社会主义中的某些言论融为一体,绝不是法国资产阶级革命时期所提出和传播的那种博爱思想。罗伯斯比尔于 1790 年 12 月,就曾把博爱和自由、平等联系在一起,1793 年 4 月 24 日他又在国民公会里所作的关于新《人权宣言》的报告中指出博爱"作为义务在于联合所有的人和所有的民族,而他们的权利是相互帮助""各族人民反抗暴君们是这种永恒的团结的基础"。这样的博爱观,跟"兼爱"和"仁"之类的说法,是毫无共同之处的。

以上是"自由、平等、博爱"口号最初在中国被引用和传播的情况,这些情况表明了当时我国资本主义发展的不成熟,除一部分革命民主派以外,多数资产阶级知识分子对法国大革命及其口号的认识还不完整,同时也表明了他们具有的软骨症的弱点。他们有进步的要求改革的一面,又有妥协的另一面的双重特征。

《欧洲时报》,1989 年 4 月 12 日

评罗伯斯比尔

190年前所发生的法国革命，是一次由资本主义代替封建主义的资产阶级民主革命。这次革命规模之大，影响之深，是世界近代资产阶级革命史上所罕见的。马克思在《法兰西阶级斗争》一书中指出："如爱尔维修所说的，每一个社会时代都需要有自己伟大的人物，如果没有这样的人物，它就要创造出这样的人物来。"[1]法国大革命时代，是伟大人物辈出的时代。它曾造就了大批革命的领袖人物，诸如拉斐德、米拉波、德穆兰、布里索、罗兰夫人、丹东、马拉、圣茹斯特和罗伯斯比尔等，而罗伯斯比尔是其中最出色的一个。

马克西米里安·罗伯斯比尔（1758—1794）是法国大革命风雷激荡年代的产儿，法国大革命杰出的领袖。他把他自己所有的一切都贡献给了法国大革命。他的名字是与法国大革命和雅各宾革命民主专政紧密联系在一起的。因此，在法国大革命190周年之际，对这样一位人物的历史地位和历史作用进行评价，就获取历史经验和教训而言，将是有益的。

一、罗伯斯比尔评价中的严重分歧

为了希望能比较恰当地评价罗伯斯比尔，有必要概括地了解一下历来人们对他的评价，这种评价，在褒、贬、毁、誉之间存在着严重的分歧，也正反映出了罗伯斯比尔在法国大革命史上所具有的重要性。

首先，从与罗伯斯比尔的同时代人对他的评价来看。

---

① 《一八四八年至一八五〇年的法兰西阶级斗争》，《马克思恩格斯选集》第1卷，第450页。

罗伯斯比尔的一些政敌，一些热月党人对他散布了大量污蔑不实之词，甚至对他的形象进行了丑化和歪曲。如史达尔夫人曾把罗伯斯比尔描写为“肤色浅绿”“伪善成性的人”①；约瑟夫·富歇说“此人狡猾而又傲慢，猜忌、怨恨而又复仇心切”②；梅兰·德·蒂翁维尔则对他进行人身侮辱，说他的面容像猫，又把他比作真猫，说：“起初他像一只家猫，显得焦急而柔和，随后，看来又像是一只凶悍的野猫，最终则是一只形象狠戾的像老虎那样的猫了。”③极尽污蔑、丑化之能事。

罗伯斯比尔的一些战友和拥护者是百般地颂扬他的。马拉曾称罗伯斯比尔是“一位长期赤忱为国并且不惜甘冒生命危险的人”④，还在他主编的《人民之友》上称之为“不可腐蚀者”，这以后就成了罗伯斯比尔的代称。圣茹斯特称罗伯斯比尔“是一位伟大的人物”，还说：“你创造的奇迹使我简直把你想象成上帝。”⑤崇拜得五体投地。空想共产主义者巴贝夫在1796年12月29日给博德松私人信件里曾写道：“今天，我诚心忏悔，我忏悔过去曾把革命政府、罗伯斯比尔以及圣茹斯特看成漆黑一团，我现在认为这些人——就只这些人，要比所有的全部革命分子有价值得多，而他们的专制政府则曾是非常富于理想的！”又说：“罗伯斯比尔主义就是民主政治，这两个字眼是完全相同的。”⑥。

其次，从国外的历史学家对他的评价来看。

米涅在其《法国革命史》一书中把罗伯斯比尔说成是个“素性忧郁而多疑”，“怀抱强烈统治野心”的人，还认为罗伯斯比尔等人“为了自己的生存而杀人，也为了自己的理论而杀人”；“道德、人道、人民福利，世上一切神圣的东西都被他们用作进行屠杀的理由，用来保护自己的独裁统治”⑦。梯也尔也称罗伯斯比尔是一个“爱好虚荣”，酷爱别人对他的阿谀和尊敬来“自鸣得意”的

---

① 史达尔夫人：《伪善的人》，转引自乔治·吕德辑《罗伯斯比尔》，美国新泽西州，1967年版，第126页。

② 约瑟夫·富歇：《回忆录》，转引自同上书，第109~110页。

③ 梅兰·德·蒂翁维尔。原载L·雅各布辑：《罗伯斯比尔同时代人看罗伯斯比尔》，转引自同上书，第106页。

④ 马拉：原发表在1792年5月3日的《人民之友》报上，转引自同上书，第96页。

⑤ 马德兰：《罗伯斯比尔和他的朋友》，转引自R.J.S.柯蒂斯的《革命者》，英文本，第207页。

⑥ 转引自曼弗雷德《十八—二十世纪法国简史》，1961年俄文版，第72页。

⑦ 米涅：《法国革命史》，商务印书馆，1977年版，第231、233、240页。

人，是一个“骄傲的，嗜血的教主”[①]。奥拉尔心目中的英雄是丹东，他极力贬低罗伯斯比尔，说他是一个伪善的煽动家，吹嘘他自己“是‘诚实’的代表者和‘真理’的裁决者”，是山岳派中“摧毁敌对党派”，“执行暴力政府的代表人物”[②]。马德兰把罗伯斯比尔看作法国的“神圣的祸根”，是一个为了达到目的而不择手段的人[③]。至于以反对革命著称的泰纳，竟至咒骂他是见血为乐的“屠夫”“暴君”等。

与此相反，路易·勃朗在他的十二卷《法国革命史》中，驳斥了米涅、梯也尔等对罗伯斯比尔的诽谤，试图恢复罗伯斯比尔的本来面目，但他却走向了另一个极端，对罗伯斯比尔的一切都加以颂扬。饶勒斯也是为罗伯斯比尔进行全面辩护的人，他自称是罗伯斯比尔的拥护者。但是，在所有赞扬罗伯斯比尔的历史学家中，阿尔贝·马蒂埃是最值得一提的一个。马蒂埃以毕生精力从事于法国革命史的研究，他用最大的精力为恢复罗伯斯比尔的名誉，而进行了不懈的斗争。他精心地为罗伯斯比尔重新雕塑形象。1908 年，他创立了“罗伯斯比尔研究会”，并创办了该会刊物《革命论丛》（1924 年改称《法国大革命史论丛》）。直到 1932 年去世为止，马蒂埃对罗伯斯比尔作了大量的研究工作，整理和出版了不少关于罗伯斯比尔的文献资料，发表了许多论文，出版了《罗伯斯比尔研究》汇编。1930—1931 年，他还多次作过《罗伯斯比尔：历史和传说》的报告，为罗伯斯比尔进行了全面的、系统的辩护。在这个总结性的报告中，马蒂埃把罗伯斯比尔描绘成为资产阶级的敌人，贫苦人民的战士，近代社会主义的先驱。显然也陷入了另一个极端：太美化、太现代化了罗伯斯比尔。他的观点对他的朋友和学生勒费弗尔、布卢瓦佐、索布尔、乔治·吕德等历史学家发生了重大的影响，他们都力图证明罗伯斯比尔是一个社会民主主义者，用布卢瓦佐的话来说，就是罗伯斯比尔“作为政治民主信徒，终于同圣茹斯特一起，也成为社会民主主义的倡导者”。[④]

---

① 阿道夫·梯也尔：《法国革命史》，转引自乔治·吕德辑：《罗伯斯比尔》，美国新泽西州，1967 年版，第 132 页。

② 阿尔方斯·奥拉尔：《法国大革命政治史——1789—1804 年》，转引自同上书，第 137 页。

③ 马德兰：《罗伯斯比尔和他的朋友》，转引自 R.J.S.柯蒂斯的《革命者》，英文本，第 197 页、227 页。

④ 布卢瓦佐：《罗伯斯比尔小传》，转引自 J.休林：《罗伯斯比尔和法国大革命》，《美国历史评论》，1977 年第 1 期，第 26 页。

其三，从我国史学界评价罗伯斯比尔的情况来看。

国内有一些历史学家认为罗伯斯比尔是一个冷酷无情、骄横暴虐的人。他任意把恐怖扩大化了，以致杀害了许多不应该杀害的人，弄得当时人人自危，对法国大革命起了极坏的作用。

另一些则认为罗伯斯比尔是一个很了不起的英雄人物：廉洁奉公，不可腐蚀，忠于革命，生死以之，他已经超出了一般资产阶级革命家的范围，成了人民利益的捍卫者，等等。

总之，无论是从罗伯斯比尔的同时代人对他的评价，还是从历来的历史学家和我国史学界对他的评价中，都可以明显地看出：分歧是严重的。这就给我们提出了一些尖锐的问题：应该怎样正确评价罗伯斯比尔？罗伯斯比尔究竟是资产阶级革命家，还是社会主义者？是伪善成性的人，还是革命现实主义者？是嗜血成性的暴君，还是有节制的恐怖主义者？罗伯斯比尔最后的悲剧的根源究竟是什么？只有在弄清这些重大的问题的基础上，才有可能对罗伯斯比尔作出比较正确的评价。

二、罗伯斯比尔是资产阶级革命民主主义者，还是社会主义的先驱？

我们认为他只能是一位杰出的资产阶级民主主义者，而不是社会主义的先驱。

为什么说他是一位杰出的资产阶级革命民主主义者呢？

首先，罗伯斯比尔是革命民主主义者卢梭的忠实信徒，是卢梭的热烈的崇拜者。

罗伯斯比尔曾称卢梭为“神人”，要始终沿着他的足迹前进。他要求自己能始终忠实于从卢梭的著作所汲取得来的启示。他曾在卢梭晚年时去拜访过，并把这次会见作为毕生难忘的幸福时刻。据罗伯斯比尔妹妹夏洛特的回忆，他不仅见过卢梭，还给卢梭写过献辞，其中写道：“神人，您教给我懂得了自己，还很年轻，您就已使我珍视我的本性的尊严，并且就社会范围的那些重大原则进行了思考”。在另一献词里，在提到为曾见过卢梭而深感自豪以后说:“我曾沉思过您的令人敬畏的言行,从中我看到了不公正的人们强加给您的谴责和幽暗沮丧的印迹。”[①]据说他住在莫里斯·迪普莱家时,他的卧室内一直放着《社会契约论》这部资产阶级划时代的福音书,他的很多政治思想与用以表达这些思想的不少词汇都来源于卢梭。

罗伯斯比尔是卢梭思想上的产儿。卢梭的革命民主思想:社会契约,主权在民,人民有起义权;私有财产是人类不平等的起源,贫富悬殊是社会一切罪恶的根源;一种破除了迷信的民间宗教是对社会有益的宗教……对罗伯斯比尔有深刻的影响。罗伯斯比尔在法国大革命中,尤其在雅各宾专政时期所推行的政策措施,如1793年《宪法》《土地法》;恐怖政策,限价政策;征收财产累进税,废除长子继承法;改革礼俗,崇拜最高主宰……都在不同程度上反映了卢梭的思想原则,可以说,罗伯斯比尔是卢梭遗志的继承者,是卢梭主义——革命民主主义的实行者。

其次,罗伯斯比尔有比他同时代的资产阶级革命家更为彻底的民主主义思想。

罗伯斯比尔的民主主义思想的突出之处,从时代来看,在于:他不仅一般地主张反对封建专制制度,而且主张把反对专制制度的斗争同不屈不挠地反对保皇派、妥协派的斗争结合起来,他不仅主张反对旧制度下拥有旧特权的旧贵族,而且进而主张把反对旧贵族与反对拥有新特权的新贵族,即富人的斗争结合起来;他不仅主张在法国建立资产阶级共和国,而且还主张这个共和国必须是革命民主共和国,他极力倡导普遍直接的选举权,人民有武装权、起义权;他尤其主张为了达到革命的目的必须唤起民众,联合民众。在罗伯斯比尔发表的五十多篇文章和演说里有一千多处提到人民,经常声称自己要站在无套裤汉一边,站在少产和一无所有的人一边,要为他们辩护。从1789年10月起,他极力反对《宪法》中以财产的多寡而人为地划分“积极公民”和“消极公民”的规定。他非常有力地驳斥说:“如果一个只付相当于1天劳动收入税款的人享受的权利要少于付3天劳动收入税款的人,一个付10天劳动收入税款的所享受的权利就要多于只付3天劳动收入税款的人;这样一来,有

---

① 华尔特:《罗伯斯比尔》,1961年法文版,第1卷,第24页。

10万利弗尔年金收入的人比只有1000利弗尔进款的人更要多100倍的权利了”[1]。1791年5月9日，他曾大声疾呼：“我特别要捍卫穷苦人”的利益[2]；1793年7月13日和7月29日，他又在国民公会里两次宣称“这是穷苦人的革命”。[3] 当吉伦特派背叛革命，资产阶级上层人物的活动加剧了国内外敌人的猖獗时，当共和国面临深重的危机，而无套裤党人已经成为一支不可忽视的力量时，只有罗伯斯比尔有这样的远见卓识：为了克服危机，完成革命，必须进一步与人民结成联盟。他在自己的笔记本上写道：“内在的危险从资产阶级方面来，为了改变资产阶级这种内在危险，我们必须团结人民。”[4]正是以罗伯斯比尔为首的雅各宾派，能在这个危险的时刻，团结了人民大多数，才能给吉伦特派和国内外敌人以有力的打击，从而保护了大革命，推进了大革命。所以列宁指出：“真正的雅各宾党人即1793年的雅各宾党人在历史上伟大的地方，就在于他们是‘有人民拥护的雅各宾党人’，是有革命的大多数人民拥护的、有当时革命的先进阶级拥护的雅各宾党人。”[5]

其三，罗伯斯比尔有比他的同时代的资产阶级革命家更彻底的革命精神和更果断的革命行动。在紧要关头，他毅然采用了平民的方式，实行革命的专政，这在资产阶级革命史上是罕见的例子。

法国革命自攻克巴士底狱起，波旁王朝就不甘心于它的失败，千方百计谋求恢复专制统治。路易十六勾结国内外敌人进行反革命复辟，到1793年初，王党分子先后在旺代、里昂、土伦、马赛等地发动反革命暴乱，同年夏天，反法同盟军分别从东北、西南和东南侵入法国国境。巴黎的反革命分子则公开叫嚣“只有恐怖，才能够把革命镇压下去”。7月，马拉被刺，革命的法兰西处于内外敌人的包围、割裂和扰乱之中，白色恐怖笼罩全国，形势岌岌可危。这种危急的形势，像奔腾的激流一样向每个革命者直冲而来，它对每个革命者都是个严峻的考验。绝大多数资产阶级革命家或者被这股激流冲垮，或者采取回避的态度，只有像罗伯斯比尔那样的少数革命家，挺身而出，投入激

---

① 转自马蒂埃：《关于罗伯斯比尔研究》，1958年法文版，第109页。
② 转引自同上书，第111页。
③ 索布尔：《巴黎无套裤汉和法国大革命一七九三年》，1971年英文版，第27页。
④ 同上。
⑤ 《反革命势力转入进攻》，《列宁全集》第24卷，第496页。

流，成为中流砥柱。他坚决采用平民手段，以革命的恐怖回敬反革命的恐怖，并且在理论上论证了革命民主专政的必要性和合理性。罗伯斯比尔解释革命恐怖法：这是“迅速的严厉的坚决的正义”。1793 年 12 月 25 日，他在论革命政府的演说中指出：“革命是同那些反对自由的敌人进行的斗争”，“革命政府，正因为它处在战争状态下，那就必须号召人们以非凡的活动对它支援，它可以不那么严格地受到划一规章的束缚，因为它所处的环境是急剧发展和变化无常的，尤其是它必须迅速地和不断地采用各种新的办法去对付新出现的紧迫危险”。[①] 又说：“革命政府对坏人的恐怖压力越大，对好人便越有利。”[②]罗伯斯比尔的主张，实际上就是把民主和专政结合起来，这是严厉镇压敌人，切实保护人民的革命民主专政，亦即他所称的“人民专制制度”。在当时资产阶级革命家中，这是一种很了不起的革命民主思想。

从以上三个方面来看，罗伯斯比尔确实是一位杰出的资产阶级革命民主主义者。他为法国近代资产阶级民主奠定了基础，是使法国由中世纪的封建制过渡到近代资本主义制度作出了贡献的人物。对于这样一位革命者是应该予以充分的肯定的。肯定他，是为了肯定新制度代替旧制度的必然性。正是在这个意义上，列宁曾指出：“如果对伟大的资产阶级革命者不抱至深的敬意，就不能成为马克思主义者。”[③]

对历史人物的评价，历史唯物主义要求：必须从事实出发，实事求是，恰如其分，不能丑化或美化。应当反对泰纳之流对罗伯斯比尔的恶毒污蔑，也不能同意像马蒂埃那样全盘肯定，甚至把罗伯斯比尔在国民公会中所采取的免费医疗制、对残老者发给津贴、免费教育、改善城市居住条件等，都说成是社会主义，称他为“社会主义先驱”，说什么“社会主义者有权把他作为他们中间的一个”[④]。

马蒂埃的这种说法显然是无法成立的。首先，罗伯斯比尔并不主张财产公有，他认为财产公有是绝对不可能的，“在我们的条件下财产公有的荒诞可

---

① 罗伯斯比尔：《论革命政府》，转引自乔治·吕德辑：《罗伯斯比尔》，美国新泽西州，1967 年版，第 59 页。

② 转引自同上书，第 60 页。

③ 《第二国际的破产》，《列宁选集》第 2 卷，第 628 页。

④ 转引自马蒂埃：《关于罗伯斯比尔研究》，1958 年法文版，第 107 页。

笑尤其明显”①。他还反对财产平等,认为“实现财富平等是一个渺茫的梦想”②。反之,在罗伯斯比尔看来,私有财产是神圣不可侵犯的。他在解释财产权时说:“财产权是由法律保障的,使每一个公民有享有和处理属于他的那份财产的权利。”③一个否定财产公有、财产平等而主张财产私有的人,怎么能是社会主义者呢? 勒费弗尔曾中肯地说:“一个社会主义者应该是,除了主张把表现为消费品的个人劳动果实作为私有财产之外,他不允许存在其他私有财产,并且还要求把生产资料、土地、机器和原料、交通工具、银行以及其他商业经营全部转变成为公有财产。罗伯斯比尔和其他任何山岳派人士,都从未提出过这样的纲领。”④

其次,罗伯斯比尔还默许镇压工人的《霞不列法案》,主张规定工人工资最高额,他还反对宣传土地法,认为“这不过是流氓们捏造出来恐吓愚人的一种怪物”⑤,像这样对工人,对土地法抱有敌视态度的人,又怎么能是社会主义者呢?

其三,一向被誉为有社会主义倾向的《风月法令》,即 1794 年 2 月颁布的把大革命敌人的财产免费分配给穷人的法令,并没有实行过,而且像实行限价等政策一样,更多的是出于当时的政治需要而从策略的角度去考虑的。即使实行了这种法令,给穷人分了财产,也只是使穷人成了小所有者,这并不能算是社会主义,并不能以此作为罗伯斯比尔是社会主义者的根据。

从以上的情况来看,说罗伯斯比尔是“社会主义者”或“社会主义的先驱”是不恰当的。看来马蒂埃由于罗伯斯比尔提到过“解决社会问题”之类的字眼,把同情下层人民,关心他们的生存权利和政治权利说成社会主义,这和科学意义上的社会主义并无任何共同之处。

勒费弗尔、布卢瓦佐、索布尔和乔治·吕德等对马蒂埃关于罗伯斯比尔是社会主义者的说法表示过异议,不过,他们都用罗伯斯比尔的若干声明来

---

① 转引自卢金:《罗伯斯比尔》,商务印书馆,1963 年版,第 98 页。

② 罗伯斯比尔:《论财产》,转引自乔治·吕德辑:《罗伯斯比尔》,美国新泽西州,1967 年版,第 52 页。

③ 乔治·吕德辑:《罗伯斯比尔》,美国新泽西州,1967 年版,第 53 页。

④ 勒费弗尔:《法国大革命研究》,转自同上书,第 149 页。

⑤ 转引自同上书,第 52 页。

论证他是一个社会民主主义者。在他们的笔下，罗伯斯比尔似乎成了一个平等派的领袖，他的理想社会被描绘成是一个独立的小生产者的社会，“各人拥有一块土地，一个小工场，或一个商店，足够养活他的家属，并且可为他家属同他的邻居直接交换产品”。[①] 这样，罗伯斯比尔竟成了无套裤汉的思想家而不是资产阶级思想家了。

实际上，罗伯斯比尔虽然曾经为无套裤汉的利益进行过辩护，但他的社会理想与无套裤汉的社会理想却有着很大的差别。他自己反对争取社会平等的斗争，而且要无套裤汉放弃社会平等的要求。他说无套裤汉“一向以热爱人类为本……从来不要求财产上的平等”，“只要求权利上的平等”。[②] 1793年4月24日，他所发表的关于使财产从属于社会福利的《人权宣言》的演说，像《风月法令》一样，基本上只是一种策略上的考虑，目的在于击败吉伦特派，使无套裤汉对雅各宾派抱有希望。1793年8月起，罗伯斯比尔对忿激派的攻击和迫害也是怀有恶意的。此外，以罗伯斯比尔为首的山岳派都是经济自由原则的拥护者。如此等等，可见，把罗伯斯比尔说成是“社会民主主义者”并不妥当，而且“社会民主主义”这个词，又含义不清，可以作不同的解释。还是以称资产阶级革命民主主义者为宜。

这些围绕在马蒂埃创办的《法国大革命史论丛》周围的历史学家，为什么会如此拔高罗伯斯比尔呢？其原因似乎在于：（1）他们弄错了时代条件、阶级属性，把法国早期资产阶级革命中进步的资产阶级同19世纪、20世纪工人阶级独立地进行斗争之后的反革命资产阶级混淆起来了，用形而上学看待了资产阶级革命家的两重性；（2）他们没有考虑到法国当时的特殊形势，那种战时的形势迫使革命的资产阶级领袖不得不依靠人民，采取了一些非常的战时措施，显得罗伯斯比尔的言行好像超越了资产阶级革命家的“常规”似的。其实，只要把握当时的时代特征和阶级属性，是不难透过现象看到本质，从而作出正确的评价的。

① 勒费弗尔：《法国大革命研究》，转自同上书，第149页。
② 转引自卢金：《罗伯斯比尔》，商务印书馆，1963年版，第97页。

三、罗伯斯比尔是革命现实主义者，还是伪善成性的人？

罗伯斯比尔的那些敌人和反对罗伯斯比尔的那些历史学家之所以把他说成是“伪善成性”的人，或“伪善的煽动家”，其根据是：罗伯斯比尔在政治上是摇摆不定、反复无常的，在道德上是不守信义、出尔反尔的。例如罗伯斯比尔在制宪会议时期，曾谴责过所谓国王的不可侵犯性，但并不主张废除君主制，甚至还认为“共和政体和君主政体并不是不相容的东西”，“我就不怕王权，而且不怕国王的职能世代相传”。可是到1792年，他就坚决主张废除君主制，建立共和制；1793年起又坚决主张建立革命政府，实行革命民主专政了。又如在革命初期，罗伯斯比尔曾主张减轻刑罚，废除死刑，认为“死刑是极端不公正的”，建议“把规定杀人的血腥法律从法国人的法典中删去”，可是后来，他不仅放弃了废除死刑的主张，而且坚决支持人民处死国王的要求。1793年又主张以革命的恐怖来回击反革命的恐怖。在对待战争问题上，罗伯斯比尔也显示出前后两种截然不同的态度。1792年前，他坚决反对国王、吉伦特派蓄意发动对外战争，指明当时发动对外战争只是为了阴谋危害革命的法国。在战争发生以后他改变了主意，认为战争是必要的，而且还是推进革命的一种手段，从而全力以赴地参与领导对外战争。德穆兰和丹东等原来都是罗伯斯比尔的朋友和同事，不管原因有多复杂，正是由罗伯斯比尔签署了处死他们的判决书，才被送上了断头台……总之，可以举出很多事例来谴责罗伯斯比尔是一个不讲道德、变化多端的伪君子。

但是，从实际情况看恰恰相反。罗伯斯比尔对事对人的这种变化，正好说明他是一个卓越的革命现实主义者，而不是一个伪善成性的人。(1)罗伯斯比尔处理人和事所坚持的原则是：一切为了资产阶级革命的胜利，革命的利益高于一切。他的言行和取舍都取决于此。从他对于德穆兰和丹东的处理，说明他把资产阶级革命利益看得比私人的交情、友谊为重，决不因情面而放弃了原则。(2)罗伯斯比尔不是一个墨守成规，拘泥于教条的人，而是一个重视现实、面向实际的人，他在死刑、君主制、国王和战争等问题上前后看法的变化，正好反映了这一点。因而他的行动能随着历史潮流的前进而前进，他的观点能随着实际形势的不断变化而变化。(3)由于罗伯斯比尔善于使自己的思想适应形势的变化,所以也善于使自己的思想适应于群众运动发展的要求。例如恐怖手段,在雅各宾派控制国民公会以前,已为群众所提出和实行,在1793—1794年,恐怖手段已经成为革命的法国在政治上决不可少的手段。限价政策亦然,它首先是无套裤汉提出来的,罗伯斯比尔开始时并不赞成,但后来在群众运动的推动下被采用了。如上所说种种,不正好说明罗伯斯比尔不是一个虚伪成性的人,而是一个革命的现实主义者吗?

英国历史学家J.M.汤普逊在论罗伯斯比尔时曾指出:"那些诽谤罗伯斯比尔的人,不嫌辞费地说他是一个伪善者。……只有那些不能了解或者不愿了解罗伯斯比尔的真实心理状态的人,才会说他是一个伪善者。"[①]汤普逊的话是很有道理的。

上文提到过的乔治·吕德,在说到有关罗伯斯比尔的"伪善的传说"时,也说过非常中肯的话,有助说明这里所提到的问题,他说:"关于罗伯斯比尔伪善的传说……许多人还觉得像罗伯斯比尔这样一个人是言行不符的,他一天到晚夸耀对民主的忠诚,却鼓励和指挥搞恐怖,声称是为了穷苦人和贫贱者的利益,更重要的是,人们不禁要问:怎么可能去信任这样一个人的真心实意呢?——这个人曾在一个时期痛斥过采用极刑,却在另一个时期把国王以及他的无数旧臣送上断头台,这个人在1791、1792年痛斥过战争,而在1793年和1794年时又允许战争并且大力发动战争。这个人曾对丹东和德穆兰发誓表示友好,不久以后却又签署了处死他们的判决书。然而这种指责总的说来是不恰当的。可以这样争辩说,在每一种情况下,作出的决定,都是坚实地取决于、也是密切地依存于政治原则的。对罗伯斯比尔来说,坚持人民的主权,为了小业主的利益(虽然不是为了一无所有者的利益)而争取大革命的胜利,是头等重要的事。这个主题是不变的,一直贯穿在从1789年6月到热月他的全部演说和行动中。他在1791年斥责过战争,这不是出于和平主义立场,而是相信战争会加强宫廷和反革命势力;1792年8月以后,这个特有的危险已不复存在了。他不再反对死刑,是因为他相信,如果国王退位以后仍然

① J. M.汤普逊:《罗伯斯比尔》,转引自乔治·吕德辑:《罗伯斯比尔》,美国新泽西州,1967年版,第165页。

活下来,会被搞成贵族进行阴谋活动的实际中心。同样,1789—1791 年,自由主义分子之所以让位于“革命政府”的头面人物,倒不是由于根深蒂固地奉行什么“极端主义”原则,而是因为罗伯斯比尔已经逐渐认识到,在经历了军事挫败、叛变、通货膨胀以及“联邦主义者”的分裂活动之后,大革命不可能再在别的基础上推向前进了。丹东的牺牲当然是另一种性质的事情,但这不会有损于罗伯斯比尔的信誉,行其所信,使共和国安全,应比个人之间的友谊更为重要。①

乔治·吕德的这些话非常有力地说明了罗伯斯比尔言行的变化和所作出的决定都是密切依存于政治原则,根据于客观形势变化的需要的,这不是虚伪成性而恰恰相反是革命现实主义的表现。显然,他和汤普逊一样认为“只有那些不能了解或者不愿了解罗伯斯比尔的真实心理状态的人,才会说他是一个伪善者”。

四、罗伯斯比尔是有节制的恐怖主义者,还是嗜血成性的暴君?

所有敌视罗伯斯比尔的人,包括一些历史学家在内,对罗伯斯比尔攻击最多最甚的是他的恐怖政策。像泰纳、阿克顿勋爵之流称罗伯斯比尔为专制暴君、杀人魔王,“以嗜血为乐”之类就更不必说了。

上文提过在雅各宾专政时期推行恐怖政策的必要性和合理性。马克思主义经典作家对此就有不少评论,并给以应有的肯定。如马克思说的:“法国的恐怖统治所能起的作用,只是通过自己的猛烈锤击,像施法术一样把全部封建遗迹从法国地面上一扫而光。”②

而且,从罗伯斯比尔所采取的恐怖措施本身来看,是有节制的,也是富有策略性的。罗伯斯比尔有一句名言:“没有恐怖的德行是软弱无力的,没有德行的恐怖是残酷的。”③这可以说是他实行革命恐怖所遵守的指导原则。

---

① 乔治·吕德:《罗伯斯比尔》,转引自乔治·吕德辑:《罗伯斯比尔》,美国新泽西州,1967 年版,第 170~171 页。

② 《道德化的批判和批判化的道德》,《马克思恩格斯选集》第 1 卷,1972 年版,第 171 页。

③ 马蒂埃:《恐怖主义者罗伯斯比尔》,《关于罗伯斯比尔研究》,1958 年法文版,第 73 页。

许多事实证明他所推行的恐怖是有节制的。

1793年10月3日,是谁起来反对起诉73名吉伦特派议员的提案,从而使他们免遭处刑呢?

共和二年风月29日(1794年3月19日),是谁在雅各宾俱乐部会议上保全了8000到10000名在王党分子起草的请愿书上签名的人的性命呢?

1794年初,是谁先后下令召回了在南特、波尔多、里昂等地大搞恐怖活动,犯下了种种杀人罪行的国民公会特派员的呢?

就在雅各宾专政期间,又是谁提出要在各地区成立人民五人甄别委员会,根据卷宗慎重甄别嫌疑分子,只对罪大恶极的人处以极刑的呢?

不是别人,正是罗伯斯比尔。

罗伯斯比尔是一贯反对恐怖扩大化的。惩罚要分主从,严惩主犯,宽大从犯。但革命的敌人,那些戴着红帽子的反革命分子往往非常阴险,总是利用某种当时正确的革命措施钻空子,找漏洞,胡作非为,来破坏它的声誉,并且栽赃于人,搞垮革命。把嫌疑犯的财产分给穷人的《风月法令》和简化革命法庭诉讼程序的《牧月法令》,本来是一些非常革命的著名法令,如果能很好地执行,并在执行中不断改善,将会对革命起很大的推动作用。可是,保安委员会里的那些反罗伯斯比尔分子有意捣鬼,把未经甄别的大批嫌疑分子送交革命法庭并迅速推上断头台,他们准备以此来败坏罗伯斯比尔的民望。当罗伯斯比尔发现这个情况时,坚决要求立即组成人民甄别委员会,如果没有这种委员会,《牧月法令》就不应施行。可是他的要求被作为耳边风,罗伯斯比尔也终于在《牧月法令》问题上,从共和二年穑月15日(1794年7月3日)起离开政府以示抗议。

1794年7月26日,罗伯斯比尔最后一次演说中曾声色俱厉地讲到了恐怖政策,并为自己辩护喊道:“把爱国者投进土牢,并在任何情况下实行了恐怖政策的,难道是我们吗?我们曾提出指控的,正是这些鬼怪!”[①]同时,还有力地揭露说:“当那些搞倒行逆施的人的受害者向他们提出控诉时,他们却回答说:‘罗伯斯比尔是希望这样做的,但我们无法去掉他……’他们特别急于要证明革命法庭是一个‘血腥的法庭’,说这是我擅自创设的,并且由我绝对

① 马蒂埃:《罗伯斯比尔:历史和传统》,《法国大革命史论丛》,1977年,第1期,第29页。

把持着,目的是为了要把一切善意地斩尽杀绝。"[①]反罗伯斯比尔的人手段是非常阴险毒辣的,他们企图把那些反对罗伯斯比尔的敌人的一切罪行统统推在罗伯斯比尔身上,借以打倒他,毁灭他。敌人的阴谋在1794年7月27日得逞了,罗伯斯比尔被赶下台了,又被送上断头台了,这是一个历史性悲剧!

拿破仑在最后的流放地圣赫勒拿岛与拉斯卡斯的谈话中曾公正地为罗伯斯比尔的所谓"暴政""残酷"进行过辩护。他说:"他们把一切罪责都推在罗伯斯比尔身上,但后者在他死前不久曾宣称:他没有与闻最近所判处执行的那些死刑,他早在6个星期以前就没有参加(公安)委员会了。"拿破仑还回忆说,他在尼斯部队中时,曾经看到过罗伯斯比尔写给他的兄弟的几封长信,信中谴责国民公会特派员的那些恐怖措施,罗伯斯比尔表示,这些特派员是在用他们的暴政和残酷来毁灭大革命[②]。

从以上的事实可以看出罗伯斯比尔绝不是像他的敌人以及某些反动的和保守的历史学家所诽谤的那样,是一个嗜血成性的人。虽然,救国委员会在罗伯斯比尔,以及圣茹斯特、库通等人的主持下制定了、执行了恐怖政策,罗伯斯比尔和他的同事不是一点责任也没有的。在这个问题上,他的主要错误是:(1)在雅各宾专政后期,尤其在弗勒吕斯胜利以后,恐怖由打击内外敌人的手段变成了保卫自己的手段,它已经是多余的了。可是恐怖政策仍在变本加厉地推行,弄得人人自危,作为政府首脑的罗伯斯比尔不管怎样都开脱不了他应负的责任。(2)对丹东的处理,不一定要采用断头台的办法,对埃贝尔的处理更不应如此。(3)罗伯斯比尔是同意剥夺被告人有申诉权的《牧月法令》的,在客观上不能不为恐怖扩大化提供了方便。不过尽管有这样那样的错误,在总体上并不影响罗伯斯比尔"是一个有节制的恐怖主义者,而不是一个嗜血成性的暴君"。

---

① 罗伯斯比尔,《在国民大会所作的最后演说》,转自乔治·吕德辑:《罗伯斯比尔》,美国新泽西州,第76~77页。

② 拿破仑在圣赫勒拿与拉斯卡斯的谈话:《大革命的替罪羊》,转自同上书,第128页。

五、罗伯斯比尔悲剧的根源究竟是什么?

拿破仑曾对拉斯卡斯说:罗伯斯比尔"成了大革命的替罪羊"。[1] 这是一句切中要害的话。但是,拿破仑没有说明他为什么会成为替罪羊。

在法国资产阶级革命中,罗伯斯比尔确实是一个为资产阶级的统治打下基础的人物。但正是他却被资产阶级作为革命的替罪羊,送上了断头台,这是悲剧!悲剧的根源究竟是什么呢?只有从罗伯斯比尔的阶级根源和时代根源去解释这个问题。

罗伯斯比尔生于法国早期资产阶级革命的时代。革命的任务是推翻封建制度、建立资产阶级统治、为资本主义的发展扫清道路。以罗伯斯比尔为首的山岳派为资产阶级革命的胜利做了不少工作。由于当时革命所处的特殊环境,使得罗伯斯比尔必须与人民群众建立联盟来共同完成革命的任务。这一联盟,由于内忧外患,不得不采取战时措施和平民的手段来得到加强。但是,当1794年6月弗勒吕斯的胜利,解除了革命的法兰西共和国所遭受的危险时,胜利确实也像泼妇一样扑向了罗伯斯比尔[2]。战时措施不适用了,与人民的联盟由松懈而至于破裂了。平民手段再也不能被资产阶级容忍了。新的形势,本来需要罗伯斯比尔的思想有新的转变,可是,他怎么能跳出他的时代、他的阶级所赋予他的局限呢?为了战争的胜利,罗伯斯比尔曾对人民作了让步,采取了许多非常的临时性的战时措施。但是也为了战争的胜利,他不可能不对富有者实行让步。1794年初,在富有者和劳动者矛盾极端尖锐时,以罗伯斯比尔为首的救国委员会曾放松一些非常革命措施,如1793年冬天解散了各省的革命军,1794年初的几个月内,又先后废除了特派员制度,解散巴黎的"革命军"等。1794年4月1日颁布新限价法令,使物价有了明显的增长,而雅各宾派却又镇压了工人要求提高工资的斗争,以小消费者和工资收入者的利益为牺牲品。结果是,罗伯斯比尔两头落空,谁也不感到满意,于

---

① 同上。

② 亨利·贝罗:《罗伯斯比尔》,《法国革命的12个肖像》,1928年英文版,第77页。

是又扩大恐怖来镇压反对派，借以巩固自己的统治，这只能使不满者更加不满。最后，资产阶级推翻了他，无套裤汉袖手旁观，历史的悲剧就是这样演成的。

“谁是革命的敌人？谁是革命的朋友？这是革命的首要问题。”一切革命政党的成败，往往取决于在这个问题上处理是否正确，而罗伯斯比尔正是在这个对革命具有战略意义的重大问题上犯了错误。罗伯斯比尔在革命初期对这个问题的认识还是比较清楚的，到了后期就模糊和糊涂了。他在不断变化的新的形势下，手足无措，不知道到底该依靠谁？打击谁？最后弄到左右两面开弓，举起他的左手打倒雅各宾右翼丹东派，举起他的右手打倒左翼埃贝尔和肖梅特。是什么原因导致罗伯斯比尔会这样做？归根结蒂是他的阶级局限性使他终究不能长期地与人民群众建立巩固的联盟。罗伯斯比尔的“两面开弓”实际上恰恰反映了罗伯斯比尔所代表的那个中小资产阶级的一种矛盾心理：即他为了捍卫革命胜利果实，既害怕封建复辟势力，又害怕革命继续深入，既害怕富裕资产阶级，又害怕下层群众。结果使他陷于孤立，这也是他之所以造成悲剧的另一个重要的原因。

“主要人物是一定的阶级和倾向的代表。”①罗伯斯比尔是代表中小资产阶级利益的资产阶级革命家。他毕竟受他所代表的那个阶级的局限。罗伯斯比尔虽然曾提出过私有财产制度是一种祸害，但又认为这种祸害是不可避免的，他曾对贫富悬殊表示过不满，但又承认私有财产是不可侵犯的，财产公有是荒诞的，财产平等是虚无缥缈的；他曾主张无代价地取消封建义务，却又曾拒绝贫苦农民无偿地分配土地的要求，而且还认为土地法“不过是流氓们捏造出来恐吓愚人的一种怪物”；他虽曾同意颁布普遍限价法令，但又同意规定工资最高额，并保留反对工人集会结社的《霞不列法》；他既想节制大资本，但又要维护资本主义制度，既反对投机倒把、囤积居奇，又要维护自由贸易的资本主义私有制。总之，他的内心充满着矛盾。革命越深入，群众运动越蓬勃发展，内在矛盾也就越易暴露出来，而且越来越成为不可克服的了。

马克思指出：“罗伯斯比尔、圣茹斯特和他们的党之所以灭亡，是因为他们混淆了以真正的奴隶制为基础的古代实在论民主共和国和以被解放了的

---

① 恩格斯：《致斐·拉萨尔》，《马克思恩格斯全集》第29卷，第583页。

奴隶制即资产阶级社会为基础的现代唯灵论民主代议制国家。一方面,不得不以人权的形式承认和批准现代资产阶级社会,即工业的、笼罩着普遍竞争的、以自由追求私人利益为目的的、无政府的、塞满了自我异化的自然的和精神的个性的社会,另一方面又想在事后通过单个的人来取缔这个社会的各种生命表现,同时还想仿照古代的形式来建立这个社会的政治首脑,这是多么巨大的错误!”又说:“这种错误是悲剧性的。”[①]马克思的话正好说明罗伯斯比尔之所以灭亡的深刻的根源,即时代的和阶级的根源。罗伯斯比尔把古代的民主制和近代民主制混淆起来了,他一方面要以人权的形式承认近代资本主义社会的合理性,同时又要取缔这种社会各种生命的表现,这不正好反映了他所代表那个中小资产阶级的矛盾心理吗?反映了资产阶级两重性的特征吗?因而,罗伯斯比尔的悲剧根源难道也不就在这里吗?

罗伯斯比尔是一位杰出的资产阶级革命民主主义者,他的一生是革命的一生、战斗的一生,他不仅绝不与封建势力妥协,而且不与保皇派、妥协派妥协,为了法国革命,他把自己的一切都贡献出来了。他廉洁奉公,不可腐蚀,这点连他的敌人也是不得不承认。对这样一位伟大的资产阶级的革命家,无产阶级革命导师曾给予很高的评价,马克思称他是“英雄人物”[②]。列宁也指出,以罗伯斯比尔为首的雅各宾党人“给法国做出了民主革命的最好榜样和打击反对共和政体的君主联合的最好榜样”[③],是以“进行真正革命斗争的伟大典范而载入史册的”[④]。

《历史研究》,1979 年第 10 期

① 马克思恩格斯:《神圣家族》,《马克思恩格斯全集》第 2 卷,第 156 页。
② 《路易·波拿巴的雾月十八日》,《马克思恩格斯全集》第 8 卷,第 122 页。
③ 《用‘雅各宾主义’能够吓倒工人阶级吗?》,《列宁全集》第 25 卷,第 107 页。
④ 《论人民公敌》,《列宁全集》第 25 卷,第 42 页。

再评罗伯斯比尔

——兼与法国史学家弗洛朗斯·戈蒂埃商榷

一、弗洛朗斯·戈蒂埃与我的分歧

1979年10月《历史研究》发表了拙作《评罗伯斯比尔》后，曾引起国内史学界某些史学家的兴趣。1981年初至1982年10月，我在巴黎高师进修访问期间，曾将该文译稿交给我的导师索布尔教授（法国巴黎第一大学法国大革命史研究所原所长，我回国前不幸逝世），索布尔阅后曾称这是一篇很好的专业工作者的作品，并推荐给他的得意门生、巴黎第七大学历史学家弗洛朗斯·戈蒂埃。索布尔在给我的信中谦虚地说："对这些问题的研究，她比我更好。"接着，我与弗洛朗斯·戈蒂埃专门就罗伯斯比尔问题交换了意见。事后弗洛朗斯·戈蒂埃又非常认真严肃、坦率犀利地就我的文章写了8页的书面意见。该"意见书"言简意赅，观点新颖，读后颇受启发。

为了更好地展示双方的不同意见，现将她的观点作一简要的介绍。

弗洛朗斯·戈蒂埃在意见书里一开头就写道："亲爱的朋友，我非常喜欢您的方法。您直接地面对（有关罗伯斯比尔的）某些主要的问题、实质的问题和所有实际提出的问题（表示您的看法，即罗伯斯比尔）：

（1）是资产阶级革命民主主义者，还是社会主义者？

（2）是现实主义者，还是伪善成性的人？

（3）是有节制的恐怖主义者，还是嗜血成性的暴君？

（4）悲剧的根源究竟是什么？"

接着，她开门见山地说："我也想直接回答可能对我来说仍是问题的一些方面,而对您来说好像已经解决了。”她的问题是:“罗伯斯比尔是社会主义者,还是资产阶级革命家?”她回答说:“就我而言,我认为罗伯斯比尔是一位反自由主义的平均主义者,而且是完全和他的时代的‘平民’处境相谐和的。”

随后,她又从三个具体方面阐述了她的论点:

(1)平均主义者。

首先,她认为不能把罗伯斯比尔的政治哲学的溯源局限于卢梭“因为他也受马布里平均主义等思想很深的影响”。

此外,“罗伯斯比尔和城乡无套裤汉的社会理想,像人们所知道的那样,(企求)一种自由交换、自由生产的独立的小生产者的社会,在‘反资本主义’社会理想的意义上,那时他们曾自觉地揭露(资本主义的)征购—无产化—所有权集中—经营方式集中—工场集中(分散和集中)的过程。简言之,是一种您强调指出的带有矛盾的两重性的小资产阶级反资本主义的理想,这种矛盾是毫无疑问的(像歌德证明两重灵魂在他胸中冲突一样)”。“平均主义有两重性”“小资产阶级向往一种无阶级,没有人剥削人的两重性”。

(2)反自由主义。

她写道:“您断言罗伯斯比尔是自由主义者,我希望您证实它,我怕您做起来有些困难,而且您对这一点一笔带过,好像已经确定,却没有提出任何材料。”她再次强调说:“关于自由主义问题,我承认与您有着完全的分歧。”“您提出的罗伯斯比尔实际上是一个饶勒斯派罗伯斯比尔,这就导致您对罗伯斯比尔的归向作出最大限度的解释,您把《风月法令》解释为出于一种纯粹的策略上的考虑,这是有争论的,而且是已经由马蒂埃讨论过的。”

(3)战争的问题。

弗洛朗斯·戈蒂埃说:“我们见面时,曾匆匆地谈到过它,而我似乎感觉到您并未曾提出这个问题。罗伯斯比尔反对布里索的征服战争,自1791年年底起,直到他死(参照共和二年在这个题目上与卡诺、克罗茨和埃贝尔派的冲突),这是一种很值得注意的观点。但必须承认,除马蒂埃以外,在法国还很少研究,据我看,马蒂埃曾出色地看到了这个问题,但没有时间深入下去。”

她说:“罗伯斯比尔是根据各种人民之间的博爱原则反对一切兼并的战争的”。因为:“(1)人们不能用武力解放各族人民;(2)人们不把兼并和不由各族人民自己业已选择的宪法强加给他们。因为各种人民的解放应当由他们自己来做,而一个民族压迫另一个民族表明这个民族是各族人民的敌人。”

在此基础上,她引申出一个使人感到非常有意思的结论:“正如按罗伯斯比尔的说法,某一个人压迫另一个人就表明他是所有个人的敌人。您知道后来马克思曾在英国无产阶级和爱尔兰的问题上以同样的明朗表达过这种意见。他说:‘压迫其他民族的民族是不自由的民族。’”于是她很自然地在罗伯斯比尔头上又加了另外一顶桂冠——反民族主义的“国际主义”。

最后她在论述上面三方面的基础上,概括地得出了以下的结论:“正像您所看到的,我是认真怀疑关于罗伯斯比尔是一个革命的资产阶级的解释的,我所看到的一个罗伯斯比尔是平均主义者,反自由主义者(!)和‘反资产阶级者’‘反帝国主义者’。”这就是她对罗伯斯比尔总的评价的结论。也是她与我根本分歧所在。

1982 年 6 月底,我在索布尔邀约的聚餐会上认识了英国著名的法国大革命史学家乔治·吕德。8 月,我将《评罗伯斯比尔》一文的译稿寄给他,9 月他给了我回信。在信中,他非常客气地指出我的文章“对罗伯斯比尔的历史作了很好的概述”,并说:“文章无论从内容和形式的表达上都是非常出色的。”这就进一步加强了我与弗洛朗斯·戈蒂埃进行商榷的决心和信心。

二、我对弗洛朗斯·戈蒂埃意见的意见

从“意见书”来看,弗洛朗斯·戈蒂埃确实是一位对法国大革命、对罗伯斯比尔研究有很深造诣的专家。她对罗伯斯比尔的看法具有独创的见地。无怪乎索布尔说:“对这些问题的研究,她比我更好。”但就她的观点来说,我却无法苟同。怎么能把罗伯斯比尔说成是“反自由主义”的,“反资本主义”的,“平均主义”的,“反帝国主义”的,“国际主义”的呢?如果弗洛朗斯·戈蒂埃说我笔下的罗伯斯比尔实际上是饶勒斯派的罗伯斯比尔的话,那么她笔下的罗伯斯比尔不就是马蒂埃或接近马蒂埃派的罗伯斯比尔了吗?

下面我想就罗伯斯比尔是不是“反自由主义”,“平均主义”,“反民族主义”,“国际主义”,以及他是不是主要受卢梭哲学思想影响等具体问题发表一些我的看法。

（一）关于反不反自由主义的问题。

弗洛朗斯·戈蒂埃针对我《评罗伯斯比尔》一文中曾提到的“以罗伯斯比尔为首的山岳派都是经济自由主义原则的拥护者”提出了异议，说罗伯斯比尔不是自由主义者，而恰恰相反是“反自由主义者”，她承认这与我“有着完全的分歧”，还说我“一笔带过”，“却没有提出任何材料”。

果真如此吗？

罗伯斯比尔反不反自由主义？这历来是一个有争议的问题。马蒂埃认为罗伯斯比尔是反对经济上的自由主义的，他的论文集《罗伯斯比尔研究》里有一篇题为《罗伯斯比尔的社会经济政策》的文章，其中有一节专门论述罗伯斯比尔“批判经济自由主义”。而索布尔则相反，他在他的论文《巴黎无套裤汉和1793—1794年法国大革命》中说到罗伯斯比尔及其拥护者是主张经济自由主义的，他说“救国委员会的委员们，作为自由经济制度的拥护者，只是出于万不得已才同意执行一种管制和限阶政策”的。我同意这种说法。马蒂埃论述“罗伯斯比尔批判经济自由主义”，主要根据是罗伯斯比尔就“给养问题”在国民公会1792年12月2日的一次重要发言。据马蒂埃说，这篇发言“没有被历史学家放在眼里”，然而“它却是他的最好的讲话之一”，“完全表明他是辩证的演说家”。但是，只要我们仔细研究一下这篇发言，却只能得出与马蒂埃相反的结论，即罗伯斯比尔不是反经济自由主义者，从本质上看，他却是一位自由经济的拥护者。这篇发言还告诉我们，只是在非常时期，只是由于法兰西共和国出现新的紧急情况——“祖国在危殆”中，国内经济恶化，生活必需品短缺，广大人民痛恨投机倒把、囤积居奇，以罗伯斯比尔为首的资产阶级为了战胜吉伦特派，战胜国内外敌人，才提出了限制漫无边际的经济自由主义。

罗伯斯比尔的这篇发言是研究罗伯斯比尔社会经济政策思想，评价罗伯斯比尔的重要材料，为了说明问题，也为了针对弗洛朗斯·戈蒂埃说我“没有提出任何材料”，在这里我不能不不厌其烦地引用这篇发言中特别值得注意的几点。罗伯斯比尔写道：

（1）“自由贸易是必不可少的，但应有一定的限度，而不至于使贪得无厌的杀人越货者滥用这个权利。”

（2）“常识告诉我们，那些不是生活所必需的商品，可以不加限制地让它作为商业投机买卖之用……一般说来,可以想见这种不加限制的自由买卖,倒是有助于国家和个人得到较大好处的。”

(3)“一个人是否有能力去购买一套高价衣服,这可不是紧要的事,但一个人一定设法为他的子女和他自己买面包来充饥。所以商人可以被准许把一些迎合奢侈和虚荣欲的商品储藏在他的仓库里待价而沽,但他没有理由在他的邻居饿得快死的时候还把大量小麦积存不售。”

(4)“我们的政策首先要达到什么目标呢?是要保证每个人享有不可剥夺的权利。那么在这些权利中是以何者占先呢?那是生存的权利。”“所以第一条社会法律应该是这样的:确保社会的每一个成员都能得到生存的权利,其他一切法律无不从属于此。”“财产绝不可能和生存权利发生抵触。”

(5)“只有剩余下来的粮食才能成为私人财产,不妨让个人进行商业性经营,让剩余下来的果实在市场上自由流通。”

(6)“我不仅是要替比较贫穷的公民们的事业辩护,而且也要为地主和商人们的事业说话。”……

试问:从罗伯斯比尔的这个发言中能使我们得出反自由主义、反资产阶级的结论吗?难道这不正好相反,是说明罗伯斯比尔是一位经济自由主义的拥护者的好材料吗?

从罗伯斯比尔的发言看,它明确提出:(1)财产必须服从生存权,财产决不能与生存权发生抵触;(2)不反对一般的自由贸易,只反对“漫无边际的贸易自由”;(3)不反对一切经济领域中的自由主义,只反对与生存攸关的谷物贸易自由;(4)并非一概主张限制谷物贸易自由,只对保证人们生存所必需的谷物的贸易自由加以限制,其剩余部分例外。总之,他的限制经济自由主义是有条件的,是有范围的,他不是在一般情况下,而仅仅只是在非常时期提出限制经济的自由主义的主张的。经济贸易自由如果与生存权发生抵触的话,他是主张限制的。如果不相抵触的话,他认为它“倒是有助于国家和个人得到较大好处的”。罗伯斯比尔的这些主张一方面反映了他深刻的革命民主主义思想,但另一方面也反映了他的资产阶级局限性,证明他根本没有跳出资产阶级自由贸易的旧原则、老框框,证明他绝不是弗洛朗斯·戈蒂埃所认为的是反自由主义的,反资产阶级的,而恰恰相反,他是自由主义的维护者。但愿我的这种看法也能引起她对关于罗伯斯比尔是反自由主义的、反资产阶级的观点的怀疑。

（二）关于有没有平均主义思想问题。

罗伯斯比尔有没有平均主义思想呢？

在这个问题上我与弗洛朗斯·戈蒂埃主要有两点分歧：

（1）我认为罗伯斯比尔既有平均主义的倾向，又有反平均主义的倾向，他既反对大资本的大富，穷苦人的赤贫的贫富悬殊，又反对下层群众，尤其是忿激派的急进平均主义，他的平均主义也与他的限制经济上的自由主义主张一样是具有两重性的。

（2）我认为罗伯斯比尔的政治哲学思想主要来自卢梭，而不是马布里。当然，罗伯斯比尔也受到马布里的影响，但不是主要的，而且马布里有很多思想也来自于卢梭，受到卢梭的影响。

首先，关于罗伯斯比尔是不是平均主义者的问题，历来历史学家也是有争议的。马蒂埃不仅主张罗伯斯比尔是平均主义者，而且认为他是社会主义的先驱，勒费弗尔不同意称罗伯斯比尔为社会主义者，但仍主张他是平均主义者；索布尔不仅不同意马蒂埃的看法，他与他的导师勒费弗尔也有不同，认为罗伯斯比尔有“平等王国”理想的一面，也有认为“财产的平等无非是异想天开”的一面，他谴责“土地法”，就是谴责平分财产的平均主义。苏联史学界在60、70年代对此曾有过激烈争论，列宁格勒大学世界近代史教授列甫宁柯夫是倾向于索布尔的意见的，而莫斯科大学的历史学教授阿多则反对这种看法，确认罗伯斯比尔是平均主义者。实际上弗洛朗斯·戈蒂埃的观点与阿多的观点有相似之处，与她的导师索布尔却存在着不同的看法。我认为这是可以争论的。

在评价罗伯斯比尔，尤其在评价他的社会经济思想时，他在1793年4月24日于国民公会所作的《关于人权和公民权的宣言》的报告是极为重要的文献，这个报告集中地反映了罗伯斯比尔的社会政治观点，反映了他的资产阶级革命民主主义精神和革命资产阶级的两重性的特征。罗伯斯比尔一方面谴责私有财产是一切社会罪恶的根源，指出财产的极端悬殊是许多灾难和犯罪的根源，从而提出了财产平等，另一方面他又认为私有财产是不可避免的，“财产平等只是一种空想，‘土地法’只是骗子们为了恐吓糊涂虫们所捏造出来的幻想”。在这篇报告里他还论述了对所有权，主张用累进税的办法来限制贫富悬殊,他写道:“收入不超过其生存所必需的金额的公民应当不负担社会的开支;其余公民应当按照他们财产的数额累进地负担这些开支。”罗伯斯比尔的这些主张完全反映了卢梭的思想,完全证明了他是卢梭的忠实信徒。卢梭的平等思想、平均主义对罗伯斯比尔产生了深刻的影响。但值得注意的是,罗伯斯比尔还在以下几个方面发展了卢梭的观点:

(1)财产权必须从属于生存权(上面已提到过的)。而卢梭还只是抽象地讲到“人性的首要法则就是要维护自身的生存”。

(2)把财产权排除在自然权利之外,也就是说:“财产权即每个公民享有和支配法律给以保证的那部分财富的权利。”因此,财产权不像1789年宣言中规定的是天然的和不受时效约束的,高于一切社会组织的权利;从此财产权将纳入一定社会和历史范畴,要由法律加以规定。这正如弗洛朗斯·戈蒂埃所说的:“这是与1789—1793年资产阶级权利宣言的概念的总的决裂。”

(3)明确提出了用累进税的办法来限制大资本。而卢梭还只是提“对奢侈品课以重税”和“按照土地的面积和产量纳税”的主张。

在谈论平均主义时,不能不涉及最高限价政策,这是同平均主义思想紧密联系的,它包含了人的生存权高于财产权和对支配财产的自由权这一根本原则。这种思想却首先来源于无套裤汉,它始终遭到吉伦特派的反对,罗伯斯比尔则到1792年年底才接受了这种思想。在这一点上,似乎有“反资产阶级”的意义,但严格说来,这不是“反”而是“限制”,而且还是一项暂时的权宜之计,从骨子里来说,罗伯斯比尔是反对“最高限价”、反对“经济统制”的,他同激进的下层群众的平均主义思想是格格不入的,只是由于形势所迫,为了巩固与人民群众的联盟,他才迈出了这一步,同意采取了限价措施。因此,我认为不能把罗伯斯比尔的平均主义估计过高,说成是“反资产阶级的”。罗伯斯比尔的平均主义是很有限度的,是带有明显的两重性——有平均主义的倾向和反平均主义的倾向两者交织在一起的,只是小资本反对大资本思想的另一种表达罢了。不过,尽管如此,这种思想在当时是革命的、进步的。列宁在论述到平均主义意义时说:“从这里你们就知道,农民的平均制思想,从社会主义的角度看是反动的和乌托邦的,从资产阶级民主主义的角度来看则是革命的。”

关于是否受马布里的影响的问题。弗洛朗斯·戈蒂埃说:“不能把罗伯斯比尔的影响归结于卢梭,他还受马布里思想很深的影响。"还说到罗伯斯比尔和圣茹斯特一样曾经批评过卢梭的社会契约论。这是事实,但不能因为罗伯斯比尔批评过卢梭的社会契约论而否定他主要受卢梭的影响,是卢梭的信徒。在这里我还想指出两点:(1)马布里虽然是一位空想共产主义者,但他本身的思想受过卢梭的很大影响,马布里提出的改革纲领同卢梭的纲领十分接近。譬如马布里和卢梭一样要求限制商业,认为商业是大量财富的主要来源之一,马布里提出反对奢侈的法律,提出限制财产,限制土地占有额,防止土地集中在少数人手里,反对长子继承权等,卢梭也是这样主张的。这些思想对罗伯斯比尔都产生了深刻的影响,究竟在罗伯斯比尔的思想中,哪些是受卢梭的影响?哪些是受马布里的影响?或许还得研究。(2)更重要的是,马布里的思想体系虽然受到18世纪启蒙思想家世界观的影响和支配,但毕竟青出于蓝而胜于蓝,他已越出了资产阶级思想范围,而成为空想共产主义者。他提出了废除私有制,建立公有制的主张,而这是区别一个思想家究竟属于资产阶级范畴还是共产主义范畴的重要标志。罗伯斯比尔恰好没有接受马布里这一核心思想。由此可见,无论罗伯斯比尔有没有受马布里的影响,或者影响的程度有多深,但因为他的核心思想不是接受马布里的,而是接受卢梭的。因此,从思想体系来说,罗伯斯比尔仍属资产阶级的,是卢梭的信徒,而不是马布里的信徒。评价一个人一定要看他的主流、本质,否则是很难作出正确判断,很难确定他的归向的。这也可以说是我与弗洛朗斯·戈蒂埃分歧的出发点。由这点也发,弗洛朗斯·戈蒂埃就有可能将它作为拔高罗伯斯比尔的依据。因为,在她看来,罗伯斯比尔不仅受小资产阶级民主主义者卢梭的影响,而且还受空想共产主义者马布里的影响。因而,她得出反资产阶级、反自由主义的平均主义的结论就成为自然而然、合乎逻辑的了。

(三)关于战争的问题

我的《评罗伯斯比尔》一文没有涉及这个问题,同弗洛朗斯·戈蒂埃在巴黎讨论时也只略微触及。所以的确如她所说:"我似乎感觉到您并未曾提出这个问题。"可她在意见书里却把它当作一个重要问题加以阐述,并把它郑重其事地提出。因此,我不能不谈谈我的看法。

"战争是流血的政治。"任何一种战争都必定是带有政治性的,任何一个阶级进行的任何一种战争都为了要达到某一个政治目的,战争只是为了要达到某一个目的所采取的一种特殊手段。法国革命战争是与法国革命紧密相连的。法国革命时期的各个阶级、各个阶层、各个党派都在战争问题上表达过自己的观点、经受过战争的考验。在对待战争问题上,罗伯斯比尔也像对待国内其他的重大政治、社会问题一样显示出了他的彻底的资产阶级革命民主主义精神。

作为革命的现实主义者,罗伯斯比尔的政治观点,每一个决策都是随着革命形势的发展而发展、变化而变化的。他对战争的看法,就有发展或变化。1791 年年底之前,他是拥护战争的(这一点很少引起历史学家的注意);1791 年年底起和 1792 年,他坚决反对吉伦特派的征服战争;1793 年起他又坚决主张以革命的战争反对反法同盟的反革命的武装干涉战争。

罗伯斯比尔对他所面临的战争问题提出了以下几点值得注意的原则:

(1)明确战争的性质。他就反法同盟战争说:“我们面临着的战争,究竟是什么性质的战争?这是不是一个国家反对其他一些国家,或者是不是一个国王反对其他一些国王的战争?不是的,这是法国革命的一些敌人反对这个革命的战争。”

(2)弄清楚反革命的策源地在哪里——他指出科布伦茨不在国外而在国内。当时布里索曾叫喊:“向科布伦茨进军!向科布伦茨进军!一切祸害都来自那里!”罗伯斯比尔说“不!祸害的策源地根本不在科布伦茨,在你们中间!在你们内部”,“真正的科布伦茨在法国”。

(3)支持正义的战争,反对非正义的战争。他说:“如果战争是换取自由的代价,法兰西民族决不拒绝战争,但是,他拒绝一切旨在消灭自由和宪法的战争方案,即使它是在保卫法兰西民族的借口下提出来的。”

(4)根据博爱原则分清革命战争的共同敌人和朋友。他写道:“全世界的人们都是兄弟,而各国人民应当按照自己的力量互相帮助,就像同一国家的公民一样。”“压迫一个民族的人,就是宣布自己是一切民族的公敌。”“为了阻止自由的某些进步和取消人权而同某一民族进行战争的人们,不应当作为寻常的敌人,而应当作为杀人凶犯和叛乱强盗而受到一切人的惩办。”“国王、贵族、暴君,不管他们怎么样的,都是暴动的奴隶,反对作为大地的主权者的人类,并且反对作为宇宙的立法者的自然界。”

(5)尊重各民族的自决权,反对用武力输出革命。他说:“武装的传教士是不受欢迎的。”但后来他又同意用武力宣传革命原则。

(6)反对征服战争,反对进行旷日持久的兼并战争。他说:“打了胜仗的共和国在签订光荣的和约时,必须尽一切可能,‘迫使对方接受和约’,但这样的和约绝不是‘掠夺性的’和约,而是保证法国能够恢复昔日的疆界,并使它有可能完成革命的和约。”他还写道:“必须武装起来,但不是为了跨过莱茵河,因为这将意味着进行一场旷日持久的战争,而是为了缔结一项不取得胜利果实的和约。”

罗伯斯比尔关于战争的这些原则思想是非常深刻和精辟的。我们说它们也体现了罗伯斯比尔闪闪发光的资产阶级的革命民主主义精神。是由于它既区别于一般资产阶级革命派的思想,又区别于无产阶级革命家的思想。可是弗洛朗斯·戈蒂埃却把罗伯斯比尔关于战争的某些言论,尤其是把他们关于反对兼并战争和关于博爱原则的论述说成是反民族主义、反帝国主义的国际主义的,甚至还把马克思说的“一个压迫其他民族的民族是不自由的民族”牵强附会。弗洛朗斯·戈蒂埃把资产阶级革命的民族民主思想与无产阶级的国际主义完全混淆起来了。这是怎么也不能同意的。资产阶级在它上升时期或在特定的历史条件下,有可能提出争取民族、民主、独立、解放的斗争纲领,提出在国内联合民众,在国际上,反对民族压迫,联合世界上“以平等待我之民族”等主张。但归根结底,这是资产阶级民族民主革命的纲领,却不是什么无产阶级的国际主义。众所周知,1848 年 2 月马克思和恩格斯在《共产党宣言》中就明确地提出了无产阶级为争取社会主义和共产主义斗争的科学纲领,提出了无产阶级国际主义的口号——“全世界无产者联合起来!”以取代“正义者同盟”的“人人皆兄弟”的博爱主义口号。这种取代不是词汇的替换,而是意味着无产阶级国际主义和资产阶级博爱主义的决裂。随后,马克思、恩格斯又进一步发展他的国际主义思想,对爱尔兰问题的论述就是一个明显的例子。1869 年 10 月,恩格斯致马克思的信中说:“人们从爱尔兰的事件中可以看出,当一个民族征服了另一个民族时,它自己有怎样的一种灾难。英格兰的一切秽行都起源于爱尔兰的佩尔。”1870 年 1 月,马克思在论述英国对爱尔兰的统治所带来的恶果时又明确指出:“奴役其他民族的民族是在为自身锻炼镣铐。”马克思和恩格斯对爱尔兰问题的论述表明了,他们既是被压迫民族利益的捍卫者,也是无产阶级的革命利益的代表者,是无产阶级国际主义的伟大典范。由此可见,马克思和恩格斯在这里高举的是无产阶级的国际主义旗帜,而罗伯斯比尔所举的却是资产阶级博爱的旗帜和资产阶级革命民族民主主义的旗帜,两者有着原则性的区别,不能混淆。而弗洛朗斯·戈蒂埃却把它们两者等同起来了。因此,她也很自然地会得出这样的结论:"在这一点上,罗伯斯比尔同这种资产阶级的概念是完全决裂的。""这使我对于把罗伯斯比尔解释为资产阶级理论家的说法又一次引起了怀疑。"这是不足为怪的。

以上就是我对弗洛朗斯·戈蒂埃意见书的意见。

三、再评罗伯斯比尔

现在,我又想再回到应该怎样看待罗伯斯比尔这个总体问题上来。在《评罗伯斯比尔》一文里,我认为罗伯斯比尔是资产阶级革命民主主义者,现在我仍然坚持这种看法。

为什么说罗伯斯比尔是资产阶级革命民主主义者呢?

我认为可以从以下三方面来看:(1)从世界观和哲学思想来看,罗伯斯比尔的世界观和哲学思想都导源于卢梭。他用以表达他的思想——属于包括资产阶级革命民主主义思想的不少词汇都是从卢梭那儿来的。(2)罗伯斯比尔比他的同时代的资产阶级革命家有更为彻底的民主主义思想,更彻底的革命精神和果敢的革命行动,甚至采取"平民的方式",即实行革命民主专政。这在资产阶级革命史上是罕见的。(3)罗伯斯比尔不仅是资产阶级政治民主的信徒,而且是社会民主的倡导者。这一点对研究和评价罗伯斯比尔具有特别重要的意义。关于上述一、二两点,我已在《评罗伯斯比尔》一文中谈到过,不再赘述。

弗洛朗斯·戈蒂埃在意见书中写道:"他是社会主义者还是资产阶级革命家呢?在这点上,您认为罗伯斯比尔既不能被看作社会主义者,也不能被看作社会民主主义者。在这种情况下,我承认没有很好理解'社会民主主义者'的涵义。"确实,在《评罗伯斯比尔》一文中,我曾提到不同意勒费弗尔、索布尔、乔治·吕德、布卢瓦佐等历史学家关于罗伯斯比尔是社会民主主义者的提法。我认为这种提法不确切，可以作不同的解释，容易引起误会，因而还是提资产阶级革命民主主义者为好。我现在也仍然坚持这种看法。

在巴黎期间，我曾就这个问题请教过索布尔，他回答说，他用的是“社会民主(Démocratie Sociale)”这个词，而不是“社会民主主义者(Démocratie Social)”这个词。社会民主指的是民主思想在社会经济领域中的运用，它是相对于政治民主而言的。后来我又查阅了乔治·吕德等的著作，他们用的都是“社会民主”这个词，也是索布尔所说的意思，如果是这样的话，我是赞成的，而且也比较好理解。

罗伯斯比尔只受过文学、修辞、司法方面的教育，对社会经济，如同对军事一样他并不擅长。但是，作为资产阶级革命家的罗伯斯比尔在这个领域内不是无知的、空白的，相反，他也提出过惊人的主张和精辟的论述。上面提到过的1792年12月《关于给养问题的发言》，1794年4月24日《关于人权和公民权的宣言》等都属于这一类。又如罗伯斯比尔关于节制资本、限制漫无边际的贸易自由主义的主张；关于财产权必须服从生存权的主张；关于用累进税的办法，消除贫富悬殊的主张；关于“社会有责任关心自己一切成员的生活，或者给他找工作，或者为不能工作的成员保障生活资料”的主张；关于“给予贫困者以必要的帮助”的主张；关于所有权的四点著名建议，即：(1)所有权是每个公民使用和支配法律保障他享有的部分财产的权利；(2)所有权也和其他权利一样，受到尊重他人权利的义务的限制；(3)所有权不能损害我们周围人们的安全、自由、生存和财产；(4)违反这个原则的任何占有、任何交易，都是不合法的和不道德的……对当时来说，对一位资产阶级革命家来说是难能可贵的。同时，也使我们清楚地看到，罗伯斯比尔的社会经济主张是他的社会民主思想的集中反映，但它又带有我们曾在上文一再提到的资产阶级革命民主主义的两重性的特征。具体地说，即：既主张自由贸易，又主张限制自由贸易；既有平均主义思想，又有反平均主义的倾向；既认为财产的极端悬殊是许多邪恶和犯罪的根源，又认为“然而我们也并非不相信实现财富的平等是一种渺茫的梦想”；既认为“财产平等对于个人幸福还不如对于社会福利那么需要”，又认为“你们常常谈起的那个土地法，只是骗子们为了恐吓糊涂虫们所捏造出来的幻想”。尽管在罗伯斯比尔身上有这样那样一身而二任焉的两重特性，但他的资产阶级维护私有财产的统治最本质的一面，是主要的，占第一位的,而这也许是我与弗洛朗斯·戈蒂埃的根本分歧所在。

罗比斯比尔不仅在理论上有社会民主的主张,而且在他当政时期也曾根据形势需要而采取了一系列社会民主的措施。如 1793 年 6 月 3 日通过了关于分配公社土地和逃亡者的产业分成小块拍卖的法令;7 月 25 日通过了一项新的关于逃亡者土地分成小块拍卖的法令;11 月 22 日、12 月 4 日、12 月 24 日连续通过了三项法令,把原来规定逃亡者土地分成小块拍卖和分期付款的办法扩展到也适用于土地和他们被列入国有财产的土地。1793 年 9 月 29 日,通过了最高限价的法令;1794 年 2 月 24 日,通过了著名的《风月法令》,根据这个法令,把可疑分子的财产分给了“贫穷的爱国者”,由此也产生了 1794 年 5 月 11 日的《花月法令》,根据此项法令组织了全国社会救济,行使 1793 年《人权宣言》所认可的关于救济事业的规定,如免费医药救济、老弱病残补贴、多子女家庭补助等,这也就实现了《人权宣言》所宣布的所谓“社会的目的在于追求普遍的幸福”。

关于《最高限价法》和《风月法令》等,有不少历史学家认为是超出了资产阶级的范围,似乎是典型的反资产阶级的。但在我看来,它们并没有超越资产阶级革命的范围。而且也只是在当时法国内忧外患的形势下,以罗伯斯比尔为首的山岳派为巩固与人民群众的联盟所采取的一种暂时的、战时的措施。这虽然不是全部,但也可以说更多的是从策略上考虑的非常措施。弗洛朗斯·戈蒂埃不赞成这个说法。她认为纯粹从策略角度考虑是不可取的。我认为这是可以讨论的。

对历史人物的评价,我认为从事实出发,实事求是,既不美化,也不丑化,更不武断。怎样才能实事求是呢? 这就要坚持历史唯物主义的原则,坚持阶级观点,坚持历史主义,力求反映出历史人物的本来面目。罗伯斯比尔是一个复杂的人物,他本身充满着矛盾,正像我们刚刚提到的“既”这样,“又那样”的那种资产阶级两重性。罗伯斯比尔的悲剧根源恐怕就在这里,罗伯斯比尔的被杀从表面上看来,好像是党派斗争的牺牲品,是他的敌人阴谋残害的结果。实际上却是他不能摆脱他所代表的那个阶级、阶层的局限的结果。要注意历史人物他的阶级属性,他究竟代表哪个阶级的利益,他的阶级倾向究竟是什么,不然是很难对历史人物作出正确评价。

罗伯斯比尔虽然比大资产阶级的立宪派的拉法夷特、米拉波、巴纳夫等,比吉伦特派的布里索、罗兰夫人、孔多塞等更激进民主，但比起下层群众的政治代表人物扎克·卢、华尔勒、埃贝尔、肖美特等却又温和、保守了。所以就其本质来说，他仍然是资产阶级的代表人物，只不过代表的是较下层一点的资产阶级而已。他的主张和措施没有也不可能超出资产阶级的范围。为什么说没有超出过？因为：(1)从罗伯斯比尔的指导思想和政治纲领来看，它要求推翻的是封建专制制度，建立的是资产阶级民主共和国；(2)从罗伯斯比尔所实行的政策措施来看，如他推行的土地法、1793年制定的宪法等都是资产阶级性的，它没有丝毫触动资产阶级私有制；(3)即使是最激进的革命民主措施如恐怖政策、限价政策，归根结底是为了保卫资产阶级革命胜利、巩固资产阶级已经取得的成果。马克思说："例如1793年和1794年在法国，它们只不过是为实现资产阶级利益而斗争，虽然它们采用的是非资产阶级的方式。全部法兰西的恐怖主义，无非是用来消灭资产阶级的敌人，即消灭专制制度、封建制度以及市侩主义的一种平民方式而已。"罗伯斯比尔为什么采用一些看起来似乎是超出了资产阶级革命常规的"资产阶级的方式"？这与当时法国所处的具体历史条件密切相关。(1)18世纪末的法国资产阶级不同于帝国主义时期没落的腐朽的资产阶级，这时资产阶级还处在如弗洛朗斯·戈蒂埃所说的"进步的那个点上"，资产阶级的革命性比较强；(2)法国革命时期资本主义的关系和封建关系的矛盾、第三等级与僧侣、贵族特权等级之间的矛盾特别尖锐，法国的封建专制制度特别顽固、死硬。这就迫使进步的资产阶级必须联合与巩固人民群众的联盟才能战胜它们；(3)法国革命面临外国武装干涉的威胁……在这种情况下，罗伯斯比尔如果不采取有力的革命民主措施，即采取有力的政治民主和社会民主措施，能击败国内外的敌人吗？同人民群众建立政治联盟必须要以经济联盟作为保证，这也是罗伯斯比尔作为政治家的精明所在。因而在评价罗伯斯比尔的时候，不能不考虑这些具体历史条件。由此也可以看出只有把历史人物所代表的这个阶级的本质把握住了，并把他提到一定的历史范围内来加以考察，而且把两者密切地结合起来，才能够对他作出恰如其分的评价。

历史现象是纷繁复杂的，历史人物也是五光十色的。有时会出现一些假象和折射，但只要我们站在无产阶级立场上坚持马克思主义的历史唯物主义，我们就不会被那些迷离混沌的假象所迷惑，就有可能作出科学的判断。

最后，我也抱着同弗洛朗斯・戈蒂埃一样的希望，愿我的这些看法能引起她对自己看法的怀疑，并“希望在引起您怀疑的方面……取得成功”（弗洛朗斯・戈蒂埃《意见书》的结语）。

弗洛朗斯・戈蒂埃对罗伯斯比尔的研究是非常出色的，她是我在巴黎期间的学术切磋者之一，她给了我很大的帮助，相信今后还将会得到她的更大帮助，在这里请允许我对她表示由衷的感谢！

《法国研究》，1985 年第 2 期

附:对《评罗伯斯比尔》一文的意见

(法)弗洛朗斯·戈蒂埃

“其实,只要把握当时的时代特征和阶级属性,是不难透过现象看到本质,从而作出正确的评价的。”

——陈崇武《评罗伯斯比尔》

亲爱的朋友:

我非常喜欢您的方法。您直接地面对(有关罗伯斯比尔的)某些主要的问题、实质的问题和所有实际提出问题(表示您的看法,即罗伯斯比尔):

(1)是资产阶级革命民主主义者,还是社会主义者?

(2)是现实主义者,还是伪善成性的人?

(3)是有节制的恐怖主义者,还是嗜血成性的暴君?

(4)悲剧的根源究竟是什么?

我也想直接回答可能对我来说仍是问题的一些方面,而对您来说好像已经解决了。

为了开始论战,在第3页上,您说巴贝夫是一个空想共产主义者,从您的方面来说这可能是一种简略的说法,但我并不认为,巴贝夫的革命的试验、实践和思想可以列入“空想共产主义”范畴,巴贝夫曾以其毕生精力,在革命前和在革命期间寻找具体的解决方案。他的研究的具体特点规定着自己去研究从1787年的一些集体农庄到1789年的土地法并在1794—1796年对罗伯斯比尔主义提出他的批评,这里有许多话要说,然而时间缺乏,我要求助于权威的参考资料,不是为了摆脱困境,而是为了提出问题。卡尔·马克思没有认为巴贝夫是在空想共产主义范畴之内的。他在《共产党宣言》第三章第三节《批评的空想社会主义和共产主义》中写道:“在这里,我们不谈在现代一切大革命中表达无产阶级要求的文献(巴贝夫等人的著作)。”马克思写的是,“不谈……巴贝夫”。总之,我在此提出一个权威性的资料:“如果马克思曾经谈到了呢?”……可,我打算跟所有的人深刻地讨论这一点。

让我们重新回到罗伯斯比尔,他是社会主义者还是资产阶级革命家呢?在这一点上,您认为罗伯斯比尔既不能被看作社会主义者,也不能被看作社会民主主义者。在这种情况下,我承认没有很好地理解“社会民主主义者”的涵义。就我而言,我认为罗伯斯比尔是一位反自由主义的平均主义者,而且是完全和他的时代的“平民”处境相谐和的。

(1)平均主义者

不能把罗伯斯比尔的哲学——政治的渊源出处局限于卢梭。因为他也受马布里的很深的影响。马布里是“平均主义者”和“共有财产,共同劳动”的拥护者。我将详细地阐述这个问题(正在研究中)并准备同您讨论。我将以简单扼要的方式提一下罗伯斯比尔和圣茹斯特对卢梭的社会契约论的批评。这已由 M · Abensour 在《圣茹斯特的政治哲学》(载《法国大革命史论丛》)一文中阐述过。罗伯斯比尔和城、乡无套裤汉的社会理想,像人们所知道的那样,是(企求)一种自由交换、自由生产的独立小生产者的社会。在“反资本主义”社会理想的意义上,那时他们自觉地揭露(资本主义的)征购—无产化—所有权集中—经营方式集中—工场集中(分散的和集中的)的过程。简言之,是一种您强调指出的带有矛盾本身是毫无疑问的(像歌德证明两种灵魂在他们的胸中冲突一样)。但是,这种两重性是值得弄明白和讲定当的;那是小生产者,因此,当然是小资产阶级。可他们要求一个没有不平等、没有阶级(参见卢梭)和没有人剥削人(参见摩莱里、马布里),没有雇佣劳动(参见无套裤汉),也没有大资本的社会。我认为必须了解和认真对待这种两重性。因为它恰恰涉及手工业小生产破产向资本主义式的集中过渡的时代,而世界上没有人愿意成为一个被雇佣者。

我们研究历史,对历史学家来说重要的是努力了解那些曾创造了历史的人。

正如为城乡无套裤汉不需要的社会产物——雇佣劳动曾被揭露为丑恶的东西,雇佣劳动现在是可憎的,在将来他们也不要它。作为历史学家,必须很好重视人民群众不承认雇佣劳动(新奴隶)状态的这种意识。

非常明显,资产阶级革命正处于社会进化的那个点上。不过,作为一种历史观点,重要的是要懂得“未来的无产者”拒绝使自己无产化。

众所周知,所有这些都曾被列宁从各个方面分析过,列宁明确地提出了无套裤汉同样的问题(我要说的是内容相同的问题,对问题不同的回答除外),怎样去避免资本主义胜利的惨状、所有权的剥夺——无产阶级化,这同1789年的情况相似而又不相似。相似是因为“俄罗斯”社会在拒绝雇佣劳动制时已形成了“城市平民”、贫苦农民和农村无产者阶层。不相似是因为大工业的无产阶级——小部分的存在,有可能寻求比1793年更为深入的解决方案(加上19世纪西欧无产阶级的经验)。

所有这些您的认识比我好上千倍……

再让我回到罗伯斯比尔。平均主义有着两重性。但人们仅仅只从一个方面去考虑(克鲁泡特金只看到“不完全的共产主义”,相反,乔治·勒弗费尔又只看到落后的小资产阶级的景象)。小资产阶级向往一种无阶级的、没有人剥削人的社会的两重性。我转入关于罗伯斯比尔的第二点。

(2)反自由主义

您断言罗伯斯比尔是自由主义者,我希望您证实它。我怕您做起来有些困难。而且您对这一点一笔带过,好像已经确定,却没有提出任何材料。在这里您拒绝饶勒斯、勒费弗尔、索布尔的解说,但您把争论——马蒂埃和其他人的争论丢在一过。因此,有争论,而争论的原因是值得搞清楚的,对于这个要点,我还将于下一个月——6月在索布尔的博士研究生讨论班上作一个说明。在此期间,我建议您读读米夏莱(C.A.Michalet)的文章《圣茹斯特著作中的经济和政治——以通货膨胀为例》(载《圣茹斯特讨论会论文汇编》,罗伯斯比尔研究会,巴黎,1968年)我想这篇文章,将会使您对罗伯斯比尔的关于“自由主义”的意见提出某些怀疑。

关于自由主义问题,我承认与您有着完全的分歧。我认为您对布卢瓦佐、吕德、马蒂埃、米夏莱、T.P格罗斯、A.利埃纳尔和比奥纳罗蒂等人的论点不够重视。我也认为您过快赞同饶勒斯的解释,饶勒斯是在吉伦特派和山岳党之间不作任何阶级区别的。您提出的罗伯斯比尔实际上是一个饶勒斯派的罗伯斯比尔。这就导致您对罗伯斯比尔派的归向作出最大限度的解释。像把《风月法令》解释为出于一种纯粹的策略上的考虑,这是有争论的,而且是已经由马蒂埃讨论过的。

关于罗伯斯比尔著作中的土地法概念,18 世纪的语法和文风为我们的理解增加了困难。

1793 年 3 月 13 日,吉伦特派设法通过了一个法律,要对那些谈论土地法的人处以死刑。在这里,看看罗伯斯比尔是怎样使用"语法"的。

"丑恶的灵魂只重视黄金,我丝毫不想触及你们龌龊的宝库。不管怎样龌龊,这正是来源所在。"

三项提案其中第二项恰恰给随后那个法令的条文(1、2、3、4 条)触及了,而且恰恰又是这种财富的龌龊的来源重新成为争论的问题。所以罗伯斯比尔是以矛盾的方式来进行表述并且提出一个能够抓住他对这个事件想法的实际法令的。

关于土地法,我们全面地读读原文。

"您应该知道,你们曾经讲得那么多的土地法只是骗子们为'吓唬那些蠢人而创造的一种幻术'。无疑,并不需要一次革命来教会世人:财产的极端不均衡是许多灾殃和罪恶的源泉。"又是两个矛盾的提法。

"但是,我们还是确信财产平等是一种幻想,至于我,我认为财产平等对公众幸福比对私人幸福更为必要。"

还是两个矛盾的提法。罗伯斯比尔把我们和我对立起来。虽然有了 3 月 18 日法律,可他说财产平等对私人幸福没有像对公众幸福那样必要,如果财产平等对私人幸福较少必要,那么它对公众幸福就较多必要。这又延伸到社会幸福的概念。即 1793 年的权利宣言中的"社会的目的在于共同幸福"。但这也延伸到罗伯斯比尔的权利概念,即一种社会权利而不是个人权利的概念。

所有这些,都使对原文的片面的解释和仓促作出的结论发生动摇。这种解释和结论没有考虑对罗伯斯比尔的矛盾的文字风格,并且终于未免太过轻易地把他的设想的财产平等的否定作了有利的估计。

此外,罗伯斯比尔的一些主张是:

(1)把财产排除在自然权利之外,这是与 1789—1793 年资产阶级权利宣言的概念的总的决裂。(罗伯斯比尔的这个主张还曾被国民公会所拒绝)

(2)提出限制财产和财产从属于生存权利的这要求对罗伯斯比尔著作中的权利和所有权的概念进行深入研究。但是,人们不能只以重复罗伯斯比尔是一个资产阶级的理论家、自由主义的捍卫者为限。

(3)战争的问题

我们见面时,我们曾匆匆地谈到过它,而我似乎感觉到并专门提出这个问题。罗伯斯比尔反对布里索的征服战争,自1791年年底起直到他的死。(参照共和二年在这个题目上与卡诺、与克罗茨和埃贝尔派的冲突)这可是一种很值得注意的观点,但必须承认,除马蒂埃以外,在法国还很少研究,按我看,马蒂埃曾出色地看到了这个问题,不过没有时间深入下去。

罗伯斯比尔是根据各族人民之间的博爱的原则反对一切兼并的战争的,因为:

(1)人们不用武力解放各族人民。

(2)人们不把兼并和不由各族人民自己业已选择的宪法强加给他们。因为各族人民的解放应当由他们自己来做。而一个民族压迫另一个民族,表明这个民族是各族人民的敌人。(罗伯斯比尔提出的权利宣言"博爱"条)正如按罗伯斯比尔的说法,某一个人压迫另一个人就表明他是所有个人的敌人。您知道后来马克思曾在英国无产阶级和爱尔兰压迫的问题上同样明朗地表达过这种意见。他说:"一个压迫其他民族的民族是不自由的民族。"

简言之,罗伯斯比尔对这个问题是有坚定和严密的原则的。事情也是饶有趣味的。因为法国革命经历过两个扩张主义的阶段,法国民族主义(民族沙文主义)就在那时形成了。

——吉伦特的征服战争和"自然边界"战争,在1793年3月被征服民族起义下遭到挫折。

——热月政变后恢复征服战争——热月党人一边除掉罗伯斯比尔,又同样消除掉各族人民之间以民族本身拥有自由决定权为基础的博爱概念,用武力强制推行法兰西民族的统治。(而资产阶级法国却对各族人民拥有自由决定权!)

征服战争的问题和罗伯斯比尔反对这种政策,在我看来显然是带有根本性的。法国资产阶级既然取得了政权,不得不提出一种与平民联盟的形式来转移强烈的社会斗争还给他们一块征服的蛋糕——这是大家熟悉的策略。在这一点上,罗伯斯比尔同这种资产阶级概念是完全决裂的。这使我对于把罗伯斯比尔解释为资产阶级理论家的说法又一次引起了怀疑。

在这里,我看到的是一个平均主义的、反自由主义者的和反民族主义的罗伯斯比尔(这是民族征服,统治和帝国主义的意义上说的)。他并在反对民族征服的同时,阐明尊重各族人民和各族人民拥有的自由决定权的"国际主义"概念。这就得转向他的对科布伦茨内部的辩证的分析。各族人民的敌人同样有在内部的,也有在外部的,非民族主义而有一种社会内容的概念。各族人民反对他们的由罗伯斯比尔指明的敌人——贵族和暴君,但也反对新的金钱贵族,即商业和业主资产阶级。在这里,有必要对罗伯斯比尔著作中的人民这个词的社会内容做广泛的阐发,而我现在没有篇幅这么做。

我就写到这里,因为这些已经是够长的了。

——我想着手从事革命专政问题的讨论,但这些已很长了。

正像您所看到的,我是认真怀疑关于罗伯斯比尔是一个革命的资产阶级的解释。我看到的一个罗伯斯比尔是平均主义者、反自由主义者和"反资产阶级者""反帝国主义者"。所有这些提出了关键性的问题——带有两重性的平均主义是一种历史范畴吗?因为在我看来某些历史学家的问题似乎就在这里。平均主义者既不是社会主义者,也不是资产者。只是要求一种无阶级社会的小资产阶级。它大约来自两者(资产者和社会主义者)。不管怎样,它是一种历史的特殊性,而不能使它简单地成为两者(资产者和社会主义者)中的一种或另一种。

我希望您不要懊丧,但我尤其希望在引起您怀疑的方面……取得成功。

敬礼和友爱

弗洛朗斯·戈蒂埃

1982年4月

罗伯斯比尔早期生活研究

罗伯斯比尔是法国大革命的中心人物。他从 1758 年诞生到 1794 年被处死,只活了短暂的 36 个春秋。他的一生是革命的一生、战斗的一生、“不可腐蚀的”一生。他为法国资产阶级革命事业,为奠立近代资产阶级民主制度贡献了自己的一切,无怪乎马克思称他为“英雄人物”,并指出:“不管资产阶级社会怎样缺少英雄气概,它的诞生却是需要英雄行为、自我牺牲、恐怖、内战和民族战斗的。”

对于罗伯斯比尔一生的思想、业绩,历来许多著名的法国大革命史学家和罗伯斯比尔的传记作家都有论证,在法国,从第三共和国以来,奥拉尔、饶勒斯、马蒂埃、勒费弗尔、索布尔、布卢瓦佐、马森、瓦尔特、戈德肖和伏弗尔等,都对罗伯斯比尔作过研究。他们有的从政治角度,有的从社会角度,有的从心理角度进行描绘和评价,各有不同程度的收获。

不过,总的说来,他们较多地把视线集中于罗伯斯比尔在三级会议之后,尤其在雅各宾专政时期的活动,对他的早期活动和早期思想、生活,却注意较少,在看法上也存在不少分歧。本文想就罗伯斯比尔早期生活研究中的某些问题,谈些粗浅的看法。

一、罗伯斯比尔何时成为卢梭的信徒

罗伯斯比尔是否卢梭思想的信奉者,目前持异议的人似乎不多了。但是在他何时成为卢梭信徒的问题上,史学家之间看法不一。有的认为,早在路易大王学院读书时,罗伯斯比尔就已经是卢梭的坚定不移的追随者了;有的则认为,罗伯斯比尔步入律师界后不久成为卢梭的信徒。前者以马森为代表,他在《罗伯斯比尔》里写道:“在这漫长的、艰难的身心成长的岁月中,一件重要的史实是需要记住的,即他与让·雅克的相遇,他们两个相遇是确有其事的。罗伯斯比尔亲口说的话是毋庸置疑的,甚至有人猜想他们之间有过交谈。重要的是,从在路易大王学院时起,罗伯斯比尔就钻进了让·雅克的著作中,他大致上掌握了这些思想,并一直忠于这些思想。”后者以苏联历史学家卢金为代表,他在《罗伯斯比尔》一书里指出:“我们的阿腊斯律师在社会上初露头角后,就决定无论如何要同他的伟大的老师见见面。他们的会面地点是在埃尔默诺维耳。……我们不知道,卢梭对这个注定要实现他的社会政治思想的无名青年说了些什么;但是,看来这次拜访使罗伯斯比尔确信他预定要走上的生活道路是正确的。”不过,假如我们细细体会一下,就会发现这两种说法虽有些差别,却有其共同点。第一,他们都认为罗伯斯比尔在正式参加工作前就已经是卢梭的信徒了,因此,“他一执行律师业务就成了人民的代言人”。第二,他们都认为罗伯斯比尔在巴黎就学期间已经大量阅读卢梭的著作。特别是卢金,他还强调说:“哲学教授竭尽全力想使罗伯斯比尔摒弃他所醉心的危险的‘时髦’思想,但是无济于事,因为他的反抗思想的萌芽根深蒂固,几年后,这个路易大王学院的普通学生就成为‘新时代的信徒了’。”第三,他们都确认罗伯斯比尔曾去拜访过卢梭。

事情果真是这样吗?在我看来,这一切都是有疑问的。

首先,在巴黎就学期间,罗伯斯比尔究竟有没有钻进让·雅克的著作,大量接触这种危险的“时髦”思想就值得研究。就我所知,到目前为止,似乎还没有第一手材料可以证明。第一件事,1775 年路易十六加冕后,要在巴黎举行隆重的入城仪式,路易大王学院要选一名学生代表师生去向新国王致颂词。这是一个极为荣耀的差使,许多人都渴望自己中选,而校方在那么多的学生中,唯独选中了罗伯斯比尔。第二件事,1781 年罗伯斯比尔在学院毕业时由学院发给 600 利弗尔,作为对他“十二年来品行端正,以及在学习过程中,不论是学院统考得奖还是哲学和法学考试成绩优异”的鼓励,还特许他把这 600 利弗尔转给他弟弟奥古斯坦,顶替他的名额来学院上学。我们知道,路易大王学院是一所天主教学校,对学生的思想控制很严,绝不允许学生大量阅读校方规定之外的书籍,为此经常会搞突然袭击,搜查学生宿舍。如果罗伯斯比尔也是这样需要哲学教授劝他“摒弃”“危险的‘时髦’思想”的学生，他怎么会被校方选中去向国王致颂？校方又怎会认为他“十二年来品行端正”而发给600利弗尔的奖励金呢？

其次，罗伯斯比尔究竟有没有拜访过卢梭，也很值得研究。一般学者在谈到这件事时，都引证罗伯斯比尔的妹妹夏洛特《回忆录》里的一段话：“我不知道我哥哥在何种场合曾会见过让·雅克·卢梭。不过，有一点是肯定的，即他与卢梭有过一次会晤。”其实，夏洛特的这一点“肯定”是来自罗伯斯比尔本人在选入二级会议前夕给卢梭写的一篇献辞，因为她接下去写道：“如果没有马克西米利安给这位日内瓦哲学家亡灵的献辞，我是不会知道他生活里有这一件事的。”但是，在这篇献辞里，罗伯斯比尔只说“在你（指卢梭）最后的日子里，我见到了你”，并没有明确谈到他见卢梭的方式，我们有什么理由硬要把它说成是“拜访”“会晤”，而不说他也许是站在人群里偶然见了卢梭一面呢？不然，又怎么解释在这篇献辞里，罗伯斯比尔一面说见到了卢梭，一面又没有记载下卢梭对他的谈话，哪怕是片言只语呢？这对一个自称“在年轻时”就很尊敬卢梭，把卢梭当作偶像崇拜的人来说是很难理解的。

由此我们似乎可以得出结论：说罗伯斯比尔在刚执行律师业务时就已经成了卢梭思想信奉者，论据似嫌不足。

那么，罗伯斯比尔究竟在何时成为卢梭信徒的呢？我认为：大体上要到1788年下半年或1789年上半年，也就是在革命爆发前夕。而在以后的革命斗争中则越来越坚定，越加深了对卢梭学说的信仰，再也没有动摇过。因为罗伯斯比尔正是在这段时间里写了给卢梭的献辞，公开宣称：“您（指卢梭）的范例就在我的眼前。我愿踏着您那令人肃然起敬的足迹前进，即使不能流芳百世也在所不惜；在一场前所未有的革命为我们开创的艰险事业中，如果我能永远忠实于您的著作给我的启示，我将感到幸福。”卢梭是在1778年逝世的，如果罗伯斯比尔早就是卢梭的信徒的话，他在1778年，最迟在1779年卢梭逝世一周年之际就应该有所表示了，但他什么也没有说，什么也没有写。到了1789年（请注意，这一年也不是卢梭逝世10周年），他突然想起写这篇献辞，这不是很能反映他并不是要表明过去的心迹，而是要说明当时的思想吗？！

然而，单凭这篇献辞就断定罗伯斯比尔此时的思想信仰已转向卢梭，证据还嫌不充分，因为就在写这篇献辞前两三个月，他曾以同样热烈的口气赞誉过内克是“另一位絮利”，将“使濒于崩溃的祖国得救”，能否由此认为罗伯斯比尔就是内克的信徒呢？当然不能。罗伯斯比尔真正转到卢梭一边来的最主要的原因是他接受了卢梭的政治学说，接受了卢梭思想的核心部分——“人民主权说”和社会平等观，并以此作为自己观察、分析、解决问题的思想武器。

例如：罗伯斯比尔于1788年7月写的《告阿图瓦省人民书——论改革阿图瓦三级会议的必要性》里，明确指出阿图瓦省三级会议的“权力只能属于人民”，并像卢梭那样指明这种权力是不可篡夺的。为此，他谴责那些“不能代表任何人，因为谁也没有推选他们”的主教和贵族代表，不过是一些“阴谋家和无耻的篡权者”。

再例如：1789年2月，在为最后一个主顾杜邦先生写的辩护词里，罗伯斯比尔谴责了“密札”这种“令人恐怖的制度”。他还揭露了“一小部分公民拥有的巨大财富”是“建立在所有其他人的崩溃和悲惨之上的”，而“人数最多”的“最低阶层”即被“那些高傲的人轻蔑地称之为‘人民’的人”，由于受贫穷驱使最终不得不无视人类尊严和道德原则，由此他得出结论：“财富是人民信仰、献身的首要障碍。”

有一点必须指出，罗伯斯比尔在接受卢梭思想以前，曾更多地接受过孟德斯鸠的思想。可以说，他是经由伏尔泰、孟德斯鸠——尤其是孟德斯鸠才过渡到卢梭的。所以在1788年前，他谈论政治问题，遵循的总是孟德斯鸠思想，即使偶尔冒出一点卢梭思想的火花，最终还是要回到孟德斯鸠的轨道上去。

最明显的例子莫过于他在1786年写的那篇《关于私生子》的论文。在这篇向阿腊斯科学院宣读的论文里，他虽然揭露了不平等给社会带来的恶果：“贫穷使人民道德败坏，灵魂卑贱，它适于窒息荣誉的萌芽，这与人们自尊的感情是并存的，使人民陷于犯罪状况。”但不像他在1789年初为杜邦先生辩护时那样，得出谴责财富的结论，相反，却像孟德斯鸠那样求助于荣誉，提出：应通过立法改变社会价值观念，给人们树立起一种新的荣誉感，让这种荣誉感来约束人们的行为。用他的话来说就是：“让我们求助于荣誉感吧，这样我们将克服许多障碍。”

这样说,对这位伟大的资产阶级革命民主主义者的评价或许“低”了一点,但可能更客观一些。从罗伯斯比尔思想发展的脉络来看,他确实不是一下子就认准卢梭是他的“圣人”,就接受资产阶级所能接受的最先进思想的。在路易大王学院时,人们曾谑称他为“罗马人”,说明那时他所崇拜的主要是古罗马的英雄,他很喜欢阅读布鲁图等人的著作。当律师后,由于职业关系,他转向孟德斯鸠,然后经过一番比较、鉴别,才成为卢梭的信徒。也许正因为经过这样一些反复,他的信仰才特别坚定,在革命中成了卢梭思想的体现者。

二、罗伯斯比尔早期对天主教的态度

与前一个问题有联系,一些对罗伯斯比尔抱有好感的历史学家,在谈到他这一时期对待天主教的态度时,评价总是比较高的。例如:苏联历史学家卢金在他那本《罗伯斯比尔》里写道:“有一次,他受理农民向有势力的领主——当地主教——起诉的案件。又有一次,他对一个僧侣提出诉讼,因为这个僧侣诽谤了一个敢于反抗他调戏的毫无罪过的姑娘。……这件诉讼案使年轻的律师的声望扶摇直上,因为他不怕激怒整个僧侣集团。”从而给人造成一种印象,似乎这时的罗伯斯比尔已同整个天主教势不两立了。

卢金的说法恐怕有差错。就目前所有的材料看,第一,罗伯斯比尔从未受理过农民对主教的起诉案;第二,他也没有对一个诽谤姑娘的僧侣起诉过。在他的律师生涯中与僧侣纠葛较大的案件只有一桩,即“德特夫案件”。该案大体情况如下:当地有个昂山修道院,一天,院里主管财务的修士多姆·布罗尼亚尔突然指控一个名叫弗朗索瓦·德特夫的制绳匠,说德特夫偷了他 262 个金路易,要求法院制裁他。其实是多姆·布罗尼亚尔本人盗窃了修道院的财产,被院长发现后为了掩盖自己的罪行,施展了这条嫁祸于人的诡计。这自然引起了主持正义的罗伯斯比尔的愤怒,他于是挺身而出,为德特夫提出起诉。但他指控的对象不是多姆·布罗尼亚尔,而是昂山修道院。理由是,既然多姆·布罗尼亚尔是昂山修道院的修士,昂山修道院就应对多姆·布罗尼亚尔的行为负责,由修道院赔偿德特夫的名誉损失,并采取了一个异乎寻常的步骤,在法院审讯前,直接印刷、散发了他写的诉讼状,借以唤起公众舆论的支持。结果,昂山修道院屈服,用“悄悄处理”的办法私下与德特夫谈判,把案子解决了。卢金指的可能就是这桩案子。

也许有人会说:就如上所述,不也能证明罗伯斯比尔对整个僧侣集团不抱好感嘛,不然的话,为什么他不对当事人多姆·布罗尼亚尔提出起诉,而要对昂山修道院提出起诉呢?殊不知昂山修道院并不代表当地整个天主教会,它只是天主教会中一个教派——本笃会的机构。因此,即使罗伯斯比尔对昂山修道院提出起诉,也不能说明他反对整个教会。事实上,他在这桩案子里并不反对整个天主教僧侣集团。在为德特夫写的诉讼状里,他开宗明义申明:绝无反对教会的意图,并赞扬道“有如此多的修道院发扬光大了善行”。既然罗伯斯比尔本人这样说,我们有什么必要硬给他戴上一顶“不怕激怒整个僧侣集团”的桂冠呢?而且在这场斗争中,他还得到了天主教会中另一个教派——奥拉托利会的支持,甚至还得到了阿腊斯主教的默许。如果罗伯斯比尔的矛头是对准整个僧侣集团,他有可能得到来自教会方面的支持吗?事情很清楚,单就此案而言,很难得出罗伯斯比尔与整个天主教会有过斗争的结论。

那么,这个时期罗伯斯比尔与教会的关系究竟怎样呢?

总的来看,两者之间还是比较融洽的。教会在任命罗伯斯比尔担任主教府法官,“有权裁判该地区一切民事、刑事诉讼案件与起诉”后,一直把他这个职位保留到1790年,即革命爆发后的第二年。1785年,教会还特准罗伯斯比尔到他儿提时代读过书的阿腊斯中学演讲,宣扬亨利四世的光辉业绩。罗伯斯比尔也不时去探望他的老师——奥拉托利会教士,与他们保持良好的关系;他还通过各种渠道,直接或间接地与主教保持一定的联系。

当然,这并不是说这时的罗伯斯比尔对教会的腐败毫无认识,相反,随着时间的推移,他的认识还在逐步加深。例如,在1783年发生的“德特夫案件”里,他已经意识到多姆·布罗尼亚尔的放荡行径完全是修道院领导人盲目宽容的结果,并正确地指出:如不是他们将多姆·布罗尼亚尔“提拔到显著地位,委予他院里最重要的职务之一,为他本应加以克制的恶癖大开方便之门”,那么,他怎么能盗用公款,随后又采取诬陷德特夫这种“残忍的手段”呢?!这样,他就把斗争矛头指向了教会的上层,指向了教会中最腐败部分。这时使罗伯斯比尔感到愤怒的,还只是教会中个别的上层分子——一个修道院的领导,可是到了1788年发表《告阿图瓦省人民书》时,矛头所向就不是什么个别的上层分子,而是整个僧侣等级中的上层集团了。在这篇文章里,他直率地指出:参加僧侣院的主教们不能代表任何人,他们之所以“能出入僧侣院仅仅是凭他们的教士身份”。但无论在什么场合,他从未攻击过整个天主教僧侣集团,即使在《告阿图瓦省人民书》里,他一方面责难为主教们所霸占的僧侣院,另一方面却认为不应排斥本堂神甫,指出僧侣集团中的下层——本堂神甫“是僧侣中人数最多、工作最苦的,由于他们同人民的需要和利益有着密切的联系,因而他们也是僧侣中最为可贵的一批人……”

罗伯斯比尔对教会为什么会如此温和呢?

第一,有历史根源。据某些历史学家考证,罗伯斯比尔家族是爱尔兰人,笃信天主教。由于受英国女王伊丽莎白发起的迫害天主教徒运动的影响,举家迁徙到皮卡迪,并与当地教会建立了良好的关系,特别在罗伯斯比尔祖父时代,这种关系达到了顶峰。为此,这位马克西米利安·德·罗伯斯比尔老先生甚至愿意让自己唯一的男性继承人去当修士。罗伯斯比尔生长在这样的家庭环境里,耳濡目染,不可能不受到影响。

第二,罗伯斯比尔本人受过教会的接济和照应。上文提到,他之所以能去路易大王学院读书,是靠教会提供的奖学金;读书期间,他又不时得到巴黎圣母院司库德·拉·罗什的关照。对这一切,罗伯斯比尔是十分感动的。

第三,也是最主要的原因,罗伯斯比尔所受的教育和训练,使他不可能正确认识宗教的本质和教会的危害,从而也不可能对教会采取正确的态度。综观罗伯斯比尔在这个时期发表的一系列文章,他显然认为,宗教是不可少的。例如在1786年发表的《关于私生子》一文中就说:“哲学对人民来说是陌生的,只有宗教才能使人民摆脱不幸与欲望,防微杜渐。”当时,他还没有提到,也不可能试图用其他宗教来代替天主教,那么天主教会自然也就成为人民所必需的东西了。从这种角度出发,尽管他对教会也提出了严格的要求,要求神职人员成为廉洁的象征,道德的化身,用他在为德特夫写的起诉状里的话来说,即“确实保持”“严格教规的纯洁性”,“永远不被当代腐化之风所玷污”。一旦发现有此败类,就应加以清除。但在他看来,这种清除仅是对教会的一种调整,目的是为了让教会在人民心中保持一种永恒的威信,以对人民的思想变化发挥更大的作用,而绝不是要削弱或降低教会的影响,让人民摆脱宗教枷锁。如他在《告阿图瓦省人民书》中所表达的那样：主教和教士的权力应有所限制，但绝不是不要僧侣院。这一切决定了罗伯斯比尔对教会的态度。

值得注意的是，在以后的革命过程中，罗伯斯比尔对天主教会的认识虽然有所提高，但他对宗教的基本态度却始终没有改变，即使到了共和二年，天主教已成了众矢之的，他还是坚持他对宗教的这种信念，并用“最高主宰”来代替上帝的办法，以冀确保宗教在社会上的地位。他的阶级局限性由此可见一斑。从总体上来说，罗伯斯比尔的宗教思想是一种自然神论，它与伏尔泰，尤其与卢梭的宗教思想有着非常密切的联系。

三、罗伯斯比尔何时和为什么走上革命道路

罗伯斯比尔在什么时候走上革命道路，长期来史学界也有分歧。有些学者认为：早在革命爆发前，罗伯斯比尔就已经是革命者了。其主要标志是他在 1788 年七八月间发表的《告阿图瓦省人民书》，明确地提出了改革当时政府机构的要求。例如，瓦尔特指出：“罗伯斯比尔以发表题为《告阿图瓦省人民书——论改革阿图瓦三级会议的必要性》的文章，开始他的政治生涯。人们十分明显地感到，今后他的生活开始进入一个新的时期。”另有些学者却认为：在革命爆发前，罗伯斯比尔只是个潜在的革命者，他成为真正的革命者是在三级会议召开以后，确切地说，是在网球场宣誓之后。例如乔治·鲁德在《一个革命民主主义者的肖像》里写道：“这个时期（指革命前）的某些作家已经在为即将到来的革命发挥他们的才能，磨炼他们的武器，但罗伯斯比尔却不在这些人的行列中……较公正地说，当他不是一个革命前的革命者时，他已经具备了需要时间成熟的革命潜力。”我倾向于后一种意见。因为，在 1788—1789 年，罗伯斯比尔虽写了许多文章，提出了改革弊政的要求，但只是要求“改革”而已，对革命，他是排斥的。用他在 1789 年 2 月发表的为杜邦先生写的辩护词里的话来说：当不必要用革命来医治法国的疾病时，在法国发动“一次普遍的革命”可能是有害的，这种温和的论调还与马拉写的鼓吹革命的激烈言词形成鲜明的对照，而且到 1789 年春，王室还在考虑任命他为王室

检察官,而罗伯斯比尔本人对此也持一种积极姿态,这至少反映出,直到那时,任何一方都还没有把对方看成是敌对势力。所以把罗伯斯比尔参加革命的时间推后一些,还是比较实事求是的。

那么,究竟什么原因促使罗伯斯比尔走上革命道路的呢?

一般历史学家认为,这与他个人地位逐年下降有关。为了证明这一点,他们提出了两个证据。第一,连年来罗伯斯比尔受理的案件在不断减少。如果说在 1782 年他刚跨入律师界大门时,还能为 17 件诉讼案辩护的话,到 1788 年,罗伯斯比尔只为 10 件案子作了辩护,而一些无论智力或才能都比不上他的同行却逐渐赶上了他,甚至远远超过了他,如才智平庸的居弗鲁瓦从 1782 年的 17 件增至 1788 年的 52 件,这使罗伯斯比尔感到沮丧;第二,新任的阿图瓦省高等法院院长小布里瓦·德·博梅斯有一个习惯,每星期都要召集阿腊斯律师界最杰出的成员到他家集会,开始人数较少,后来范围逐渐扩大,几乎包括了所有在阿腊斯律师界小有名气的人,但唯独没有邀请罗伯斯比尔。而他当时所处的地位,以及所担任的职务却比某些受到邀请的人要高得多。很明显,这是在有意排斥他。对此,罗伯斯比尔的反应是很强烈的。他匿名发表了《阿图瓦省法院一位律师写给他朋友杜埃高等法院律师的一封信》,抱怨"律师这一行从一开始就只能给人以失望",因为他不得不"依附于检察官",登门"乞讨案件"。而"那些不会拍马或者拍马未成的人就倒霉了!不管他们天赋多高,对他们的工作多么爱好,却只能自认肯定要永远被埋没"。他毫不掩饰自己遭到排斥后的失望心理,说自己感到十分"痛苦","非常忧郁和厌烦"。因此,就有历史学家认为,当整个政治形势发生突变时,他会"快步奔向一个闪烁着希望光芒的未来"。

不可否认,社会地位的下降是促使罗伯斯比尔走上革命道路的一个因素,甚至于说是相当重要的因素,但绝不是主要因素,更不是唯一因素。因为客观地说,在这一时期,罗伯斯比尔虽有所失,但有所得。他虽然失去了一些顾客,受理案件的数目在不断下降,但他仍是主教府法官。如前所述,王室还要任命他为检察官。他虽然没能进入地方上法律界里的小圈子,但他仍是科学院的院长,并被选入"玫瑰社",对他来说,这也是一种补偿。由此可见,直到此时,罗伯斯比尔还是一个"体面"的外省上等人,没必要为争一些对他的名利、地位略有妨碍的荣誉,而与整个旧制度实行决裂。

那么,促使罗伯斯比尔走上革命道路的主要原因究竟是什么呢?

首先,是不断成熟的革命形势;其次,是主观努力的结果。革命前夕,法国第三等级风起云涌地反对王室的专制统治,反对封建特权等级,对罗伯斯比尔不可能不产生巨大影响。不过,外因只是变化的条件,内因才是变化的根据,罗伯斯比尔能走上革命的道路还取决于他个人的努力。不然的话,怎么解释其他同样也感受到革命形势的人却没有像罗伯斯比尔那样,一步步走上与旧制度决裂的道路呢?因此,我认为,促使罗伯斯比尔走上革命道路的最主要原因,还是罗伯斯比尔对受奴役的人民和被压迫者的同情心,以及他追随革命形势,献身于革命,并顽强地谋求实现自己理想的决心。

也许由于他本人家庭并不富裕,自小饱尝贫穷的滋味,罗伯斯比尔对穷苦人民和被压迫者一直怀有特殊的感情,特别是在他当了律师,有能力帮助人以后,更是竭尽全力来帮助他们。为此,他会宁愿受理一些毫无希望获胜的案子,按照普鲁雅尔神父带有敌意的话来说:“他欢喜一些名声不好的诉讼主顾,使自己成为一些可耻案件的代理人,而他的同行是不愿接受这些案件来玷污自己名誉的。”如“德特夫案件”,别的律师也许会考虑一下,是不是为了一个制绳匠来开罪于修道院,开罪于僧侣,冒断送自己锦绣前程的风险呢?不仅如此,他还会经常因主顾的经济状况不佳,不收诉讼费,也就是说,给人无偿辩护。与罗伯斯比尔同时代的德爱热在他的《回忆录》中写道:“必须承认,他从不以热爱金钱作为自己行动的动机。相反,他表现出异常的无私。好几年来,他提供无代价咨询,而且不喜欢收取顾客的费用,即使他为他们打赢了官司。尽管他没有遗产可继承,生活这样艰难、不得不借衣服。”因此,巴贝夫在1786年给福赛思的信中才如此赞扬罗伯斯比尔道:“在你的法院里,德·罗伯斯比尔无疑可被看作一个杰出的人物。我感到他是个极为正直和异常无私的人,我曾听到德·克利内伯爵、圣·安德烈神父和德斯马齐埃尔律师极为高度地赞扬了他的天才,德斯马齐埃尔甚至说:‘我们同事中没有一个人可以有更大的权利被称作寡妇和鳏夫的保卫者,罗伯斯比尔先生对赚钱毫不感兴趣,他目前是,将来还将只是穷人的律师。’”

然而,在罪恶的封建社会里,在以血缘和职业把人划分成不同等级的社会里,罗伯斯比尔的同情心是永远也不会获得报偿的。他受理的这样的案子一件件都失败了,他同情的人一个个都受到了不公正的惩罚,尽管他对自己所选择的道路的艰难性有一定的思想准备,如他在一次闲谈中说:“我很清楚地知道,捍卫不幸者利益的权利是什么代价,并且我也已经支付了一千次以上,但我仍高兴这样做……我将坚持说:‘照你自己的意愿去做,走可能走的路。’”但一次次挫折,有时也不免使他感到沮丧。据夏洛特回忆,有一次作为教廷法官,不得不判决了一个为贫穷所迫而走上杀人越货道路的人的死刑,他为此很伤心,两天吃不下东西,不断地说:“我知道他应该受到谴责,他是一个流氓……但要杀他,杀一个人……”这一切使他认识到很多不合理现状,单靠他在业务范围内的个人努力是不能改变的,而他又不愿放弃自己的理想,那么,出路何在呢?最初,他想到改革,而且仅是司法方面的改革。1787 年 2 月,他受理了一个名叫培琪的女人的申诉。人们指控这位夫人高利盘剥他人,但这位夫人却认为这是别人对她的污蔑,请罗伯斯比尔主持公道。有意思的是,罗伯斯比尔在为这位夫人辩护的同时,把自己的论题扩展到了整个司法制度,他激烈地谴责了 18 世纪法国的领主法院里法官的无知,以及“刑事审判程序的繁琐”,指出:在这样的法庭面前,“一个软弱和胆怯的人可能会脸色发白,变得结结巴巴和自相矛盾……尽管他是清白的”,并公开声称:“一见到如此多的淌着无辜者鲜血的断头台……我就听见一个强有力声音在我内心呼喊着:永远摒弃那种仅仅根据假设就判罪的致人于死的倾向。”他期待在司法制度方面进行一次任何一个明智政府都准备进行的“愉快革命”,然而他的期待很快就破灭了,尽管培琪夫人由于他出色的辩护而被判无罪,法院却命令他必须从辩护词里删除那些有损法律和法官权威的话。由此,他又进而想到要对整个国家制度进行改革,并把改革的希望寄托在国王和内克身上。1789 年 2 月,他乘为杜邦辩护的机会,向国王与内克发出呼吁。他要求国王“赶紧抓住这个机会,可怜可怜一个爱您的杰出民族,用您的行动”“结束本国人民的不幸”。他要求内克“当那艘载着一个伟大帝国的命运的华舟行驶在风暴来临的海面上之时,请勿弃船而去,而应把它开抵港口”。但在三级会议召开后,国王漠视人民群众的疾苦,只顾维持封建制度,不愿对第三等级作出任何实质性的让步,而内克又表现出一种畏首畏尾的样子,罗伯斯比尔对他们的希望迅速破灭了,再加上他已意识到自己在律师业务领域似无出头之日了,在这种情况下,他逐步走上了革命的道路。

应该指出的是,他这种对贫苦人民和被压迫者的同情心以及固执地追求自己理想的决心,是在同时代人中难能可贵的。后来,也正是这种同情心和决心,使他一步一步地跟上革命形势的发展,终于与人民群众联盟,成为为拯救革命、拯救法兰西共和国而献身的伟大革命家。

罗伯斯比尔是一位伟大的资产阶级革命家,资产阶级的革命民主主义者。但是,他的世界观的形成和坚定地走上革命民主主义的道路是有一个过程的。对此,我们既不能丑化也不能美化,要实事求是,恰如其分。在我看来,早期的罗伯斯比尔只不过是一位不成熟的资产阶级革命家,一只资产阶级革命民主主义的"鸡雏"而已。罗伯斯比尔的思想开始是受伏尔泰、孟德斯鸠乃至古罗马人布鲁图等人的影响,以后才接受卢梭的思想,当然也受马布里的某些思想的影响。在早期,他反对的仅仅是个别僧侣,但并不反对僧侣集团和天主教教会;他反对封建专制、特权等级,但不反对国王和君主制;他反对暴虐,主张正义,但只是赞成采用合法的手段而不是革命暴力,甚至主张废除死刑。只是到了1792年,由于与吉伦特派的斗争、处死国王的大辩论、对外战争以及在克服经济和社会危机的斗争中,在革命形势的推动下,他才逐渐地走上坚定的革命民主的道路,使他成为一个坚忍不拔的革命民主主义战士。一位真正的革命家应该既是时代的产物,同时又应是时代的先行者,罗伯斯比尔的一生正好表明了这一点。

《历史研究》,1985年第3期

北大教材:《外国史读本》选载,2006年8月

罗伯斯比尔及其战争理论的研究

1792 年,法国与欧洲君主国发生了战争。战争虽然是由法国宣布的,但这次战争对法国来说是防御性的、正义的。列宁指出:“那时全体人民,特别是群众,即被压迫阶级,都充满着无限的革命热情;大家都认为当时的战争是正义的、防御的战争,而且事实上也是这样。革命的法国抵御了反动君主欧洲的侵犯。”

战争推动了法国革命向更高的阶段发展,战争激发了法兰西民族爱国主义热情的高涨,战争也暴露了各阶级、各阶层、各党派,尤其是那些头面人物的政治面貌。罗伯斯比尔在这场民族战争的前前后后究竟表现怎样?他对战争的态度如何?他对战争提出哪些值得深思的观点和措施?法国革命史的历史学家历来有不同的看法。归纳起来大体上有几种:一种是赞成罗伯斯比尔,把他描绘成一位具有远见卓识的政治家,他竭力提醒自己的国家不要进行后果严重的轻率冒险,这是吉伦特派想要推动它进行的,这种意见以马蒂埃(Albert Mathiez)为代表。另一种是反对他的,认为罗伯斯比尔当时反对战争的和平主义说教是错误的,不合时宜的。由于他的反对使战争拖延了时间,使法国的解放战争失去了机会,这以米什莱(Michelet)为代表。再一种把他反对战争的主张,与布里索的争论说成是个人的争论,甚至还有的把他说成是对布里索个人的妒忌,这以乔治·里存拉(Georges Lizeranal)为代表。

1982 年,我在巴黎时,一位法国朋友,法国大革命历史学家戈蒂埃曾提醒我要重视对罗比尔关于战争问题的研究,她说:“罗伯斯比尔反对布里索的征服战争。自 1791 年年底起直到他的死。这是一个很值得注意的问题。”还说:“但必须承认,除马蒂埃外,在法国还很少研究,按我看,马蒂埃曾出色地看到了这个问题,不过没有时间深入下去。”

我之所以有兴趣和重视罗伯斯比尔关于战争观点的研究,可以说是由于戈蒂埃的提醒和启发。确实,当我越是深入阅读罗伯斯比尔有关战争方面的材料和演讲时,就越感到这个问题的重要和有意义。

一、1791年秋,法国革命面临着战争的威胁

为了更好地评价罗伯斯比尔的战争观点,有必要对1791年秋法国革命的国内外形势作一简单的介绍。

1789年7月14日巴黎人民攻打巴士底狱的胜利,推翻了长期统治法国的封建专制制度,建立了大资产阶级当政的君主立宪政体。接着,在法国发生的一系列事件,如《人权宣言》的颁布,教会财产的没收和拍卖,僧侣民事条例的实施,一切教士皆应宣誓效忠宪法的规定,封建权利和义务的取消和什一税的废除等,不仅沉重地打击了国内的封建势力,而且震撼了欧洲的封建王国。法国革命越是逐步深入,人民的力量越是壮大,这对国内外反动势力的威胁也就越来越大。

法国革命在欧洲邻国产生了巨大的影响。英国、西班牙、俄国、意大利、德意志、美国的先进人士都怀着极大的同情和热忱关注着它,歌颂着它。

法国革命对比利时反对奥地利哈布斯堡王室的民族斗争,对后来发展成比利时资产阶级革命的斗争产生了直接的影响。革命运动在德国许多地方(科伦、特里尔、萨克森等),在意大利北部(萨伏依和尼斯等),在匈牙利、捷克和波兰都发展起来。欧洲各国反动政府,首先是奥地利、普鲁士、英国和俄国对法国的革命感到不安。大批流亡出去的贵族和僧侣不断吁请欧洲各国专制君主,镇压"暴民的叛乱"。他们在伦敦、都灵和科布伦茨,形成了三个中心,到1791年,科布伦茨更成为中心的中心。国王的弟弟普罗旺斯伯爵,依据路易十六好像成了"暴民们"的俘虏这一点,宣布自己为法国摄政。孔代亲王在科布伦茨建立了一支由一万五千名逃亡者组成的军队。国王一家,尤其是王后玛丽·安托瓦内特由于叛逃未遂,在瓦伦被扣押回巴黎之后,把自己的全部希望寄托在外国武装干涉上。还在1789年10月,路易十六就曾派密使去马德里和维也纳求援。王后在给奥皇的信上说:"暴力已破坏了一切,只有

暴力才能补救一切。”

1791年8月27日,奥皇利奥波德第一和普王腓烈德·威廉第二在萨克森的匹而尼茨签订了关于援助法国君主的共同行动的宣言。《匹而尼茨宣言》的发表,意味着欧洲封建君主国反对法国革命的第一次联盟的形成。与奥地利、普鲁士站在一起的还有保守的英国政府、俄国和另外一些同意参加镇压“叛乱”的国家。1791年12月3日,路易十六还写信给普鲁士国王,进一步要求援助,信上说:“我刚已函告皇帝、俄国女皇、西班牙及瑞典国王,向他们说明,以武力为后盾的全欧列强会议是防止法国乱党的最好办法,这才可以恢复我们所希望的秩序而免为害于法国的罪恶殃及欧洲其他各国。”

1791年10月20日—11月初,当罗伯斯比尔还在阿腊斯的时候,立法会议的左派提出了关于对待逃亡国外者的问题。吉伦特派的领袖布里索、韦尼奥、伊斯纳尔等在辩论中都要求路易十六采取最坚决的措施对付逃亡分子。布里索指出,“是提醒其他国家尊重法国和宪法的时候了”。尽管斐扬派强烈反对,但议会在吉伦特派的支持下通过了一项法令宣布:所有逃亡国外的人在明年1月1日以前不返回法国的,都被视为祖国的叛徒。国王却根据斐扬派的建议否决了这项法令,也否决了议会通过的关于惩处拒绝宣誓的神职人员的法令。气氛一下子就紧张起来,战争的阴影十分明显地表现出来了。

可见,从1791年秋天起,战争问题成了法国革命的主要问题。看来革命的法国和反动的欧洲之间的战争是不可避免的。

问题仅仅是,在什么时候、什么条件、由谁领导这场战争有利于法国革命,问题也仅仅是大难当头,到底什么政策最符合法国革命利益!

各派都有自己对待战争的看法,各有自己的目的。罗伯斯比尔的战争观点就是在上述历史背景下产生的,是在他同其他各派的斗争中,尤其是与吉伦特派或布里索分子的大辩论中产生和发展的。

二、能说1791年罗伯斯比尔“斥责过战争”吗?

当代英国著名的法国大革命历史学家乔治·路德指出,罗伯斯比尔“这个人在1791—1792年痛斥过战争,而在1793—1794年又允许战争,并且大力发动战争”。又说:“他在1791年斥责过战争,这不是出于和平主义的立场,而是相信战争会加强宫廷和反革命势力。”与乔治·路德一样,许多其他历史学家也忽视对罗伯斯比尔早期战争态度的研究。

能说1791年罗伯斯比尔斥责过战争吗?不能。从目前掌握的材料来看,罗伯斯比尔在1791年12月9日之前,即在1791年11月28日,他在雅各宾俱乐部的发言,不仅没有斥责战争,相反是赞成战争的。只是到了12月9日,即10多天之后,他对战争的态度突然发生了变化,由拥护转变为反对了。

事实是这样的:

10月20日,当罗伯斯比尔还在阿腊斯度假时,布里索已登上立法议会的讲坛,鼓吹对外战争,并要求惩处逃亡贵族。他说流亡者在国外建立“反革命策源地”之所以存在,他们的气焰之所以如此嚣张,只不过是“因为直到现在,我们还不敢采取适当的、无愧于法兰西民族的措施”。他向立法议会呼吁:“你们不要犹豫不决,必须向胆敢威胁你们的列强主动进攻。”

11月12日,卡拉进一步发出狂热的战斗号召:“这些暴君掌握着用大刀和步枪武装起来的奴隶,而我们则有用长矛和镰刀武装的自由人。他们有大批轰鸣作响的大炮,而我们则有霹雳给我们帮忙,因为,朋友们,请不要怀疑,苍天将为我们战斗。”25日,他又声言:“对于法国人来说,对于自由的法国人来说,进攻是最好的办法。只要发动进攻就能取胜。”

11月27日,立法会议讨论委托外交委员会起草的提案。达韦武认为这个草案火力不足,于是他提出自己的草案:“国民议会决定派出一个24人的代表团去晋见国王,向他表明国民议会对祖国面临的危险的关切,因为祖国受到集聚国外的法国人,以及在国内策划、煽动叛乱的人的恶毒阴谋威胁;请求国王要求美因茨和特里尔的选帝侯停止招兵买马的活动,并在半月内驱散在其领土上集聚的人员,同时向他们宣布如果那里的王公贵族违反国际公法,继续容忍这群人员集聚,那么,全体法国公民就准备拿起武器,用武力驱散这些人;最后向国王表明,国民议会认为有必要采取这种行动,以便使国王能够向雷根斯堡以及欧洲各国宫廷宣布,他和法兰西民族的意志是一致的。”这个动议没有被立即通过,翌日,杜布瓦-克朗塞又在雅各宾俱乐部讲坛上宣读了他拟好的草案。这个草案提出四点建议,其中提到“国民议会愿意向整个欧洲表示它同国王一道,怀着全力支持宪法的热切愿望,宣布它将永远坚持不从事新的征服原则;但同时也宣布,它将用法国人民全部财力和鲜血来惩罚那些不尊重高尚人民的权利和自由的狂妄敌人,倘若有专制君主胆敢侵犯我国,法兰西民族宣誓:不把暴君消灭,不把自己的旗帜插到专制制度的废墟上决不放下武器"。

就是这一天,罗伯斯比尔从阿腊斯回到巴黎,他匆忙地赶去参加雅各宾俱乐部会议,受到热烈欢迎。在讨论杜布瓦-克朗塞提出的草案时,他完全表示赞同,还补充指出"国民议会愿同国王一道"的提法不妥,这似乎与"民族的尊严不相称",因此建议删去,他说:"作了上述修改之后,我认为法令草案原则上是好的。"除此之外,他还对达韦武所提出的草案进行了严峻的批评,认为:草案中提到的建议派代表团晋见国王,把美因茨、特里尔夫斯、斯比尔等这些无足轻重的小国——选帝侯作为"民族的公敌"不妥。他指出:"当国民议会为祖国担忧时,它不是派代表团去找行政部门,而是颁布一项法令。"他还指出:为什么不敢点德国皇帝的名?"为什么不谈这个主要强国"?他义正词严地说:"应该告诉利奥波德:你容忍叛乱分子集结就是违反了国际法,我们对此毫不惧怕,然而这是对我国的侮辱。我们敦促你在某个限期内把他们驱散,否则,我们将以法兰西民族的名义,以一切敌视暴君的民众的名义向你宣战。"

从以上的事实来看,试问能使人们得出罗伯斯比尔在1791年斥责过战争、反对战争、拥护和平的结论吗?恰恰相反,罗伯斯比尔在这时是主张战争,反对与欧洲那些敌视法国革命、纵容和庇护流亡者的君主们和平的。在这个时候,罗伯斯比尔和吉伦特派在战争问题上的言论在形式上看不出多大区别,只不过罗伯斯比尔的言词没有吉伦特派的言词狂热罢了。

罗伯斯比尔初期为什么拥护战争?我认为这只能从法国大革命的客观形势和他本人所怀有的民主派观点主客观两种原因的结合去解释。

三、罗伯斯比尔突然改变了对战争的态度

1791年12月9日,罗伯斯比尔突然改变了对战争的态度:由主战派转变成为主和派。

11月底，吉伦特派的战争叫嚷甚嚣尘上。他们认为主动进行进攻反击战有四个好处：将革命从国王和逃亡国外的贵族的威胁中解放出来；逼路易十六做出决定，看他是否忠于宪法；转移人民的不满，将无套裤汉的愤怒用以战胜敌人；通过战争为资产阶级开辟欧洲市场——借以挽救指券，加强工商业的繁荣。一份直接受布里索影响的鼓吹战争的请愿书说："不久，信心会在帝国（法国）重新出现，信用将建立起来，交换将达到平衡，我们的指券将充斥欧洲，并使我们的近邻因革命的成功而得益，从那时起，革命就不会再有凶恶的敌人了。"

12月9日，好战的布里索派的卡拉再次登上讲坛，鼓吹不要等到外国列强的联盟完全形成，必须紧急发动进攻。可是，罗伯斯比尔这次却不像11月28日那样的态度，他针锋相对地指出卡拉"也许过于相信这种所谓的联盟了"，他还声明说："欧洲各国的列强的意图，只不过是恐吓我们，他们并不准备进攻我们。"

12月11日，卡拉又开始了好战的叫嚣，雷阿尔也建议向人民呼吁"强迫国王把他的军队投入战场"，罗伯斯比尔也当场谴责雷阿尔的"荒谬"，并提醒与会者不要上头脑发热的、轻率冒险的挑衅的当。他还发表了一个措辞强硬的声明，认为"最危险的决定是宣战"。因为，在他看来，如果打起仗来，"国王可能背叛我们，他们要这样做是很容易的，因为按宪法规定，在战争的情况下，国家的全部武装力量都交给行政部门"。另外，光说"进军"是不够的，还应该知道在哪里，以及如何指挥进军等。他非常深刻地说："部长内阁鼓吹说必须进攻，这句话被许多革命者接受了；任何一条被两党派一致接受的法令都不会是好的。"12日，他又补充了他前一天晚上的发言："在目前我们所处的情况下，战争是威胁自由的一大灾难……唯一应该采取的立场是等待。"

1791年11月28日—12月9日，时间不到半个月，罗伯斯比尔在战争问题上的政治见解却发生如此大的变化，我认为有以下几个原因：

首先，是由罗伯斯比尔的伟大政治家、战略家的革命勇气和民主主义精神，以及他把国家利益和革命原则看得高于一切，把个人安危置之度外的优秀品质所决定的。罗伯斯比尔明明知道在这一重大问题上的突然转变，将会使他孤立，因为在当时法国革命的形势下，绝大多数政界人物是倾向战争的，但他决不人云亦云，亦步亦趋，果断地跨出转变的步伐，这确实是不容易的。

其次,对一系列事实的观察使他感觉到其中有阴谋和陷阱,促使他毅然下决心提出了反战的主张。12 月初,他发现拉法耶特分子希望战争,宫廷希望战争,正是这些想要进行战争的人不愿设法赢得战争。拉法耶特想与普鲁士结盟,争取普鲁士中立对付奥地利,想轻易地取得胜利,然后带着凯旋的部队回到巴黎,控制雅各宾派,由他一人统治。宫廷需要的不是一场胜利的战争,而是一场惨败的战争,希望联军进入巴黎,只有联军才会把国王的绝对权力还给路易十六。因此,宫廷于 12 月 7 日任命好战分子、路易十五的私生子纳博纳为战争部长。纳博纳的任命是件很重要的事,他是众所周知的史达尔夫人的情人,史达尔夫人的沙龙成了吉伦特派、布里索、孔多塞和拉法耶特等经常聚会的地方,许多阴谋的中心。这时宫廷的叛卖活动也越来越变本加厉,路易十六向驻外秘密代表们道出了他的真意:“这不是一场内战,而是一场政治战。这些事情将会很顺利的。法国的身体、道德状况使它不可能支持半个战役。但我必须显出我是毫不犹豫地投身进去的,这也是我在最近这段时间内须做的。在不幸中,我必须使我的行为成为国家的依靠。”

其三,同事的警告给了他启示。12 月 1 日,马拉在《人民之友》报上已敲响了警钟。他说:“我很遗憾,未能尽早地关心这事以识破陷阱,我极担心革命党人被引入陷阱,我看到制宪大会,被卑鄙的要手腕的人催促投向宫廷,而不准备拯救国家于危难中时,我不禁为之战栗。”12 月 5 日,敏锐而有洞察力的比洛-瓦雷纳向雅各宾派作了长篇讲话,对罗伯斯比尔影响很大,其中有两句话在罗伯斯比尔以后的讲演中也出现,即“狠狠地打击内部敌人就会同时削弱边境上的敌人,前者是后者的代理人和主要希望”。比瓦-瓦雷纳还预告:“我们的防御工事、炮兵、军队正处在十分破坏的状况,如事先没有重整军队,则注定要失败的。”

罗伯斯比尔的革命品质,他的对一系列阴谋的观察,以及其他同事的启发,因而使他很快地甚至完全地改变了初期对战争的看法。

四、布里索在战争问题上的主要观点

布里索是一位新闻记者,吉伦特派的领袖之一。他幻想要在世界上建立一个万国联盟。他企图在欧洲所有的国家中推行革命。他野心勃勃,曾在比利时乡下给杜穆里埃的信中极其坦率地说:“黎塞留算得了什么,安尔培罗尼算得了什么,他们如此吹嘘的计划,同我们肩负的世界革命相比又算得了什么?”布里索的这种万国联盟理论是从安奈夏西·克洛茨那里搬来的。克洛茨是一个在法国长大的普鲁士男爵。他构思了一个以巴黎为中心的世界共和国的宏伟蓝图。为了实现这个计划,他主张采取“武装宣传”的方式,即用神圣的十字军方式来对待地球上的一切暴君。克洛茨的这种理论是典型的“革命输出论”,它对布里索产生了巨大影响。布里索曾在诗兴大发时叫嚷道:“战争! 战争! 这是一切爱国者的呼声,这是遍及欧洲大地上的一切自由之友的心愿。他们等待的就是打击和推翻暴君的欢乐。就是这场赎罪的战争,即将更新整个世界的面貌。让自由的旗帜在国王的王宫、苏丹的宫殿、封建小诸侯的城堡、教皇和穆夫提的教堂上空飘扬。安纳夏西·克洛茨就是以人类名义来邀请国民议会参与这场神圣的战争的,他从来没有比现在更值得被称为朋友了。”可见,安纳夏西·克洛茨完全有理由把布里索看为自己最得意的信徒了。

布里索还提出了破坏法国革命的罪恶根源和战争的主攻目标应是科布伦茨。他说:“我们那些贵族的蛮横无理是从哪里来的呢? 是因为他们相信科布伦茨的军队。我们那些顽抗教士的狂热和顽固是从哪儿来的呢? 是他们依靠并资助的科布伦茨军队。温和派和那些想到处建立统治的阴谋家的影响究竟是从哪儿来的呢? 是科布伦茨引起的害怕情绪。你们是否想一下子消灭贵族、不满分子和顽抗教士? 那么,就请摧毁科布伦茨。科布伦茨一旦摧毁了,外部的一切都会平静下来,内部一切也会平静下来。”

布里索还奇妙地提出了“战争需要论”。他说:“对于一个经历了 12 世纪奴隶生活后获得自由的民族来说,需要用这场战争去安慰她;需要用这场战争去考验她;需要用这场战争把其中的劣绅清除出去,消灭依然可能腐蚀整个民族的人。”

除此之外,布里索还提出了诸如:对政府的怀疑“这种状况是可怕的”;行政部门如果背叛你们,“有人民在”,便没有什么可怕的言论。

五、罗伯斯比尔在战争问题上对布里索的驳斥

罗伯斯比尔与布里索在战争问题上的争论,不是个人的争论,而是代表两个派别、两种观点的斗争。罗伯斯比尔一直把这件事作为头等重要的事看待,所以他从1791年12月9日起到1792年3月4日止,一共作了七次发言。现在看来,他的发言论据确切,逻辑严密,充满着革命民主的精神。

在法兰西和欧洲君主国之间战争的必然性和可能性问题的认识上,罗伯斯比尔和布里索似乎没有多大分歧,但是,在战争的目的和手段上、战争的指导思想上、战争的步骤上,换句话说,在战争一系列方针、路线、政策(即战争应由谁来领导?应依靠谁进行战争?战争进攻的主要对象是谁?……)问题上却存在着严重的分歧。

在历次演讲中,罗伯斯比尔针对布里索的谬论予以有力的驳斥,并提出了一系列对战争及其有关问题的看法。

首先,罗伯斯比尔表明他不是反对一切战争的和平主义者。他说我也希望战争,但那是国家的利益所希望的战争。他反对的是布里索分子轻率的考虑,狂热的叫嚣;反对的"是宫廷和内阁都渴望的战争,并渴望实施它们提出的计划"的战争。相反"如果战争是获取自由的必要的代价,那么国民也并不拒绝战争"。罗伯斯比尔之所以忧虑不安,全部的问题在于"我们的处境非常特殊",是在于"关于现在进行战争的建议,是我们的自由的内部敌人久已酝酿好的一个计划的结果"。这种战争"对军官、野心家、投机家来说……是一件好事","对大臣们来说……是一件好事","对宫廷和行政权来说……是一件好事","对于统治法国的贵族、阴谋家、温和派的同盟来说……是一件好事"。

在此基础上,罗伯斯比尔正确地预见到法国与欧洲君主国发生的战争的性质。他说:"我们能够预感到的是一场什么样的战争呢?这是不是一个国家反对另一些国家,或一个国王反对另一些国王的战争呢?不。这是法兰西革命的敌人反对法兰西革命的战争。"

其次,罗伯斯比尔驳斥了布里索的革命输出论,他说:"从一个政治家的

头脑里能够产生的最荒谬的念头是,相信一个民族只要拿着武器进入另一个民族中,就能够使他们接受自己的法律和宪法。没有人会喜欢武装的传教士,自然和明智提出的第一个劝告就是把他们当作敌人一样赶出去。我已经说过,这样的入侵只会使人想起法耳茨的灾难……”还说:“在使国外各族人民感受到我们革命的种种成果之前,必须首先把我们的革命巩固下来,在我们自己取得自由以前就想给他们以自由,这既会使我们,也会使全世界继续遭受奴役,认为一个民族只要一朝制定了宪法,所有其他民族就会在一瞬间纷起响应,这种看法是夸张的和荒谬的。”

其三,罗伯斯比尔驳斥了布里索提出的破坏革命的主要罪恶根源是在科布伦茨,主要的敌人是在国外的观点。他说:“我们有没有内部的敌人呢?不! 您并不了解内部的敌人,您只知道科布伦茨……难道说在科布伦茨和另一个离我们不远的地方之间就没有任何联系吗?请您记住,根据所有有见识的法兰西人的判断,真正的科布伦茨在法国;特里尔主教的科布伦茨不过是反对自由的一个经过高度策划的阴谋的发条之一而已,这个阴谋的中心,它的策源地和它的首领就在我们中间。……您为什么要把公众对我们最可怕的敌人的注意力转移到别的目标上去?要把我们引到他们在等待着我们的陷阱里去呢?”关于战争策源地不是在国外——科布伦茨,而是在国内的观点,早在1791年12月18日,他在雅各宾俱乐部里作《关于宫廷的战争阴谋》的演讲时就已提出。当时他曾说:“最多数、最危险的敌人是不是科布伦茨呢?不,他们在我们中间。”

其四,罗伯斯比尔驳斥了布里索的“政府行政部门的不信任是可怕的状态”。他说:“您说,不信任是一种可怕的状态。给我们造成我们的一切麻烦和一切不幸,并把我们引向深渊的愚蠢的信任,大约倒不是那么可怕的了。爱国的立法者们,请不要诽谤不信任吧!请让这种奸险的说法传播给迄今为止一直致力于维护他们的叛国行为的这些卑鄙的阴谋家吧!请让那批想侵占和亵渎自由的殿堂的坏蛋们去同机警严厉的殿堂门户的守护人搏斗吧;不管你们会怎么说,不信任是人民的权利的保卫手段;由于对自由的深沉的感情而不信任,正如由于爱情而嫉妒一样。”

其五,罗伯斯比尔非常精彩地驳斥布里索的“有人民在”的谬论。他说:“证明一个人尊敬人民的真正的方法,不是看这个人吹嘘人民的力量和自由,使他们麻痹大意,而在于保卫他们,在于提防他们原有的缺点;因为人民本身是有缺点的。从这个意义上说,有人民在这里这句话是十分危险的。”“我们反对的那位爱国议员还曾说,如果有人背叛我们,有人民在。是的,这没有疑问;可是,您不能不知道,您在这儿指的起义是一种很少发生的、不确定的、最后的补救办法。有人民在,人民在所有自由的国家里,虽然他们享有种种权利和拥有无上权力,当一些诡诈的人使他们麻木了一阵子以后,就把他们奴役了好多个世纪之久。有人民在,当去年7月,他们的血曾不受惩罚地甚至被流淌在这个首都中心时,正是听从的什么样的命令呢?有人民在,可你们,代表们,你们不也都在吗?而如果你们不是预见和阻碍人民的压迫者的打算,你们只知道把他们推给可怖的起义权利和统治权力的动乱的结果,你们又干出些什么来呢?我知道会碰上幸运的时机——从人民手里放出霹雳来粉碎这批叛徒;不过,至少,人民及时发觉叛徒们的阴险、狡诈才行。因此,你们不应当劝告人民闭起眼睛,却应当劝告他们提高警惕”。

最后,罗伯斯比尔在驳斥布里索种种谬论的基础上,提出了一系列关于战争的方针、政策和具体措施,尤其是他强调了应武装人民,战争不应由宫廷、贵族、行政部门来领导,而是交由人民来进行解放的战争。罗伯斯比尔说:“现在,我概括一下我的意见,目前不应当宣战,首先必须毫不松懈地让各地制造武器;必须武装国民自卫军;必须武装人民,即使只用梭镖也好;必须采取一些严厉的、不同于迄今所采取的措施,使大臣们不能不受处分地忽略为国家安全所要求的各项工作;必须维护人民的尊严和保卫他们过于被漠视的各项权利。必须关心可靠地使用还隐藏在黑暗中的国库收入,不要给一场冒失的战争破坏掉财源,而如果人们把指券带到国外去,我们搞指券的这种办法或许就会是这场战争的一种障碍。必须惩处有罪的大臣和坚持镇压煽动叛乱的教士。”罗伯斯比尔所提出的这些纲领性的意见虽然不能马上付诸实施……但它的革命战争和人民战争的思想已放射出灿烂的光辉。

六、战争爆发后,罗伯斯比尔对战争的看法又有新的变化

罗伯斯比尔自1792年4月20日法国与欧洲君主国奥地利宣布战争之后

又开始了对战争态度的转变。他全心全意地投入了革命的、反对欧洲反革命联盟的反法战争,并进一步提出了他的关于战争的理论。

有不少罗伯斯比尔的同时代人和历史学家曾指责罗伯斯比尔是一个虚伪的人,说他时常出尔反尔,毫无原则,在战争问题上(如同对待死刑、国王、丹东等朋友问题上一样)反复无常。其实这种责备恰恰说明罗伯斯比尔是一位从实际出发的现实主义者,是一位伟大的革命家。他把个人的得失置之度外,把革命的利益和原则看得高于一切。

罗伯斯比尔是怎样转变他的看法?是什么原因促使这一转变?

瓦尔特说得好:"是战争使他面对欧洲,是革命使他面对战争。"前面已经谈到,有关战争问题在雅各宾俱乐部进行激烈辩论时,罗伯斯比尔是持谨慎态度的。而一旦战争爆发,他就主张必须投入战争、赢得战争。他说:"我们没有别的什么,而只应十分谨慎小心地使战争朝着对革命有利的方向发展。"1792 年 7 月 9 日,罗伯斯比尔进一步说:"现在战争开始了,我相信它对革命事业是有益的。"

无疑罗伯斯比尔知道战争将给革命带来不幸。"这肯定是一种有害的钳制,战争要吞没公共财富,要吞没最好的公民",更为严重地是,"它分散了我们对自己内部的自由的关注,而不得不去保卫国家的外部安全"。他还说:"假如法国突然从战争中解脱出来,革命秩序将立即肯定能得到加强。只是如何摆脱战争呢?他认为对法国人民来说,只有一种办法,那就是胜利。因为在这个世界上没有一个同时能容纳自由和专制的地方。一方必须让位给另一方。因此,只有一种抉择:胜利或死亡。在同专制暴君的斗争中,法国在为世界的幸福而战。它捍卫着世界各民族的事业。"早在 1790 年 5 月革命初期时,他曾在制宪议会上说:"保卫法兰西民族是全世界各民族的利益,因为世界的自由和幸福都是从法兰西开始的。"这个论断他在雾月 27 日的报告中又进一步作了发挥:

"全世界都对保存我们的民族十分关注。假如法兰西被毁灭和肢解了,那政治世界也要塌陷。""如果法兰西失去了自由,那整个自然界就会盖上一层阴影,理性社会退到无知和野蛮的深渊。"于是他向法国人号召:"从此,你们只能在最令人憎恨的奴役和完善的自由之间作好选择……必须使国王灭亡,否则就是法国人民死亡。"

在此基础上，罗伯斯比尔还提出了对人民友好，对暴君宣战的原则。他写道："全世界的人民都是兄弟，而各国人民应当按照自己的力量互相帮助，就像同一国家的公民一样。""压迫一个民族的人，就是宣布自己是一切民族的公敌。"

为了赢得战争，打败欧洲君主国的联合进攻，罗伯斯比尔认为，法国应向全世界庄严宣布其战争目的，迅速向欧洲各民族解释自己的意图。"驱散奸诈给法国的局势和状况所布下的阴云。我们用各种语言庄严地宣布我们的宪法所依据的神圣原则，宣布我们给各个民族的兄弟般的保证"，"并用这句新的口号来召唤法国人和一切外国人：和平、世界自由、向专制暴君开战！""向敌人进发，我们不是想因暴君的罪恶而处罚各族人民的轻率而非正义的人，我们是要惩罚暴君的专断，为各民族所受的侮辱复仇的人类之友"。

罗伯斯比尔反对征服战争，提出战争应有限度："应当限定我们的军事行动，规定以莱茵河为界。"

罗伯斯比尔十分重视向敌国做宣传工作。战争初期他在《宪法保卫者报》第一期上撰文说："专制君主往往很知道通过政治上的活动来为军事上的胜利作准备，那为什么自由事业不能同野心和专制主义所用的同样的热情呢？……为什么旨在发展人民权利的自由原则的宣言没有被翻译出来……并首先在奥地利人民和军队中散发呢？为什么不向他们说明在征服之后，在对待那儿的政治事件方面，我们打算遵循的行动计划的形式上的保证呢？""要使自由、平等、人民的神圣字眼在我们的旗帜上飘扬，要使它们刻入我们战士的胸膛；要使我们的敌人知道这一切早就说明了我们所进行的神圣战争的目的；要使我们的俘虏给他们带去有益的教训；要使他们的俘虏从我们这儿吸取这些教训，并成为全世界自由的捍卫者和传播者"。

在这里，罗伯斯比尔提出了一个非常重要的原则，即民族自决权的原则，人们不把兼并和不由各族人民自己选择的宪法强加给他们。民族自决权的思想实际成为罗伯斯比尔对外宣传的指导思想。

共和二年雾月，也就是宣布共和国后的十四个多月，他不得不承认这种指导思想还没有引起国民公会的足够重视，不得不遗憾地看到在共和国与外国的关系方面一切都还"盲目地、或是由外交委员会的某些成员随意处理"。

他在雾月 27 日的报告中提出了一整套外交的行动计划。首先他强调必须给各国人关于法国大革命及其性质的诸原则的一个高尚观念。同时必须注意这种宣传要适合各个不同民族的特点和状况,“决不应该总是用同样的语言对那些迷信的偏见很深、牧师的统治又很甚的国家讲话,或对那些仍保持着其旺盛精力的人说话”。不应“过分地损害目前来讲还不可能根除的人民感情而把公共的巨大利益强加给所有的人”。

罗伯斯比尔认为,法国这个占领的强国与被占领的国家之间的关系是个十分棘手的问题,但必须要处理好。他的原则是“各个民族几乎都准备摆脱至今仍压迫它们的政府的锁链”,但是,它们“没有同样的品行,没有同样的知识程度,没有在现在接受法国人民所渴望的宪法的同样的准备”。因此,只能“在保证他们执行自己的主权的同时”,给他们“自由地制定一部宪法的权利”。这样做的话,就能满足他们的一切愿望而不损害他们的权利、他们的自尊心、他们的成见。所以,在被战胜国家应遵守的最好的行为有如下述:“把人民自己的命运交到他们自己手中。在他们那儿宣布权利宣言和民族至上,他们应在这样的庇护下团结起来,然后自己规定自己政府的形式。”

从以上事实看,罗伯斯比尔从战争爆发后,他所表现出来的行动是非常高尚的,他对战争所发挥的思想也是非常深邃的。

七、结语

自1791年11月28日到1794年7月27日为止,罗伯斯比尔对战争的态度历经了三次变化:从1791年11月28日到12月9—12日是拥护战争的;从1791年12月12日到1792年4月20日变成了斥责战争;最后自1792年4月20日法国对奥宣战之后,直到他去世,他不仅拥护战争,而且还全心全意地投入了战争。罗伯斯比尔的战争理论是他的革命民主理论的一个重要组成部分。他的战争理论是随着革命形势、战争形势的不断发展而发展的,也是在与布里索派的不断斗争中产生和发展的。

在论战中,罗伯斯比尔有力地驳斥了布里索们的谬论,并阐明了战争与革命、战争与人民、战争和其他民族、战争中内部敌人和外部敌人的关系等问题,并始终渗透着民主主义的精神和辩证的思想。他所提出的革命不能输出的理论（“武装的传教士是不受欢迎的”）；战争策源地的理论（“真正的科布伦茨在法国”）；对法国战争性质所下的明确定义（“这是法国革命的一些敌人反对这个革命的战争”）；支持正义的战争，反对非正义的战争（“如果战争是换取自由的代价，法兰西民族决不拒绝战争，但是，她拒绝一切旨在消灭自由和宪法的战争方案，即使这是在保卫法兰西民族的借口下提出来的”）；民族自决的理论（各族人民的解放应当由他们自己来做，而一个民族压迫另一个民族，表明这个民族是各族人民的敌人，不要把各族人民自己业已选择的宪法强加给他们）；肃清外敌必须肃清内敌的理论；对暴君宣战，对人民友好的原则；反对旷日持久的兼并战争，革命的战争应适可而止（“必须武装起来，但不是为了跨过莱茵河”）；人民解放战争，武装人民理论等的阐述都是非常精辟的，到今天为止，仍闪耀着他的思想的光芒。他所提出的防止战争和在战争中所应遵循的措施都是比较切合实际的，比较能代表当时革命人民利益的，因而也应予以充分肯定。

米什莱在他所著的《法国大革命史》中，曾有一段关于罗伯斯比尔的战争问题的评论，他说：“我们今天的罗伯斯比尔主义者总是尽可能地把它搞得复杂化，我们将回答三点：一、宫廷一直害怕战争，一种极度的害怕，远远不像罗伯斯比尔瞎说的那样渴望战争。这一点已经得到证明，这是今天所有保王分子都承认了的。二、一场解放各国的十字军战争，一场同征服这个概念毫不相干的战争，一场纯粹革命的战争，被人们入侵的国家的人民可能会接受它和支持它。三、这场战争必须是迅速的和进攻性的，必须赶在国王的前头。因此，康邦十分明智地说，这场战争不会花费太多，它会得到粮秣，甚至会得到补偿。这位伟大的财政家又说，要是拖延下去，发动又是防御性战争，那就只好自己承担费用了。”还说：“罗伯斯比尔那样拖拉、犹豫，使战争派激动恼火，普鲁士人终于入侵了，敌人到我们家里来了，战争成了防御性的了，接着来的是可怕的惊慌失措，是惩罚内部敌人和歌唱普鲁士人胜利的囚犯的九月怒火。这个悲惨事件使我们失去了欧洲，成了一场在境外激烈、在境内残酷的战争，过度的征调，只有靠雅各宾的恐怖统治才能够做到。”米什莱这段对罗伯斯比尔关于战争的评论，实在过分武断，实际上他已陷入了为沙文主义辩护的泥坑。

历史学家戈蒂埃在评述罗伯斯比尔关于战争问题时又走向了另一个极

端。她把他的民族自决、反对兼并战争说成几乎是马克思主义的国际主义。戈蒂埃说:“正如按罗伯斯比尔的说法,某一个人压迫另一个人就表明他是所有个人的敌人。您知道后来马克思曾在英国无产阶级和爱尔兰压迫的问题上以同样的明朗表达过这种意见。他说‘一个压迫其他民族的民族是不自由的民族’。”在此基础上,她得出了罗伯斯比尔是反民族主义的国际主义者。我认为戈蒂埃在这里把资产阶级的民族民主主义思想与无产阶级的国际主义混淆起来了。

事实上,罗伯斯比尔的战争理论也像他的其他理论一样,具有资产阶级的双重性,有它的进步的革命的一面,也有资产阶级的局限性一面。比如他反对革命输出的理论是不彻底的,他说“应当限定我们的军事行动,规定以莱茵河为界”,这仅仅是指东面,在北面和西北面,他并不厌弃征服战争,他说:“我赞成征服布拉邦、荷兰、里埃日、佛兰德尔等地。”又如他提出对贵族、宫廷的不信任,对军官的怀疑,这有他革命警惕性的一面,但对旧军官也应作具体分析。不分主次,不采取分化政策,笼统地一概反对,这也是不足取的,这也许会产生如历史学家汤普逊所指出的后果:“他正确地预见到战争的失败,并担心会出现军事独裁;但是他的不信任政策和坚决主张军事指挥权应交给爱国者,而不交给有经验的军人,对部队的纪律和效能产生了有害的结果。”再如,他对内部敌人和外部敌人的认识上有辩证的一面,也有形而上学的一面。有一段时间,他只强调了内部的敌人的重要,“攘外必须安内”,而“安内也必须攘外”这一点他就强调得不够了。

由此可见,对罗伯斯比尔关于战争问题上的评价,我们一定要实事求是,不能任意拔高,也不能不顾事实去贬低,这两种倾向都是不对的。

在我看来,罗伯斯比尔尽管在战争问题上有这样那样的不足之处,但总体上来说,当时他在战争这个决定法兰西革命命运的关键问题上,采取这种态度和提出那样多精彩的理论是很了不起的。像对待其他历史遗产一样,罗伯斯比尔的战争理论是一笔留给后人的丰富的遗产,我们应该很好地加以研究。

《上海社会科学院学术季刊》,1986 年第 3 期

卢韦与罗伯斯比尔的较量

——法国革命中吉伦特派与山岳派斗争的一幕

在法国大革命的政治舞台上,吉伦特派与山岳派的斗争是一场惊心动魄的搏斗。这场斗争既是法国大革命深入发展的结果,又是促进它向更高阶段发展的原因。卢韦对罗伯斯比尔的攻击,以及罗伯斯比尔对卢韦的反击,是吉伦特派反对山岳派的一个重要插曲。人们可以从中看出两派斗争的性质、激烈程度及其戏剧性效果。

一

1792 年 10 月 29 日,吉伦特派的政治代表人物之一,小说家卢韦在国民公会里发起了对山岳派领袖罗伯斯比尔的猛烈攻击。卢韦的攻击不是偶然的,它是在一个特定的历史背景下发生的。

1792 年 8 月 10 日巴黎人民起义的胜利使法国资产阶级革命上升到了一个新的阶段,政权由大资产阶级和自由派贵族组成的立宪派手里转移到了工商业资产阶级吉伦特派的手里。但是真正号召 8 月 10 日起义并在起义中发挥了重要作用的是资产阶级革命民主派罗伯斯比尔、乌拉、肖梅特等领导的巴黎公社。这样,8 月 10 日之后,除了吉伦特派掌握的立法议会之外,法国实际上还存在着第二个政权机关——巴黎公社。公社力图推进革命,而立法议会则力图阻止革命。所以公社和立法议会展开了激烈的斗争,这个斗争是山岳派和吉伦特派的斗争的反映,实质上更是要把革命向前推进的各个革命集团和竭力阻止革命前进的大工商业资产阶级之间斗争的反映。

起义胜利之后,巴黎公社总委员会由 89 人增加到 288 人。公社逮捕了 8

月10日之前当政的斐扬派的部长，封闭了王党的报纸，征用了教堂的铁栅栏、大钟和其他铜器，用来制造长矛和熔铸大炮。8月17日，公社迫使立法议会成立特别法庭，审判反革命分子。此外，公社下令全部拆除巴黎带有国王象征的建筑物和纪念碑，在谈话中禁止使用过去的头衔；在公文中用“公民”的称呼代替“先生”的字样；巴黎一些区名也进行了更换，最后，公社还组织国防，并于9月20日取得了瓦尔密战役的胜利。这是革命的法国对欧洲反革命联军武装干涉的第一次胜利，它大大鼓舞了法国人民斗争的信心，并使法军由退却转入反攻。

正因为巴黎公社依靠人民取得了辉煌的胜利，并使革命继续向纵深发展，吉伦特派政府对它无比仇恨。吉伦特派政府开始寻找一切借口打击公社，破坏它的威望。这样，在起义后不到两个星期，立法议会就提出了解散公社的问题。有关的法令也已准备就绪，只是还没有敢于冒险通过执行。吉伦特派政府害怕武装人民，同时也感到自身还不是完全统一的。

国民公会的选举是在十分复杂的形势下进行的。尽管吉伦特派打着共和的旗号，但在选举中巴黎人民仍然投了雅各宾派的票。罗伯斯比尔的名字在巴黎各区所有的选举中都占首位，是在首都代表中得票最多的。不过，外省大多处在吉伦特派的影响之下。因此，被选进国民公会的不仅有从前立法议会中的所有吉伦特派首领布里索、韦尼奥、加代等人，还有一些新人，其中包括罗伯斯比尔在制宪议会中的战友比佐和热情的马赛人巴巴卢。

雅各宾派民主党人在国民公会初期，占据着练马场半圆形阶梯大厅高处的坐席，因此人们称之为“山岳派”。从社会观点来看，国民公会中的雅各宾集团的成分是相当复杂的，但此刻所有这些不同类别的成员都一致致力于巩固革命成果，推进革命，使革命继续更广泛更深入地发展下去。至于吉伦特派，他们的成分比起山岳派来要简单得多。他们主要代表大有产者阶层，十分惧怕日益扩大的民主派的影响，像过去的立宪派和斐扬派一样，他们希望中止革命的继续发展。如果说山岳派力图推进革命，那么对于吉伦特派来说，革命已经到头了。

在数量上，吉伦特派大大超过了山岳派。在国民公会750名代表中，他们约占了165个席位，山岳派只有约80个席位，其余是中派，也称“沼泽派”或“平原派”，约占500个席位。在国民公会活动初期，这些中派代表是跟吉伦特派跑的。

8 月 10 日后在法国出现的历史背景就是这样，这就是很快就要上演的一场吉伦特与山岳派、卢韦与罗伯斯比尔激烈斗争的历史背景和政治舞台。

二

卢韦的进攻是吉伦特派一系列进攻的继续和发展。

1792 年 9 月 21 日，新选举出来的国民公会正式开幕。翌日，国民公会宣布法兰西为共和国。法国历史上新的纪元开始了。

考虑到国内外的复杂局势，山岳派的领袖不想在国民公会初期就和吉伦特派斗争。与此相反，吉伦特派倚仗自己形式上的多数，以及“沼泽派”对他们的俯首听命，首先发起了突然进攻。还在国民公会开幕后的第五天，即 9 月 25 日，吉伦特派发起了向罗伯斯比尔派的第一次进攻。吉伦特派的一家报纸把雅各宾派称为“疯狂的匪徒，没有才能，也没有功绩，却会狡猾地运用复仇和诬告的匕首，以图建立恐怖统治”。

罗伯斯比尔在整个 10 月份很少在民众会上发言，直到 28 日他才在雅各宾俱乐部作了一次发言。这次发言是他对国民公会深入观察后所得出的结论。他认为新的国民公会和前两届会议一样，不符合他原来的期望。他的幻想很快破灭了。他一针见血地指出：“去掉共和国这个字眼，我看不出有任何变化。到处都是同样的恶习、同样的盘算、同样的手段、特别是同样的诽谤。”他宣告议会堕落了，已不可能进行任何建设性的工作。罗伯斯比尔还把国民公会中的吉伦特派称为“共和国阴谋家的党”。

那个“阴谋家”的党在这种攻击面前沉不住气了，他们立刻进行反击，卢韦的指控稿早已准备好了，他一改再改，似乎已准备就绪，万无一失，只等机会一到，就可登台表演。10 月 29 日，机会果真来了，这机会是罗兰提供的。

根据国民公民的决定，罗兰作了关于法国和巴黎状况的报告，他在报告中谴责了 9 月大屠杀，公社的夺权以及混乱制造者所进行的阴谋。他说：“当有人把自由事业的最忠诚、最勇敢的维护者看作可恨或可疑的人的时候，当叛乱和屠杀的主张在大会中得到有力宣扬和大受欢迎，而那些喧嚷不休的人甚至起来反对国民公会本身的时候,我就再也不怀疑,那些拥护旧制度的人或是冒充人民之友用爱国主义来掩饰自己过激行动或严重罪行的人,怀有颠覆的阴谋,企图踏着废墟和尸体,攀登高位,爱好人血、金钱和残忍!”吉伦特派十分高兴地听着这种抑扬顿挫的讲话,并由衷地鼓掌。报告后,罗兰又起身要求宣读几份能说明其报告的材料,特别是一封信。据《国民听众报》记载,罗兰“宣读的这封信在场内引起了恐慌”。与会者在听见罗伯斯比尔的名字时失声叫道:“啊! 这个坏蛋!”

从吉伦特派的席位上立即发出一片“无耻之徒”的吼叫声。罗伯斯比尔勃然大怒,要求为自己作申辩发言。大会主席加代不能拒绝他,但罗伯斯比尔的话谁也听不到,会场里只有一片很有节奏的叫骂声。

罗伯斯比尔再次试图讲话。他终于在一片无法形容的吵闹中让大家听到了他的讲话声。“这是什么话!”他自信地说,“现在没有一个人敢于当面指控我,列举确凿的事实反对我,没有一个人敢于走上这个讲坛与我一起进行平心静气而又严肃的讨论……”这时,卢韦向讲坛走去。他迈着舞台的步子,像一个骑士接受挑战似的,盯着罗伯斯比尔说:“我就敢!”接着又说:“是的,罗伯斯比尔,我就敢控告您。”马赛的一对孪生子巴巴卢和罗伯基也异口同声地叫喊:“我们也要辩论!”吉伦特席位上一片嬉笑声,紧接着声音沉寂下来,一片鸦雀无声,一种悲剧性的预兆仿佛在国民公会上空徘徊。罗伯斯比尔神情恍惚。他似乎突然像他在倒霉的热月的一天应该明白的一样,明白他在与黑暗的、有组织的联合起来打倒他的恶势力作斗争。卢韦不停地向他逼近,戏剧性地重复着:“是的,罗伯斯比尔,是我在指控你。”卢韦从口袋里把事先准备好的报告取出来,就一句不漏地开始宣读了。

可见,卢韦对罗伯斯比尔的攻击是吉伦特派向山岳派进攻链条中的一环,是以前一系列进攻的继续和发展。10 月 28 日卢韦面对面地攻击罗伯斯比尔是吉伦特派蓄谋已久的行动。

那么吉伦特派为什么要选择卢韦作为进攻山岳派的罗伯斯比尔的急先锋?

当时人们称吉伦特派为布里索吉伦特派或罗兰吉伦特派,但实际上吉伦特派真正的灵魂是罗兰夫人。罗兰夫人的沙龙经常聚集吉伦特派的核心人物,他们在她的牵线下,经常在一起出谋划策。阿贝尔当时曾这样吹捧她:

“罗兰是个心地善良的人,他那温柔的妻子今天牢牢地控制着法国,就像过去拉·蓬巴杜夫人和拉·迪巴莉夫人一样。”布里索是这位新王后杰出的骑术教练,卢韦是她的贴身侍从,比佐是她的大法官,富歇是她的布道牧师,巴巴卢是她的卫队长,韦尼奥是她的礼宾官,加代是她的司函官,朗托那斯是她的营门官。罗兰夫人为什么中意卢韦而不是其他吉伦特领袖?这是由于:

1.卢韦是一个具有一定影响的小说家和演说家,他所写的《骑士的奇遇》使他获得了“富伯拉斯”的雅号,他还出版过一份政治性的报刊。人们把他称为一个有才能的文学家,在吉伦特派中享有一定的声誉。

2.他非常钟情罗兰夫人,据说只要有人夸奖罗兰夫人,卢韦那浅蓝色的眼睛便闪闪发光。罗兰夫人是怎样一位人物呢?她虽然是吉伦特派杰出的女政治家,野心勃勃,可毕竟是女人,她喜欢男人们追求她,而卢韦就是追求她的人,所以阿贝尔要称他为罗兰夫人的“贴身侍从”。韦尼奥本来是一个比较合适的人选,他的声望比卢韦要高,但他没有像卢韦那样向罗兰夫人大献殷勤,他的追求目标是一位叫岗达伊的演员。

3.还在国民公会选举时,卢韦就曾攻击过罗伯斯比尔,像小哈巴狗一样对着一个可望而不可即的影子狺狺狂吠,也曾遭到罗伯斯比尔的有力反击。卢韦在攻击罗伯斯比尔时说:“你总是享有特权,而且享有得比以往任何时候都多。每次发言都有你,你想讲多久就讲多久,而相反的,旁人发言却要你同意才行。”罗伯斯比尔无情地反驳道:“你们对我进行了指控,可是事情不能就此了结。你们应当在你们的指控书上签字并说明理由,让举国上下都来评一评。”卢韦耿耿于怀,总想伺机报复,10 月 29 日,机会来了,卢韦就再也按捺不住,终于充当了进攻罗伯斯比尔的急先锋。

三

如果人们看一下卢韦的报告,就会感到惊讶,他的朋友们事先已经知道这个报告的内容,竟然还允许他宣读。毫无疑问,他们是过分相信群众的狂热要比他们发言人的论据更奏效。以下是卢韦指控的要点:

1.卢韦的指控一开始说攻击雅各宾的另一派——罗伯斯比尔派是一个能

力差、什么事都干得出来的派别。他说:“自今年元月以来,人们大概已经注意到雅各宾党中的某一派是一个能力差、人数寡,但胆量大、什么不道德的事都干得出来的派别。”又说:“这一派现在挤进我们中间,是为了用我们的党的光荣称号来粉饰它那可疑的名称;是为了夺取我们党在群众中享有的威信,是为了在我们党内贩卖一种被它鼓吹为属于雅各宾党的理论;是为了使我们党堕落、自相残杀,而他们自己则从中得益;是为了迫害所有那些努力使我们党恢复原来纯洁性的人,是为了削弱他们的力量,使他们不得安宁。我们党现在的处境是如此的可悲,已经是徒有其名,但那些欺世盗名的家伙竟还要用这一名称来招摇撞骗,欺骗那些党内和党外的可悲的上当者。”

2.对罗伯斯比尔个人的攻击。卢韦说:“尽管任何人都不能享有特权,但我们却能看到这样一个人,此人整天不停地发表高见,好像他活在世上只是为了讲话。他这样做并不是为了使我们党的成员头脑清醒,而是为了在他们中间制造无休止的分裂,特别是为了博得那数百个听众的掌声。为了这掌声,他是什么事都愿意干的(指罗伯斯比尔)。”他还说:“我们还看到那些钻营拍马的下属说罗伯斯比尔是法国唯一的圣贤,还说国家的命运只能交给这个滥用庸俗的吹捧来讨好某些公民的人,他称他们为‘巴黎人民’,进而称他们为‘人民’,后来干脆称为‘绝对统治者’。这个人整天只讲自己的功绩、尽善尽美的品行和拥有的无数美德。这个人吹捧完了人民的力量和绝对统治权之后,从来不忘加上一句:我代表人民。这完全是一个罪恶的、赤裸裸的阴谋!”

3.绝不允许有人利用8月10日事件的丁点功绩来达到不可告人的目的。他说:“我们坚决不允许有人将对祖国的神圣爱情偷换成对某个人的崇拜,我们坚决不允许有人践踏人民的尊严,我们可以骄傲地说,人民在打倒老的暴君之后,也一定会粉碎新的暴君。在10日那天,他们是为推翻国王出了一些力,但他们马上迫不及待地给自己加上各种头衔,想替代国王。然而他们所建立的这丁点‘功绩’能够抹掉他们个人野心的罪恶痕迹吗?绝不能,因为真正的自由如同它的亲密美德伴侣一样,厌恶任何人利用它来达到不可告人的目的。”

4.攻击罗伯斯比尔在8月10日中的表现,贪天之功窃为己有。指出,8月10日是属于议员们的,是吉伦特派的,而不是罗伯斯比尔的。他挖苦地说:

“罗伯斯比尔，这个不受腐蚀的罗伯斯比尔，在危急的日子里离开了信任他的同胞们需要他坚守的那个岗位。随后，他又无数次地庄严保证不再接受任何公职。但是有那么一次，他向1500名听众表示，只要人民有这个意望，他愿意当人民的委员。请注意这句话：‘只要人民有这个愿望。’”接着他说：“现在让我们来回顾一下8月10日发生的事情吧！你们知道，他把这个荣誉归于自己。但我感到奇怪的是这些自称为人民的保卫者并不停地赞扬人民的谨慎和强大的人今天竟声称：如果没有他们的那么一点支持，人民将会被消灭。我们说，8月10日的革命是民众的业绩。它属于整个起来战斗的郊区人民；它属于那些勇敢的公社成员——在当时，由于某些人的原因，这些公社成员被拒之于巴黎门外。人们记得罗伯斯比尔当时就发表言论反对这些公社成员与巴黎人民的联合；它属于那些勇敢的议员们，因为是他们在隆隆炮声中通过了终止路易十六权力的法令。”

5.把9月2日恐怖事件的责任都推到罗伯斯比尔派身上，声称这个事件应由他们负责。“因为巴黎的监护政权被束缚住了手脚；因为罗兰的话没有人听，因为当时的司法部长（指丹东）不发表意见；因为全国都做好制止骚乱准备的48个区的主席等待着总司令不会下达的动用军队的命令；因为佩戴着三色肩带的市府官员们领导了这次残酷的屠杀”。“但是，人们会问：立法议会呢？它没有制止这次暴行吗？立法议会？它当时被置于软弱无力的境地，这是我要揭露的阴谋者所犯下的最大罪行。立法议会的权力被一个傲慢的蛊惑人心的政客贬低和否定了。这个人居然敢向议会发号施令。他重新回到总委员会上是为了告发议会。他来到21人委员会威胁议会说要鼓动全体议员来推翻它。他指控人民的政府把法兰西出卖给布伦瑞克。他正是在大屠杀的前夜散布了这些诽谤。他不顾立法议会的反对，关闭了巴黎的关卡，就这样，这个暴君逐渐达到了他的预定目标，并等待着能够完全取消人民的政府”。

6.谴责罗伯斯比尔把屠杀和恐怖作为达到最高目标的途径。他说：“他们希望通过什么途径来完成他们的最高目标呢？通过他们所走的那条途径。他们把屠杀引以为骄傲，并准备继续进行屠杀。他们这样做是为了加剧恐怖，为了排除那些在动乱的日子里把自由看得比生命还重，并起来反抗他们的专制的人。人们看名单上密密麻麻地写着一大批革命者的名字。这些革命者只是一时走错了路,而阴谋家们却已贪婪地垂涎他们的财产和鲜血了。在48小时内,一片沮丧惊愕的气氛笼罩了全国。三万个家庭惨遭蹂躏的事实可以证明这一点。每个人都在为自己的亲人担忧,妻子、孩子泪痕满面,向我们哀求饶恕他们的丈夫、他们的父亲。唉!向我们请求制止即将进行的屠杀,这不就是责备我们没有阻止已经进行的屠杀吗?但是本身也处于匕首威胁之下的我们又怎么能去制止这场屠杀呢?"

7.最后,卢韦在指控书中做了总结,这个总结实际上是整篇发言的要点,非常概括。他说:"罗伯斯比尔,我控诉你长时期地诬陷那些最纯洁的革命者,我认为你不配享有公民的名誉,更不配享有人民代表的名誉,我控诉你在9月第一周那可怕的日子里诬陷了最纯洁的革命者,使他们横遭迫害,我控诉你抬高自己,把自己打扮成受人崇拜的偶像,允许人们当着你的面赞颂你是法国唯一品德高尚、忧国忧民的人,并自己也这样吹嘘,我控诉你用所有的阴谋、恫吓手段来统治巴黎区的选举议会,我控诉你觊觎最高权力,这已由我们列举的事实和你自己的行为所证明了,无论你如何狡辩都是无济于事的!"

卢韦发言结束后走下讲坛,议会大厅里大部分人鼓了掌,他的演说给与会者留下了强烈的印象。罗伯斯比尔没有立即反驳,说是要9天后作出回答。此举是非常明智的,这不仅因为时间太晚了,他当时感到十分疲惫,更重要的是他认为要预先做好准备,要在反驳时取得主动;此外,时间的拖延将削弱卢韦造成的印象,他还可以有更充分的时间取得雅各宾派的支持,取得公众舆论的支持。他的要求得到了满足,国民公会将在11月5日听取他的答辩。

四

11月5日,罗伯斯比尔答辩的日子终于来到了。这天旁听席上及会议厅周围挤满了人,女的比男的多,到处都可以看到罗伯斯比尔的支持者。会议于上午10点开始。可是他在午后才露面。卢韦沉不住气地嚷道:"这是想抛开原定的日程,我要求罗伯斯比尔上台。"四周响起一片"罗伯斯比尔上台"的喊叫,会议主席请他上台,他从容不迫地站了起来,走上讲坛前的阶梯,"神色泰然自若",然后慢条斯理地摊开卷宗,讲了起来。以下就是他的发言的主要内容：

1.反驳卢韦说他想搞独裁统治的指责。他说，如果他真的非常向往独裁，那么他不是必须像摆脱国王那样摆脱议会吗？事实上他不是第一个要求召开国民公会的人吗？他认为他非但没有动用敲警钟的手段，威胁立法议会，反而谴责了那些利用警钟威胁立法议会的人。他说："大家一定会同意这样的看法，如果说这个计划是罪恶的，那么它更是大胆的。因为要实行这个计划不仅需要推翻国王，而且需要消灭立法议会，尤其不能让立法议会为国民公会所代替，然而，是我第一个在公开演说和文章里把国民公会视为医治祖国弊病的唯一药剂。这又如何解释呢？"

2.驳斥吉伦特派指责暴力革命、人民运动非法的论点。他说："在8月10日革命前的某个时候，他们为谨慎起见，却逃到鲁昂，在那里夸张地指责巴黎公社委员会的活动。什么非法逮捕呀！是不是在法律本身已经软弱无力，以致造成危机的时候，还必须手里拿着刑法典来判断救国所要求的那些预防性措施是否有益呢？你们为什么又指责我们非法地打击那些以传播欺骗和辱骂自由为职业的雇佣文人呢？你们为什么不组织一个委员会来收集贵族作家和王党分子的申诉书呢？你们为什么不指责我们禁止一切阴谋家走出这个城市呢？你们为什么不指责我们解除那些形迹可疑的乡民的武装，不指责我们把那些公认的反革命的敌人撵出我们讨论救国问题的议会呢？你们为什么不同时对市政当局，对选举会议，对巴黎各区，对区、镇初选人大会，所有那些曾经仿效我们的人提出诉讼呢？因为所有这一切都是非法的，同革命、废黜国王、摧毁巴士底狱一样是非法的，也同自由本身一样是非法的。"

3.罗伯斯比尔指出："诽谤和揭发出于同一来源。"他说："人们经常向你们揭发某些人的应受谴责的行为。我不知道事实真相，我既不否认它们，也不相信它们，因为我曾经充分地了解到，诽谤和揭发出于同一个来源，都带有做作和狂暴的印记。"

4.驳斥卢韦对九月屠杀事件的诬蔑。首先他表白自己并没有参与9月屠杀事件，从而指控了卢韦，把卢韦说他参与策划九月的流血事件，对此应负有责任的指责，说成纯粹是一种诬陷。其次他希望人们对九月事件有一个正确的看法。罗伯斯比尔说："我还要说清楚，在那些监狱里发生的事件，我只是从公开的消息中才知道的，后来又有许多公民告诉了我，因为那时我不是在家里，就是在我的公务要求我去的地方。至于公社总委员会，同样可以肯定，在一切公正的人来看，它不但没有挑起9月2日的事件，而且曾运用它的权力阻止这些事件。如果你们问我为什么它未能阻止这些事件，我现在就来回答你们。要对这些事件有一个正确的看法，必须从上次革命的历史进程中，而不是从那些歪曲这些事件的书面文件或诽谤性的演说中去查明事实真相。”其三，罗伯斯比尔还非常客观公正地对九月事件产生的原因作了分析。其四，罗伯斯比尔还给九月事件的性质下了断语，他说：“这是一个人民运动；并不像有人那么可笑地假设的那样，是由几个被雇佣来杀害自己同类的坏人发动的叛乱。”罗伯斯比尔还有力地反驳说像这样的运动，卢韦在他自己的报纸《哨兵》上曾歌颂过：“向公社总委员会致敬，它敲响了警钟，拯救了祖国。但现在为什么出尔反尔又反对？”最后，罗伯斯比尔并不否认对那些在9月遭到杀害的政治犯的同情，他说他同意“为这些有罪的受害者哭泣”，但同时也请大家“为被专制制度杀害的10万爱国志士流几滴眼泪”，“让我们为更令人激动的灾难掉些眼泪吧！”“几乎仅仅为自由的敌人叹息，我认为这种感情，是可疑的”。罗伯斯比尔的这些话含义很深刻，孕育着他在一年之后将要表述的革命恐怖——人民民主专政的思想，可惜当时还很少有人理解它的真谛。

11月5日的罗伯斯比尔演讲还牵涉对8月10日事件的看法，对戒严法的驳斥等，现不一一赘述。

总之，罗伯斯比尔对卢韦的答辩是一次杰出的演讲。这次演讲没有像过去的另外一些演讲那样，因为冗长而失去吸引力。相对而言，这篇答辩词甚至没有尖刻、挖苦、恶意中伤的话。此外，答辩词也没有反唇相讥，颇能表达政治家的风度，这反而使罗伯斯比尔收到平息卢韦挑起来的狂热情绪的作用。因此他得到了平原派和山岳派与会者的热烈掌声。卢韦要求回答，但是大家已不愿听他的了，巴巴卢想发言也没有机会，只能在席位上，而不是在讲坛上讲了几句话，结果得到的只是一阵讥笑。当天晚上，卢韦回到家里对他的妻子说：“我们还是准备流放或者上断头台吧！”

五

卢韦攻击罗伯斯比尔，以及罗伯斯比尔对卢韦的反击事件是吉伦特派与山岳派斗争的一个重要插曲。从 1792 年 10 月 29 日起，到 11 月 5 日止，虽然为时短暂，但它的意义却是非常大的，它说明了很多问题，给了我们很多启示。

首先，这个事件说明，任何一个党派，不管他们在数量上占有多大优势，只要他们不再代表真理，代表革命，代表群众的利益，他们就会转强为弱，转胜为败。吉伦特派和卢韦的下场就是一个最好的见证。吉伦特派最初在国民公会中占有 165 个席位，山岳派只有 80 个席位，卢韦在 10 月 29 日之前是那么趾高气扬，似乎气吞山河不可一世。可是到 11 月 5 日之后，就像斗败了的公鸡一样变得垂头丧气，甚至准备流放或上断头台了！

其次，这次事件还可以说明，任何政治代表人物，都应该是光明磊落、为人正派，而不搞阴谋诡计，出尔反尔，为了击败对方不择手段。如果这样，都不会有好下场。卢韦和吉伦特派的下场难道不就是很好的明证？

其三，除上述之外，这次事件还说明：斗争应讲究策略，讲究艺术，不要光凭狂热，以感情代替理智，以虚构代替事实，以诽谤、讥讽、挖苦代替摆事实讲道理。罗伯斯比尔正是由于不中卢韦的激将法，平心静气地摆事实讲道理，才赢得了群众，进而一举击败对方。

其四，从卢韦和罗伯斯比尔的事件中也可以反映出山岳派和吉伦特派的斗争是不可调和你死我活的斗争。斗争的实质是革命究竟要不要继续深入。吉伦特派认为革命应到此为止，否则就有危险；山岳派则不满足于现状，要继续将革命推向前进。因而，在对待革命、公社、九月屠杀事件、所谓的个人独裁等问题上展开了尖锐的辩论。

最后，卢韦与罗伯斯比尔的斗争，是吉伦特派和山岳派一系列斗争的继续，是它们斗争链条中的一个重要环节，而并不是斗争的终结。此后，吉伦特派和山岳派还在很多问题上继续展开激烈的斗争，诸如审判国王、集权和分权、经济上的限制和反限制等问题。这些斗争持续不断。斗争的结束，与其说是在 1793 年 5 月 31 日—6 月 2 日吉伦特派被推翻之时，不如说到 1794 年

7 月 27 日热月政变雅各宾专政失败之时。因此,在某种意义上,10 月 29 日卢韦的进攻也可以说是 1794 年热月政变的一次预演。

《史学集刊》,1987 年第 2 期

罗伯斯比尔政治民主思想的发展

罗伯斯比尔是一位杰出的资产阶级民主战士。他的政治民主思想，随着革命形势的发展经历了几个发展阶段：在立宪议会时期，他的政治民主思想还带有君主立宪的印记；在立法议会时期，逐步发展为拥护共和思想；在雅各宾专政时期，则发展为民主共和和人民民主专政的思想。大革命的五个年头，后两年是他的政治民主思想臻于成熟、臻于完善时期。最后他终于成为一位近代历史上不可多得的资产阶级民主主义的楷模。

一、罗伯斯比尔政治民主思想的发展

历史学家、罗伯斯比尔的传记作家欧内斯特·阿梅尔在评介罗伯斯比尔的政治思想时曾经说过："我们在制宪议会里看到的，还将在国民公会里重新找到。"阿梅尔没有看到罗伯斯比尔政治思想在 1789 年至 1793—1794 年间明显的变化。

在制宪议会和立法议会这三个年头里，罗伯斯比尔在与贵族大资产阶级的立宪派、工商业资产阶级的吉伦特派的斗争中，已充分显示出他是一个坚定不移的人民民主的捍卫者。如他所提出的：不受财产及其他资格限制的人民有普遍选举权的理论；竭力反对 1791 年宪法中按财产标准人为地将人分为"积极"公民和"消极"公民的做法，提出人民有武装的权利，反对资产阶级剥夺"消极"公民的武装权利，他说："武装起来保卫自己，是所有的、无差别的权利，武装起来保卫祖国则是每个公民的权利。"他曾第一次提出了"自由、平等、博爱"，建议国民自卫军胸前佩戴标有"自由、平等、博爱"和"法兰西人民"

的印记,同时建议把它写在国民自卫军的三色国旗上;他极力主张废除议会对新教徒、犹太人及演员的限制法令;他主张给殖民地有色人种的人以自由权;提出为确保贫困的人们能有权利从事政治活动,所丧失的时间要得到经济上的补偿;他建议议会大厅要设立旁听席,开始他提出 10000 名,后又提出增设 12000 名,以此确保人民对议员的监督,使议员履行自己的职责;他还为农民反圈地斗争辩护;为萨瓦人和阿维尼翁人叛变自己的当局、要归附法国革命的义举辩护;为因军饷问题而反对其军官的夏托维安士兵辩护;为 8 月 10 日人民群众攻打土伊勒里宫的起义和 1793 年 5 月 31—6 月 2 日反吉伦特派的起义辩护;在此期间他还竭力始终如一地反对行政机关擅权,捍卫立法机关,他认为行政权应从属于立法机关,他把国王变为法国人的国王,是人民的第一公仆,他坚持应该实行严格的分权,反对米拉波等所主张的行政机关强而有力,集大权于君主一身;在此期间,他还极力主张出版的绝对自由权,他曾为捍卫"完全、无限的出版自由"进行辩论。为了防止行政官员的"腐化",他还提出了种种补救的措施,如行政职位经常易人;立法、行政之间要严格分离;不将公职授予议员,取消大臣对公共资金的控制等。如果公职人员渎职,应将其递交特设法庭审判。对议员则情况有所不同,他能自由地抨击行政的渎职,能传唤大臣、公仆述职。议员本身应享受国会不受侵犯的特权……总之,从上述内容可以看出,罗伯斯比尔在此期间所提出的种种政治民主主张是非常光辉杰出的,表明他无愧于是一位出色的民主战士,是卢梭的人民主权的捍卫者。但这只是一方面,从另外一方面来看,罗伯斯比尔还是一个君主立宪派,虽然他与制宪派不一样,但他还没有完全超出君主立宪的范围。

罗伯斯比尔尽管主张要进行国家的巨大改革,但在开始时他却看不到捣毁整个结构的必要性。1788 年时,他曾宣称法国人并不需要"在一场普遍的,往往是危险的革命中寻求一个治疗特殊弊病的药方"。远在 1775 年罗伯斯比尔在路易大王学校读书时,当新国王路易十六加冕典礼后要在巴黎举行隆重的入城仪式时,他就是一位被学校选中的向路易十六致祝贺词的代表。在三级会议召开前夕,他总是把自己的全部希望都寄托在王权身上,认为,正是君主制才能拯救民族。罗伯斯比尔当时对王权的概念是,君主是受雇于民族的,担负着执行本民族意志的一名雇员。他在 1790 年 5 月的制宪议会上说:

“王权至上不是别的，就是民族至上。”王权就是民族意志的集中体现。正是民族才是“至尊”的。要代表民族，只要当你受到它的特别委托来表达它的意志的时候。因此，作为阿腊斯代表的他就是人民的代表，法王路易十六仅仅是它的“委托人”。

然而，这样的委托人，罗伯斯比尔不仅允许其存在，而且还觉得对国家机器的正常运转来讲是有用的，甚至是必不可缺的。1791 年 7 月在对自己参加制宪议会两年来所作的总结时，他说：“我并不感到国王这个职衔在几乎是所有最自由的爱国者那儿所引起的恐惧。只要民族仍有它的地位，只要我们让我们革命的性质所培养起来的爱国主义能自由地发展，我就不怕王权，甚至也不怕在一个家族中世代相传王权。”

对罗伯斯比尔来说，共和国与君主国这是两个词，只是些模糊而毫无意义的用语，是无关紧要的。它们并不能说明政府的某种特殊性质。他最后推出一个主要由三点构成，用以说明他对 1791 年宪法的看法的公式：

（1）一切民族至上的自由国家都是一个共和国。

（2）一个民族有了一位君主就是自由的。

（3）共和国和君主国并非两种无法比较的东西。

在 1791 年 4 月 10 日，罗伯斯比尔非常激动地在雅各宾俱乐部一次发言中，否认自己要反对君主制的原则。他仅仅是反对专制，而不是反对君主制，国王这个词对他来讲并不是不幸的：“推翻君主制吧！似乎我已无理智到要想摧毁政府这个唯一能够适合于一个伟大民族、保证其权力和繁荣的东西；似乎我对波兰政府要比对俄国或威尼斯政府更加嫉妒……并不是国王这个词对我们来讲是不幸的，而是这种不断表现出来的、把专断权力交到大臣们手里去的倾向，正是这种粗暴的阴谋，以其背信弃义的诡计和违法的诬陷，竭力地给人们枷上锁链；我要反对的正是这些可恨的事物和腐化邪恶的人物；我正是要以此来回答人们每天加给我们的荒诞不经的责难。”

那么，是什么事情？是什么时候使他最终摆脱了君主制？使他成为一个最彻底的君主制的敌人，一个给君主制以严厉打击的人？

是革命形势的发展，是瓦伦事件，是这个他曾寄以希望的“民族的委托人”路易十六国王抛弃了他的臣民、背叛了他们信任，准备投靠外敌、勾结欧洲君主国，勾结流亡贵族举行反叛。从他押回的第二天起，就有一个拯救国王、宣布他是不可侵犯的阴谋在酝酿着。有些代表敢于以聚集在初级议会的人民的评判为支柱来反对这个阴谋。

罗伯斯比尔写道:“我承认我是属于他们中间的一个。如果议会有一种能摧毁独裁和独裁制的共和制观念,那就是我所说的这个,因而一切宫廷的奴仆都会把我谴责成共和主义者。”

这可以说是罗伯斯比尔由拥护君主制向拥护共和制转变的一个决定性转折的开始。但这仅仅是开始,这种转变是经历一个过程的。

即使在瓦伦事件之后,他还是个法兰西宪法的捍卫者。不久他还成为这个《法兰西宪法捍卫者报》的实际控制者。对 1791 年宪法,他当时所下的定义仍是模棱两可的。他于 1791 年 7 月 13 日在雅各宾俱乐部中说:“目前法国的宪法就是一个共和国加上一君主。因此,它既不是君主制,也不是共和制。它既是前者,也是后者。”

1791 年 7 月 17 日,马尔斯广场的屠杀,以血的事实给这部宪法揭开了假面具,宪法的本质在光天化日之下暴露无遗。

罗伯斯比尔认为,宪法在根本上就是表达民族的意志。它不应是别的什么。它要存在,就只需唯一的一个条件:“这就是民族希望它存在。”它的命运因而也不是以路易十六的意志为转移的。它的对象和目的就是人民的幸福,而不是国王的幸福。然而罗伯斯比尔认为,1791 年立法草案的起草人都殷勤地给君主献媚,“就像给他一笔遗产似的”,把全部的行政权都交给了他。给予他的有:“终止国民议会连续行动的权力;通过他有权否定的法律提案来领导议会的权力……对所有已成为它的臣仆的政府机构拥有绝对的权力的一个帝国;决定本民族与外族利益和关系的权力,拥有无以计数的军队;聚集在他手中的国家各部门的公共财富……所有一切都告诉我,在我们国家里不存在任何一种可以躲过国王权力的权力,所有一切都向我表明,我所做的一切都在使宪法合乎他的胃口。”

因此,他认识到了自己的错误,并加以说明。他为什么还要支持这部宪法呢?他在《宪法捍卫者报》上解释道:在内部分裂中,“对正直的公民来讲必须要有个支点,有个归属的表示;我不知道还有别的什么,只知道有宪法”;“自从宪法条文由全体完成并得到加强起,我就一直宣称要坚定不移地执行它……就像祖国和人类的一位朋友那样,确信公共安全要求我们得到宪法的庇护,以便清除野心和专制主义的侵袭”。

在第8期中他补充说:“不要太为这些邪恶所伤,相信宪法的巨大价值吧!既然自由的敌人的目的是将它摧毁,请想一想这本身所具有的完善的不朽原则吧!这些恶习是属于人类的,而宪法的基础则是苍天的作品。”

但是,这部宪法是在王权时期制定的,可以说是按君主制的尺度编纂的,那么在8月10日王权被废黜之后它的价值和用处会是怎样?罗伯斯比尔认为它完全能够继续存在。8月10日只是“清除”了它的两个基本弊害:君主制和政治上的不平等。

1792年11月,根据一个锁匠的报告,在王宫的一个秘密壁橱里发现国王与外国宫廷阴谋勾结的信件,进一步证实了国王的叛国罪行。山岳派主张立即判处国王死刑。罗伯斯比尔认为,路易十六称人民是叛乱者,并勾结外国暴君的军队来镇压人民,这就犯了滔天罪行,如不判处他死刑,共和国就不能存在和巩固。他的名言是“路易应该死,因为祖国需要生”。1793年1月21日,终于把这个民族的叛徒、人类的罪人送上了断头台。实际上这是罗伯斯比尔最终彻底摆脱王权观念、摆脱君主制而走上共和制道路的重要标志。1793年4月15日,他在谈到宪法时说:“这部宪法在一个方面摆脱了王权,这是它的真正枷锁,它还摆脱了‘积极公民’和‘消极公民’的令人憎恶的划分,这对人类不啻是一种侮辱。像现在这一部法国宪法仍是世界上最好的一部,它不仅远远高于目前存在的任何国家的宪法,而且远远高于最早的古代各民族的宪法。因为在别的任何地方,你们都可以看到贵族在一些小地域内还得到认可。在我们这里,你们则有绝对的权利平等的。”

1793年5月10日,罗伯斯比尔在作关于宪法问题的长篇重要报告时,在他所提出的宪法草案的第4条就宣称:“法兰西共和国是统一不可分割的。”第3条宣布:“法国宪法除共和国政府外不承认有其他合法政府;除建立在自由和平等基础上的共和国政体外,不承认其他共和政体。”

以上就是罗伯斯比尔在制宪议会、立法议会时期政治民主的第一个飞跃:由君主立宪民主向共和主义民主观念的飞跃。

以下还要叙述罗伯斯比尔此后政治民主观念的第二个飞跃:由共和制向人民民主专政思想的飞跃。

一般说来,罗伯斯比尔在革命的头三年,在革命比较和平的发展时期,他的政治思想较多的是强调民主政治，强调宪政统治，强调政府的三权分立，强调德行是共和国的本质，强调人民有绝对的出版自由权，强调国家不应干预教育等。但是到后两年，尤其是雅各宾专政建立后，他的这些政治民主概念都发生很大的变化，而终于走上了强调建立强有力的中央集权的人民民主专政的道路，强调用恐怖来对付国内外的敌人，以争取革命的胜利。

理论是实践的向导，但理论一定要以事实作为依据。罗伯斯比尔的这种人民民主专政思想、恐怖理论不是一天生就，而是逐步形成的，换句话说，它随着法国大革命的形势的变化而变化，发展而发展的。拉扎尔·卡诺说："革命党并非生就的，而是变成的。"意波利特·卡诺也说过，恐怖统治是"窘境中的专政"。他们的话是有道理的。

事实上，在 1792 年 8—9 月的危机时，罗伯斯比尔和巴黎公社的同事们采取一些公安措施，就有一种需要建立一个"革命政府"及类似机构的萌芽想法。危机持续了 6 个星期，在此期间，公社向立法议会的权力挑战，而且常常取而代之。如他们发动搜查住宅、设立革命法庭。它能实行的对监狱屠杀的默许，以及与此同时，君主政体支持者中的知名人士被剥夺了选举权的事例等。不过这阶段，这样的事还是零星的，而不是系统地、全面地开展的。但是，到了 1793 年 3—4 月，迪穆里埃的叛变所导致的危机发生时，国民公会就被劝告更为深入地贯彻这些措施了：设立革命法庭，在各区建立"革命的"或戒备的委员会，并授予它自己的成员极大的权力，将他们派到各省，将议会的指令强行贯彻到各部门，乃至各公社。在 8—9 月间又一次发生危机时，又依次实行了总动员令、颁布嫌疑犯法、对产品价格的控制，并建立"革命军"，巡行各地，执行惩罚任务等。很明显，这些都是非常措施，用以应付危急形势。但这时它们受到议会的严格控制，而且也无必要，以削弱立法机构，加强行政机构的办法来落实这些措施。简单地说，它们与新的多数派、雅各宾派在 6 月份公布的宪法条款极为吻合。但面临通货膨胀引起的骚乱及危机的加剧，这些措施不可能长期保持原状。而特派员在夏秋两季将自己的办法强加于地方当局，也使宪法的许多细节受到明显的忽视。然而，在着手武装政府、授予其非常权力方面，仍无很大进展。因为加强政府，削弱议会的直接权力的做法，是与所有党派都赞成的宪法基本原则相违背的。这时，只有罗伯斯比尔在国民公会里提出了他的主张。为了行动一致，必须组织一个应急的政府，这个政府应由已被证明是爱国者的各党派人士组成的委员会构成,它应拥有处理国家的危机的权力。这一声明,对长期以来,人们也是罗伯斯比尔一直认为的立法、行政的权限应严格分离的观念是一次直接的挑战。接着,丹东提出了一大胆的建议:部长应该从国民公会的成员中选出。救国委员会的基础就是这样奠定了,救国委员会就是从这个最初仅为交换意见的机构中脱颖而出的,它以后拥有权力之大是远非此时所能想象到的。

在驱逐吉伦特派及发表雅各宾宪法之前的事实大体如此。

暮夏初秋,法国的形势又有了新的变化。在此期间,物价的飞涨,指券的贬值,引起了进一步的骚动。对战争及内战的需求变得更加迫不及待,巴黎的无套裤汉则为前些时候的成功所鼓动,提出了更使人心神不安的新要求;而革命军队及其领袖们则在外省耀武扬威,把来自巴黎,仅仅是自相矛盾的政策强加于当地。因此,为了应付战争的需要及克服行政上与日俱增的“混乱”,雅各宾派的领袖决定实行前些时候业已实行的零星非常措施,并把罗伯斯比尔的关于建立一个更加集权、更加“革命”的新政府形式的想法付诸实践。共分两个阶段:首先,是在 10 月 10 日,请求国民公会签署圣茹斯特代表救国委员会所作的“在和平到来之前,法国各省政府应是革命的”声明;接着,在 8 周后,颁布了霜月 14 日(12 月 4 日)法令,宣布将用新的政府形式。到此地步,平原派、山岳派只有乖乖接受了。

为了论证新政府加强非常措施、加强集权以及恐怖等的合理性和重要性,罗伯斯比尔从理论上加以系统的论述,他所作的“革命政府的几项原则”(12 月 25 日)的报告以及“关于政治道德的各项原则”的报告,集中地反映了他的崭新的人民民主专政理论的体系。

罗伯斯比尔在《革命政府的几项原则》的演说中说:“有关革命政府的理论,就像使它产生的革命,是全新的。从那些无法预见这次革命的理论家的书本里去寻找它的根据是毫无意义的,这就像那些暴君的原则,那些暴君因为人们无法找到法律根据对其滥用权力实行惩处而洋洋得意。”但是,他同意在怎样使用“革命”这个词时,其意思对大多数人来说可能是“暧昧不明”的,因此“需要对所有的人解释这个词,这样我们就可以把优秀的公民集结在我们的周围,至少可以使他们对那些决定群众利益的原则,予以支持”。因此,他继续解释道,这样一种政府形式并不是永久不变的,并不是已到了令人满意的终点,而是应与他在前些时候签署的"1789年原则"的革命者所始料不及的新的需要和突然发生变化的新的环境相一致,因而,这种政府的目标、作用及方法均与较稳定时革命所提供的制宪政府不同。"制宪政府的目的是使共和国维持下去,革命政府的目的则是建立共和国。革命就是自由反对自由的敌人的斗争,到了胜利来临,国家处于和平状态之时,宪法就会成为自由大厦的基石"。然后,他补充道,"革命政府不得不唤起民众非凡的积极性以为其支援,因为这是战时,它不能墨守成规,因为,它周围的环境是动荡不安、变幻莫测的。最重要的是,它不得不持续、迅速地调集一切资源,以不断应付咄咄逼人的新危险"。而且,"制宪政府关心的主要是公民的自由,而革命政府关心的则是大众的自由。在制宪政府统治下,不需要做什么来保护个人,使其不受国家滥用权力之害,而革命政府则有保卫国家、抵御四方之敌的责任"。他问道,"难道由于革命政府必须更加精力充沛、更加不受拘束地行事就不那么合理合法了吗?不!因为它以一切法则中最神圣的——即人民的安全和毋庸置辩的权力的需要——为依据。它有自己的准则,即一切基于正义,一切基于公共秩序,它与专制横行的准则格格不入,它的产生是由于支配着它的公共利益,而不是某人的想入非非"。简言之,"革命"政府是革命者自己促成的一项改革,它用非常的权力装备起来,是为了对付非常的形势,一旦战争结束,促使它形成的危机度过,就会重回到合乎最近新通过的宪法的"正常"轨道。

罗伯斯比尔的恐怖观念究竟是什么?

他在《关于政治道德的各项原则》的报告中有很好的论述。什么样的政府能"完成人类的使命","只有民主的或共和的政府"。民主国家是什么样的国家?他说:"民主国家乃是这样的国家:在那里,主权的人民受自己制定的法律领导,自己去做所能做的一切事情,并借助自己的代表去做自己所不能做的一切事情。"在这里,罗伯斯比尔提出了与过去不同的概念。其一是民主不是无法无天,不是绝对的民主;其二是民主要"借助自己的代表去做"……而不是直接的民主,不是卢梭所说的那样主权是不好转让,不好代表的。

同时,罗伯斯比尔还特别强调:"你们还应当使你们的行为同在共和国内发生的剧烈的事变相适应,而你们的管理计划则应是革命政府的精神与一般民主原则结合的产物。"

民主政府的基本原则又是什么？也就是支持和推动政府的主要动力又是什么？这就是美德。他说："我说的是公共美德，这种美德曾在希腊和罗马做出了那么伟大的奇迹，并且，这一美德将要在共和的法国做出更令人惊异的奇迹。我说的美德，就是热爱祖国和祖国的法律，而不是别的什么东西。""因为共和政体或民主的实质是平等"，所以"热爱祖国必须包括热爱平等在内"。

但是，罗伯斯比尔强调指出，在革命时期，光有美德是不够的。它还必须依靠恐怖。接着，他非常精彩地论述了美德和恐怖的辩证关系，论证恐怖的正义性、合理性。他说："如果在和平时期，人民管理的工具是美德，那么在革命时期，这个工具就同时既是美德又是恐怖：没有美德，恐怖是有害的；没有恐怖，美德就显得无力。恐怖是迅速、严厉、坚决的正义，从而它是美德的表现，与其说它是特殊的原则，毋宁说它是从祖国在极端困难时期所采用的民主一般原则中得出的结论。"他还说："这里有人说，恐怖是专制政体的工具。这样说来，你们的政体不像专制制度吗？是的，在自由的英雄手中闪闪发光的宝剑，很像暴政信徒用来武装自己的利剑。当专制君主借助恐怖，统治自己愚昧的臣民的时候，作为君主，他是对的；你们用恐怖使自由的敌人驯服，作为共和国的创立人，你们也将是对的。革命政体就是自由对暴政的专制。难道力量建立起来是为了保卫犯罪，而不是为了打击傲慢不逊的人们吗？"他还提出了"惩罚人类的压迫者是仁慈，宽恕他们是野蛮"的格言。指出暴君的残暴和共和国政府的残暴这完全是两种不同性质的残暴。即他所说的"暴君的残暴是由残暴产生的，共和国政府的残暴则是由热心为善所引起的"。这也正如他在《关于革命政府几项原则》报告中所论述的一样："革命政府对于坏人越厉害，对于好人就应越亲切。周围情况要求政府采取必要的严厉措施越多，它就越应当少采用那些无益地限制自由和侵害私人利益，然而对社会毫无好处的措施。"因而，他指出，革命政府必须在两座暗礁之间航行——温和主义和过激行为。"温和对节制来讲就像是无力对贞操来讲一样的无益；过激对于激情就像臃肿对于健康一样的有害"。

以上就是罗伯斯比尔关于革命政府、革命恐怖的理论体系。用现代的语言来说就是人民民主专政的学说。它与革命头三年所提出的一系列的政治民主、宪政统治的理论有着很大的差异，它大大发展了他在革命初期的政治民主思想。可见阿梅尔看不到罗伯斯比尔前后思想的变化及其差异是与事实不符合的,因而也是不足取的。

罗伯斯比尔在190多年前,能在雅各宾政权岌岌可危的时候,提出了一整套人民民主专政的理论,并采取了恐怖措施推进了革命,拯救法兰西共和国免遭国内外敌人的侵犯,并巩固了雅各宾专政,这是很了不起的、是完全必要的。

二、罗伯斯比尔政治民主思想的渊源

现在我们来研究一下,罗伯斯比尔的政治民主思想究竟来源于什么?

首先,是他的阅读和个人经历。罗伯斯比尔在阿腊斯和巴黎,在路易大王学院时求学,在奥拉托利会时从事文学的生涯。他在古典文学、哲学、法学方面打下了扎实的基础。对雅典、斯巴达及罗马共和国的历史了如指掌,布鲁塔克、格拉希共和主义的道德则使他在孩提时代就浮想联翩。然而,他与当时的其他法国人一样,对较早发生的英国革命所知甚少。对平等派、掘土派可以说毫无所知。对克伦威尔,只知他是个“暴君”“独裁者”,与查理一世、乔治三世相差无几。18世纪的哲学家、政治思想家对他的影响更为深刻。半个世纪里,他们的思想光芒射进了戒备森严的大中学府和几乎与世隔绝的神学院。年轻的罗伯斯比尔引用起孟德斯鸠、孔狄拉克、马布里、杜尔阁、伏尔泰的话来已得心应手。但是,他对百科全书派,如对霍尔巴赫、狄德罗及爱尔维修的“唯物主义”感到某些反感,而且这种厌恶的感情与日俱增。在大革命期间,他还赞成捣毁爱尔维修的半身像。在早期,正如开头章节所提到的孟德斯鸠,对他的影响是比较大的,尤其是他的关于美德的思想,似乎主要是来源于他。关于宗教思想,也有一部分来自伏尔泰的自然神论。他的平均主义思想倾向,主张人的最最主要的自然权利是生存权,以及对重农学派的批判等,主要来源于马布里。然而,在所有这些思想家中,真正得益最多的、影响最大的是卢梭。

在罗伯斯比尔的同时代人中,不论属于何党何派,也不论是否熟知卢梭的著作,但在一切重大的政治辩论之中都把卢梭的著作作为引经据典的根据，似乎是一种时髦，也从不同角度理解卢梭，为自己的观点辩护。在吉伦特派中，罗兰夫人和卢韦对卢梭的褒誉，最为热烈。巴贝夫还给自己的儿子取名为“爱弥儿”。甚至，制宪议会的极右派英里神甫，也引用卢梭的著作来支持自己的观点。

罗伯斯比尔与卢梭的关系是怎样建立的呢？是经由布鲁塔克、伏尔泰、孟德斯鸠而过渡到卢梭的。罗伯斯比尔与卢梭的私交究竟怎样？他大学毕业后，对卢梭究竟研究到什么程度？持续多久？这些问题尚有争议，很少有材料来证明。他的私人藏书里并未发现卢梭的著作。他中学时代在艾蒙维叶与卢梭的邂逅，也多属虚构。那本据说放在杜普莱家他床头的《社会契约论》，可能是他读过的唯一的卢梭的政治著作。然而，他对这本书的了若指掌是无疑问的。他在演说中频繁地引用卢梭的名字、卢梭的基本政治思想、卢梭的维护人民主权及全体人民的公意；他不信任代表制；他提出的自然权利、社会契约；他论证平等；他相信人之初，性本善；政治与伦理、德行的自由休戚相关；他以道德标准来衡量事物是否有用，他的社会理想是既不是要大富，也不要赤贫的、由小业主和工匠组成的共和国；他相信那种将神的启示与迷信揉成一体的国家，宗教于社会有益等学说，显然给罗伯斯比尔打下了深深的烙印。甚至据记载，罗伯斯比尔在选择描述事物形象的词句及声音语调、风度举止方面，在思考问题的方式方面，在生活的方式方面都带有卢梭气质的特点。可以说，没有一个革命领袖在这一点上能与他相比。

其次，罗伯斯比尔思想的形成还有赖于他所生活的环境、出身的家庭对他的影响。罗伯斯比尔生长在法国北部一个充满小生产、小手工业的城市——阿腊斯。他的父亲是律师，他的家庭属于第三等级。年幼时母亲去世，父亲出走，家境贫穷，他早早挑起了年龄所不堪承受的家庭重担。这种环境必然对他的成长和性格特征产生了影响。因此，也很自然，他必然会远远背离他在路易大王学院所受的教育。作为一位年轻的律师，他宁愿远离那些富人和特权者，而与那些较穷而中等的市民站在一起，并在反对贵族及富人的斗争中，维护他们的利益，为他们辩护，支持他们的要求。他认为，对一个有决心、有信心使自己摆脱贫困、依靠自己的双手维持生计，享有一定的社会独立地位的人来说，贫穷并非社会地位的低贱。这对理解罗伯斯比尔思想的发展，颇有意义。

另外,他生活的时代,尚处在“前工业”的时期,新兴的大工业对小生产者鲸吞尚不明显,依靠自己辛勤劳动的小业主、工匠尚能取得相当程度的独立性,似乎还能获得一些“自然权利”的机会。这批小独立劳动者、小业主愿意过一种节俭的生活,他们为了积累资本,视奢侈为耻辱,视多余浪费为堕落。罗伯斯比尔也持这种态度,他的举止行为、生活方式很能反映这种状况。他衣着整洁、服饰讲究,是旧制度下的“小资产阶级”的风度,也有些历史学家说他这种打扮是尊重人民的一种表现。他为人朴实,从不哗众取宠,炫耀卖弄。在革命时期,有人想给他戴上革命的“红帽子”而被他拒绝了。他还对雅各宾党人说:“我就是人民,仅此而已。”正因为他有这种性格、气质、特征,所以毫不奇怪,他把卢梭的政治思想作为自己追随的目标。

然而,尽管罗伯斯比尔对卢梭的思想忠心耿耿,是他坚定不移的信徒,但他绝不是盲目地、教条主义地拘泥于他的老师的教导,他既继承了卢梭的学说,而又发展了他的学说。例如:他实际上摒弃了卢梭的纯属幻想的有关社会契约的见解,而代之以洛克的观点;卢梭主张对不肯改悔的异教徒采取严厉的措施、流刑,甚至处死,而罗伯斯比尔则主张宗教宽容;卢梭认为主权是不可代表的,主张实行直接民主制,罗伯斯比尔则认为,人民行使主权的时候,可以借助自己选出的代表;卢梭反对洛克和孟德斯鸠的分权理论,这是他从主权是不可分割的原则出发的,而罗伯斯比尔则主张三权分立,后来只是由于“内忧外患”的形势,才又主张加强集权制的,主张立法行政统一;卢梭主张建立小国寡民的民主共和国,主张每个公民可以直接参加选举,而罗伯斯比尔则认为像法国这样的大国,也可以建立民主共和国,并且主张建立新代表制民主共和国。总之,罗伯斯比尔的世界观受卢梭的世界观影响最大,他坚持了卢梭的小资产阶级的民主主义思想,同时在新的历史条件下发展了卢梭的思想观点,可以说罗伯斯比尔是卢梭思想的产儿,是卢梭意志的继承者,是卢梭主义——革命民主主义的实行者和发展者。

以上就是罗伯斯比尔政治民主思想大体上的来源,是否恰当还值得研究。

《历史教学问题》,1989 年第 3 期

略论罗伯斯比尔诞生的年代

法国大革命时代，是伟大人物辈出的时代，它曾造就了大批革命的领袖人物，诸如拉法耶特、米拉波、德穆兰、布里索、罗兰夫人、丹东、马拉、圣茹斯特和罗伯斯比尔等，而罗伯斯比尔是其中最出色的一个。

罗伯斯比尔是法国大革命的中心人物，他的一生是革命的一生，战斗的一生，“不可腐蚀”的一生。他为法国资产阶级革命事业，为奠定资产阶级民主制度贡献了自己的一切。无怪乎马克思称他为“英雄人物”，并指出：“不管资产阶级社会怎样缺少英雄气概，它的诞生却是需要英雄行为、自我牺牲、恐怖、内战和民族战斗的。”①因此，罗伯斯比尔的名字是与法国大革命、尤其是与雅各宾革命民主专政紧密联系在一起的。

一位伟大的历史人物和革命家，必然是时代的产物，同时又是时代的先行者。罗伯斯比尔的一生正好表明了这一点。

马克西米利安·罗伯斯比尔于1758年5月6日生于法国北部阿图瓦省省府阿腊斯城的一个律师家庭里。此时适值七年战争期间，法属北美殖民地魁北克陷落，英国人征服了加拿大及印度的商行，普鲁士人战胜了奥地利人；卢梭的《致达兰贝尔的信》和伏尔泰的《道德风尚文集》问世；这年又恰逢达米安用小刀刺杀法王路易十五未遂而在格罗夫广场惨遭分尸酷刑，笃信宗教的信徒便借此机会禁止百科全书派的活动。

从世界历史背景来看，罗伯斯比尔正诞生于欧洲封建制度逐渐趋向总崩溃，新的资本主义制度将逐渐代替腐朽没落的旧制度的年代。欧美已经历了几次资产阶级革命，如16世纪的德国农民战争和宗教改革、尼德兰资产阶级

---

① 《马克思恩格斯选集》，第1卷，第604页。

革命、17 世纪的英国资产阶级革命、18 世纪的美国独立战争等。尤其是英国，不仅建立了资产阶级统治，而且在 18 世纪 60 年代开始了工业革命。资本主义高歌猛进，但从总体上说，欧洲还处在封建专制制度的统治之下。当时，神圣罗马帝国已名存实亡，仅德意志境内就有 300 多个小邦和许多骑士领地，而奥地利和普鲁士是其中最大的两个邦。普鲁士的威廉二世虽实行了一些改革措施，扩充领土，加强军事实力，但普鲁士与奥国一样都是欧洲较落后的封建专制国家。俄国则是典型的封建军事专制的农奴制国家，继彼得一世之后，叶卡捷琳娜二世又实行了一些改革，强化了农奴制。意大利也是一个四分五裂的封建割据国家，北部还为奥地利人所占领，政治上的分裂阻碍了它在经济上的发展。波兰是一个贵族共和国，曾先后三次遭受俄、普、奥的肢解，国家被瓜分了。可见，在罗伯斯比尔所诞生的时代，欧洲新兴的资产阶级国家仍处于封建制度的包围之中，资本主义和封建主义的矛盾极其尖锐。法国要想进行资产阶级革命，资本主义要冲破腐朽的封建主义的禁锢，必然会引起封建统治阶级的拼死抵抗。因此，法国革命不仅是法国一国范围的革命，而且是欧洲范围的革命；不仅是开创法国社会新纪元的革命，而且是开创欧洲社会新纪元的革命。从这一意义上说，作为法国大革命杰出领袖的罗伯斯比尔，就不能不成为具有世界历史意义的重要人物了。

再从法国国内的历史背景来看，在经济方面，18 世纪的法国是一个典型的封建国家。革命前夕，法国的人口是 2800 万人，其中 90%以上居住在乡村，从事农业生产，农产品产值超过工业品产值的两倍半。当时，法国的农奴制度虽然已几乎绝迹，只是在若干寺院土地和王室土地上还保存着，大多数农民虽然成了自由农，并且能够独立地支配属于他们的土地，但是，农民的地产毕竟不能算是真正的私有财产，领主还是被认作全部土地的最高所有者。因此，领主有权摊派一系列封建义务。农民必须把全年四分之一或一半的收获量交给领主。除此之外，领主的狩猎权、特别税等也使农民深受灾难。法国小农的土地非常零散，18 世纪 80 年代在法国旅行的英国人杨·格曾说："一株果树及其周围数丈土地就成了全家生活的来源。"

在工业中，小生产也占优势。拥有几百个工人的手工工场和大企业非常少，拥有 2~10 名工人的工场占绝大多数。1789 年前，法国几乎没有机械棉纺织业。到 1790 年，英国已有 20970 台改进了的珍妮纺纱机，法国连一台也没有;而英国有143台阿克赖特机时,法国只有8台。

法国全国10万以上人口的城市只有两个:巴黎为60万人,里昂为13.5万人。巴黎生产着驰名世界的奢侈品,如精美的家具、地毯、珠宝、丝织物、服装、香水等,但在生产方面,平均有2~13名工人的企业占多数,小手工业、家庭手工业、小铺和小商店等占绝对优势。巴黎约有15万工人,其中8万~10万工人落到无工资可领的地步,许多人流落街头。里昂是丝纺织业的主要中心,革命前有500名商人、7000个小作坊、4300名雇佣工人。罗伯斯比尔生长的阿腊斯城古老幽静,全市人口不到2万(1.9万),在法国至多只能算第三流的城市。它的绒绣工艺比较发达,粮食和葡萄酒的贸易也很兴盛,也是典型的小生产者的城市。

18世纪的法国,国内贸易和对外贸易也迅速地发展起来。1776年,法国建立了贴现银行,资本在很短时期内增至1亿里佛,这一时期对外贸易增加了10倍,从8000万法郎增加到75000万法郎。巴黎被称为“王国的总栈房”,马赛被称为“地中海的皇后”。波尔多每年有16艘载重量达5000吨的船下水。南特市在18世纪后期成立了商会。

可是,法国资本主义的发展却受到封建生产关系的种种束缚,封建的大土地所有制、行会制度、工业条规、关卡制度、苛捐杂税、商业专卖权、货币与度量衡的不统一等,都严重地阻碍了资本主义生产关系的发展。因此,新兴的资本主义与腐朽的封建关系发生了尖锐的冲突,革命就是从这种冲突中爆发出来的。

在政治方面,罗伯斯比尔所处的时代正是法国封建的君主绝对专制由顶峰走向没落的时代。从路易十四上台到革命爆发,法国的政体不仅是专制的,而且是横暴的。国王可以用“密札”任意将人投入监狱或流放;用充公的办法处置任何财产;用税捐征收任何人的收入。王国的等级制度特别森严。整个民族被分成三个等级:僧侣为第一等级,贵族为第二等级,在这两个等级之外的统称第三等级。前两个等级是掌握统治权的特权等级,他们一共只有20多万人,约占当时全国人口的1%强。每个等级又可分成许多阶层,人民备受专制压迫与社会不平等的痛苦。特权等级霸占着政府、军队、教会中的重要职位,拥有各种特权,攫取巨额收入,但不缴纳赋税。旧法规声称:“僧侣以祷告为国王服务,贵族以宝剑为国王服务,第三等级以财产为国王服务。”这就规定了僧侣、贵族的特权地位和第三等级的无权地位。

僧侣中的高级阶层享有政治、司法和财政的重要特权，占有全国1/10以上的土地，地租收入达8000万至1亿里佛，此外还有1.2亿里佛的什一税。高级僧侣绝大部分出身贵族。1789年，全国143个主教全部贵族出身。他们大多数居住在宫廷之内，过着奢侈糜烂的生活，是十足的寄生阶层。低级僧侣如乡村牧师、副牧师等，与高级僧侣差别甚大，收入微薄，大都出身第三等级。他们对高级僧侣充满着怨恨，同情第三等级的处境。

贵族可分为宫廷贵族、长袍贵族、乡居贵族、暴发户新贵族等。宫廷贵族是出入宫廷的约4000个家族，靠国王的恩宠度日，占据着某几省的军事长官或高级军职；长袍贵族执掌司法，而且只有他们才可以担任此职；乡居贵族运用在政治权利被取消后仍然保持着的封建私法，对农民进行压迫；暴发户新贵族则充当行政长官，被授予巡按使之职，占据着各种文官职位。

第三等级既受宫廷压榨，又受贵族欺凌。他们之中有些人按照各自的利益，组成了许多互相敌对的行会。第三等级仅拥有将近1/3的土地，并且要向领主缴纳封建地租，向教会缴纳什一税，向国王缴纳贡赋。尽管作出这样多的贡献，他们却享受不到任何政治权利，不得参与政事，也不得担任公职。

法国历史学家米涅指出："由于路易十四过久过猛地使用君主专制这个机器发条，使它张而不弛，最后这些发条损坏了。路易十四之死成了反抗的信号：从排斥异教突然变为不信宗教，从崇尚服从变为崇尚明辨是非。在摄政时期，第三等级壮大起来了，它的财力和知识都增多了，这是由于贵族失去了人们的尊重，教会失去了影响的缘故。在路易十五时代，王朝政府继续进行那种劳民伤财而成就微小的战争，并且同舆论进行暗斗，同高等法院进行明争，政府内部也陷于混乱，政权落在路易十五的情妇们手中，以至完全衰落，结果反对派日益得势。"①自弗勒里去世以及对奥战争结束后，国家财政陷入极度的困境。当时货币是稳定的，但国家却越来越贫困。路易十五不得不决定进行财政改革，对特权阶层实行征税，这就侵犯了特权等级的利益和声誉，因而国王也立即成为舆论、沙龙和受害者、诽谤者的目标。国王任命财政改革家马硕勒特·达尔努创设了一种新税，称二十分之一税，不管是不是贵

---

① 米涅：《法国革命史》，商务印书馆1981年版，第7~8页。

族，一律从所有的收入中征收，这种税收却遭到特权等级的反抗。

路易十六就是在这重重困难中于1774年5月11日登基的。路易十六也不像有些历史学家所描绘的那样专断独行、穷奢昏庸。从个人的品德和性格来说，他是一个“头脑清醒，心地正直、善良的人”，但他又是一个“不够坚定，在他的所作所为中缺乏坚持到底的精神的人”。他既不是改革家，又不是专横暴戾的君主。他尝试改革，企图摆脱国家的经济困难和财政危机，但是他的改革计划所遇到的阻力是他预料不到的，也是他未能加以克服的。他曾起用了不少有才能、有学识的改革家，如思想最为自由、品德也最为高尚的马尔泽布，“见解坚定而深远，性格刚毅，精力过人，试图实行一套更为广泛的计划”的杜尔果，“明智正确”“稳健和缓”的内克等。但是，改革却以失败而告终。米涅指出，路易十六“正如一个拒绝改革的君主遭到毁灭的结局那样，他由于尝试改革而毁灭了他的朝代，一直到召开三级会议的时期，是一个长期进行改革而无结果的朝代”①。

从路易十五的红衣主教弗勒里的修修补补的财政改革开始，到路易十六的谨小慎微的新教徒银行家的财政改革为止，法国实行了一系列重要改革，但无济于事。这说明，法国的封建专制制度像一个人得了癌症一样，仅用小医小治拯救生命已是不可能了。即使路易十五、路易十六更坚定些、更聪明些，即使他是黎塞留、马扎然、絮利，也是要倒台的。这说明，历史的发展规律是不以个人的意志为转移的，是由生产力和生产关系的运动规律决定的。历史经验证明，法国历史发展到这个时候，要想真正摆脱危机，走出一条路子，非要动大手术不可，而这个大手术就是革命！就是从根本上推翻腐朽没落的封建制度，彻底摧毁阻碍一切改革事业的社会基础，毫不留情地割除社会机体上的赘瘤，但这一点是路易十五、路易十六及其改革家们所办不到的。后来在法国大革命时期，尽管产生了无政府状态，尽管产生了恐怖主义，但它的主要目标达到了：在革命的过程中，旧制度被摧毁了；在帝国时期，新制度被建立起来了。

在思想方面，罗伯斯比尔正处于启蒙思想和各种进步思想广泛传播的时代。革命实际上很早就已开始了，是在思想家头脑中萌发的。在为自身权利

---

① 米涅：前引书，第11页。

作斗争时，第三等级中涌现出整整一代杰出人物，包括政治家、经济学家、哲学家和文学家等。他们提出的人类社会思想摇撼了旧世界一切权威的基础：宗教、道德、制度。

在18世纪的法国，思想的传播要比商品的流通快得多。城市里已有了图书馆、阅览室，以及可在里面看报交谈的咖啡馆。巴黎已出现文学沙龙，成名的或尚未成名的作家均在此自我炫耀，上流社会寻欢作乐的人、有特殊才能的吃白食的哲学家也都在沙龙里嘲论政事。朗贝尔夫人、唐森夫人、戴芬夫人、热奥弗兰夫人和莱比那斯小姐都曾在家里宴请作家和艺术家。在富有的霍尔巴赫男爵家，经常出入的有意大利人加利埃尼——一位满口是俏皮话的修道院院长、著名的化学家鲁和哲学家狄德罗。欧洲的亲王们也竞相以被邀至他家为荣耀，认为这种荣誉更高于被邀至凡尔赛宫。

外省的科学院、科技界和英国式的共济会，也积极传播着新思想。1789年，法国外省的科学院不少于30个，主要分布在东部和南部的城市。这些科学院嘉奖过一些著名的作家，其中有波尔多的孟德斯鸠、第戎的卢梭、阿腊斯的罗伯斯比尔。18世纪下半叶，知识界的活动在外省是那样的引人注目，致使政府不得不采取措施，以排除具有颠覆性的思想。

狄德罗和数学家达兰贝尔从1751年起开始出版《百科全书》，这是一部介绍科学和新技术及自由思想的巨著。1772年，全书17卷出齐。《百科全书》成为现代思想的《圣经》，它鼓舞人们用哲学精神推倒陈腐的偏见，把人们从旧秩序中解放出来。

孟德斯鸠和伏尔泰、狄德罗和爱尔维修、杜尔果和魁奈、马布里和摩莱里以及其他启蒙时代杰出的活动家，尽管在观点上有分歧，彼此还展开激烈的论战（有时是相互补充），但总的来说，他们代表了资产阶级和广大劳动者崛起时代的先进思想。

平等和民权思想的伟大捍卫者、日内瓦公民让·雅克·卢梭的名望和魅力是独具一格的，他是一切先进社会人士，尤其是年轻一代思想家的偶像和灵魂。他的《论科学和艺术是否败坏或增进道德》一著发表于1750年，得到第戎科学院的嘉奖；《论人类不平等的起源和基础》一著发表于1755年，但没有得奖，科学院认为此文有蛊惑性。卢梭并不局限于建议改革或解除君主制，还提出要彻底推翻整个腐败的社会制度，包括对儿童进行新的教育。如果说《新爱洛依丝》表达的是一种爱的方式，那么，《爱弥儿》所表达的则是一种新的教育方法，而《社会契约论》则论述了选择和监督政府工作人员的方法。卢梭哲学成为大革命的真正哲学，他启迪了山岳派、雅各宾派和罗伯斯比尔的革命行动。

启蒙思想的传播，为行将到来的法国大革命提供了有力的反封建的思想武器。罗伯斯比尔的《告阿图瓦省人民书》、西哀耶士的《第三等级是什么》和当特莱格的《三级会议》等名著，就是在启蒙思想的影响下写出的，对鼓舞第三等级反对封建专制主义特权等级的斗争起了很大的作用。

1787年，路易十六召开贵人会议，企图通过向特权等级征税以摆脱危机，但遭到激烈反对而告失败。1787—1789年，法国发生了商业和财政危机。1788年，法国还遭到特大的冰雹和暴风雨的袭击，导致夏季歉收，人民生活更加恶化。1789年春，法国爆发了300多次农民和城市贫民起义。这年4月，巴黎圣安东郊区工人走上街头高呼："消灭财主！消灭贵族！消灭投机家！打倒教士！"5月6日，革命浪潮扩展到全国，加上三级会议的选举、委托书的陈情，使法国革命到了一触即发的时刻。

上述种种国际、国内的历史条件，不能不对未来的革命领袖罗伯斯比尔发生深刻的影响。伟大的时代必将造就出伟大的人物。

《罗伯斯比尔评传》，华东师范大学出版社，1989年

罗伯斯比尔与1793年《人权宣言》

1793年初夏，法国面临的形势是非常严峻的。前线情况极其恶化，各国干涉军再一次侵入法国领土。其本土的情况是，军队数量不足、装备不良、供应缺乏、官兵不和。国内反革命到处煽动叛乱，当时，法国共有83个郡，而反对雅各宾派的就达60个郡，尤其是旺达郡爆发了由英国人支持的大规模的富农、贵族的反革命暴动，血流成河。间谍大肆活动、投机商十分猖獗，囤积居奇，抬高物价。巴黎也发生了反雅各宾派的种种阴谋，这些阴谋和反革命活动与吉伦特派的支持和怂恿是分不开的。

在这种“内忧外患”的情况下，以罗伯斯比尔为首的雅各宾派为了争取人民群众的联合和支持，为了粉碎吉伦特派等反革命分子的恶意诽谤和阴谋破坏，必须尽快地亮出自己的旗帜，说明自己的纲领，因而颁布一个新的《人权宣言》和制定一个新的宪法就成为万分急迫的任务。罗伯斯比尔正好顺应了法国当时的这种紧急的形势需要，不失时机地全力投入了制定1793年新《人权宣言》和宪法的工作，作出了卓有成效的杰出贡献，表明了他确实是一位名副其实的资产阶级革命民主主义者。

罗伯斯比尔在制定新《人权宣言》和宪法中究竟起怎样的作用呢？具体表现怎样呢？

国民公会于1793年6月24日所通过的宪法与1791年的有资格限制的宪法比较起来是前进了一大步。这部宪法巩固了人民如下的一些成果：诸如共和政体、普通选举法、广泛的民主自由。当制定这部宪法时，8月10日和5月31日—6月2日人民起义胜利的欢呼声犹在耳际缭绕，这部宪法还充满着革命精神：在宪法的前言里写上了新的《人权宣言》，这个宣言承认公民有反抗压迫的权利，并宣布当政府侵犯人民的权利时，起义不仅是人民的权利，而且是人民的职责,在这篇宣言中声称:社会的宗旨是"共同的幸福"。

国民公会在1792年12月11日任命布里索、佩蒂翁、孔多塞、韦尼奥、让索内、托马斯·潘恩、西哀耶士、巴雷尔和丹东组成一个九人委员会,负责起草宪法草案。这些人中,除了最后3人外,都被罗伯斯比尔称为吉伦特党人和敌人。1月19日,巴雷尔提出了第一个报告,公会则颁布法令,要求一切自由和平等的朋友都向他推举他们认为适合于制定一部属于法兰西的良好宪法的计划、观点和方式。无数的草案像雪片一样送到委员会。审核一直进行到2月中旬。只是到了2月15日委员会才把草案交给了国民公会。这天,在一个由孔多塞开始,由巴雷尔结束的冗长的报告之后,让索内宣读了一份将要放在宪法前面的《人权宣言》草案。2月27日,罗伯斯比尔要求雅各宾俱乐部"对宪法重新进行分析和讨论,阴谋家们已给我们提出了狡诈的计划",并已受托负有起草计划草案的使命,指定了一个宪法委员会在3月2日举行会议。

只是到了4月15日国民公会才开始讨论。这天,让儒奈作了发言,他要求自即日起议会每星期就权力宣言和宪法讨论三次。比佐进一步加以发挥。他要求对人权不要再作抽象的论述,讨论应围绕宪法的基础来进行,而不要追求繁杂细节。他指出一部新的权利宣言并不给人民带来一个政府。因此,讨论"必须严格限制在组织政府的问题上"。

罗伯斯比尔站起来加以反驳。他发表了一个非常重要的长篇演说。可惜,这篇演说很少为研究他的历史学家所注意。然而,从中我们却能找到许多表达了罗伯斯比尔关于立宪政府理论的段落。例如他说:"提议从政府开始,就等于什么也没有提出,或者是在原则之前先提出了结果。"一个人民政府的基础是什么呢?罗伯斯比尔回答道:"如果我没搞错的话,它不是别的东西,只是构成宪法、组成政府的基本法律。"宪法和政府的基础是什么呢?是人们的幸福,因而也能保证他们的权力、安全、自由、财产。因此,在组成政府之前,必须很好地定出权力的性质和范围,而保证这些权力就构成了政府的目的。既快又好地制定一部建立在理性和人道的不朽原则基础上的共和主义的民主宪法,唯一的方法就是首先要建立起它的基础。因为"如果没有既定的原则,那么你们怎么要求就结果达成协议呢!"开始必须就宣布人类的永久权力。因为"不管立法者的灵魂多么纯洁,不管这种灵魂是否摆脱了一切欲念、一切党派的想法以及一切奢望",立法者都有义务为自己规定一些行为准则，以便不使自己为偏见和欲念所迷惑。这些准则就是“包含在永久的人权和公民权之内的正义的原则”。

奇怪的是，罗伯斯比尔在这时借助了自己在制宪议会时期的过去，举了第一个立法机构为例，作为第三个立法机构仿效的榜样。

“我们在制宪议会初期，在我们充满着爱国主义的革命热情的时候，曾向国民和整个宇宙表示过，我们要在新政府开始时颁布庄严的人权宣言，为使全体公民能够评判我们的工作，为使国民能够了解到我们是否意识到了他们的权力，并顺从他们的实际利益，与此同时使宪法条文接近作为它的基础的不朽原则”。

这次由于罗伯斯比尔的雄辩使公会作出了决定：关于宪法的讨论首先从对人权和公民权的一般讨论开始。

讨论从 4 月 17 日开始。经过一番辩论，国民公会通过了宣言的第一条：“社会中的权利是自由、平等、安全、财产、社会保障和反抗压迫。”罗伯斯比尔没有介入争论。19 日继续进行讨论。关于草案的第 7 条这里作为第 2 条，即：“平等主要是指每个人能够享有同样的权利。”还提出了其他定义。费罗说：“每个公民行使权力时其限度为保证社会其他成员享有这些同样的权利。”多努说：“法律面前人人平等；法律对任何人都是一样的，不管是在奖励或处罚方面、保护或镇压方面。”布瓦西·丹格拉斯说：“平等主要是指安全而充分地行使其他人也享有的一切权利。”

罗伯斯比尔反对这些定义，认为这些都“有些缺陷”。他提醒人们注意：“在理性和正义看来，一切人都是平等的，不应篡改这条永恒的真理。”在他看来，平等的概念在委员会的条文中已表达得很好了。他要求维持原状。这一条就按委员会的起草通过了。当讨论到接下来的四条时，罗伯斯比尔没有发言。但巴雷尔则将第 7 条提交大会讨论：“出版自由以及一切发表自己想法的其他手段都不能被禁止、延缓、限制。”

比佐觉得还不够。指出：“在美国，人们很注意表现任何法律不得干涉的出版自由。”认为这一条文应当有意识地放到宣言中去，以便强调出版自由不应受到任何制约，即使是来自立法权方面的。如果这个条文看上去似乎在袒护专门搞恶意中伤的人，那这只是表面现象。如果法国人民配得上自由的话，那么喜欢中伤的人就只能自讨没趣。

罗伯斯比尔不赞成这种意见。在他看来比佐的见解就其本身来讲似乎是正确的,但他好像应用得不当。他不了解革命时期的某种例外情况。“革命的利益会要求采取某些措施来镇压以出版自由为后盾的阴谋”。尽管这些措施不符合和平环境中的不明确的自由原则,但它们在特殊情况下都是必不可少的。“如果你们消除了对可能会使整个法国都充斥着破坏自由的诽谤性文章的阴谋家们的各种手段限制,那你们就会给自由以致命的打击”。这样的话,国民公会就无法保证维持好作为宪法基础的人的权利。“更重要的是不能维持这些扼制王权主义和联邦主义的萌芽的革命法律的严厉性”。“尽管与出版自由的原则不符,但这些措施是必要的,革命政府应当在需要时支持这些措施”。比佐的修正打断了他,他马上又站起来反驳。公会赞同罗伯斯比尔的意见,并通过了委员会报告人提议起草的这个条文。由主张绝对的出版自由到有条件的出版自由,这是罗伯斯比尔思想发展中的一个重要转变,由此可以看出他一贯奉行的革命的原则是高于一切的,一切的手段是为革命的原则服务的,而不是倒过来。由此也可以看出他绝不是一个书呆子,拘泥于教条的人,他的思想和主张经常是随着形势的发展而发展,随着形势的变化而变化的现实主义者。

4 月 21 日,罗伯斯比尔在雅各宾俱乐部发表演说,并念了他亲自起草的宪法草案条件,他所念的东西完全是新的:“一切政治团体的目的都是要维持人的永久的自然权利……人的主要权利是保证维持生存的和自由的权利……这些权利同样地属于每个人……权利平等是自然的给予……自由的正义为准则……他人的权利为界限,以自然为原则,以法律为保证。所有权是有限的,就像其他权利一样,必须尊重他人的权利……一切侵犯这一原则的行径都是非法的、不道德的……社会必须给每个成员提供物质……给缺乏生活必需品的人以起码的资助是拥有剩余品的人的一种义务……社会应当以其一切权力来促进公共理性的进步,使每个公民都接受教育……人民是平等的,政府是它的产物和所有物,公职人员是它的受托人……一切侵犯人的永久权利的法律都是不正确的、专制的,它也不再是一种法律了……一切不承认人民是良好的、官员是腐化的机构都是邪恶的……世界各国的人都是兄弟,各不同民族都应按自己的能力所及,就像是同一国家的公民那样相互帮助……压迫一个民族的人就等于自我宣布是一切民族的敌人……对一国人民进行战争，阻止其自由的进步，取消其人权的人应当受到所有人民的追击，不仅作为一般的敌人，而且作为杀人犯，作为反抗的暴徒……国王、贵族、暴君，不管他们是谁，都是反对人类这个大地的主人、反对自然这个宇宙立法者的反叛奴隶。”

罗伯斯比尔所念的这篇草稿是他的政治民主思想的最集中的表现，也是他对正在讨论中的宣言文本的批评和补充。当他讲完后，没有人敢发出声音来表示某种反响，也不敢作出任何评判。

1793年4月24日，罗伯斯比尔在国民公会的讲坛上对《人权宣言》作了重要的补充发言，并严厉批评说：“你们的宣言好像不是为一切人，而只是为了富人、采购商、股票投机者和暴君们制定的。”因此，他提出了几项重要的补充。

第一，关于财产权问题。他说：“在确定自由这种人类最高福利和最神圣权利时，你们公正地指出了，别人的权利是自由的界限；为什么你们不把这一原则应用于只是一种社会制度的所有权呢？”于是他提出建议：“你们改正这个缺点，把下列真理巩固下来：第一条，所有权是每个公民使用和支配法律保障他享有的那部分财产的权利；第二条，所有权也和其他权利一样，尊重人权和义务的限制；第三条，所有权不能损害我们周围人们的安全、自由、生存和财产；第四条，违反这个原则的任何占有、任何交易，都是不合法的和不道德的。”

第二，关于征收累进税的问题。罗伯斯比尔指出：“你们也说到税收，说要规定一个只可能是根据人民自己或它的代表们意志的不可争辩的原则；但是你们都忘记了人类利益所要求的一项决定。你们忘记了奠定累进税的基础。”于是，他建议：“收入不超过其生存所必需的金额的公民应当不负担社会的开支；其余公民应当按照他们财产数额累进地负担这些开支。”

第三，关于博爱的义务问题。罗伯斯比尔指出：“委员会也完全忘记了提醒关于把一切人和一切民族团结起来的博爱义务，以及他们相互帮助的权利。好像委员会并不知道各国人民反对暴君的永久联盟的基本原则。好像你们的宣言是为一群被驱赶到天涯海角的人制定的，而不是为一个自然界赐予土地供其占有和生存的人的大家庭制定的。”于是他提出了上文已提到过的四条来“填补这个大空白”。

5月10日，罗伯斯比尔再一次向国民公会阐明了权利宣言的重要性，他说：“它应当永久地存在于所有人的精神中，应当在你们公共法典前面闪耀光芒……应当很壮观地引入你们的公共仪式,应当在各个议会中引起人民的注意……应当书写在我们住宅的大墙上,应当是父亲教育孩子的第一课堂。”

与让索纳在2月15日宣读的吉伦特派宣言截然不同的新的山岳派的权利宣言共包括了35项条文。它吸收了罗伯斯比尔的草案中的18条,即一半以上的条文,其余14条都被忘却了。这一方面说明在制定权利宣言中他的杰出的作用,另一方面也反映了他与山岳派其他领导人的分歧,以及以后终于导致决裂的根源。

5月的下半个月,国民公会受到了一次强烈的政治风暴的冲击,暂时顾不上制定宪法了。但是在清除了吉伦特派之后,埃诺尔·德·塞舍尔、圣茹斯特、库通、拉梅尔和马迪尤,特别是救国委员会的助手们,为了草拟一份宪法的最终草案,使他们同时接受了这一方案。11日讨论开始,一直进行到23日。讨论很简单,只是就一些纯技术性的问题来开展的。24日,全文通过;法兰西接受了第一部共和主义的宪法。虽然这部宪法没有实施,而且这部宪法在罗伯斯比尔看来仍存在他曾经提出过的几项补充而未被采纳的缺陷;被“红色教士”扎克·卢曾指责过的宪法所规定的种种自由、平等权利纯是“海市蜃楼”,而不能兑现的,因为正如他所说的:“你们在宪法草案中有禁止投机倒把的条文吗?——没有!有对投机采购商处以死刑的条文吗?——没有!有规定针对贸易自由的条文吗?——没有!有禁止出卖硬币的条文吗?——没有!这就是为什么我们要对你们说,你们为人民的幸福一点都没有做到。”然而,就当时的条件来说,它仍不失为是近代资产阶级革命中一部最民主的宪法。1793年的《人权宣言》和宪法是早期资产阶级阶段最高点的标志。它们在历史上首次授予一个共和和民主兼而有之的政府体制。在这体制下,每个21岁的男性公民都有选举权,都拥有值得重视的手段和措施去控制其所选出来的代表及政府的官员。

虽然这部宪法(包括新《人权宣言》)尚存在某些缺陷、存在资产阶级的局限性,并由于战争等种种原因未能实现,但它不失为近代资产阶级最民主的宪法。它贯穿着革命民主主义者卢梭的思想,浸透着启蒙思想家的革命民主精神。它不仅对法国革命而且对其他各国的资产阶级反封建运动都发生过深刻的影响。

《世界史论文集》,复旦大学出版社,1990年11月

罗伯斯比尔与法兰西共和国设想的蓝图

罗伯斯比尔是法国大革命的中心人物，杰出的资产阶级革命民主主义者。他为法兰西共和国的建立，为近代资产阶级民主制度的奠定作出了卓越的贡献。无怪乎列宁曾指出：以罗伯斯比尔为首的雅各宾党人“给法国做出了民主革命的最好榜样和打击反对共和政体的君主联合的最好榜样”，是以“进行真正革命斗争的伟大典范而载入史册的”。

罗伯斯比尔的共和思想是怎样演进的？他为法兰西共和国的建立在政治、社会以及思想等方面究竟提出那些设想蓝图？他的实质是什么？本文想就这些问题进行某些探讨和阐述。

一、罗伯斯比尔共和思想的演进

罗伯斯比尔的共和主义思想随着革命形势的发展，经历了几个发展阶段。在制宪会议时期，严格说来，他不是共和主义者，而是一个君主立宪派；在立法会议时期，逐步发展为拥护共和主义者；在雅各宾专政时期，则发展为民主共和主义者和革命民主主义者。

罗伯斯比尔在制宪会议时期，虽然提出了许多关于民主的主张，表明他不愧是一位出色的资产阶级民主战士和卢梭人民主权论的捍卫者，但当时他仍是一位君主立宪派。尽管他与掌权的立宪派不一样，因为他在思想上还没有越出君主立宪派的范围。

远在1775年罗伯斯比尔在路易大王学院读书时，就是一位被学校选中的向路易十六致贺词的代表。在三级会议召开前夕，他总是把自己的全部希望都寄托在王权身上，认为只有君主制才能拯救民族。罗伯斯比尔对王权的概念是，君主是受雇于民族的，是担负着执行本民族意志的一种雇员。1790 年 5 月，他在制宪议会上说“王权至上不是别的，就是民族至上”，王权就是民族意志的集中表现，正是民族才是“至尊”的；而要代表民族，只有受到它的特别委托来表达它的意志的时候，因此，作为阿腊斯代表的他就是人民的代表，法王路易十六仅仅是它的“委托人。

罗伯斯比尔不仅允许这样的委托人存在，而且觉得他对于政府机构的正常运转是有用的，甚至是必不可缺的。1791 年 7 月，他在总结自己参加制宪议会两年来的工作时说：“我并不感到国王这个职衔在几乎所有最自由的爱国者那儿所引起的恐惧。只要民族仍有它的地位，只要让我们革命的性质所培养起来的爱国主义能自由地发展，我就不怕王权，甚至也不怕王权在一个家族中世代相传。”①

对罗伯斯比尔来说，共和国与君主国这两个词只是些模糊而毫无意义的用语，是无关紧要的，它们并不能说明政府的某种特殊制度。他曾推导出一个主要由三点构成，用以说明他对 1791 年宪法的看法的公式：

（1）一切民族至上的自由国家都是一个共和国；

（2）一个民族有了一位君主就是自由；

（3）共和国与君主国并非两种无法比较的东西。

1791 年 4 月 10 日，罗伯斯比尔非常激动地在雅各宾俱乐部的一次发言中否认自己要反对君主制的原则。他表明自己所反对的仅仅是专制，而不是君主制，国王这个词并不是不幸的，他说：“推翻君主制吧！似乎我已无理智到要想摧毁政府这个唯一能够适合于一个伟大民族、保证其权力和繁荣的东西，似乎我对波兰政府要比对俄国或威尼斯政府更加嫉妒。……我们认为不幸的并不是国王这个词，而是这种不断表现出来的把专断权力交到大臣们手里去的倾向；正是这种粗暴的阴谋，以其背信弃义的诡计和违法的诬陷，竭力给人们套上锁链，我要反对的正是这些可恨的事物和腐化邪恶的人物，我正是以此来回答人们每天加给我们的荒诞不经的责难。”

那么，是什么原因促使罗伯斯比尔最终摆脱君主制而成为一个共和主义

① 瓦尔特：《罗伯斯比尔》法文版，第 2 卷，第 35 页。

者呢？是革命形势的发展，是瓦伦事件，是他曾寄以希望的“民族的委托人”路易十六勾结欧洲君主国和流亡贵族举兵反叛的事实。就在瓦伦事件之前，他曾说过这样的话：“如果说有一种能摧毁独裁和独裁制的共和制观念，那就是我所说的这个，因而一切宫廷的奴仆都会把我谴责成共和主义者。”这可以说是罗伯斯比尔从拥护君主制到拥护共和制的开始，但这仅仅是一个开始。

即使在瓦伦事件之后，罗伯斯比尔还是法兰西君主立宪的保卫者，不久他还成为《法兰西宪法捍卫者》报的实际控制者。对于1791年宪法，他当时所下的定义仍是模棱两可的。1791年7月13日，他在雅各宾俱乐部说：“目前法国的宪法就是一个共和国加上一君主。因此，它既不是君主制，也不是共和制；它既是前者，也是后者。”

7月17日马尔斯广场的流血事件，揭开了1791年宪法的假面具。罗伯斯比尔认为，宪法在根本上表达的是民族的意志，而不应是什么别的。它存在的条件只有一个：“这就是民族希望它存在。”但罗伯斯比尔却发现，1791年宪法草案的起草人殷勤地向君主献媚，把全部的行政权都交给了国王。他说：“所有一切都告诉我，在我们国家不存在任何一种可以躲过国家权力的权力；所有一切都向我表明，我们所做的一切都在使宪法合乎他的胃口。”罗伯斯比尔终于认识到了自己的错误，并加以说明。

既然如此，罗伯斯比尔为什么还要支持这部宪法呢？他在《宪法捍卫者》上解释道：在内部分裂中，“对正直的公民来讲必须要有个支撑点，有个归属的表示；我不知道还有什么别的，只知道宪法”。“确信公共安全要求我们得到宪法的庇护，以便清除野心和专制主义的侵袭”。在该报第8期中他补充说：“不要太为这些邪恶所伤，相信宪法的巨大价值吧！既然自由的敌人的目的是要将它摧毁，请想一想这本身所具有的完善的不朽原则吧！这些恶习是属于人类的，而宪法的基础则是苍天的作品。”即使在8月10日王权被废黜之后，罗伯斯比尔仍然认为这部宪法完全能够继续存在，8月10日只是“清除”了它的两个基本弊端：君主制和政治上的不平等。

1792年的铁柜事件进一步证实了国王的叛国罪行。山岳派主张立即判处国王死刑。罗伯斯比尔这时认为，路易十六称人民是叛乱者，并勾结外国暴君的军队镇压人民，这就犯下了滔天罪行，如不判处他死刑，共和国就不能存在和巩固。他的名言是：“路易应该死，因为祖国需要生。”对国王的审判以及随之而来的国王被送上断头台，实际上也是罗伯斯比尔最终彻底摆脱王权及君主制观念确立共和制观念的重要标志。

日后，在制定 1793 年宪法的辩论和斗争中，他的共和主义思想有了进一步的发展。

4 月 21 日，罗伯斯比尔在雅各宾俱乐部发表演说，并念了他亲自起草的宪法草案条文，充分表达了卢梭的人民主权思想和共和国蓝图的基本思想。他说："一切政治团体的目的都是要维持人的永久的自然权利。……人的主要权利是保证维持生存的和自由的权利。……这些权利同样地属于每个人。……权利平等是自然的给予。自由以正义为准则，以他人的权利为界限，以自然为原则，以法律为保证。所有权是有限的，就像其他权利一样，必须尊重他人的权利。……一切侵犯这一原则的行径都是非法的，不道德的。……社会必须给每个成员提供物质。……给缺乏生活必需品的人以起码的资助，这是拥有剩余品的人的一种义务。社会应当以其一切权力来促进公共理性的进步，使每个公民都接受教育。……人民是至尊的；政府是它的产物和所有物，公职人员是它的受托人。……一切侵犯人的永久权利的法律都是不正确的、专制的，它也不再是一种法律了。……一切不承认人民的良好的官员是腐化的。……世界各国的人民都是兄弟，各个不同的民族都应尽可能像是同一国家的公民那样相互帮助。压迫任何一个民族，就等于自我宣布是一切民族的敌人。……对一国人民进行战争，阻止其自由的进步，取消其人权的人，应当受到所有人民的讨伐，不仅作为一般的敌人，而且作为杀人犯、作为反抗的暴徒。……国王、贵族、暴君，不管他们是谁，都是反对人类这个大地主人、反对自然这个宇宙立法者的反叛奴隶。"①

1793 年 4 月 24 日，罗伯斯比尔又在国民公会的讲坛上对《人权宣言》作了重要的补充发言，提出了关于财产权、关于征收累进税、关于博爱的义务等重大问题的几点说明。5 月 10 日，他再一次向国民公会强调了《人权宣言》的重要性。6 月 24 日，国民公会通过了第一部共和主义的宪法。这部宪法比 1791 年体现君主立宪精神的宪法大大前进了一步，这是早期资产阶级革命达到最高点的一个标志。罗伯斯比尔曾指出："这部宪法在一个方面摆脱了王

① 《罗伯斯比尔选集》法文版，第 2 卷，第 136~140 页。

权，这是它的真正的枷锁；它还摆脱了积极公民和消极公民的令人憎恶的划分，这对人类不啻是一种侮辱。像现在这样一部法国宪法乃是世界上最好的一部，它不仅要远远高于目前存在的任何国家宪法，而且远远高于最早的古代各民族的宪法。”正是这部宪法，法国被第一次承认为是一个统一的不可分割的共和国。

综上所述，罗伯斯比尔在制宪议会、立法议会时期实现了由君主立宪向共和主义思想的第一个飞跃，以后，又完成了由一般共和主义向民主共和主义的飞跃。

由于1792年8—9月革命出现的危机，1793年3—4月迪穆里埃的叛变以及同年夏末秋初物价的飞涨，指券的贬值而引起的骚动等革命形势的变化，促使雅各宾领袖决定正式实行前些时候业已零星实行的非常措施，并把罗伯斯比尔关于建立革命民主共和图的设想付诸实践。

为了论证新政府实行革命民主措施的合理性和必要性，罗伯斯比尔从理论上作了系统的论述。他所作的《革命政府的几项原则》《关于在共和国内政方面指导国民公会的政治道德的各项原则》《关于宗教、道德思想与共和国各项原则的关系，关于国家节日》的报告，集中地反映了他的崭新的革命民主共和国的思想蓝图。

罗伯斯比尔指出：“以有关革命政府的理论，就像使它产生的革命那样，是全新的。从那些无法预见这次革命的理论家的书本里去寻找它的根据是毫无意义的。”他认为一种政府的形式不是永久不变的，它应随着形势的变化而变化，革命政府的目标、作用及方法均与过去制定政府不同。“制宪政府的目的是使共和国维持下去，革命政府的目的则是建立共和国。革命就是自由反对自由的敌人的斗争”。“革命政府不得不唤起民众非凡的积极性，以作为其后援，因为这是战时，它不能墨守成规，因为它周围的环境是动荡不安、变幻莫测的。最重要的是它不得不持续、迅速地调集一切资源，以不断应付咄咄逼人的新危险”。而且，“制宪政府关心的主要是公民的自由，而革命政府关心的则是大众的自由。在制宪政府统治下，不需要做什么来保护个人，使其不受国家滥用权力之害，而革命政府关心的则有保卫国家、抵御四方之敌的责任”。

罗伯斯比尔问道：“难道由于革命政府必须更加精力充沛、更加不受拘束地行事就不那么合理合法了吗？不！因为它以一切法则中最神圣的——即人民的安全及毋庸置辩的权力和需要——为依据。它有自己的准则，即一切基于正义，一切基于公共秩序。……它与专横的准则格格不入，它的产生是由于支配着它的公共利益，而不是某人的想入非非。”①他认为，“只有民主的或共和的政府”，才能“完成人类的使命”。他特别强调：“你们还应当使你们的行为同在共和国内发生的剧烈的事变相适应，而你们的管理计划应是革命政府的精神与一般民主原则结合的产物。”

罗伯斯比尔的关于革命政府、民主共和思想以及人民民主专政学说的提出和论述大大发展了一般共和主义思想，完成了他的由共和主义思想向民主共和主义思想的转变，这是他的革命民主思想的一个重大飞跃。

二、罗伯斯比尔共和国蓝图中关于政治方面的设想

对法兰西共和国蓝图中政治方面的设想归纳起来大体有以下几个方面：

首先，罗伯斯比尔认为“法兰西共和国是统一的和不可分割的”共和国。“法兰西宪法不承认除共和国政府以外有其他合法政府，不承认除建立在自由平等基础上的共和国以外有其他共和国”。②

其次，他认为法兰西共和国的最高主权属于人民。他说：“最高主权本质上存在于法国人民之中，所有公职人员都是人民的受委托者，人民可以用选举他们的同样方式罢免他们。”“宪法不承认除主权者权力以外的其他权力；由各种政、法官员行使的不同部分权力，只是主权者为共同利益而委托给他们的公共职权而已”。还说：“共和国的人口和幅员使法兰西人民分成一些区，以便行使自己的主权，但是，如果全体人民将在一个统一的会议里讨论时，人民的权利既同样真实，也同样神圣。”“因此，每一个有主权的区不能受任何一种法定的权力的影响，也不能屈从其命令；而那些侵犯某一部分人民的自由、安全或尊严的受委托者，都是背叛全体人民的罪人”。

---

① 《罗伯斯比尔选集》，第3卷，第99、100页。

② 王养冲、陈崇武编：《罗伯斯比尔选集》，华东师范大学出版社，1989年，第182页。

其三，认为宪法和法律要保障人民享受人和公民权利宣言中所宣布的人权和公民权。他说："宪法宣布凡侵犯人权和公民权的立法或政府的一切法令都是专横和无效的。"他还指出"法律是人民意志的自由的和庄严的表现"，"法律对所有人都是平等的"，"所有侵犯人的不受时效约束的权利的法律，本质上都是不公正的和专横的，它并不是一种法律"。[①]

其四，主张三权分立。认为"行政职能、立法职能和司法职能是分开的"。他主张"立法机关和一切法定权力机关的讨论都将是公开的"，"当人民权利受到立法机关或政府的法令的侵犯时，每一个郡可以把这种法令提交共和国的其余部门审查；并在规定的期限内、各个初级大会将集会就这个问题表示他们的意见"。他还提出"将设立一个法庭，其唯一的职责是审理公职人员的渎职行为"。

罗伯斯比尔还认为："政府的腐败，其根源在于过分使用它的权力，也在于对主权者保持其独立性。"怎样来"医治这个双重的弊病"？他主张"从制约政、法官员的权力开始"。他反对采用那种英国式的"权力均衡论"，也反对设立"护民官"。他建议要"达到这个目标的第一条规则在于，他们行使权力的期限必须是短暂的，对于拥有最广泛权力的人尤其要实行这一原则；第二条，任何人不得同时兼任几种政、法官员的职位；第三条，权力要分散，宁可增加公职人员的人数，而不要把某种过于可怕的权力交给某几个人；第四条，立法和行政要仔细分开；第五条，行政的不同部门，要由它们自己尽可能显示出其特征，按照事物性质的本身托付给不同的人去掌管"。

接着他还指责了当时行政组织的最大弊病之一是内阁每一个部的范围过于庞大，"内政部尤其如此"。他指出："要不是由革命运动鼓舞起来的公共精神曾经保卫着这个新生的共和国，反对体制的弊病和某些个人的恶习的话，内政部是会把它暂时地吞噬掉的。"

罗伯斯比尔的这些看法和建议是他的真正民治观点的基础，是他民主共和思想的重要组成部分。

其五，对政府公职人员的职责作了严格规定。他认为"所有公职人员对人民负责"，"所有的公职人员是人民的委托者"。他还认为"对政、法官员来

---

① 王养冲、陈崇武编，前引书第 165 页。

说,做一个良好的人,必须为人民牺牲自己”。因为“公职不能被看作荣誉,也不能被看作报酬,而应当看作公共的职责”。他还说“人民是最高主权者,政府是人民的作品和所有物,公职人员是他们的办事员”,“只要人民合意,就可以更换他们的政府,并撤回他们的受委托人”。

关于人民和受委托人的关系,罗伯斯比尔也提出了明确的规定。他说“人民的受委托人的不法行为,应当严厉地和容易地予以惩处。没有一个人有权利自称比其他公民更不可侵犯”,“人民有了解其受委托人的一切活动的权利;受委托人应当向人民忠实汇报他们执行职位的情况,并尊敬地接受人民的判断”。

他认为“所有的公民都可以担任各项公职,除品德和才能外没有任何其他差别,除人民的信任外没有任何其他条件”,“所有公民都有竞争任命为人民的受委托人和制定法律的同等权利”。为了防范公职人员和受委托人滥用权力,腐化堕落,他还提出,公职人员“在他们任期届满后两年应汇报他们的财产状况”。这是很有意义的提议。

其六,对法兰西共和国的人权和公民权提出了种种设想。如提出了人的首要权利是“具备保持其生存和自由的权利”,“自由是人根据其意愿来使用其一切才能的权力。它以正义为准则,以他人的权利为界限,以自然为原则,并以法律为保障”。在此基础上他还提出了集会权、出版和发表言论权、财产权和安全权,甚至还提出反抗压迫和起义的权利,他说“当政府侵犯人民的权利时,就人民和每一部分的人民而言,起义是最神圣的权利和最必需的义务”。由提出各种人和公民的权利进而承认反抗压迫和起义的权利,这是罗伯斯比尔杰出的革命民主主义思想的表现,也是他忠实于卢梭思想的集中表现。

其七,对法兰西共和国的对外关系原则也作了具体规定。1793 年 4 月 24 日,罗伯斯比尔在国民公会上作了一次重要讲话,就在这次讲话中提出了他们对外关系四大著名原则。这四条原则就是:

“一、一切国家的人都是兄弟,不同的各国人民应当尽其所能像同一国家的公民那样互相帮助。

“二、压迫一个民族的人表明他是一切民族的敌人。

“三、为阻挠自由的进步和摧残人的权利而对人民作战的人,应当不是作为通常的敌人，而是作为杀人犯和叛乱的暴徒那样受到所有人的追究。

"四、不管是国王、贵族、暴君，都是对抗大地的主人——人类和对抗宇宙的立法者——自然的背叛的奴隶。"

罗伯斯比尔提出的这种对人民友好、对暴君宣战的法兰西共和国对外关系的原则也是他的革命民主主义思想的一个重要组成部分，这是很了不起的思想。

三、罗伯斯比尔的共和国蓝图中关于社会民主方面的设想

罗伯斯比尔的经历使他养成了能尊重和同情人民的品质，尤其是尊重和同情那些靠自己独立生活的清贫的人，蔑视那些权贵豪富。他曾说："像我这样的一个人，本来可以拿灵魂去换财富，但是我情愿做一个穷人，这样我才能得到幸福。"①由这一思想出发，使他能越出吉伦特派关于一般资产阶级共和国的思想范围，使他能提出民主共和国的主张，这个民主共和国不仅表现在政治民主上，而且打上了社会民主的烙印。

1792 年 12 月 2 日，罗伯斯比尔在国民公会发表重要演说，猛烈抨击吉伦特派和他们的重农学派导师们在经济方面的自由主义。他竭力地反对无限制的贸易自由，提出"一切权利之中的首要权利是生存权利"；"社会生活的首要法律是保证一切社会成员都有生活资料"；"为维持生活所需的一切东西都是公共财产"；"只有超出维持生活所必需的和剩余的产品才能成为人们的私有财产，才能作为商业活动的对象"。②

1793 年 4 月 24 日，罗伯斯比尔在国民公会里又作了题为《关于人权和公民权的宣言》的极为重要的报告。他指出"财产的极端悬殊是许多灾难和犯罪的根源"；提出保证公民的生存权及征收累进税的原则，即"收入不超过其生存所必需的金额的公民应当不负担社会的开支，其余公民应当按照他们财产数额累进地负担这些开支"，以保证社会成员的生活资料；提出"给予贫困

① 乔治·里齐朗：《罗伯斯比尔》，巴黎 1937 年，第 106~107 页。

② 波普朗编：《罗伯斯比尔选集》，巴黎 1973 年版，第 2 卷，第 85 页。

者以必要的帮助是富人对穷人的神圣义务，履行这一义务的方法由法律规定”；提出“为了使这些权利不致成为空想，使平等不致成为幻影，社会应当向社会服务人员支付报酬，应当使靠自己劳动生活的公民能够出席法律号召他们参加的集会，而不致因参加这类集会而损害他们本人及其家庭的生活”。罗伯斯比尔在报告中还提出了关于所有权的四点著名建议：“①所有权是每个公民使用和分配法律保障他享有的那部分财产的权利；②所有权也与其他权利一样，受到尊重他人权利的义务的限制；③所有权不能损害我们周围人们的安全、自由、生存和财产；④违反这个原则的任何占有、任何交易，都是不合法的和不道德的。”这篇宣言和 1792 年 12 月 2 日所作的《关于给养问题的发言》一样，是罗伯斯比尔的社会经济思想、社会民主思想最集中的反映。它表明了罗伯斯比尔的民主共和国思想已大大发展了卢梭的思想。因为：①罗伯斯比尔认为财产权必须从属于生存权，而卢梭还只是抽象地讲到“人性的首要法则是维护自身的生存”；②罗伯斯比尔明确地提出了用累进税的办法来限制大资本，而卢梭却只是提出“对奢侈品课以重税”和“按照土地的面积和产量纳税”的主张。

罗伯斯比尔在当政时期还采取了一系列社会民主的措施，有些虽然不是他亲自制定或者提出的，但至少是他同意和在他主持下通过的。如 1793 年 6 月 3 日和 10 日通过的关于分配公共土地和将逃亡者的产业分成小块拍卖的法令；7 月 25 日通过的一项新的关于将逃亡者土地分成小块拍卖的法令；11 月 22 日、12 月 4 日、12 月 2 日连续通过的三项关于把原来仅规定用于逃亡者的土地分成小块拍卖和分期付款的办法扩展到原来的教士土地和被列入国有财产的土地的法令，这些法令和措施是与农民建立联盟所必要的。1793 年 9 月 29 日通过的最高限价的法令，是为和城市平民建立联盟，与忿激派结盟而采取的必要让步。1794 年 2 月 24 日通过的著名的《风月法令》，将可疑分子的财产分给“贫穷的爱国者”；由此产生的 1794 年 5 月 11 日的《花月法令》，组织起全国性的社会救济活动，其程度远远超过了 1793 年《人权宣言》所认可的关于救济事业的规定，不仅提供救济物品，而且提供医药上的福利，如提供免费医药救济，为老弱病残者提供补贴、年金，为多子女家庭提供补助等，这也就履行了宣言中“社会的目的在于追求普遍幸福”的宗旨。这些措施，可以说是现代资本的福利国家社会保险措施的先驱。

如此说来,罗伯斯比尔是不是像马蒂埃所说的成为“社会主义者的先驱”?他所主张的民主共和国是不是成了“社会主义民主共和国”?我认为不能这样说。

因为判断一个人是不是社会主义者,判断一个国家是不是社会主义性质,首先要看他是否主张财产公有。而罗伯斯比尔认为“在我们的条件下,财产公有是荒诞可笑的”;同时,他也反对财产平等,认为“实现财富平等是一个渺茫的梦想”。在罗伯斯比尔看来,私有财产是神圣不可侵犯的,是天经地义的。他在解释财产权时曾明确地说过:“财产权是由法律保障的,使每一个公民享有和处理属于他的那份财产的权利”。一个否定财产公有、财产平等而主张财产私有的人怎么能是社会主义者?他所主张建立的共和国怎么能是社会主义的共和国?

其次,罗伯斯比尔还默许镇压工人的《夏普利埃法》,对实际存在的工人问题熟视无睹,也不承认挣工资的人有他们自己的特殊利益,而主张用严厉的办法对付工人的罢工,认为工人拒绝工作是一种盗窃行为,因此要以反对国家罪予以惩处。他还反对宣传土地法,认为它不过是流氓们捏造出来恐吓愚人的一种怪物。像这样对工人、对土地法抱有敌视态度的人,又怎么能是社会主义者?有这种态度和主张的人所要建立的共和国怎么会是社会主义共和国?

其三,1794 年 2 月通过的被誉为有社会主义倾向的《风月法令》与体现下层群众利益的最高限价政策的实行,更多的是出于当时政治上的需要和策略上的考虑,并不是他要建立社会主义共和国的依据,即使《风月法令》也并不具有社会主义的性质。即使法令果真实行了,把富人的财产分给了穷人,也只是使穷人成为小私有者,这绝不是社会主义,更何况《风月法令》始终没有付诸实施。

由此可见,称罗伯斯比尔为“社会主义者的先驱”,把他所主张的民主共和国的设想蓝图称为是社会主义民主共和国显然是不恰当的。把同情下层人民、关心他们的生存权利和政治权利、对此采取一些福利措施、对资本采取某些限制说成是社会主义,这和科学意义上的社会主义并无任何共同之处。

四、罗伯斯比尔共和国蓝图中关于思想建设方面的设想

罗伯斯比尔共和国蓝图中思想方面的设想可分宗教、道德、教育三方面来叙述。

（一）宗教。罗伯斯比尔拥护卢梭的国教论，却不同意他的宗教严厉，他反对百科全书派的无神论，反对在革命中出现的非基督教运动，提倡人的神化的最高主宰崇拜、国民节日教育等。

罗伯斯比尔竭力反对非基督教运动，认为处理宗教问题一定要慎重，决不能用行政命令、武装干涉来解决宗教问题。他反对宗教信仰的狂热，但又认为宗教信仰是必要的。他实际上赞成伏尔泰的"没有一个上帝，也要创造一个上帝出来"的思想，只不过罗伯斯比尔所创造的是最高主宰崇拜罢了。

1794 年四五月间，法国面临的形势比较缓和，叛乱已经失败，救国委员会的危机尚未爆发，这正是罗伯斯比尔可以稍事喘息，整顿内部的时机。为了进一步巩固反对非基督教化运动，反对无政府混乱状况的成果，必须有一种精神武器来统一人们的思想，稳定革命政局，推动革命继续向前发展。于是，一种新的宗教——最高主宰教就应运而生了。

1794 年花月 18 日（5 月 17 日），罗伯斯比尔以救国委员会名义向国民公众作了题为《关于宗教和道德思想与共和国原则的关系以及有关的国民节日》的报告，正是这篇报告后来被拿破仑称为"出色的演讲"。

在这篇报告里，罗伯斯比尔谴责拉法耶特"援引宪法来重振王权"；谴责布里索和吉伦特派"曾想武装富人来反对人民"；谴责埃贝尔的叛乱集团"在保护贵族利益的同时讨好人民，那是为了由他们自己来压迫人民"；谴责丹东"是祖国最危险的敌人"，因为他"宽容一切罪恶，同一切阴谋者息息相通"①。

《关于最高主宰崇拜和国家节日法令草案》是在罗伯斯比尔的建议下通过的。这个法令共 15 条，其中有几条很能说明最高主宰崇拜的性质和目的究竟是什么。如第一条"法国人民承认最高主宰的存在和灵魂不灭论"；第二条

---

① 波普朗前引书第 3 卷，第 163 页。

"法国人民认为,完成每一个人应尽的责任,是崇拜最高主宰的最好的方法";第三条"法国人民认为,在那些应尽的责任中,最重要的是痛恨背信弃义和专制统治,惩罚暴君和叛徒,帮助不幸者,尊重弱者,保护被压迫者,为自己的邻人尽力做好事,并以正直态度对待所有的人";第十一条"信仰自由业经霜月18日(12月8日)法令予以确认";第十二条"贵族召开的任何会议或违反公共秩序的任何会议,应一律取缔";第十五条"明年牧月20日(5月21日)为最高主宰的全国纪念日,应举行庆祝"①。

罗伯斯比尔还把规定国家节日作为公共教育内容的主要组成部分,他说:"应该有整个共和国的普遍的和隆重的节日;每一个地区,也有特殊的节日,它们可以是一些休息日,也可以代替那些由于局势紧张而被取消了的原来的节日"。"所有的节日都以唤醒使人类生活具有魅力和光彩的普遍感情,唤醒对自由的热忱、对祖国的爱和对法律的尊重为目的"。②

这些节日究竟是什么?《关于最高主宰崇拜和国家节日法令草案》的第三条和第七条写得很清楚:"法兰西共和国每年都将庆祝1789年7月14日、1792年8月10日、1793年1月21日和1793年5月31日这些节日","法兰西共和国将每十天分别纪念下列节日:最高主宰和自然节、人类节、法国人民节、世界自由节、热爱祖国节、憎恨暴君和叛徒节、真理节、正义节、廉耻节、光荣和不朽节、友爱节、艰苦朴素节、勇敢节、诚实节、英雄主义节、大公无私节、禁欲主义节、爱神节、夫妇挚爱节、父爱节、母爱节、孝顺节、儿童节、青年节、成年节、老人节、灾祸节、农业节、工业节、祖先节、后裔节、幸福节"。

罗伯斯比尔所宣布的最高主宰教既是一种道德宗教,又是一种政治的宗教。它并不仅仅是一种引导人们朝拜最高的无所不知的主宰的方法,甚至也不仅仅是一种针对革命时期宗教实践及信仰上的混乱而实行的强行统一的行政措施。宣布这种最高主宰崇拜,在当时紧迫的形势下是一种政治需要,试图以此来平息不同派别集团的争吵。可见,罗伯斯比尔的宗教观完全是为巩固共和国、推进革命的政治目的服务的,这也是他的资产阶级革命民主主义思想在宗教问题上的反映。换句话说,罗伯斯比尔的最高主宰崇拜实际上

---

① 王养冲、陈崇武编前引书,第262~264页。

② 波普朗前引书第3卷,第176页。

是人的神化,是某个革命领袖的神化,是其意志的教义化,是想借助于神的力量,通过宣传教义,对国民进行道德的、爱国主义的、英雄主义的教育,提高国民的道德水准和政治觉悟,并以他的思想统制一切,从而结束思想混乱状况,巩固统治,推进革命。

(二)道德。罗伯斯比尔主张建立道德共和国。他非常重视美德教育,他认为,道德如无才能只是用处小一点,而才能如无道德就是一种灾难。他的话是很深刻的。

从这点出发,他提出了关于道德共和国的种种设想。

首先,他提出美德是共和国的本质,不道德是专制主义的基础。他说:"怎样来总结我刚才说的所有的那些话呢?那就是:像美德是共和国的本质一样,不道德是专制主义的基础。"①又说:"公民社会的唯一的基础是道德。"

其次,他把美德作为发展共和国总的动力。他说:"医治所有这些灾难的方法是什么呢?除了发展共和国的总的动力——美德以外,我们不知道还有别的什么。""我指的美德是公共美德,这种美德曾在希腊和罗马创造过奇迹,它将会在共和主义的法国创造出更加惊人的奇迹。"②

其三,美德的内容是什么?罗伯斯比尔认为,"我说的美德,不是别的什么,而只是对祖国的爱和对祖国的法律的爱","不过,由于共和国或民主政体的精髓是平等,对祖国的爱自然也包括对平等的爱","这一点也是确实的,即这种崇高的感情一定乐于把公共利益放在一切个别利益之上。因此,对祖国的爱又必然包含或者产生一切美德,因为一切美德如果不是一种使人作出这种牺牲的心灵的力量,又能是什么?例如,守财奴或者名利鬼能把他们的心爱之物奉献给祖国吗?"

其四,提出美德不但是民主政体的灵魂,而且只有在这种政体里它才能存在。

其五,他不仅把美德教育与政治紧密结合起来,而且把它与宗教的国家节日活动和公共教育紧密结合起来。在《关于最高主宰崇拜和国家节日法令草案》中明文规定"这些节日将借用我们光荣事件、最为人所珍爱和对人最有

---

① 波普朗前引书第3卷,第161页。

② 王养冲、陈崇武编前引书,第244、231页。

用的美德,自然的最巨大的恩惠来命名"①。上述的37个国家节日就是最好的上述那种紧密结合的产物。

其六,他认为贵族怀有偏见。"美德是人民所固有的"。他还说:"共和主义的美德可以从人民和政府这两个方面来考察:美德对人民、对政府来说都是必需的。当只有政府丧失美德的时候,还可以指望人民的美德;然而,当人民本身被腐蚀的时候,自由就完蛋了。"②

其七,提出共和国的灵魂是美德、平等;治国的原则是支持平等和发展美德。"因此,凡是有助于激发热爱祖国、纯洁风俗、高尚心灵、使人心的热情转向爱护公共利益的东西,你们都应当采取或者使它们确立起来。凡是会把活动集中于自我的卑鄙的目的,会使人迷恋小事,轻视大事的东西,你们应该摒弃或者制止。在法国革命体制中,不道德的东西都是反政治的,使人堕落的东西都是反革命的。软弱、恶习、偏见是走向王权的道路"。

其八,主张在革命中人民政府的原动力既是美德,又是恐怖。他的至理名言是:"美德,没有美德,恐怖是有害的;恐怖,没有恐怖,美德是软弱无力的。"还说:"恐怖不是别的什么,而是迅速的、严峻的、不屈不挠的正义。因此,它是美德的一种体现;它不是一种特殊原则,而毋宁是在祖国最迫切需要时所实行的一般民主原则的一种结论。"③

(三)教育。罗伯斯比尔也非常重视对国民教育实行改革以适应共和国建设的需要。1793年7月13日,罗伯斯比尔亲自在国民公会上宣读了雷佩尔提出的教育改革方案。雷佩尔接近雅各宾派,赞成处死国王,遭国王禁卫军枪杀。雷佩尔认为要普及教育,首先要解决物质保障问题、消除城市和乡村、贫和富之间的实际不平等。他写道:"我请求你们颁布法令,让5~12岁的男孩,5~11岁的女孩毫无例外地、不加任何区分地受到共和国教育,并在神圣的平等的原则上领取同样的服装、膳食。"他坚信教育在建立理想社会中的决定作用。雷佩尔的方案在国民公会上得到绝大部分议员的拥护和赞成。国民公会马上成立了一个6人组成的委员会来研究此方案。

---

① 王养冲、陈崇武编前引书,第263页。
② 王养冲、陈崇武编前引书,第233页。
③ 王养冲、陈崇武编前引书,第135页。

公共教育被1793年6月24日的《人权宣言》第22条确认为一项人权。它主要被设想为一种国民教育、一种公民学校，其任务在于教育公民们懂得“对他们义务的规定及如何实践各种美德”。最首要的是发扬公共精神，巩固民族统一。1793年10月21日，国民公会通过了一项关于开设国立小学的法令。这种学校的教学大纲把精神修养的身体训练、伦理和体操、教学和实践都结合起来。

宗教（节日教育，最高主宰崇拜）、美德教育、国民教育这三者有机结合，相辅相成，这是罗伯斯比尔民主共和国设想蓝图中思想方面的重要内容。

综上所述，罗伯斯比尔共和国蓝图设想体现了以下几个特点：(1)他的共和国不是一般的共和国，而是民主共和国，不是一般的民主共和国，而是具有社会民主色彩的共和国。在某种意义上，他的共和国设想可以说是近现代民主社会主义共和国设想的原型。罗伯斯比尔也可以说是近现代民主社会主义者以及他们所推行福利政策的鼻祖。民主社会主义的历史可以追溯到19世纪四五十年代小资产阶级社会主义、新山岳派，甚至可以追溯到18世纪末的罗伯斯比尔以及雅各宾派。(2)不仅体现了人民民主、人民本位、人民主权的原则，而且体现了人民专政、革命恐怖的原则，对人民的仁慈和对人民敌人的严厉两者结合的原则。不过他所说的人民主要是指独立劳动者，靠自己的独立劳动为生的人，也就是历史学家勒费弗尔所说的“每一个人有一块土地，一个小作坊，一爿店铺，足以养活他一家，并能用他的产品和与同等的人直接进行交换的人，他所说的敌人主要是指那些特权等级——僧侣、贵族和新的暴发户，新的大资产阶级，即投机倒把，囤积居奇，发国难财的阶级。(3)是理想主义和现实主义相结合的产物。理想主义大于现实主义的成分。如他的美德共和国、平等王国的设想都体现了他的共和国的理想主义成分；一个保持私有财产为基础的社会，一个承认财产上的平等是根本不可能的社会，怎能耸起平等王国的大厦？这完全是乌托邦，是空想。(4)体现了卢梭的思想，但又发展了卢梭的革命民主主义思想。他决不教条主义地拘泥于卢梭的文字。例如，他实际摒弃了卢梭纯属幻想的有关社会契约的见解，而代之以洛克的观点；卢梭主张对不肯悔改的异教徒采取流放甚至处死的严厉措施，而罗伯斯比尔则主张宗教上的宽容；卢梭认为主权是不可代表的，主张实行直接民主制，罗伯斯比尔则认为人民行使主权时可以借助自己选出的代表；卢梭反对洛克和孟德斯鸠的分权理论，而罗伯斯比尔则主张三权分立，后来只是由于内忧外患的形式才要求加强集权制，要求立法与行政统一；卢梭主张建立小国寡民的民主共和国，主张每个公民可以直接参加选举，而罗伯斯比尔则认为像法国这样的大国也可以建立民主共和国，并且主张建立实行代表制的民主共和国；卢梭只是抽象地讲到“人性的首要法则就是维护自身的生存”，而罗伯斯比尔则明确地提出了生存权是人的首要权力，离开了生存权，其他一切权利就谈不上，甚至他还认为财产权也从属于生存权；卢梭只一般地提出“对奢侈品课以重税”和“按照土地的面积产量纳税”，而罗伯斯比尔则更明确地提出用累进税的办法来限制大资本等。可见，罗伯斯比尔共和国的种种设想比卢梭的民主共和国设想要先进，尤其是打上了几分社会民主的烙印，这是独创的、有特色的。

资产阶级民主制、资产阶级民主共和国与无产阶级民主制、无产阶级共和国从本质上看它们是根本对立的，它们属于两个不同的范畴和概念，这是众所周知的，无需赘述。但资产阶级民主、资产阶级民主共和国与无产阶级民主、无产阶级共和国又是互相联系的。无产阶级民主和无产阶级民主共和国可以说是从资产阶级民主和民主共和国那里发展来的，从这个意义上说，它们又不是绝对对立的。无产阶级可以利用资产阶级民主制中有些好的东西，使它成为无产阶级的东西，如选举制、罢免制、监督制、公仆制等，看不到资产阶级与无产阶级民主共和制的对立这是错误的，看不到它们之间的联系也是不对的，否定一切和肯定一切都不是马克思主义者应有的态度。在研究罗伯斯比尔的民主共和国蓝图设想时，这是我们应该首先得到的一点启示。

《法兰西第一至第五共和国论文集》，东方出版社，1991 年 2 月

如何看待拿破仑?
——关于拿破仑评价的综述

前个时期,我们在世界近代史教学中,和工农兵学员一起举行了多次有关评价拿破仑的讨论会。在会上大家各抒己见,争论热烈。归纳起来大体有以下几种意见。

一种意见认为,拿破仑是独夫民贼,是希特勒、蒋介石式的人物,是杀人不见血的专制暴君,他在历史上该受咒骂。

另一种意见认为,拿破仑是大资产阶级手中的一把双刃宝剑,它既砍向封建复辟势力,也砍向人民群众。他的反复辟功劳却被他的反人民罪行所抵消,他功过各半,很难说哪为主哪为次。

再一种意见认为,拿破仑在世界近代史上,确实是一个很了不起的反封建、反复辟、反倒退的英雄人物,是"马背上的罗伯斯比尔",是个扫荡欧洲封建马厩,打翻贵族统治旧秩序,为欧洲资本主义发展开辟道路的造反派,他在历史上应受到赞扬。

之所以产生上述的分歧,主要是对以下几个具体问题有不同的看法。

一、拿破仑所处时代的社会主要矛盾究竟是什么?

一种意见认为,拿破仑所处的时代的社会主要矛盾已不是资产阶级和人民大众与封建复辟势力的矛盾,而是资产阶级与人民群众的矛盾。因那时在法国已经历了1789—1794年的革命,尤其是经历了雅各宾派革命民主专政,在国内已镇压了保皇党的复辟势力,在国外,由于1794年6月弗勒鲁斯的胜利已把欧洲封建的干涉军从法国国土上驱逐出去了,国内外的复辟势力的威胁已不存在了,因此资产阶级是支持热月党人发动政变的,他们感到罗伯斯比尔这把锐利宝剑已成为多余的了,从而颠覆了以罗伯斯比尔为首的雅各宾派革命民主专政。此外,在热月政变之后,在巴黎连续发生的芽月和牧月起义,以及1795年的巴贝夫运动都说明了资产阶级与人民群众的矛盾上升为主要的地位了。

另一种意见认为,要分阶段。热月政变之后到拿破仑帝国建立之前,社会主要矛盾是资产阶级和人民群众与封建复辟势力的矛盾;在拿破仑帝国建立之后,社会主要矛盾就由资产阶级和人民群众与封建复辟势力的矛盾转化成为资产阶级与人民群众的矛盾,因为在拿破仑帝国建立之后不仅不存在什么复辟势力的威胁,反而存在着拿破仑帝国用武力去威胁欧洲其他国家了。因此,法国社会的主要矛盾只能是资产阶级与人民群众的矛盾而不是其他。

再一种意见认为,在法国革命之后,中经拿破仑帝国、复辟王朝时期,直到1830年七月革命之前,法国社会的主要矛盾始终是资产阶级和人民群众与封建复辟势力之间的矛盾。1830年七月革命之后,尤其是1831—1834年两次里昂起义之后,资产阶级与无产阶级、人民大众的矛盾才被提到了首位。持这种意见的同志进一步说明,1789年法国革命推翻了两百多年波旁王朝的统治,铲除了一千多年的封建制度,革命不仅在法国沉重地打击了封建势力,同时也沉重地打击了欧洲封建体系,为资本主义发展开辟了广阔的场所。因此,法国革命不仅引起国内封建势力的猖狂反扑,而且遭到整个欧洲封建势力的拼死抵抗。从俄国的沙皇到罗马的教皇,从奥匈的哈布斯堡皇族到德意志的霍亨索伦王朝都联合起来,勾结法国内部封建残余势力,组织"反法同盟",企图扑灭法国革命,颠覆新生的资产阶级政权。1793—1815年,他们共拼凑了七次反法同盟。而其中有六次都是针对拿破仑和拿破仑帝国的。而在反法联军看来,拿破仑和拿破仑帝国不是别的,正是"法国革命的体现",是"法国革命的最后阶段","对拿破仑的胜利就是欧洲的君主国对法国革命的胜利"。可见,从热月政变之后,整个拿破仑统治时期法国社会的主要矛盾始终是资产阶级和人民群众与封建复辟势力的矛盾。

二、拿破仑执行的路线究竟是什么？是法国革命、雅各宾派革命路线的继续还是反动？

一种意见认为，拿破仑的路线是对法国革命、雅各宾派革命路线的倒退和反动。理由是：拿破仑是代表大资产阶级利益的，而以罗伯斯庇尔为首的雅各宾派是代表中小资产阶级利益的；拿破仑取消了雅各宾专政时期一些革命民主措施，如最高限价政策等；拿破仑无情地镇压雅各宾派；雅各宾派反对“反法联盟”的战争具有纯粹保卫革命成果的性质，而拿破仑的对外战争却是扩张、掠夺的；拿破仑与奥国公主结婚，与封建王朝妥协。可见，拿破仑的路线是对法国革命、雅各宾派革命路线的倒退和反动。他扑灭了法国革命，为波旁王朝复辟开辟了道路。

另一种意见认为，拿破仑路线不能说是雅各宾派路线的继续，也不能说是对雅各宾派路线的反动，它只能说保留了或者巩固了雅各宾专政时期某些成果。1803 年之后拿破仑制定了《民法》《刑法》《商法》等法典。《民法》也称《拿破仑法典》，是“起源于法国革命的”，是“典型的资产阶级法典”，它巩固了法国革命的成果，维护了资产阶级资本主义私有制是神圣不可侵犯的原则，同时又规定了小农土地所有制的合法性。但是拿破仑毕竟是拿破仑，不是罗伯斯比尔，他是大资产阶级利益的代表，而不是中小资产阶级利益的代表，他对封建复辟势力有妥协的地方，而对革命民主力量却是不可调和的。因此，不能说他是雅各宾派路线的继续，最多只能说他保留了革命的成果，而这些革命成果的保留往往是从大资产阶级利益出发的。

再一种意见认为，拿破仑在某种意义上说，他的路线不仅是雅各宾路线的继续，而且还是它的发展和完成。他甚至把雅各宾派所没有完成的事业继续完成了，而且在新的历史条件下发展了，扩大了。雅各宾派的革命民主路线最重要的有两条：对封建复辟势力采用革命恐怖的手段；为了更好地反封建、反复辟，他们颁布了三个土地法，变封建的土地所有制为资本主义小农土地所有制。从总体来说，拿破仑把这两条都坚持下来，并进一步发展了。它不仅在法国这样做了，而且把它推广到欧洲大陆诸国。在对反法同盟的战争中,拿破仑军队所到之处,赶走贵族,没收教会财产,剥夺教会世俗权力,废除徭役,取消封建义务,用“拿破仑法典”代替封建的等级特权。正如马克思、恩格斯一再指出的,“在法国已完成其任务的恐怖统治,拿破仑以战争的形式把它搬到了其他国家”,“拿破仑是革命的恐怖主义对这次革命所公开宣布的资产阶级社会及其政治的最后一次战斗的体现”,“他用不断的战争来代替不断的革命,从而完成了恐怖主义”。持这种意见的同志认为,看拿破仑的路线是否是雅各宾派路线的继续,要看主流,看本质,看主要方面,正是拿破仑在主要方面,在主流上、本质上坚持了雅各宾派的路线,坚持了雅各宾派的反封建、反复辟、反倒退,所以,说他的路线是雅各宾派革命路线的继续。那么又怎样理解拿破仑既然是雅各宾派路线的继续为什么又要镇压雅各宾派呢?这只能从资产阶级的两面性、资产阶级的局限性去理解。罗伯斯比尔不是也镇压过雅各宾的左派?那又怎样理解罗伯斯比尔是雅各宾派路线的代表?

三、应怎样看待拿破仑对外战争性质?

一种意见认为,拿破仑的对外战争包括对俄战争在内是侵略的争霸战争。他们认为,在拿破仑的廿来年政治生涯中,到处进行侵略扩张,侵略战争的战火不仅在欧洲大陆上燃烧,而且烧到西亚、北非,甚至还烧到了拉丁美洲。在连年的战争中,给各国人民带来了无穷的灾难,而在法国大资产阶级的腰包里却塞满了闪闪的黄金和白银。

另一种意见认为,在拿破仑称帝之前所进行的战争主要是具有反封建反复辟的性质,但在称帝之后所进行的战争已经蜕化成为侵略的掠夺的战争了。督政府时期,面临着国内外封建复辟势力的猖狂进攻,资产阶级政权随时有被颠覆的危险,于是拿破仑作为大资产阶级一支宝剑被推上了政治舞台,在这个时候所进行的反对外国武装干涉的战争具有反封建、反复辟的意义。但是,当拿破仑帝国建立之后,随着法国资产阶级政权的巩固,资本主义的发展,大资产阶级要求向外扩张的欲望愈来愈强烈了,在这种情况下,它同英、俄争夺欧洲霸权,掠夺别国领土的性质就愈来愈暴露无遗了。

再一种意见认为,拿破仑战争自始至终在主导方面是反封建、反复辟的正义战争。尤其他与参加“反法同盟”国之间的战争更应如此。但由于大资产阶级的本性的局限,拿破仑的战争也必然带有向外扩张的一面。这主要表现在对那些没有参加“反法同盟”国家的战争,尤其是远征埃及、叙利亚,以及对海地等国家的战争更是如此。对沙皇俄国的战争不能说是侵略的战争,相反,它是正义的战争,因为,沙皇俄国是“反法同盟”的主要支柱,七次反法同盟,沙皇几乎都参加了,而且大军压境,矛头直指法国革命。因此,为了取得反复辟斗争的胜利,与沙皇俄国的战争是不可避免的。当然,在什么时候打,怎样打法,拿破仑在战略上是犯了错误的。持这种意见的同志,除了引用经典著作之外,还引了当时参加对拿破仑战争的英国将军纳皮尔的话来证明拿破仑对反法同盟的战争是一场正义的、进步的战争,纳皮尔说:“法国在大陆上进行的长期的流血斗争,不是想在许多野心强国之中争得杰出的地位,也不是为了争夺领域获得暂时的政治优势,而是一场决定贵族制度还是民主制度占支配地位,平等还是特权作为欧洲文明的原则的殊死斗争。”这对我们理解拿破仑对外战争性质,揭穿新沙皇无耻吹捧老沙皇对法战争是为了使整个欧洲人民从拿破仑的铁蹄下解放出来的谬论是很有帮助的。

*　　　*　　　*

拿破仑虽然是个早已死去的资产阶级代表人物,但我们今天讨论他是有着重大的现实意义的。我们除了争论以上这些问题之外,还对他的阶级属性、失败原因等问题进行了讨论,都有分歧意见,现不一一赘述。通过学习马列、毛主席著作,通过讨论,使我们明确了不少问题,现在,持“独夫民贼派”的观点,已经逐步消失不见了,其他意见仍争论不休。今后,准备还作进一步讨论,进一步弄清问题,把颠倒的历史颠倒过来,给拿破仑以正确的历史唯物主义的评价。

《关于拿破仑》,华东师范大学出版社,1974 年

论拿破仑的资产阶级两重性

在世界近代史上，拿破仑是一个叱咤风云、给历史留下深刻痕迹的人物。对他的评价，历来众说纷纭，或称他是“历史上最伟大的现实主义者”“真正的英雄”，或称他是“一个可厌的人物”。毁誉褒贬，莫衷一是。在我国，前个阶段对他的评价也曾引起过热烈争论。有人说他是“反复辟，反倒退的英雄”，也有人说他是“希特勒式的人物”等。

拿破仑究竟是一个怎样的人物？他在历史上究竟扮演过什么样的角色，起过什么样的作用？本文试图对这些问题作出自己的回答。

一、拿破仑既是反复辟的英雄，又是为波旁王朝的复辟开辟道路的人物

拿破仑反不反复辟？算不算是反复辟的英雄？要回答这个问题必须首先弄清楚，当时拿破仑所处的法国社会究竟存在不存在复辟的危险性？

1789 年开始的法国革命，摧毁了历时一千多年的法国封建制度，推翻了持续二百多年的波旁王朝专制统治，同时也大大地震撼了欧洲的封建体系。因此，法国革命不仅引起了国内封建势力的猖狂反扑，而且遭到了整个欧洲封建势力的武装干涉。在国内，被推翻的波旁王朝和封建贵族，决不甘心自己的失败，千方百计地想恢复失去的“天堂”。他们有的流亡国外，勾结欧洲的封建势力，集结于边境伺机反扑；有的潜伏国内挑起一次又一次的武装暴乱。由于热月党的反动，督政府的无能，他们乘机于 1795 年在巴黎，1796 年底在旺代郡，1799 年秋在西北地区和诺曼底相继发动了反革命的武装骚乱。

此外,1799年春,在立法团的局部选举中,保王党还获得了多数,他们公开推行反动政策,取消了打击封建主的种种法令,并暗中策划政变,复辟气焰甚为嚣张。

在国外,欧洲各国在法国革命的影响和推动下,出现了革命运动的高潮,引起了欧洲封建统治者的极大恐慌,他们像害怕瘟疫一样害怕法国革命。从俄国的沙皇到罗马的教皇,从奥地利的哈布斯堡家族到普鲁士霍亨索伦王朝都联合起来,串通一气,狼狈为奸,于1793年至1815年,先后拼凑了七次反法同盟,矛头直指法国革命和体现法国革命的拿破仑与拿破仑帝国。固然,法国革命和拿破仑帝国在过分强大的敌人包围下,在"英国的金钱和俄国的野蛮支持下"的反法联军围攻下被绞杀了。曾窝藏在沙皇俄国的路易十八,在联军的刺刀庇护下两次重登王位,建立了直到1830年7月革命方告终的复辟王朝。但是,这场斗争的基本性质是毋庸怀疑的。正如恩格斯所指出的:"对拿破仑的胜利就是欧洲的君主国对法国革命的胜利,因为拿破仑帝国是法国革命的最后阶段。"拿破仑自己也明确地意识到:"列强不是和我作战,而是和革命作战。"历史事实表明,法国自1789年革命之后,中经热月党人、督政府、拿破仑帝国以及复辟王朝统治时期,被推翻的封建势力不仅把复辟的希望变为复辟的行动,而且把复辟的可能变成了复辟的现实。这就是说,拿破仑所处的当时法国社会面临着一个保卫革命成果,粉碎国内外封建势力复辟的严重历史任务。

然而,弄清楚拿破仑所处的时代存在着复辟危险性的客观事实,并不等于说拿破仑就是反复辟的英雄,而必须进一步考察拿破仑对复辟势力所持的态度和所作所为。

拿破仑于1769年生于科西嘉岛,于1821年死于圣赫勒拿岛,共活了52岁。在他活得不算太长的一生中,却给历史留下了不可磨灭的痕迹。他从小受过启蒙思想,尤其是卢梭思想的影响。法国革命高潮时,曾与雅各宾派并肩战斗过。1793年击败由英国人支持的保王势力的土伦之役,使他崭露头角。1795年在巴黎他指挥炮兵粉碎葡月王党叛乱,使法兰西共和国转危为安。从此,他威名大振,青云直上。1797年,拿破仑击败奥地利,迫使奥地利退出反法同盟,并在坎波-福米沃缔结了和约。可见,在拿破仑掌握政权以前,他在反对国内外封建复辟势力的斗争中,已为法国革命和新兴的资产阶级屡建奇功。在1799年的雾月政变中,他建立了军事独裁,并使王党的复辟阴谋又一次化为泡影。嗣后,在与国内外的封建复辟势力的反复较量的基础上,拿破仑缔建了法兰西帝国,自称法兰西皇帝。拿破仑帝国,正是"由老朽的半封建的欧洲反对近代法国的几次同盟战争产生的"。拿破仑的政治生涯大半是在与反法同盟浴血奋战中度过的。在他指挥下,法军的三角帽一次次撞碎了反法联军的钢盔铁甲。法国的鹰旗飘扬在除了彼得堡和君士坦丁堡之外几乎所有欧洲大陆君主国家首都的上空。他纵横驰骋曾使欧洲很多大小王公匍匐在他的脚下,他的战绩超过了恺撒、奥古斯都和查理大帝。无论是土伦战役、葡月风云、雾月政变,还是奥斯特里茨大会战等都表明他对王党的镇压坚决有力,对欧洲反法同盟的斗争刚毅顽强。他确实是一个反复辟的英雄,人们称之为"马背上的罗伯斯比尔"是当之无愧的。马克思主义经典作家把他与罗伯斯比尔等人并列为英雄人物,称之为"真正伟大的拿破仑"是理所当然的。这也正是拿破仑一生中值得肯定的主要的、主流的方面。

但是,事物是复杂的,我们不能片面地,而要全面地去观察问题。拿破仑虽然有反复辟、反倒退的一面,但也有与封建复辟势力妥协的一面。1816年8月24日拿破仑在最后的流放地——圣赫勒拿岛上,与拉斯卡斯的一段近乎自我评价的谈话中,充分泄露了他与封建势力妥协的天机。他说:"本世纪的(伟大战斗)已经赢得了,革命完成了;(当时必须做的一切)就是把革命和没有予以破坏的东西调和起来。那项任务由我承担了。……我成为旧和新之间联盟的拱门,成为旧秩序和新秩序之间的天然居间人。"事实表明,他曾力图与保王党人实行和解,表示愿意对流亡者实行宽赦,逐步放宽了对逃亡贵族回国的政策,致使十万多流亡分子自由返回法国,并分予财产;他对路易十六被送上断头台公开表示过惋惜,认为处死路易十六是一种犯罪的行为;他虽然曾对王弟普洛旺斯伯爵要求回国复辟王位,采取坚决拒绝的态度,似又对他的家族流亡在国外的处境深表同情;出于政治上的需要,他拉拢、重用了旧贵族塔利兰为帝国的外交大臣,后来正是这个狡诈的塔利兰背叛了他,成为复辟王朝临时政府的组织人;他还竭力与天主教会实行妥协,承认天主教是"绝大多数法国人的宗教",并肉麻地吹捧教皇为"最神圣之父";他建立了新的贵族等级,在他称帝之后,曾封了4个亲王、30个公爵、388个伯爵、1090个男爵,他把他的3个兄弟、1个妹夫、1个继子分别封为国王和侯爵,他还尽量把自己的宫廷搞得和欧洲封建宫廷一样穷奢极侈;尤其严重的是他与奥地利公主玛丽·路易丝结婚,企图与欧洲封建王朝结成同盟。拿破仑在圣赫勒拿岛与蒙托隆谈话时曾坦率地承认这是“错了”,他说:“我让……皇冠留在他(指弗兰茨皇帝)头上,然而我错了。我在同玛丽·路易丝公主结婚这件事上也错了,因为从那天起,我把奥地利皇室看作我的家族的一部分……”恩格斯深刻地指出:“拿破仑最大的错误就在于:他娶奥国皇帝的女儿为妻和旧的反革命王朝结成同盟;他不去消灭旧欧洲的一切痕迹,反而竭力和它妥协;他力图在欧洲帝王中间取得首屈一指的声誉,因此他尽量把自己的宫廷搞得和他们的宫廷一样,他降低到了其他帝王的水平,他力图得到和他们同样的荣誉,拜倒在正统主义原则之前,因此很自然,正统的帝王们便把篡夺者踢出了自己的圈子。”上述的种种妥协,是导致拿破仑帝国垮台的重要原因。客观上“为正统王朝的复辟铺平了道路”。所以,从这个意义上说,作为反复辟英雄的拿破仑,却又是一个为波旁王朝的复辟开辟道路的人物。

二、拿破仑既是法国革命成果的捍卫人,又是法国革命的绞杀者

拿破仑是法国革命成果的捍卫人,还是法国革命的绞杀者?在我们看来,两者兼而有之。

法国革命是典型的资产阶级革命,革命不仅在政治上摧毁了封建特权等级制,在经济上废除了封建所有制,而且改造了社会生活的各个方面。在对待资产阶级革命的成果上,从其主要方面来看,拿破仑所采取的是捍卫的态度。

拿破仑在镇压王党叛乱、粉碎复辟阴谋的同时,为巩固法国资产阶级的革命成果,还做了很多工作。

首先,大力加强中央集权制。拿破仑为了适应国内外阶级斗争的需要,为了巩固和扩大革命成果的需要,竭力加强资产阶级专政,加强对资产阶级国家机器这座大厦的建设。他取消了法国革命时期建立的、由选举产生的一切地方自治机构,代之以行政长官制度,将全国划分为88个郡,郡守由中央任

命;建立了国务会议,在中央设立了12个部,领导和管理全国各项行政工作;建立近卫军,并设立直接向拿破仑负责的巴黎警察总署,加强侦察机关,建立告密制度等。马克思一再提到,现代国家"这座大厦是第一帝国时期建立起来的"。

其次,制定法典,以法律形式确立和巩固资产阶级革命的成果。为了巩固资产阶级的统治,保护资产阶级私有财产,拿破仑陆续颁布了3部重要法典:《民法》(1804年)、《商法》(1807年)和《刑法》(1810年),拿破仑认为《民法》是他对资产阶级最大的功劳。他曾吹嘘说:"我真正的光荣并非打了40次胜仗;滑铁卢之战抹去了关于这一切的记忆。但是,有一样东西是不会被人忘却的,它将永垂不朽——那就是我的民法典。"1807年这部《民法》被命名为《拿破仑法典》,共2281条。法典规定:"私有财产的意思,就是使用与处置事物之最无限制的权利。"《法典》"起源于法国革命",是"以法国大革命的社会成果为依据"的一部"典型的资产阶级社会的法典",它既是法国革命成果的体现,又是进一步巩固和发展资产阶级革命成果的锐利武器。

第三,巩固小农土地占有制。变封建地主土地占有制为小农土地占有制,这是法国革命,尤其是雅各宾专政的重要成果之一。它具有非常重要的革命意义。因为"小块土地界线成为资产阶级抵抗其旧日统治者的一切攻击的自然堡垒"。在当时,这种土地所有制形式"是保证法国农村居民解放和富裕的条件",拿破仑坚决维护了小农土地所有制,"巩固和调整了某些条件,保证农民能够自由无阻地利用他们刚得到的法国土地,并满足其强烈的私有欲"。因而,拿破仑"在农民眼中不是一个人物,而是一个纲领",农民也就成了他的"主要社会支柱"。

其四,拿破仑在"法国境外到处破坏各种封建形式,为的是给法国资产阶级社会在欧洲大陆上创造一个符合时代要求的适当环境",发展资本主义。拿破仑军队所到之处,驱逐贵族,没收教会财产,剥夺教会世俗权力,废除徭役,取消封建义务,用"拿破仑法典"代替封建等级特权,正如马克思、恩格斯指出的:"在法国已完成其任务的恐怖统治,拿破仑以战争的形式把它搬到其他国家。"

此外,拿破仑在巩固革命成果和发展资本主义方面,还做了其他许多工作。如整顿财政机关,实行税收改革,采取保护关税政策,建立监督制度,创立法兰西银行,鼓励采用新技术,推行国家订货,大力发展军事工业,开凿运河,修筑公路,发展交通运输业等。这一切都有利于资本主义经济和社会生产力的发展。

总之,拿破仑无论从经济基础到上层建筑,从内政到对外关系,努力巩固资产阶级革命成果,为资产阶级立下了汗马功劳。拿破仑不愧为法国革命成果的捍卫人,是"革命的恐怖主义对这次革命所公开宣布的资产阶级社会及其政治的最后一次战斗的体现"。

然而,拿破仑毕竟是大资产阶级利益的代表,他仅仅从大资产阶级利益出发去捍卫有利于巩固资产阶级利益的成果,而对有利于人民的革命民主成果,却百般仇视,甚至加以毁坏。拿破仑为了捍卫资产阶级的革命成果加强了中央集权制,但同时却取消了革命时期由人民群众斗争所创造出来的一切地方自治机构,侵犯人民民主权利。他口口声声宣称帝国具有"自由平等原则",而自己"就在自由思想中哺育大的""最高权力属于人民"等。但正是他剥夺了人民的出版言论自由的权利,把全国 73 种报纸封闭了 60 多种。他不允许任何党派的存在,大肆镇压雅各宾派,无情残害民主分子,连马拉和巴贝夫的妻子也被拘禁在监牢里。他迫害广大工人,极端歧视妇女等。由此可见,在这些方面,他事实上又成了法国革命的绞杀者。正是在这个意义上,恩格斯说:"法国革命已经平息,它自己产生了自己的镇压者——拿破仑。"斯大林也指出,拿破仑政府"扑灭了法国革命,而仅仅保存了那些有利于大资产阶级的革命果实"。既是革命成果的捍卫人,又是革命的绞杀者,拿破仑正是这样一个充满着矛盾的人物。

三、拿破仑战争既有革命进步的一面,又有侵略扩张的另一面

拿破仑的政治生涯,大部分就是在战争中度过的。因此,对拿破仑的评价就不能不牵涉到对他所进行的战争性质的评价。

拿破仑战争的性质是比较复杂的,总的可以这样说,它既有保卫和扩大革命成果的一面,又有侵略扩张的另一面。而对不同对象,不同时期的战争还要作具体分析,大体上可划分为三种类型。

拿破仑与俄、奥、普、意等"反法同盟"国之间的战争，主要是保卫革命，反对武装干涉，但也带有扩张和侵略的性质。因此，我们在肯定其历史进步作用的同时，也应该揭露其侵略、扩张的一面。譬如：拿破仑远征意大利，这是同"反法同盟"国进行的战争。可是，在战争过程中所暴露的掠夺行径是令人发指的！出发之前，为了博取士兵们的欢心和对他的效忠，他公开许诺他们进行抢劫，他说："士兵们，你们吃得不好，又几乎没有衣服穿。……我即将把你们带到世界上最肥沃的平原地区去；你们将在那里看到那些巨大城市、富裕的省份；你们将在那里获得尊敬、光荣、财富。"果然，他们在占领意大利之后，搜刮了大量财富、军事赔款和高额赋税，还把博物馆中珍贵的雕刻、杰出的名画、一切值钱的展览品与教堂的器皿等统统运回巴黎，取悦于本国资产阶级。难怪他获有"共和国摇钱树"之称。又如对普鲁士的某些战争，尤其是迫使普鲁士签订具有莫大屈辱性的《提尔西特和约》，都是非正义的；再如1812年对俄国的战争也是如此。我们不能同意这样的观点，即认为先进的资本主义制度的国家对落后的农奴制国家进行的战争就是正义的。按照这种理论，那么历史上先进的资本主义国家对落后的弱小民族的战争，不就成为"正义"了吗？显然，这是十分荒谬的，是不符合马克思主义对战争性质问题的观点的。我们认为拿破仑与俄、普、奥、意等反法同盟国之间的战争，在大多数情况下其主要方面是正义的、进步的，主要是由于反法同盟因反对法国革命，妄图复辟波旁王朝。而不是，也不应以社会制度的先进与落后，作为评价拿破仑战争性质的依据。

拿破仑与英国的战争是另一种类型的战争。这种战争当然也有革命的一面，但更多的是为了争夺霸权，尤其是拿破仑称帝之后，这种争霸性质更加显而易见。从英国方面来看，进行战争的主要原因已不是害怕法国革命的彻底性，而是法兰西帝国的迅速崛起，将严重威胁大英帝国的殖民霸权；从法国方面来看，拿破仑对英战争主要是为了保护和扩大殖民地，防止英国干预大陆事务，打破它在海上的独霸地位。同时，还应看到法国资产阶级凭自由竞争是斗不过正在进行工业革命的英国的。因而，它要依靠军事征服来开辟国外市场。这样，拿破仑实际上成为法国资产阶级手中的一支宝剑，替法国资产阶级去开辟广阔的世界市场。可见，拿破仑与英国的战争不能不具有争霸的性质。

拿破仑战争的第三种类型，就是对“反法同盟”之外的一些国家的战争。这些战争无疑是拿破仑战争的侵略扩张一面的集中表现。拿破仑曾狂妄地宣称：“欧洲太小了，真正伟大的事业，最好在东方进行。”他在1798年率军占领了埃及，并企图把它作为进而威胁印度的跳板；翌年还侵入了叙利亚，肆意掠夺它们丰富的自然资源；1802年又派兵镇压海地的黑人解放运动；1807年和1808年，先后出兵侵占葡萄牙和西班牙……这一系列的侵略行径，给各国人民带来了深重的灾难，完全暴露了他所代表的大资产阶级的贪婪本性。

马克思主义认为，评价战争的性质，必须历史地研究各个战争。主要是要弄清楚它是由什么引起的？它是由哪些阶级为了何种目的而进行的？综上所述，我们认为拿破仑战争是代表了法国资产阶级的利益，在当时的历史条件下，表现为保卫革命和侵略扩张相交织的两重性的特点。

四、拿破仑所表现的两重性正是资本主义上升时期资产阶级“一身而二任焉”的阶级特性在他身上的体现

在世界近代史的舞台上，拿破仑所扮演的是这样一种角色：他是大资产阶级手中的一把锐利的双刃宝剑。它既有砍向封建复辟势力的一面，又有砍向革命民主力量的一面。他既是反封建反复辟的英雄，又是为波旁王朝开辟道路的人物；他既是法国革命的捍卫人，又是法国革命的绞杀者。他所进行的战争既有革命、进步的一面，又有侵略扩张的一面。如此两面既互相对立，又相互交织，融为一体。从资本主义制度代替封建主义制度的整个历史过程来看，拿破仑所起的反封建、反复辟的革命作用是主要的，特别是在他建立帝国之前更是如此。上述那种充满矛盾、复杂纷繁的现象似乎是不可思议、难于解释的，但是只要我们掌握拿破仑所处的时代的特征及其阶级属性，运用辩证唯物主义和历史唯物主义的基本原理加以分析，就会迎刃而解。

拿破仑所表现的两重性，是资本主义上升时期资产阶级两重性在特殊历史条件下的集中反映。上升时期的资产阶级不同于腐朽没落的资产阶级，他们既有反封建、反复辟的革命性的一面，又有维护资本主义剥削制度，敌视劳动人民的另一面。马克思、恩格斯在《共产党宣言》中指出：“资产阶级在历史

上曾经起过非常革命的作用”,但是,它“只是用公开的、无耻的、直率的、露骨的剥削代替由宗教幻想和政治幻想掩盖着的剥削”。毛主席在《新民主主义论》中也深刻地阐明了革命时期资产阶级“一身而二任焉”的特性。毛主席指出:“大敌当前,他们要联合工农,反对敌人;工农觉悟,他们又要联合敌人反对工农,这是世界各国资产阶级的一般规律。”拿破仑曾和雅各宾派站在一条战线上,并为雅各宾派的革命事业进行过斗争。但在雾月政变之后,直至他的帝国崩溃为止,从没有停止过对雅各宾派和广大劳动人民的迫害。拿破仑的反封建、反复辟的革命性和反人民、反民主的反革命性的结合,正是上升时期资产阶级的这种两重特性的典型体现。这种上升时期资产阶级两重性,也正是拿破仑战争两重性的深刻的阶级根源。

有人认为拿破仑是希特勒式的人物,这是违反历史事实的。拿破仑和希特勒有着重大的区别。第一,拿破仑是处在资本主义上升时期的资产阶级代表人物,希特勒是腐朽没落时期的垄断资产阶级代表人物;第二,拿破仑所进行的战争主要的具有反封建、反复辟的革命性质,而希特勒所发动的战争则完全是帝国主义的罪恶战争;第三,拿破仑是依靠进步力量反对反动力量,希特勒却相反,是依靠反动力量来同进步力量作斗争。

有人把拿破仑与罗伯斯比尔完全等同起来,这也是不妥的。诚然,拿破仑与罗伯斯比尔都是上升时期的资产阶级代表人物,但其革命性和民主性较之后者却大为逊色。这是因为:第一,罗伯斯比尔是处在法国革命的初期和高潮时期的资产阶级代表人物,而拿破仑和拿破仑帝国则是处在“法国革命的最后阶段”。拿破仑执政时期,资产阶级的主要任务是巩固自己的专政,保卫革命的胜利成果。当然,反复辟的任务虽然存在,但无产阶级和人民群众与资产阶级的矛盾开始上升,并逐渐突出起来;第二,拿破仑是代表大资产阶级的利益,而罗伯斯比尔则是代表中、小资产阶级的利益;第三,拿破仑帝国的政权比罗伯斯比尔的政权较为稳固。因此,从总的方面来说,拿破仑比罗伯斯比尔在革命性方面后退了。这也告诉我们,在评价资产阶级代表人物的历史作用和地位时,除了区别资本主义上升时期和没落时期之外,同是上升时期的资产阶级代表人物还要重视取得政权前后和政权稳固程度之不同,以及代表资产阶级不同阶层的区别,不能一概而论。这也就进一步说明,在评价拿破仑时,除了重视体现在他身上的上升时期的资产阶级代表人物的一般性之外,还要重视他独具的特殊性。

马克思在《路易·波拿巴的雾月十八日》一书中,运用历史唯物主义分析资产阶级代表人物,为我们树立了光辉的榜样。拿破仑(即大拿破仑)和路易·波拿巴(即小拿破仑)同是处于资本主义上升时期的法国,同是大资产阶级利益的代表,而且小拿破仑还是大拿破仑的侄儿,并一直标榜是他伯父事业的继承人,可是他们在法国历史上所起的作用却截然不同,所扮演的角色也截然相反:一个被马克思肯定为资产阶级的英雄人物,一个却被鞭笞詈骂为“既平凡又可笑”的角色。这是为什么?这就是马克思在评价历史人物时,总是严格地把人物提到特定的历史范围内,进行具体分析,然后作出正确的结论。大小拿破仑虽然都处于资产阶级的上升时期,但阶段不同了,一个处在19世纪初期,另一个处在19世纪中叶,在两个不同阶段里,法国社会和阶级关系有了很大的变化。19世纪中叶,法国的资本主义比19世纪初有了较大程度的发展,无产阶级和资产阶级的矛盾已上升成为社会的主要矛盾,资产阶级已由革命的阶级转化成为反对革命的反革命阶级了,因此,这些时代和阶级的特征不能不在作为资产阶级的代表人物的大、小拿破仑身上打下了烙印,因而在历史上起着不同的作用。马克思对大、小拿破仑这种历史唯物主义的肯定和否定永远是我们评价历史人物时学习的典范。

有人认为,承认拿破仑是一个伟大的人物就是夸大个人的历史作用的英雄史观。这是一种糊涂观念。很显然,承认英雄人物在历史上所起的伟大作用和唯心主义的英雄史观是两种根本对立的观点。我们肯定拿破仑主要是肯定他在世界近代史上,曾顺应了历史发展的潮流,依靠进步力量,反对封建复辟势力,捍卫资产阶级革命成果,起了一般人所不能起的作用。这是他之所以能取得节节胜利的根本原因。但是,拿破仑毕竟是大资产阶级的代表人物,因而也就不能超脱大资产阶级的阶级局限性。他不能长期地依靠进步力量,相反地却与封建妥协,反对人民,镇压民主力量,结果不仅葬送了法国革命,为波旁王朝的复辟开辟道路,而且造成了自身的垮台。拿破仑之所以成为欧洲近代史上风云一时的人物,根本原因不在于他个人的特殊才能,而是历史的必然。正如恩格斯所指出的:“假如不曾有拿破仑这个人,那么他的角色是会由另一个人来扮演的。”法国当时的历史正需要有像拿破仑这样的人物。因此,他所起的历史作用是巨大的。拿破仑的兴乃至后来的衰都恰好说明时势造英雄,而不是英雄造时势。这是历史唯物主义的颠扑不破的真理。那种认为对拿破仑在历史上所起的进步作用,作出实事求是的肯定,就是"英雄史观"的说法是与历史唯物主义格格不入的。尽人皆知,马克思主义经典作家不仅从来没有否认英雄人物在历史上所起的巨大作用,相反,他们都给予应有的肯定。当然,在肯定的同时也总是指出他们的阶级局限性和历史的局限性的。

总之,我们认为在评价拿破仑时,必须反对历史唯心主义和形而上学,坚持一分为二,坚持历史唯物主义,恰如其分地对拿破仑作出正确的评价,还拿破仑以本来的面目。

《华东师范大学学报》,1978 年第 1 期

索布尔对无套裤汉研究的贡献

阿尔贝·索布尔(Albert Soboul 1914—1982)是我国史学界熟知的著名的法国大革命史权威,他曾任巴黎第一大学(Sorbonne)法国大革命研究所所长、法国大革命史讲座教授。他对法国大革命史研究的贡献可以与米涅、饶勒斯、米什莱、奥拉尔、马蒂埃、勒费弗尔等齐名。关于索布尔对法国大革命史研究的贡献,我国著名法国史专家张芝联、端木正等教授已有专门论述,现不再赘述,本文想就他对无套裤汉的研究贡献作些介绍和阐发。

一、无套裤汉的历史学家

索布尔对法国大革命史的研究的贡献是全面的、系统的,他在这个领域内的各个重大问题上都有他自己独到的、深邃的研究和看法。但是在法国大革命史研究范围内贡献最大、影响最深的是他对无套裤汉的研究。正因为他对无套裤汉的研究所取得的巨大成就,使他能把法国革命史的研究提到了一个新的阶段,开辟了一个新的领域,从而使他能真正成为法国以及国际史学界所公认的研究无套裤汉的权威史学家。

法国大革命迄今已有205年的历史。研究法国大革命如果从巴纳夫(Barnave)撰写《法国革命引论》开始也有203年的历史。这本被索布尔在讲课中一再强调要研究法国大革命者必读的书,之所以重要就是它首先提出了要用经济理论去研究法国大革命,即巴纳夫在书中所指明的一个重要原理:“财富的新分配准备着权力的新的分配。”

复辟王朝时代的著名历史学家如米涅、梯也尔等,他们虽然未有读过巴纳夫的著作，但他们研究法国大革命的思路是巴纳夫思路的继续和发展。他们特别强调了用阶级斗争的观点考察法国大革命，认为法国大革命是第三等级和腐朽没落的贵族之间的生死搏斗，并且认为这场斗争是必然的、不可避免的。这个观点后来被马克思一再肯定。

奥拉尔是一位研究法国大革命最有成就的史学家之一。他从事法国大革命史研究达 50 年之久。他编纂了成套最有价值的史料集，如《雅各宾俱乐部纪录》(6 卷)、《救国委员会法令汇编》(26 卷)等。他的代表名著是《法国革命政治史》。他政治上属资产阶级共和派，同时成了激进派。但它的缺陷是忽视经济因素和人民群众作用。

饶勒斯虽然不是马克思主义者，但他受过马克思主义的影响。他对法国大革命的研究坚持了由巴纳夫以来中经复辟王朝史学家的史学观点，他强调指出法国革命是一种社会现象，因而它的根源是在经济方面。他还认为大革命毕竟是长期经济发展的结果，这些发展使资产阶级成了执掌经济和政权的主人。饶勒斯的《法国大革命社会主义史》成为研究者必读的名著。饶勒斯的研究实际上弥补了由奥拉尔所忽略的社会经济方面的研究，从某种意义上说，饶勒斯对于大革命史的贡献不在于他的著述，而在于他推动经济史观方面的研究。可以说他给法国大革命史的研究指明了一个新的方向。

马蒂埃也是一位很有创新、很有成就的法国大革命史权威。他是奥拉尔的学生，但他有很多问题不同意他老师的看法，他受饶勒斯影响很大，如坚持将大革命作社会革命的解释，法国大革命是阶级斗争的说法等。他所写的《恐怖时期的生活昂贵与社会运动》就是这方面的重要代表作。

米什莱比饶勒斯、奥拉尔、马蒂埃诞生的年代要早些。他研究大革命最大的功绩是在于肯定人民在法国大革命中的伟大作用。他承认大革命自始至终只有一个主人翁——人民。他崇敬人民，赞赏人民，认为大革命是伟大的人民运动，他极力主张研究历史要眼睛向下，面向人民群众，但是米什莱并不真正了解人民的本质，不真正懂得巴黎的无套裤汉究竟是什么。

与马蒂埃同年的勒费弗尔是一位深受饶勒斯影响的大革命著名历史学家。他始终坚持并发展了由饶勒斯开辟的重视大革命经济因素研究的方向，索布尔指出："法国革命史学，在饶勒斯生前以奥拉尔为主要代表，此后的代表人物首先是 1908 年创办罗伯斯比尔研究会和《革命年鉴》(即今天的《法国革命史年鉴》)的阿尔贝·马蒂埃,随后是将自己的成就归功于这部《社会主义史》作者的乔治·勒费弗尔。”勒费弗尔自称是饶勒斯的学生。饶勒斯和马蒂埃先后强调了第三等级的迅速分化和资产阶级各派与人民各阶层之间很快出现的敌对,说明了大革命历史的复杂性和发展的阶段性。根据同一思路,勒费弗尔着重研究了在大革命时期的农民问题。勒费弗尔认为在大革命总范围内存在着一股农民运动的潮流,在起源、进程、危机和倾向等方面都具有独立性和特殊性。1924 年,他以“广博学识与批判精神相结合”的学风,写成了博士论文《法国革命时期诺尔郡的农民》,并获得了国家博士学位。马蒂埃对此论文给予高度的评价,指出:“大革命的社会史还从未有过这种深度和广度的研讨。”《法国大革命时期诺尔郡的农民》是一部研究法国大革命时期农民和土地问题的经典性的著作,它为法国大革命史研究开辟了一个新的领域。

正如勒费弗尔自称是饶勒斯的学生一样,索布尔自称是勒费弗尔的学生。像导师勒费弗尔醉心于研究大革命中一股独立的农村中的农民运动一样,学生索布尔却致力于研究城市中一股独立的人民群众运动——无套裤汉运动。索布尔很尊敬他的导师勒费弗尔,他在巴黎大学授课时经常提到他的导师如何如何教诲他。但是,最好的尊敬不是盲从,而是尊导师之长避老师之短。正是索布尔对其导师在研究法国大革命史的功绩作了充分肯定之后,又直率地指出他的不足之处,他说:“虽然如此,勒费弗尔的贡献也有他的不彻底性。对一个旧制度法国和革命法国的社会集团,没有给予应有的地位。这个社会集团,就是我们如今要提到的那个无套裤汉。”在勒费弗尔的指导下,索布尔花了很长的时间完成了他的博士论文《共和二年的巴黎无套裤汉人民运动与革命政府 1793 年 6 月 2 日—共和二年热月九日》。这部共有 1168 页的专著与勒费弗尔的《法国大革命时期诺尔郡的农民》相媲美,它真正成了索布尔一生的传世代表作。正因为索布尔的努力和作出的这一巨大贡献,又为法国大革命研究开辟了一个新的领域。

1982 年 9 月 10 日,索布尔不幸因心脏病突发猝死,9 月 14 日法国《世界报》(*Le Monde*)发丧讣告在第一版上就用醒目的标题标示:《阿尔贝·索布尔去世了(La Mort d' Albert Soboul)——无套裤汉的历史学家(l´historien des Sans-Culottes)》。可见,“无套裤汉的历史学家”这个称号是对索布尔一生研究的业绩最合适、最具有代表性的概括,它确实成了索布尔的同义语。

二、埋头疏理原始档案,潜心精琢无套裤汉专著

索布尔为什么能在法国大革命史研究中像他的导师一样走出一条新路子并取得辉煌的成就?原因很多,但有一点是被史学界所公认的,即是他的谨严的治学态度、肯下死功夫从原始材料和基础工作做起的决心。为了研究无套裤汉,索布尔废寝忘食,用很长一段时间从事档案的搜集、梳理和编纂工作。众所周知,由于1871年5月的不幸大火烧毁了警察总署的档案,这对于研究工作者是一个不可弥补的损失。同时有些区的档案材料也由于保管不善和因转移的关系遗失了不少。据了解,巴黎共48个区中有3个区的登记册全部不见了。过去曾有过的300多份区的登记册从1834年9月—11月又被巴丹莱密·圣依雷尔(Barthélémy Saint-Hilaire)怪诞地毁掉了。这给后人研究大革命时期无套裤汉的活动增加了困难。而索布尔就是在这样"残缺不全"而又浩如烟海的纸堆里进行漫长的发掘和梳理工作的。索布尔首先从巴黎48个区的文件,各区大会的档案、各委员会的议事录、会议记录、交往信件、请愿书、名册、登记簿、各社团活动记录等最原始的材料着手整理,这种工作的难度和费神是可想而知的。

根据无套裤汉研究的需要,他首先编出目录,于1950年由法国革命经济社会史委员会出版,书名《巴黎各区的文件(1790—共和四年)简明索引》,接着还与德国历史学家马尔可夫合编无套裤汉文献,即《巴黎的无套裤汉,人民运动史文献(1793—1794年)》一书,此书于1957年出版,它对于研究无套裤汉的史学家来说,都是非常有用、非常重要的。

索布尔在整理无套裤汉原始资料时不仅重视了巴黎48个区的资料,而且重视了巴黎国家图书馆的资料,他还告诉人们怎样利用这批材料。他说:"在国家图书馆中所收藏着的那些文件,仍然能使我们留下深刻的印象,这对研究巴黎无套裤汉的历史学家是不可缺少的。"他还告诉人们怎样在国家图书馆找到所需要的材料。比如,归属C系列的革命议会的档案中的是行动,地址和总议会的请愿和平民社团的材料,还有少数在国民公会立法委员会中找

到。F 系列中，特别是公安委员会有许许多多以字母排列的方法提供我们大量有重要意义的文件，尤其是当我们要对巴黎区的革命成员进行研究。最后，我们不可忽视组成 W 系列的革命法庭的档案和共和历三年军事委员会的档案。

索布尔一再提到利用区的档案不是从他开始的，从梯也尔起就已经注意到了，但梯也尔没有充分利用区的大量的原始材料，他只注意了官方的文件和回忆录。米什莱有了发展，他不仅研究了市局的材料，而且注意到了巴黎48 区的材料，但米什莱只把视线集中在“人民”身上，而没有把无套裤汉从“人民”中区别出来，他没有真正理解“无套裤汉”；莫迪梅-代尔诺(Mortier-Ternaux)也从事巴黎区的文件研究，而且花了功夫誊抄了许多文件，可是与泰纳(Taine)一样他们研究区的文件只是为他们的政治偏见，为反人民服务；欧纳斯·梅里叶(Ernest Mellé)在 1898 年出版了《巴黎区在法国大革命时期》，他曾说：“写巴黎区旧历史可以说是几乎同样叙述法国大革命的历史。”而索布尔则认为这种提法不对，它没有把无套裤汉运动与资产阶级革命区别开来，写巴黎区的历史不是在复述法国革命历史，要写无套裤汉历史无论如何要从 1792 年写起；弗·布莱希(F·Braesch)的《1792 年 8 月 10 日公社》论文也涉及巴黎历史的广泛研究，但他仍然把无套裤汉放在政治角度上来考虑，而且忽略了无套裤汉真正的敌人仍然是贵族这一事实；马蒂埃在《恐怖时期生活昂贵和革命运动》一书中运用了大量的原始材料，能抓住问题的症结，但马蒂埃过高评价了罗伯斯比尔，因而对无套裤汉的民主、无套裤汉的作用的评价相对地降低了。从索布尔这段话来看至少能让我们得出以下几点结论：(1)对无套裤汉原始资料的运用不是从他开始的，在他之前就有不少历史学家运用过，他只是站在前人的肩膀上进行的；(2)他是在克服前人的缺陷的基础上进行的，这样既能吸收前人的成果，又经过自己的努力发展了已有的成果；(3)运用材料必须要有正确的观点来指导，绝对不能像莫迪梅-代尔诺和泰纳那样让材料为反动的政治观点服务。

正是由于索布尔运用了扎实的原始资料，又加上他的正确的观点作为指导，他才能写出像《共和二年的巴黎无套裤汉》那样高水平的世界名著。

我曾在前面提到《共和二年的巴黎无套裤汉》一书内容极其丰富，共分三个部分，第一部分是写人民运动的高潮和稳定，从 1793 年 6 月到共和二年的雨月;第二部分是写巴黎无套裤汉的倾向和组织;第三部分写人民运动的停止和衰落,从共和二年风月到热月。本专著最精彩、最重要、也最富创见性的是第二部分。如果把第二部分单独抽出来可以独立成书。这部分有 6 章组成,着重写了无套裤汉的社会成分和社会组织、无套裤汉的社会愿望、无套裤汉的政治倾向、无套裤汉的政治实践、无套裤汉的政治组织、无套裤汉的日常生活等。全书还有长篇的导言和结语。这部专著可以说是材料与观点、史与论、学术性与思想性高度结合的典范。通读本书,它将会明确告诉你无套裤汉究竟是什么,无套裤汉运动在大革命中究竟起什么作用,它的失败原因及历史意义是什么,同时它还可以告诉你无套裤汉的成分、性质、愿望、倾向,斗争目标和策略以及日常生活心态等。从这部著作中我们还可以看到索布尔的马克思主义的功底、分析问题及驾驭材料的能力。如果我们再把索布尔的这部专著与同时代先后出版的几本同类著作作一比较更可以看出本书的特点与优越性。丹尼尔·盖兰(Daniel Guérin)1946 年出版(1968 年再版)了他的两卷本《第一共和国时期的阶级斗争,资产阶级与“赤膊汉”(1793—1797年)》。盖兰在书中现代化了无套裤汉,他用“不断革命论”来解释无套裤汉,把无套裤汉说成是无产阶级的前身,把无套裤汉运动说成是无产阶级运动的萌芽,他把 18 世纪与 20 世纪混淆起来了。1959 年,出版了乔治·吕德(George Rudé)的《法国革命中的群众》。1960—1962 年,发表了理查·科布(Richard Cobb)的《革命军:各郡恐怖的工具》。1959 年,挪威历史学家特纳森(Tonneson)出版了《无套裤汉失败》一书。吕德、科布、索布尔可以说都是勒费弗尔的学生,索布尔和吕德不仅是同窗好友,而且志同道合,都是马克思主义史学家。索布尔的《共和二年的无套裤汉》和吕德的《法国大革命群众》可以说是珠联璧合的两部著作。勒费弗尔在临终前看过这两部专著并给予极高的评价。科布也曾热情地赞赏过索布尔和吕德,他说:“A·索布尔和乔治·吕德——这是我的两位档案的老伴侣,是我的两位先行者,是研究无套裤汉史中两位真正的创始人。”可是科布后来却与索布尔和吕德分道扬镳了,而且误入歧途,越滑越远。他自己承认,“索布尔和吕德是马克思主义者,而我一丁点也不沾边(nothing at all)”,而且还公然诬蔑“人民运动史——这就是失败史、失望史与绝望史”,无套裤汉是“极端个人主义”“无政府主义”,“无套裤汉运动是历史的抽象”等。

从以上的事实来看,对无套裤汉的研究,无论从追溯过去还是同时代的历史学家,无论从材料还是观点、精琢程度等方面贡献最大、水平最高、影响最深的不是别人,正是索布尔。

三、什么是无套裤汉?

历史学家对什么是无套裤汉有着不同的看法。

特纳森把无套裤汉称为"小民"(le menu peuple)。英国历史学家科本(A · Cobban)否认无套裤汉的社会属性,认为:"无套裤汉不是一个社会阶级,他们基本上是凭政治条件,而不是凭社会条件来确定的。"盖兰则把无套裤汉说成是前无产阶级,上面已经提到的科布(Cobb)和科本一样认为不能根据无套裤汉的阶级属性确定无套裤汉,他在《警察和人民》一书中指出:"无套裤汉并不具有任何政治的、经济的或者社会的一致性。"

索布尔则用大量的史料,实事求是地从无套裤汉的社会成分、组织、政治倾向以及它的外形衣饰、心态等特征来说明无套裤汉究竟是什么。

首先,从社会成分来看。索布尔认为要想说出当时巴黎人口的确切数字是不可能的,要估计出无套裤汉在居民中的比例尤其困难。但索布尔还是千方百计考证出共和三年巴黎人口是 636772,按布莱希的算法当时工人数是 293820,占首都人口的半数,而这个数字还不包括小手艺人的数字,靠社会救济的穷人有 68981。笼统地说,革命前教士、贵族、资产阶级共约 5.5 万,其余几乎都属无套裤汉。除此之外,索布尔还进一步从共和二年巴黎区的领导成员,根据他们的出身、职位分成三类来说明无套裤汉的社会差别。第一类是市民委员会(Comit Civils)。他们代表最古老、最稳定和最安逸的成员,有 343 名委员。其中有 91 人即 26.9%是靠自己的财产而生活,250 人(72%)约 3/4 人是属手工业者和商人。可见这部分人的成分在无套裤汉中是被认为较上层的经常附属于"中产阶层"。第二类是革命委员会(Comité Révo - lutionnaires)。他们是接近下层群众的,在 1793 年秋后,他们的政治倾向也越来越民主。委员总数有 454 人,其中靠自己财产收入生活的只有 20 人,占4.6%,比市民委员会占 26.2%要少得多。除此以外,他们都属小手艺人、小商人以及伙计、帮工等，当然其中也有少许能雇 20～60 人的雇主。第三类是普通的战士（simples militants）。他们于共和二年秋后聚集在社团里，代表无套裤汉中最下层的群众。他们共有 514 人。其中 64 人是雇工，包括伙计、技工、学徒、雇工和计日工，占 12.4%，再加上家庭佣人、干零活者、勤杂工等 40 人，占 7.7%，共 20.1%。而这种成员在市民委员会中只占 0.8%，革命委员占 9.9%，当然第三类中也有富裕的食利者，但这是极个别的。仅从上述例子可以看出，无套裤汉的社会成分确系复杂，不能简单地给它下个结论是属何阶级。从社会成分看，它有雇工又有雇主，有伙计也有店主。但它的基本群众应该说是由伙计、帮工、小手艺人、小店主，换句话说是由那些小生产者、小资产者组成。

其次，从社会的愿望和要求来看。索布尔把生存权作为无套裤汉所有要求权利中最重要的权利，甚至财产权也应从属于生存权。由于无套裤汉队伍中穷人居多，再加上 1793 年秋出现的经济危机，他们面临饥饿的威胁，为了生活下去，所以他们首先要求有面包，要求保证谷物的供应。要求粮食不准自由买卖，富农应把剩余的粮食，富人应把剩余的东西交给国家分配给穷人，粮食和日用必需品必须国有化，消灭中间层剥削，打击投机倒把、囤积居奇，实行最高限价政策，通过国家仓库消灭投机、囤积。认为商人的职能只能是公仆，起保管员的作用，贸易必须回复到原来的目的——为生产者和消费者服务，取消交易所、股份公司，反对股票持有者的社团，主张限制资本、平分财产，但不是废除私有制，认为在共和国内要消灭极端富有和极端贫困现象，如果人的平均不能做到，那至少要做到缩短差距，允许小私有者存在，土地生产属于所有的人，必须保证耕者有其田，但国家要规定不得超过 12000 锂财产的土地。反对用硬币的流通代替指券的流通，因为金银币的流通影响对指券的不信任，加强有钱人的势力，增加了共和国的困难，对富人不仅要实行税收，而且还要累进税，以帮助穷人，帮助国家对战争费用的负担，保证军队装备的供应。还认为税收的标准不仅是根据收入，而且要根据对革命的态度，如果富人拒绝纳税，就把他们划为可疑分子，主张工作权、教育权、救济权，对志愿军的子女、寡妇、孤儿、残废人、缺乏生活来源者应予以救济。总之，它们都是代表小消费、小生产者利益的要求。

其三，从政治倾向和实际运用来看。索布尔认为人民主权是无套裤汉政治倾向中最重要的倾向。所谓人民主权还在于主权不可分割,不可剥夺,不可约束,不可转让,主权应属于整个人民而不是部分人民,人民是至高无上的,法律乃至宪法都要由人民批准才能生效,他们认为"主权唯独在人民心中","公正永远产生于人民",要求建立人民法庭,主张人民有武装权,认为武装权是人民主权另一个重要标志,只有人民拿起武器才是真正履行人民主权,他们认为8月10日和5月31日之所以能够成功,只因为无套裤汉手中掌握了武器,相反,牧月和芽月事变的失败是因为无套裤汉手中失去了武器,才造成了悲剧。无套裤汉不仅有武装权,而且应有起义权,"起义是主权人民的最后手段","也说明人民对主权表明的坚决的态度"。人民有选举权、监督权、撤换权,强调人民对政府官员以及军队、军事的监督作用,强调区、社团、基层群众组织在发扬民主的重要作用,强调区组织的常设性。因为他们不仅把区看作政治机构控制的单位,代表和解说人民的愿望,而且是作为自治行政的单位,要求把出生、结婚以及死亡登记转到区里去,区还有发放搜捕和逮捕证的权利,主张直接民主、公开选举,他们用欢呼、鼓掌、站立的方式进行选举,认为公开是美德,秘密是罪恶,无套裤汉是没有什么不好公开的,主张革命暴力,提倡把恐怖提上日程,以打击投机倒把,拯救法兰西共和国。把断头台视为国家报仇的武器,把断头台称为"国家的斧子""人民的斧子""平等的镰刀";还认为暴力不仅有政治意义,而且有经济上的意义,因为"恐怖曾保证人民每日的面包"。一个无套裤汉说,"得到面包唯一的办法要流点血","因为在恐怖时期没有缺少什么东西"。然而正如索布尔所说的无套裤汉并不像有些人所说的是嗜血成性的,"其实他们从本性说是很温顺的、和平的市民,是好儿子、好丈夫、好父亲"。他们之所以主张暴力,主要是由于危机时期促成的;无套裤汉还竭力主张团结、主张兄弟般的友爱,认为国家越是处于危机时期,团结就显得尤其重要,认为团结是打击敌人、保卫国家和人民的一种武器,认为兄弟般的友爱也是打击温和派斗争武器,他们也非常重视舆论作用,认为"市民揭露"是对付任何犯罪行为的好办法等。

最后,从衣着外形的特点来看。无套裤汉穿长裤短衫,因为它标志着平等的革命精神;戴红帽子,装饰三色帽徽,它象征着奴隶获得自由和专制敌人的归顺,红帽随着人民运动的胜利而存在,随着它的失败而消失;手握长矛,这也意味着人民主权、反对内外敌人保卫自己的权利,是人民武装和权威的表现；他们与别人说话不脱帽，这也意味着平等；他们主张用公民（citoyen）代替先生（monsieur），用你（toi tu）代替您（vous）的称呼，认为这样亲热融洽，“先生”和“您”是过去旧社会的称呼，他们住的是简陋的阁楼，一家人拥挤在一间房子里，家具简朴，他们平时生活只要足够的面包和少许白兰地酒就心满意足了；他们一般不能读、不能写，连简单的签名也不会签，所以请愿书上一般都是集体签名的，可是他们的品德是高尚的，如热爱祖国、拥护共和主义、收养孤儿等。

从以上索布尔对无套裤汉各个侧面叙述和分析来看，至少给我们提供以下几点启示：（1）无套裤汉的社会成分是非常复杂的，它不可能构成一个社会阶级，要把它与贵族和上层资产阶级作区别是比较容易的，但将它与中小资产阶级划界线那就比较困难了；（2）虽然无套裤汉的社会成分比较复杂，但无论从它的社会方面、政治方面乃至外形心态方面都有它的独特性和一致性；（3）在判断无套裤汉的性质时，应该把社会的因素和政治的因素结合起来考察，而不能片面强调一方面而忽视另一方面，这样索布尔既不同于科布和科本那样光强调政治因素，又不同于特纳森那样只注意社会因素，更不同于盖兰把无套裤汉现代化的看法；（4）无套裤汉应该是在法国大革命尤其是共和二年出现的代表小消费者、小生产者利益的一个松散的广泛性的下层群众政治联合体。这样正如历史学家马佐里克所指出的：索布尔“不为那种把阶级斗争排除于历史之外的理论所左右，同时也坚决抵制任何不求甚解的简单化、公式化倾向”。

四、无套裤汉运动在大革命中究竟起什么作用？它失败的原因是什么？

索布尔对无套裤汉运动在大革命中所起的作用以及它的失败原因和历史意义作了精辟的分析。

关于作用问题。索布尔曾一再强调指出，在法国大革命中包括有一个人民运动，一个独立的无套裤汉的巨流，它对法国大革命的进程起了很大的推动作用，甚至在革命的关键时刻起了决定性的作用。

首先，索布尔从理论上论证了"没有无套裤汉，资产阶级革命可能不会发生"，因为无套裤汉都是些小生产者和小消费者。作为直接小生产者，无论是在农村中的农民，还是在城市中的手工业者，他们为了自由择业，自己能随心所欲地从事自己的活动，这些农民和手工业者首先要求不要附着于土地或附庸于他人。因此，他们特别痛恨旧制度对他们的束缚，无限仇恨旧制度的支柱——贵族。作为手工业者，他们为了使自己变为自由生产者，并要能不断地将自己的产品运往市场销售，必须摆脱行会制度，摆脱行会的师傅和监管员，摆脱行会的学徒法规，摆脱关卡制、苛捐杂税以及商业的专买权等。无套裤汉既是直接生产者，他们就要求把财产所有权建立在财产所有者个人的劳动上。这种劳动者对生产资料、生产工具的私有制和手工业或农业的小生产是相适应的。这种生产方式如果要发达，必须劳动者是自由的私有者——耕者有其田、手工业者有其店铺和器具。同样，资本主义要发展也会遇到小生产者所遇到的问题，它们同样要求打破封建生产关系的种种束缚，推翻特权等级的统治，使生产获得自由地发展，因此，我们就可以理解何以无套裤汉是资产阶级革命的动力，没有无套裤汉这样的合作者，资产阶级要想取得胜利是根本不可能的。

其次，索布尔通过大革命的历史进程和具体历史事实来揭示无套裤汉的决定性作用。他指出：1789 年 7 月 14 日攻打巴士底狱胜利者 800~900 人名单里找不到食利者和资本家。各种匠人、手工业者和帮工占了优势，近 2/3 的战士分属 30 来种行业，将近 1/4 的战士是小店主，雇佣劳动者 150 人；参与推翻王位和攻占杜伊勒宫的 8 月 10 日起义几乎都是最低贱的平民或从事最低下职业的人，首都 48 个区有 44 个区参加了这次起义。索布尔说："8 月 10 日的战士，既不是法兰西王子们的教师图尔泽尔夫人所说的'一支强盗部队'，也不是保王派记者佩尔蒂耶所说的'一群走投无路的柏柏尔人、马耳他人、意大利人、热那亚人、皮埃蒙特人组成乌合之众'。他们是典型的无套裤汉。"9 月屠杀事件和 1793 年 5 月 31—6 月 2 日事件同样是这些无套裤汉起了决定性作用。在谈到共和三年 1 月 12 日和牧月 1—4 日的人民起义时，索布尔也强调说它"是无套裤汉作为自主的政治力量为迫使热月派国民公会接受他们的意志而进行的最后一次尝试"。以上的事实难道还不清楚说明无套裤汉在法国大革命全过程中所起的巨大作用？

其三,索布尔指出,无套裤汉之所以行动起来,形成了运动,一方面是由于贵族的阴谋、内外战争;另一方面是由于生活危机,尤其是1793年9月初所出现的经济危机,工业生产空前萧条,"常券"猛跌,食品、日用品价格飞腾。下层群众生活恶化,饥饿胁迫着每个无套裤汉,无套裤汉在饥饿面前聚集起来形成了一个强大势力和压力,造成了整个局势的革命化和民主化。索布尔把这种局势称为"无套裤汉的压迫",又迫使资产阶级民主派不得不让步,实行了一些他们不愿意实行的民主措施,如把恐怖提上日程,实行最高限价政策、统制经济,组织革命军,打击投机倒把、囤积居奇者等,使革命沿着上升路线发展,建立著名的雅各宾革命民主专政。所谓雅各宾专政实际上就是无套裤汉将意志强加资产阶级所进行的统治,是无套裤汉给革命留下自己的深刻烙印的表现。

最后,法国革命不仅是一次政治革命、经济革命,而且是一次使整个社会生活发生深刻变化的革命。人们的称呼变化了;服饰穿戴变化了;日历和节日变化了;宗教礼仪变化了;民俗和心态等都发生了很大的变化。这些变化也从另一个侧面看出无套裤汉在革命过程中所留下痕迹的重要作用。关于这点索布尔在《共和二年无套裤汉》一书的第二部分第六节中有很生动的描绘。

那么无套裤汉运动是怎么失败的?它的原因究竟是什么?索布尔同样作了极为深刻的论述。

索布尔首先从无套裤汉的社会本质,它的内在矛盾、它的两面性的特点以及它与资产阶级的一致性和矛盾性来论证无套裤汉运动失败的必然性和不可避免性。作为直接生产者,由于他们身受剥削压迫,首先表现了对封建贵族的憎恨,另一面他们又是小消费者和小生产者,对资本主义的大生产、自由贸易、自由竞争,尤其是投机倒把也是深恶痛绝。他们害怕自己因破产而沦为无产者,他们竭力要求建立一个以独立劳动为基础的小私有制社会,追求平均主义、限制资本、幻想一个既没有大富也没有赤贫的平等王国,他们主张限制继承权、反对中间剥削、维持小私有制社会。他们一再要求议会一成不变地规定基本必需的粮食售价,除对粮食的限价之外,他们还主张对财产加以严格的限制,要求每人不得超过最高额财产,任何人不得承租超过一定数量的犁铧所能耕种的土地,每个公民只能拥有一个作坊、一个店铺。这就使无套裤汉处于非常矛盾的地位,既要抵制资本主义,又要维持资本主义;既要反对自由贸易,又不愿意消灭产生自由贸易的资本主义制度;既要限制资本,又要保持私有制。由于资产阶级革命使资本主义的自由发展必然会使小私有者被大资本家所吞没,小私有制被大资本所有制所代替。所谓大鱼吃小鱼这是资本主义发展的必然规律,是任何人阻挡不住的,正因为无套裤汉内在矛盾的发展导致了它必然失败的命运,导致了它们所梦寐以求的平等王国的幻想成为泡影,这正是索布尔所一再指明的,"无套裤汉所拥护的小生产者本身就孕育着毁灭它自己的力量","无套裤汉运动并没有达到它自己本来的目的。而由于内在矛盾,这个运动也终归失败"。

但是正如索布尔所指出的,只从无套裤汉的内部矛盾去解释无套裤汉运动的失败原因是不够的,如果是那样就把问题看得太简单了,言下之意,无套裤汉运动失败还有其他诸多的原因。

因此,除上述原因之外,诸如无套裤汉本身成分比较复杂:小手工业者、小商人、帮工、伙计各有各的利益和要求,他们没有统一的领导、明确的纲领、一致的理论体系,他们在大敌当前,在战争和饥饿面前行动是比较一致的,但当这些因素消失,分歧和分裂也就越来越大,从而不能不导致了失败。索布尔还提到由于战争,由于去镇压汪达叛乱,有不少热情积极的青年无套裤汉骨干参加军队到前线去了,在巴黎各区留下的都是些年岁老化、行动迟钝的无套裤汉。这样先前形成的那股强大压力也逐渐减弱,这也有可能给资产阶级提供控制甚至消灭无套裤汉运动的方便。再者,战争是要求有一个强有力的中央集权,要求大规模的军事工业生产(包括军备武装、军服等的供应)。而这种客观形势对坚持小生产、坚持地方自治的无套裤汉也是导致失败的不利因素。

尽管共和二年的无套裤汉运动被资产阶级镇压而失败了,但是它的光辉业绩是永远磨灭不了的。无套裤汉是法国大革命的元勋。正如索布尔所说:"如果没有巴黎的无套裤汉运动,资产阶级革命是根本不可能取得胜利的。"难道上述的无数事实不正好说明这是颠扑不破的真理?

综上所述,索布尔对无套裤汉研究的重要贡献归纳起来有以下几个方面:(1)首先在法国大革命史研究中走出了一条新路子,开辟了一个研究城市无套裤汉的新天地;(2)对无套裤汉的原始档案资料做了大量的整理和编纂工作,为研究无套裤汉打好坚实基础,并在此基础上又写出了迄今为止还没有人超过他的学术经典著作;(3)用大量资料、统计数字,从无套裤汉的社会成分、组织、政治倾向、外貌特征、心态等诸方面论证了无套裤汉究竟是什么;(4)从理论和事实相结合的高度上论证无套裤汉运动在法国大革命中所起的巨大作用,它的失败原因及其历史意义等。当然,索布尔对无套裤汉研究的贡献还不只这些,他还在很多重大问题上作了很精辟和很独到的阐述和分析,诸如无套裤汉与资产阶级的关系,无套裤汉运动产生的历史背景及其发展阶段等。因限于篇幅不再一一展开。但就是前面所提到的这几个方面,难道不就已足够使我们看出他对无套裤汉研究的巨大贡献?

时间过得真快,今年已是索布尔诞辰的 80 周年,也是他去世的 12 周年,我写此文的目的一方面是为了纪念他一生从事法国大革命时期无套裤汉研究的巨大贡献;另一方面是为了寄托哀思,以表示学生对导师的深切的悼念!

《华东师范大学学报》,1995 年第 1 期

马布里启蒙思想与法国大革命

马布里是18世纪法国著名的启蒙思想家、杰出的空想共产主义者。他在政治、历史、经济、哲学以及文学等多个领域都有很深的造诣。他著作等身，给人类留下了极为宝贵的精神财富。

一、问题的缘起及研究的必要性

四十年前，我即开始接触马布里的著作，读了苏联学者沃尔金有关马布里的文章以及从俄文翻译的马布里选集。当时我就对他产生了很好的印象，但由于多种原因未能深入研究。直到20世纪80年代初，我在巴黎高师和巴黎第一大学法国大革命研究所进修大革命史，与一位专研法国大革命史的专家弗洛朗斯·戈蒂埃讨论到罗伯斯比尔的思想渊源时牵涉到马布里。在她的鼓励和关怀下，我一步步对马布里的研究产生了更强烈的兴趣。在以后几次到法国学术访问时，我不仅注意购买马布里的著作，而且收集他的有关信息和资料，从中进一步了解到马布里不仅人品好，思想内涵丰富，而且对法国大革命影响很深。马布里生于1709年，卒于1785年，此时欧洲资本主义如日初升，方兴未艾，而他却敏锐地觉察到资本主义的种种弊端，并对它进行严厉的揭露和鞭挞，在此基础上还对未来社会提出各种理想的方案和描绘。但是，目前人们对马布里的研究远远与他的历史地位、作用和价值不相符，甚至在法国也是如此。

学术界历来对马布里的看法分歧很大，莫衷一是。马克思、恩格斯认为马布里是“第一个批评资本主义制度”的作者、是“粗浅的共产主义”或“模仿斯巴达的苦行共产主义”者；有人认为他是“大革命哲学和小资产阶级思想意识的信徒”；有人认为他是一位“代议制的民主政体最初的理论家”；也有人认为他是“共和君主政体的拥护者”等。人们对马布里看法的多样性和不一致性，正好说明深入研究他的必要性和重要性。

而且，研究法国大革命和罗伯斯比尔也需要研究马布里。因为大革命的各个发展阶段的人物、政策文件，包括罗伯斯比尔等人的思想都可以追溯到马布里思想的影响。在某种意义上可以说，法国大革命以及它所造就的革命代表人物，诸如罗伯斯比尔、布里索、德穆兰等既是卢梭等启蒙思想家的产儿、遗嘱执行人，也是马布里思想的产儿和遗嘱执行人。

马布里出身于长袍贵族，家境富裕，前程似锦。还在他父亲在世之时，就已经给他存放一笔可观的银行存款基金，可供他过一辈子优裕的生活，他自己还获得了巴尔勒岛的议事司铎和护士的职位，收入颇丰。后来他又转入外交部，工作极为出色，深得当权者赏识，此时，有人还推荐他为太师。但他都把这些当作身外之物予以抛弃，他不为名不为利去从事自己所要从事的事业，去追求他所要追求的真理，去从事文学的、历史的、政治的、哲学的多方面的创作活动，最后使他成为一名出色的空想共产主义者和社会主义的先驱。

二、马布里的社会政治观与哲学思想

马布里与18世纪大多数启蒙思想家一样，赞同“自然权利”和“自然状态”的学说。他认为自然赋予每一个人以同样的权利和义务、同样的器官、同样的需要和同样的理性。他说：“自然界把平等规定为我们祖先的法律”，“难道自然界赐予大地一切财富不是属于所有的人的吗？您在什么地方可以找到不平等的基础呢？难道自然界给予每一个人的特殊的世袭领地了吗？难道它在田地上划了田界了吗？它并没有创造富人与穷人”。接着他又说：“它既没有创造伟人，也没有创造小人，它并没有预先规定某一些人是一些人的主人”。在马布里看来，在自然状态下人人平等，人人人格独立，它是最符合人的本性和理性的合理制度。

从这种学说出发，马布里分析了私有制产生的原因，指出私有制是一切罪恶的根源。他提出:“这种不祥的私有制是财产和地位不平等的起因,从而也是我们一切罪恶的基本原因。”还说:“‘您的’和‘我的’之别是引起一切恶习的原因。”在此基础上他进一步论述了废除私有财产,建立公有财产的必要性和合理性。在《论公民的权利和义务》一书中,他描写道:“岛上渺无人烟,天空晴朗,万顷碧波舒人心脾,它吸引我去建立一个人人平等、贫富与共、自由博爱的共和国。我们第一个法令是不得拥有私人财产。”在 10 年后出版的另一本著作《对经济哲学的质疑》中又说:“先要建立共同财产,这样,地位平等并在此双重基础上建立人类的幸福就更容易了。”在《论法律或法律的原则》一书中,他更明确地说:“自然界要求我们走向财产公有”,“自然界多么明智地准备了一切条件引导我们实行财产公有,制止我们坠入建立私有制的深渊。谈到我自己,我可以承认,我并不认为这种公有是无法实现的幻想”。

值得注意的是马布里在分析人的本性时有他独特的创造。他认为人的本性是有双重性的。与霍布斯的人之初性本恶、卢梭的人之初性本善不一样,马布里认为人的本性基本上是利己,但除了利己的本性之外,造物主还赋予人以社会品格,即同情心、感恩心、爱荣誉、好胜等。社会品格促使人们相互接近,互补互利,在它们的作用下必然产生一个社会。他认为人不是在自己的视野范围内寻找最大幸福的孤立个人,所谓幸福总是社会的幸福。马布里认为,人具有聚集在自由群体中的天然禀性。这一思想在他的自然法则观念中具有决定性的意义。他还认为,私有财产并不是形成人类集体的决定因素。与卢梭不同,他的目的不是创造一个具有道德观的自由人。照他的看法,社会品格的发展既是创造人类集体的动力,也是创造人类集体的目的。他说:“请问,被视为哲学家的人老是无休止地说什么没有财产就不会有社会,该是多么贫乏,难道人们制定法律,设立行政官吏就是为了享受自己占有的东西,人与人互相接近是因为他们具有社会品格,他们需要互相帮助,互相效力。”

马布里认为人是一种具有理智的生物。理智也是一种原则,它源自欲念和自然力量之间的斗争,是最极端的欲念的催化剂。理智与欲念之间的斗争在历史演变之初,甚至在原始状态时就已开始,因为马布里认为人总是一种具有社会性、具有社会品格的生物,人类从最初的进化阶段起就是一直关心秩序和规律,甚至劳动也是共同进行的,但是马布里认为这种自然秩序由于不同的阶级的产生而遭到破坏,而不同阶级的产生则是有了私有财产的缘故。

与当时流行的政治哲学观相比,这种思想是十分独特的。这使他有别于传统的霍布斯的自然法则观点。霍布斯认为人是一种非社会性的生物,是欲念的奴隶,人类组成群体的唯一原因是害怕自己死亡。马布里也有别于普芬道夫、坎伯兰及其他理性主义理论家。这些理论家想把一种先验有效的理由变成战胜欲念的工具。最后,他还有别于卢梭,卢梭认为人是一种不觉得有必要与其他人聚集在一起的、具有独立精神的生物。

因比,马布里这种学说严重地动摇了当时在很大程度上还是洛克思想体系的社会哲学思想。他在威德多夫(Widen täufen)、托马斯·曼(Thomas Münen)及勒韦莱派(Levellens)之后,用人的天然社会性观点补充了洛克的个人主义,他程度不同地提出取消私有财产,缩小社会不平等的希望和禁止某些人无限制地攫取财富,并提出建立公有财富、共有财产的思想,这些希望和思想激起当时社会强烈的反响,并把自己处于与当时很有影响的重要学派思想对立的地位。有人说他的这些思想"违背"了自然法则、自然意志,他们说:"取消财产,就是取消社会艺术,就是扼杀工业,为天才设置障碍,使人目光短浅。这样就违背了自然的愿望,阻碍了我们发展自然界赋予的同在自然力量诸方面发挥的才干。"又说:"如果共同财产以及由此引起的共同劳动、共同享受得以形成,那么,谁还能迫使人们完成他们必须履行的职责?领袖们的权威不就成了可有可无的了吗?他们的地位不就像戴着枷锁的不幸的牺牲者一样了吗?"

但是,人们没有看到,不正是重农学派违背了不占有财富的阶级的利益和需要?我们还应看到,马布里的社会和政治理解是一整体,他不顾一些理论家的形而上学的观点,从英国和法国的感觉主义经验论中寻找启发,像我们看到的那样努力寻求个人与集体、自由与秩序、社会利益与国家利益之间的矛盾和冲突解决的方案,他像其他感觉主义者一样认为通过"实践""失败""再实践",个人可以把自己特定的利益与大众利益协调一致、各种不同利益是共同财富的催化剂。这一原则既不像霍布斯认为那样由一个上层权威强制推行的,也不像卢梭认为那样是一种先天有效的哲学原则,这一原则是源自对经过实践的个人的再造。

马布里不是一个幻想家,而是一个务实派,在幻想与现实、理论与实践之间他更重视现实和实践。他曾提出了一系列的改革方案和革命主张。具体说有以下几个方面:首先在政治上他竭力反对贵族政治,反对教会的反共和思想。他认为贵族政治必然导致寡头政治,然后又导致暴君专制;他极力拥护依靠第三等级参与国民议会的代议制国家制度。当资本主义、资产阶级还刚刚崭露头角的时候,他就预见到它潜伏的危机。他对重商主义、重农学派进行了有分析的批判,对大资产阶级的贪婪进行了无情的揭露和批判。在此基础上他提出了以下具体的政治体制改革主张和措施,如分权原则、联邦制度、议会代议制、选举和国民议会议员的任期年限等。但马布里政治改革和革命思想中最宝贵的是他提出了革命暴力的主张。他认为非要用暴力革命的手段解决矛盾时,革命是绝对的好事,在革命与奴隶制之间是没有中间道路可资选择的。他也认为革命可能会引起社会混乱和内战,但它是必要的,它将会使坏事变好事,它像切除赘瘤一样,可能对机体会有好处。他认为,如果历史上多发生几次革命,那一定会给人类带来更多的好处。马布里的这种革命观,也像他的共和美德和幸福观一样,以后成了雅各宾派学说的重要组成部分,日后又成了巴贝夫平等派革命暴力学说的重要内容。

在社会方面马布里同样提出了一系列有创见性的改革方案和主张。诸如:①改革税收;②制定限制奢侈法;③改革预算;④制定农业法,即限额土地法;⑤取消生而有之的特权;⑥建立公共粮仓;⑦修改限制财产继承法等。这些方案和主张不少在法国大革命时期,尤其是雅各宾派专政时期得到了体现。

三、马布里与卢梭

我们还应当研究一下马布里与卢梭的关系,比较一下马布里与卢梭的差异。马布里在什么问题上不如卢梭走得那么远?而又在什么问题比卢梭走得更远?两人有哪些相同点有哪些不同点?

卢梭是名副其实的最先批判“竞争的资产阶级社会”的作者中的一位。诚然,他的思想很少超过“说教修辞学”的水平。

卢梭的社会思想是以社会道德观为基础的。因为他对社会的演变没有做过科学的分析,相反,他对社会的批判都是从“自然”这一抽象的概念出发,或以“古人”为例子，因此有着时代的局限性。

应当想象一下，对一种多少世纪来一直依靠宗教规定的世界观才得以生存的文明来说，突然要靠自己的力量、自己的才智才能存在，这究竟意味着什么？当然，自文艺复兴以来，玄学就已开始走下坡路了，但是启蒙运动时代还没有取消玄学，基督教的思想危机越来越朝道德以外的方面，而不是朝人世间的问题方面发展。这种危机所造成的缺口无法用启蒙运动时代自己赖以立足的理性法则去填补，而只能用从“自然界”和“古人”身上吸取的思想去填充。只要我们举出当中几本著名的著作名称就足以说明自然观念在18世纪的重要意义了，如摩莱里的《自然法典》、普鲁什的《自然的学生》、霍尔巴赫的《自然景象》《自然体系》、布丰的《自然史》、德利尔·德·萨尔的《自然哲学》等。

除“自然法则”这一理论之外，在当时的政治思想方面，古代人占有突出的位置。古代人的思想方式完全是以人世生活和“政治”群体为目标的，这对反玄学思想已有发展的当时来说具有相当的吸引力。

卢梭和其他一些赞成共和制度的思想家对普鲁塔克的英雄传奇甚为欣赏。马布里也有同感。

卢梭比马布里更富有诗意，更富有理论色彩和哲学意义。卢梭曾提出这样的问题：一个自身就是自主的，具有道德观念的，但在社会里并且被社会“异化”了的人，能否重新成为一个自主的，具有道德观念的人？这里我们不能探讨个人与社会、社会与国家的矛盾，以及“个人意志”与“公众意志”、“各人意志”与“总体意志”之间的一致性问题。我们也不想探讨个人的自主权是否可能，或者说所有这一切都是否只不过是资产阶级及个人主义者的梦想。如果说卢梭强调的是“自然”这一方面，那么在马布里那里强调的却是“古人”这一方面，也就是说马布里受古代传统的影响比卢梭更深。他对人的观念还完全没有摆脱“社会和政治动物”的亚里士多德传统。上面已经提到马布里认为人从来不是在自己视野范围内寻找最大幸福的孤立个人，所谓幸福总是社会的幸福。

当然，马布里没有忽视在自由与秩序、个人与集体、集体与国家之间可能会有冲突。但它并不认为这里有什么哲学上的问题。他最关心的是这些问题的实际方面，是具体的批判旧制度的社会不公正，很少考虑理论建设。他说:“这个问题与我们有什么关系？这不是我们的问题,也许它从未存在过。”但是,由于他接受了洛克和他的弟弟孔狄亚克的感觉主义认识论的影响,所以似乎也看到了“现代自由”这个问题。他在与别人的一次谈话中说:“我们大家都深信洛克和孔狄亚克的这种说法,即我们的一切思想,因而也就是我们的认识都来自感觉”。

因此,马布里著作中的自由观只能用它与先验认识论的密切关系,而不能用建立在自然法则基础上的那些早已存在的各种哲学范畴加以解释。马布里和卢梭遇到的“道德自由”问题不能由孤立的个人加以解决,只能由个人周围的那个世界来解决。对道德自由负有责任的是政治集体。马布里认为自由首先是“政治自由”,但是,马布里认为要在一个国家里享受权利和自由取决于每个人的社会存在,只有在自由的社会条件已经具备时,才能允许个人利益享受这些权利,马布里的国家与社会观中保留了这种想法:先建立公正的社会秩序,后承认个人的合法权利。他的国家理论表明,在这个问题上他没有寻求哲学上的答案,这一点也与卢梭不同。他很少探讨新的理论,在这一点上他也是顺从他所处的那个时代的。他想依靠当时十分风行的进步的国家观改革国家。他把“人民主权”的理论与召开三级会议要求联系在一起。马布里在对法国历史的长篇论述中力图表明一个国家的合法宪法是以“共和君主制”为基础的。这种“共和君主制”也许在查理大帝时代已经存在。他非常实际地而不是从理论上思考怎样才能使全国三级会议具有真正的国家议会权利。他要求定期召开三级会议,把诸如预算通过权、战争与和平的决定权、法律制定权等许多传统的制宪权集中于立法机构,取消国王的权力和特权,只保留军事方面的某些权力,把这些权力委托给议会,议会也有权监督行政机构,各部部长应对议会负责等。他建议:公众舆论自行组成“党派”,对社会实行监督,此外,他还提出用联邦形式实行垂直监督,宪法的稳定性、与主权的拥有者的利益和需要由成文宪法、宪法修改权、反抗压迫权等法律手段予以保证。这些建议以及马布里 1789 年宪法改革所起的影响,都具有经验论和现实主义的性质。正是马布里用实用主义的分析提出了解决个人利益与国家利益之间分歧的方法。也正是这种现实主义使他有别于卢梭的理想主义。

我们还可以进一步具体把马布里与卢梭的社会政治观和哲学观以及个

人的风格加以对比，看看他们之间究竟有哪些相同和哪些不同。

首先，谈谈他们的相同性，归纳起来大体有以下几点：

①他们都是“自然状态”和“自然权利”学说的拥护者，都认为权利的原理来自人的本性，自然状态乃是自然界所决定的人类自古就有的状态。

②都主张禁欲主义，都是带有禁欲主义情绪的道德论者。

③都主张人民主权，人民至高无上，人民是法律和政权的本源。

④改革社会的途径和方法有相似的地方。如他们都提出限制奢侈法，废除继承法，颁布土地最高限额法，建立公共粮仓，取消生而有之的特权，改革税收法等。

⑤都谴责私有制，都认为私有制就是人类不平等的起源，是罪恶的根源。

⑥都主张对不合理的政府可以采取革命和暴力的手段加以推翻。

不同之处大致可归纳为以下几点：

①卢梭是人之初性本善论者，而马布里则是善恶结合论者。马布里认为人性有恶念方面，也有倾向社会的优秀品格，社会品格使人们相互接近，反之，如果没有社会品格就不可能有社会，这与卢梭的社会契约论有明显区别，在卢梭那里人们组成社会是通过契约而不是通过发展社会品格来实现的。从马布里的学说看，社会秩序与自然状况没有明显的界限，而卢梭的学说则以社会契约作为这种界限。

②卢梭主张直接民主，他认为主权不可转让，不可分割，不可代表。而马布里则主张代议制，主张三级会议的国会制，他认为法国宪法所规定的一些机构能够通过和平办法达到改革目的，因此马布里赞同革命只是理论上的，这比卢梭要温和得多。

③卢梭没有从对私有制的谴责中再进一步推断出建立公有制的必要性和合理性，而马布里则相反，他公开提出了财产公有，共同劳动，共同享受，建立社会平等的共产主义的理论，这种理论对日后巴贝夫派影响很大，正是这种理论使它比卢梭的主张大大前进了。

④卢梭主张民主制共和国，而马布里则最初主张共和君主制，后来又发展为主张共和制的共和国。

⑤在借助“自然”和“古人”来为自己的学说寻找根据时，卢梭更重“自然”，而马布里则更重“古人”。马布里的藏书和阅读证明，他最感兴趣的还是

古代作家,如柏拉图、普鲁塔克、西塞罗等的著作。

⑥在风格上他们两人也存在明显的差异。卢梭重哲理,重理想,著作中有许多警句妙语,火光闪闪,并富有诗意,辛辣尖刻、才气横溢,而马布里在他的著作中给人的印象往往是朴素实际,平凡无奇,但其内涵是丰富深邃的。

四、马布里与法国大革命

有不少人曾把马布里与伏尔泰、孟德斯鸠、卢梭、狄德罗、爱尔维修等启蒙思想家并列,且把他称为"法国大革命之父"。这就可以看出他对大革命所起的作用该是何等的重要了。马布里由于他思想深邃,题材广泛,作品多样,使大革命的各个阶段、各个阶层都能从他的思想宝库中找到为自己利益辩护的需要和根据,因此,他的思想在大革命的不同发展时期发挥了不同的作用。

在革命前夕,部分第三等级的代表遵循的是马布里的历史著作;在君主立宪时期,他的有关国家理论受到了重视;在吉伦特派统治时期,人们感兴趣的又是他的古典文艺方面的论述;在雅各宾专政时期,他的革命理论、对财产的平均主义思想等常常被雅各宾派所援引。

关于马布里及其著作在革命时期的作用,还可以从《导报》(*Moniteur*)的报道中找到根据。1789 年年底,这家报纸刊登了一则关于出版两卷集《马布里和孔狄亚克精神》的简讯,半年后,这家教派又提到了马布里为法国大革命的声誉作出的贡献。一位马布里的追随者阿尔努(Arovx)用无可辩驳的理由提到,在道义上有谁能同马布里相提并论?对马布里的评价在 1795 年达到高峰。旧历 6 月 12 日,两位请愿者要求把马布里的遗体从修道院迁送到贤人庙。证明他在道义上的无可指控和民族精神的意义。虽然,此举未成,但也可见人们对这位思想家的崇敬之情。大革命时期人们制作马布里的肖像加以出售,生意兴隆;在革命要塞,人们把他的塑像奉为圣物随身携带,并炫耀自豪;马布里的出生地格勒诺布尔市用他们这位名人的名字命名了一条街道;马布里还被作为戏剧的主角搬上舞台;1793 年他与卢梭、伏尔泰的塑像进入了图尔(Touns)大教堂圣像行列。在一幅画中,他与孟德斯鸠、伏尔泰、卢梭、富兰克林及米拉波并立在一起,这也说明他被认为是当时的伟人之一。

马布里对大革命各个时期的影响及其历史作用也是巨大的。

在“贵族反叛”时期，马布里是一位非常受瞩目的政治家，人们常常援引他的《法国史释论》第一部分的历史证据，尤其是1788年出版的该书第二部分，是许多关心立宪政治的法国人的教材，也是拉博·圣艾蒂安(Rabaud Saint-Etienne)的教理书，塔尔热(Tanget)为了创立某些宪法原则，如“宪法修改权”“主权在法律与事实上的区别”也曾引用过马布里的观点。一些人把马布里视为“君主立宪派”，另一些人把他认为是使“君主政体的全部因素让位于‘共和宪法’”的宪法派。图雷(Thounet)似乎受马布里影响最深，他说马布里是当时的权威，马布里使他在查理大帝身上看到了立宪君主的模型。《法国史评论》已使政府感到严重的威胁。

革命初期，马布里仍堪称为最有影响的政治家。他的功绩在于很早就提出按照第三等级的利益召开全国三级会议的思想。人们认为他在这方面的思想要比孟德斯鸠更现实、更有成效。格鲁韦尔(Gnouvelle)明确地说：“马布里虽然不如孟德斯鸠那么受人夸奖，那么显赫，但他却可能更为勇敢，更于人有益。他丝毫不吹捧我们政治上的弊病。因此他并不认为这些弊病是不可救药的，他既提出苦涩的指责，又指出令人宽慰的预言，使人重新想起在我们的编年史里和记忆中沉睡已久的全国三级会议。”

在这个时期里，人们乐意援引他的关于民主立宪改革的建议。许多司法问题的讨论诸如人民主权，宪法性法律和普通法律的区别，现代国家中民众代表的必要性以及反抗权等都是以马布里著作为依据的。

在讨论社会问题时，马布里的著作常被人提及。前吕松司铎，他的遗嘱执行人之一穆斯尼埃(Monsnien)在1790年12月25日的一次演讲中称他为“现代欧洲第一位政治家”。一位居住在巴黎的德国观察家把他视为与卢梭、雷纳尔(Raynal)齐名的大革命时期的理念学者。他写道：“卢梭、马布里和雷纳尔的作品在人们的头脑里传播只需一丝自由就可开花结果……”巴纳夫曾多次引用马布里关于权力的思想。拉博·圣艾蒂安证实马布里在大革命时颇享盛名。一位反动的议员当时还在宣扬封建宪法，他遭到的是这样的回答：“去读读马布里的书吧！”

在“社会俱乐部(小组)”编辑的《铁嘴》杂志上也有这位作者的许多语录。在这家杂志上人们可以看到“导致巴贝夫的平等派密谋，并由此引起共产主义运动的开始”。这家杂志的编辑是福歇(Fauchet)和扎克·卢(J. Roux)。同样有趣的是在欢庆“平民宗教”和“理智祭祀”的最初几个节日里,马布里还被选为象征性的人物。在布洛涅丛林里,一些爱国年轻妇女在祭祖宗时,桌上还放着卢梭、马布里、富林克林等人的半身像,似乎这些伟人在主持着节日活动。

在吉伦特派统治时期,在资产阶级革命取得决定性胜利之后,德穆兰(Desmoulins)就是根据马布里的观点指出革命还应进入另一个阶段,即民主阶段。他说:“请你们来判断:当推动自由运动沿着马布里和卢梭开创的道路上向前发展的冲击力是如此强大的时候,这辆车是否还在舆论的坡道上走着。”

共和历三年,1793 年 1 月 3 日,J.P.拉博向他的那些开始感到疲倦的战友提议从福西翁的著作中获得新的勇气。他说:“在他的著作里你们可以从对斯巴达人严肃刻苦的品行的描绘中学会怎样创造共和政体;从他对雅典衰亡的描绘中懂得共和政权又是怎样毁灭的……我们召开这次会议是为了读马布里的著作。进入共和事业时,我们应当读的还是他的著作。”

布里索对马布里赞不绝口,他说:“头脑清晰,意志坚定,有独到之见,这就是马布里的优点。”德穆兰说:“在这一时期里,许多知识分子始终受着卢梭和马布里的影响。此外,阿尔努和穆斯尼埃合编的马布里全集还于共和历三年芽月三日递交国民公会阅读。”

在革命民主专政时期,马布里对雅各宾派的影响尤其对罗伯斯比尔等人的影响很深。罗伯斯比尔所主张的政治民主、社会民主、革命民主措施,包括罗伯斯比尔所提倡的新人权思想,对大资本的限制,对社会弱势力的扶贫思想,对重农学派的批判,对囤积居奇,对谷物的垄断买卖采取严厉打击的做法,不仅受到卢梭的思想的影响,而且有的直接来源于马布里,尤其是对重农学派的批判,对谷物无限制的自由贸易的批判,不仅在内容上受马布里很深的影响,就连词句上也是非常相似的。例如罗伯斯比尔说:“一个人是否有能力去购买一套高价衣服,这并不是紧要的事,但一个人一定得设法为他的子女和他自己买回面包来充饥。所以,可以准许商人把一些用于满足人们的奢侈和虚荣欲望的商品储藏在仓库里待价而沽,但他没有理由在他的邻居饿得快死的时候还把大量小麦积存不售。”再看马布里是怎样说的?他说:“简单的理智告诉我,我所有的需要并没有比我们吃的需要那样迫切,那样经常,那样每天不可缺少的了。如果我的衣服、我的衬衫……不顶用了,我有时间等待。但是我不能不吃面包来过上一天而不会有死神在眼前出现。"上述例子可以看出马布里对罗伯斯比尔深刻影响的一斑。

人们也可以看到马布里对巴贝夫的影响也是十分明显的,巴贝夫既从摩莱里的著作中,也从马布里的作品中吸取了大量的养料。俄国著名巴贝夫专家达林特别指出,巴贝夫是在马布里的作品中找到"完全平等"这个词的,这一点也不夸大。

对马布里在大革命的各个时期里所起到影响的概述可以看出马布里的哲学、政治、社会观所包含的丰富内容及影响着社会各种不同的思潮、不同阶级和人物。它所起的作用是极其重要的,这也从另一个侧面反映了马布里的重要历史地位和伟大意义,所以有人说马布里是"法国大革命之父",在我看来这并没有言过其实。

《华东师范大学学报》,2002 年第 3 期

入选美国哈佛《华文精撷》(*Chinese Culture*)杂志社 2003 年优秀华文

无产阶级专政的第一面红旗

——纪念巴黎公社 90 周年

1871 年 3 月 18 日,巴黎无产阶级领导巴黎人民举行了武装起义,推翻了资产阶级统治,建立了世界有史以来的第一个无产阶级专政的政权——巴黎公社。巴黎公社虽然一共只存在了 72 天,但是,就在这短短的 72 天中,巴黎工人阶级在和资产阶级的搏斗中显示了无比英勇的革命气概,他们以自己的鲜血给全世界无产阶级写下了极为珍贵的革命经验和教训,它对全世界的无产阶级的革命事业作了伟大的贡献。因此,从巴黎公社的武装起义到现在的整整 90 年中,不仅法国的无产阶级,全世界的无产阶级和劳动人民都对保卫巴黎公社而牺牲的烈士英勇的革命斗争精神表示崇高的敬仰,并从巴黎公社的历史中吸取一切有益的经验教训。

90 年前,当时法国资产阶级政府所领导的法国军队在普法战争中节节败退,普鲁士军队侵占了法国的三分之一以上的领土,对法国人民进行了野蛮的屠杀和掠夺。在普鲁士的侵略下,法国工人阶级和广大人民怒火中烧,纷纷参加军队抗击敌人。但是,当时的法国资产阶级政府不去领导人民抗击民族敌人,却暗中勾结普鲁士政府来共同镇压法国无产阶级和广大人民。他们所恐惧与仇恨的主要的不是侵入国土的民族敌人,而是本国的无产阶级和革命的人民。在 1871 年 3 月 18 日的武装起义前,法国无产阶级为了反对本国的卖国资产阶级政府,举行过数次示威与武装起义,结果都没有成功。1871 年 3 月 18 日,法国以梯也尔为首的资产阶级政府派遣了一支军队向巴黎工人区进发,企图夺取国民军(由工人和城市小资产阶级所组成的武装)的大炮。当时的巴黎国民军面临着双重的革命任务,既要反抗普鲁士的入侵,又要消灭卖国的资产阶级政府,这两个任务是密切结合在一起的。不消灭卖国的资产阶级政府,就无法保卫民族独立。于是,国民军对资产阶级政府的进攻展开了坚决的反击，占领了巴黎。巴黎公社的武装起义，向全世界说明了一个真理，无产阶级是坚决反抗民族敌人、保卫民族利益的。

国民军占领巴黎后，就摧毁旧的国家机器，着手在巴黎建立人类有史以来的第一个无产阶级专政的政权。公社第一道法令，即废除募兵制和常备军，代之以人民的武装——国民自卫军。公社撤换了大批旧官吏，代之以人民所选举的工作人员；取消了旧的警察机关，建立了新的公安机关；解散了旧的法院，组成了新的法庭；并宣布了教会与国家分离。公社抛弃了资产阶级的三权分立的国会制，将立法和行政权统一起来。公社实行了对一切工作人员的选举制和撤换制，防止国家的官吏由人民的公仆变成人民的老爷。可见，公社已打碎了资产阶级旧的国家机器，而代之以新的无产阶级国家组织。在经济方面：公社将逃亡业主的企业交给工人管理；在若干企业中建立了国家监督和工人监督制度；还推行了工人和行政当局共同拟定生产计划，确定内部官吏规则；颁布了若干关于工人和职员的劳动保险法令，这个法令特别禁止了在面包作坊里的工人夜间劳动，废除罚金制度，不许私人开办劳动力雇佣介绍所。公社下令延期缴纳房租，停止出卖抵押在当铺里的物品，并颁发了凡抵押在当铺中其价值总额不足20法郎的物品都归还原主的法令……在文化教育方面：公社宣布普及免费教育；订立广泛设立托儿所和幼儿园的计划；公社的教育具有鲜明的为政治服务的目的；鼓励学生参加政治活动，着重阶级斗争、国际主义和爱国主义的教育原则；提出有关教育与生产结合的方案；宣布学校与教会分离，把僧侣从学校中驱逐出去……如上所述，公社所执行的职能，是无产阶级专政的国家职能。当时巴黎的无产阶级虽然还处于年轻时期，但已出色地作了无产阶级专政的英勇尝试，它给全世界无产阶级提供了一个极为宝贵的经验——无产阶级要达到自己的目的，必须打破旧的国家机器，建立自己的政权。它对无产阶级革命的理论和无产阶级国家学说的发展，起了巨大的作用。

巴黎公社存在的72天，是一直在与内外敌人进行激烈斗争中度过的。特别是当逃到凡尔赛的法国资产阶级军队勾结普鲁士军队在5月21日冲进了巴黎，到5月28日巴黎公社失败的这一周间，斗争达到十分激烈的程度。在这场斗争中，巴黎工人阶级表现了极其伟大的革命英雄主义气概。巴黎工人和市民在街头建立了数百个街垒，连妇女也参加了战斗。在这一星期中，他们每天都在街垒中与前来进攻的凡尔赛军队厮杀。有3万公社社员英勇地战死在街头。当时,连公社的敌人都不得不承认社员们是视死如归的。列宁对巴黎公社社员的革命英雄气概,有过很高的评价,他在《纪念公社》一文中说:"无产阶级英勇斗争的场面以及在失败后所受到的苦难——这一切都鼓舞了千百万工人的意志,激起了他们的希望,激发他们对社会主义的同情。巴黎的炮声惊醒了无产阶级中还在酣睡的最落后的阶层,到处对加强革命的社会主义宣传起了推动作用。"(《列宁全集》第17卷,第125页)

1871年,当时法国无产阶级还处于年轻的时代,由于历史条件的限制,在严重的斗争面前缺乏思想准备和经验,因而在自己的行动中也有一些比较重要的错误。例如在军事上,当无产阶级占领巴黎,法国资产阶级逃到凡尔赛之后,他们没有迅速采取军事行动,直捣凡尔赛。在实行无产阶级专政上,当时他们还不够彻底,对反革命的镇压不及时,不够有力;在经济上,他们对资产阶级的银行——法兰西银行没有加以没收……列宁在分析巴黎公社失败的原因时说:"胜利的社会革命至少要有两个条件:生产力高度发展和无产阶级准备成熟。但是在1871年这两个条件都不具备。法国的资本主义发展还很不够,法国当时主要是一个小资产阶级(手工业者、农民、小店主等)的国家。另一方面,还没有工人政党,工人阶级还缺乏准备和长期的训练,大多数工人甚至还不清楚自己的任务和实现这些任务的方法。"(同上书,第123页)但列宁对当时群众这种冲天的革命干劲和英勇的斗争精神,都给予极大的赞美,认为公社的事业是永垂不朽的。

巴黎公社的经验,对全世界无产阶级的革命运动来说是极为珍贵的革命财富。它告诉我们,第一,无产阶级革命要取得胜利,巩固胜利,必须要有马克思主义政党的领导。没有一个马克思主义政党,要想建立工农联盟,要想实行无产阶级专政并要巩固这个专政是不可能的。1871年9月第一国际的伦敦会议,便很重视公社这一意义重大的教训。在马克思、恩格斯的建议下,大会通过了下面这样的决议:"为了推翻统治阶级统一的政权,无产者作为一个阶级,必须组织成一个与有产者阶级所组织的一切旧政党相反的独立政党。"这个决议并说:"为了保证社会革命的胜利并达到它消灭阶级的最终目标,无产阶级组成一个政党是不可少的。"其次,巴黎公社的历史经验证明,无产阶级要实行革命和专政,必须要有工农联盟。工农联盟是无产阶级专政的基础。巴黎公社虽然发表过文告——《告农村劳动者书》,强调了工农利益的一致性,提出了"农民拥有土地,工人拥有劳动工具……"等口号,并在实践过程中采取了某些有利于农民的措施。但由于种种原因,公社没有建成,在与资产阶级的搏斗中陷于孤立。第三,巴黎公社的历史经验证明,无产阶级必须坚决、彻底地镇压反革命。在公社成立以后,虽然在镇压反革命方面作了一定的努力,但总的来说还不够坚决和彻底。公社只逮捕了 264 个反革命分子作为人质,在后期也只处决了 64 名反革命分子,而梯也尔反革命政府却在凡尔赛大量地枪杀被捕公社社员,资产阶级的反动分子、间谍肆无忌惮地在巴黎进行反革命破坏活动,甚至组织反革命的游行。公社经验告诉我们,无产阶级对于凶恶的敌人,必须坚决、彻底地放手发动群众,采取严厉的手段加以无情的镇压。第四,巴黎公社证明了无产阶级革命必须用暴力摧毁资产阶级军阀制度和官僚制度的国家机器,建立新型的无产阶级国家机器。巴黎公社伟大的功绩就在于它破坏了资产阶级的军事、行政、警察、司法等机关,而建立了无产阶级的新型的国家机器。1852 年马克思在《拿破仑第三政变记》一书中曾指出,无产阶级革命必须摧毁现成的资产阶级国家机器,但是马克思还没有具体指出用什么东西代替它。巴黎公社的实践不但证实了马克思关于无产阶级的革命必须摧毁资产阶级国家机器的论断,而且在应该用什么东西来代替已被摧毁的国家机器这个问题上,第一次提供了实际的经验。对于这一点,马克思曾给予极大的赞许。马克思和恩格斯对公社的经验进行了极其仔细的分析,进一步发展了他们的国家学说。

巴黎公社的历史意义是巨大的。在巴黎公社以后,伟大的十月革命在俄国的胜利,创立了无产阶级专政的国家,正是巴黎公社的发展和继续。列宁在《无产阶级在我国革命中的任务》一文中曾说,苏维埃"再造了巴黎公社型的国家"(《列宁全集》第 24 卷,第 47 页)。在第二次世界大战以后,欧洲和亚洲一系列社会主义国家的建立和发展,都毫无例外地证明了,无产阶级要达到自己的革命目的,必须彻底摧毁旧的军阀制度和官僚制度的国家机器,代之以无产阶级专政。

《解放日报》,1961 年 3 月 18 日

介绍马克思有关阶级斗争的3本著作

——读《法兰西阶级斗争》《路易·波拿巴的雾月十八日》和《法兰西内战》

1848年革命和1871年的巴黎公社，是马克思关于无产阶级革命和无产阶级专政的学说发展的重要里程碑。在这两次革命中，法国无产阶级反对资本家的斗争比其他各国都表现得特别突出和尖锐，马克思对此也特别重视。1850年写的《1848年至1850年法兰西阶级斗争》和1852年写的《路易·波拿巴的雾月十八日》，都是1848年法国革命的经验总结；1871年5月，马克思又根据巴黎公社的历史事件写成了《法兰西内战》。这三部著作共同的特点：它们都是法国资产阶级斗争急风暴雨时期的产物，都是无产阶级革命斗争经验的结晶，都是运用历史唯物主义具体分析具体历史事件的光辉典范，而特别重要的是，它们把马克思主义的根本问题，即无产阶级要用强力夺取政权、粉碎资产阶级国家机器、建立无产阶级专政的思想，像一根红线一样把它们贯串起来，成为科学共产主义最卓越的著作，是无产阶级为争取自身解放斗争的最锐利的精神武器。

在《法兰西阶级斗争》一书中，马克思从一定的经济状况出发对法国各个阶级在革命中的地位和行动以及相互关系作了详尽的论述，揭示了阶级斗争的过程、结果和革命失败的原因，并在这一基础上发展了工人阶级斗争的理论和策略，尤其是发展了无产阶级革命和无产阶级专政的学说。在这方面，这部著作特别值得注意的有以下几点：

第一，马克思根据群众斗争的实际经验，提出了“革命是历史的火车头”的著名原理。从1848年法国革命经验，尤其是从二月革命—六月事变的发展过程来看，在阶级社会里，不仅胜利的革命，对历史能起推进的作用，就是失败的革命，它对历史也能起巨大的影响。这是因为：①革命是最能教育群众的；②在革命的年代里，人民群众所发挥的创造力达到了空前未有的高度；

③革命总能或多或少地打击着反动统治阶级，破坏着旧社会的基础；④失败的革命能为未来的革命胜利准备条件，留下宝贵的经验教训。六月事变虽是一次失败的事变，但正如马克思所指出的，它的失败“造成了那些使法国能够担起欧洲革命首倡作用的条件。只有浸过了六月起义者的鲜血之后，三色旗才变成了欧洲革命的旗帜——红旗！于是我们高呼道：革命死了，革命万岁！”革命永远带动人类前进，加速历史发展。

第二，马克思根据无产阶级在1848年革命中的表现，特别是根据二月资产阶级民主革命向六月无产阶级起义转变过程中无产阶级的实际行动，进一步指出了无产阶级的历史作用。1848年革命特别在六月起义中已充分暴露了社会各阶级的面貌：资产阶级的反革命，小资产阶级的动摇、妥协，农民的保守、迷信；只有无产阶级才是唯一真正彻底革命的阶级，是唯一能代表和指导其他劳动人民的阶级，从而马克思在实际上初步奠定了关于无产阶级在资产阶级民主革命中的领导权的思想。

第三，马克思在这部著作里第一次运用了“无产阶级专政”这一科学概念，并对无产阶级专政下了一个经典式的定义，规定了它的政治、经济和思想方面的任务，把无产阶级专政作为达到自身最终目的的必然过渡阶段。马克思写道：“这个社会主义就是宣布不停顿革命，就是实现无产阶级专政，作为必经的过渡阶段，以求达到根本消灭阶级差别，消灭这些差别所自出的一切生产关系，消灭一切适应于这些生产关系的社会关系，变革一切由这些社会关系产生出来的观念。”在这段话里，马克思还把无产阶级专政和不断革命直接联系起来，把无产阶级专政不是作为“阶级斗争的结束，而是阶级斗争在新形式中的继续”。他还把这一思想作为科学社会主义与小资产阶级空想社会主义区别的重要标志。

第四，在这部著作里，马克思第一次论证了无产阶级与农民建立联盟的必要性和可能性，并把工农联盟作为无产阶级革命能否取得胜利的一个不可缺少的条件。六月起义的失败就足以证明这一点。即无产阶级不把站在无产阶级与资产阶级之间的广大农民发动起来反对资本的奴役，并使农民承认无产阶级是他们的先锋队以前，法国工人阶级是不能前进一步，不能丝毫触动资产阶级制度的。

第五，马克思对资产阶级与资产阶级共和国的本质作了彻底的揭露，指出了在1848年革命中,由于无产阶级的独立行动,资产阶级一分钟也没有犹豫地把无产阶级发动起来的起义淹没在血泊之中,所以,他告诫工人阶级说,在资产阶级共和国范围内企图获得地位的稍许改善,都只是一种空想,这种空想在一开始企图实现的时候,就会成为罪行。无产阶级应该提出一个大胆的、战斗的口号来代替它,即"推翻资产阶级！工人阶级专政！"

在这部著作里,马克思还没有做出打碎资产阶级国家机器的结论,一年以后,对于这个问题,在《路易·波拿巴的雾月十八日》中获得了完满的解决。

在《路易·波拿巴的雾月十八日》一书中,马克思进一步发挥了《法兰西阶级斗争》的基本原理和思想,对1848—1851年法兰西第二共和国时期的历史作了科学的分期,揭露了波拿巴政变的原因及其反革命实质和历史暂时性;从这种描绘、分析和揭露中,再一次总结了1848年的革命经验,发展了无产阶级的战略和策略。并且作出了无产阶级需要打碎资产阶级国家机器这样极其重要、极其精辟的结论。

第一,他论述了资产阶级集中制国家机器产生的历史条件及其演变。马克思指出,由于经济和政治的需要,资产阶级的集中的国家机器产生于君主专制政体崩溃时期。这个机器,最先为了反对封建制度,后来为了反对人民,最后是为了反对无产阶级,资产阶级就不断把它加强起来。从1789年革命起,其中经过拿破仑帝国、合法王朝、七月王朝、国会制共和国直至路易·波拿巴举行政变后所建立起来的军事专政,都是使这个机器不断完善起来,而不是把它破坏。

第二,马克思特别指出了资产阶级国家机器的主要部分是官僚机构、军事机构,其中尤其是军队——武装力量,占有重要地位。1848—1852年的法国历史也最好地说明了这一点。二月革命胜利后,资产阶级为了专门对付无产阶级就组织了别动队,他们用种种手段剥夺无产阶级的武装,在残酷镇压六月起义和继之而来的白色恐怖中达到了目的。同时,路易·波拿巴的反革命政变所以能得以实现,最主要的原因之一就是他利用了军队,掌握了军权。

第三,马克思指出,资产阶级的国家机器必须摧毁,必须打碎。因为:①从本质上来看,资产阶级的国家机器是反革命、反人民的,是维护资本奴役劳动的工具,是社会机体上的寄生赘瘤。所以,无产阶级不能利用这种本质上是奴役劳动人民的工具为劳动人民的解放服务,不能利用剥削者的国家机器来镇压剥削者,更不可能利用原来是保护私有财产的资产阶级国家机器为建立无产阶级的公有制服务。②无产阶级专政的国家必须是反对资本的特别强力组织,如果不预先消灭、打碎资产阶级国家机器,要建立无产阶级自己的国家组织也是不可能的。反映无产阶级专政的无产阶级国家组织,只能在资产阶级军事官僚国家机器的废墟上建立起来。③从无产阶级革命与资产阶级革命的根本区别来看,无产阶级革命是一次要根本消灭剥削、消灭阶级、消灭私有财产的革命,这个革命是在社会主义经济的形式尚未具备时开始发生的,因此,它必须打碎资产阶级的国家机器,并以这个国家机器作为杠杆来建立无产阶级公有制经济。而资产阶级革命则完全不同,它只是使一个剥削者集团代替另一个剥削者集团,只是使一种私有制代替另一种私有制的革命,同时,这个革命通常是在资本主义经济较为现成的形式已经具备时开始发生的,这种形式还在公开革命发生以前,就已在封建社会内部生长和成熟了,因此,它不仅无需打碎旧的国家机器,而且利用和不断加强这个旧的国家机器。所以,马克思指出:"迄今一切政变都只是使这个机器更加完备起来,而不是把它毁坏。"1871 年 4 月 12 日,马克思给库格曼的信上又说:"如果你读到我的《路易·波拿巴的雾月十八日》一书最后一页,那你就会看到,我认为法国革命下一次的尝试,不应如迄今以前一样把官僚军事机器从甲手转交乙手,而是要把它毁坏。"列宁认为:"这个结论是马克思主义国家学说中主要的基本的东西。"粉碎资产阶级国家机器的思想乃是无产阶级专政概念的进一步具体化。这个思想,揭示了无产阶级专政的基本内容、主要任务以及无产阶级革命与资产阶级革命之间的根本区别。可见,1852 年时,马克思提出的粉碎资产阶级国家机器的结论,具体化并发展了马克思和恩格斯在 1848 年革命前夕发表的《共产党宣言》中对国家问题的提法。

1852 年,马克思做出了打碎资产阶级国家机器的结论之后,还没有解决应以什么国家形式来代替它的问题。1871 年,巴黎公社的经验,提供了解决这个问题的现实的可能性。

1871 年 3 月 18 日,英勇的巴黎无产阶级举行武装起义,推翻了资产阶级统治,建立了人类有史以来第一个无产阶级专政的政权。如果说 1848 年 6 月起义,是世界历史上第一次无产阶级专政的尝试。巴黎公社的经验又把马克思的国家学说与无产阶级专政学说提到了一个新的阶段。5 月 30 日,即公社失败后的第三天，马克思就在第一国际总委员会上宣读了他起草的《关于1871年法兰西内战的宣言》。宣言阐明了公社的伟大历史意义，揭露了资产阶级的种种谎言，热烈歌颂了巴黎工人革命的首创精神，着重地对公社的无产阶级专政历史经验作了天才的理论总结。《法兰西内战》一书在这方面特别值得注意的有以下两点：

第一，马克思进一步指出，公社证明了他的无产阶级专政理论可以变为革命的实践，证明了他自己在1852年提出的必须要粉碎资产阶级国家机器预言的正确性。指出："工人阶级不能简单地握取现成的国家机器，并运用它来达到自己的目的。"1872年6月24日，在《共产党宣言》德文版的序言上，根据无产阶级第一次掌握政权达72天的巴黎公社的实际经验，马克思和恩格斯再一次提到了这个结论。

第二，马克思在分析公社的基础上，还得出了一个极为重要的结论，即代替被打碎了的资产阶级国家机器的无产阶级专政最适当的形式应当是巴黎公社类型的国家组织，而不是国会制共和国。这是马克思主义国家学说中一个极为重大的发展。大家知道，巴黎公社一个最伟大的创举就是，它摧毁了资产阶级国家机器，建立了无产阶级国家组织。公社的第一道法令就是废除募兵制和常备军，代之以新的人民武装——国民自卫军。公社取消了旧的警察机关，建立了新的公安机关；解散了旧法院，组成了新法庭。公社宣布国家和教会分离，学校和教会分离。公社抛弃了资产阶级的议会制——三权分立的原则，代之以立法和行政统一的工作集体。公社废除了旧的官僚政治，实行公务人员的广泛选举，并规定对不称职的工作人员随时可以实行撤换；公社消灭了旧的高级国家官吏的特权与办公费，重新规定了职员的薪额，降低高薪和提高低薪，并规定国家工作人员的薪俸不得多于6000法郎，即规定公职人员最高薪金不得超过熟练工人的最高工资额。这样就从政治上和经济上作出了保证，以防止国家工作人员由人民的公仆变成人民的老爷，防止国家工作人员的特殊化。正如马克思指出的，公社的每一个措施，固然都值得赞许，但公社最重要的措施就是公社本身的存在，就是自身的组织形式。其所以重要，只是由于它是新型的国家组织，是无产阶级专政的国家组织形式。因此，马克思又说："公社的真正秘密，就在于它实质上是工人阶级的政府，是生产者阶级对占有者阶级进行斗争的结果，是终究发现了的可以使劳动者在经济上获得解放的政治形式。”1891年3月18日，即公社20周年纪念日，恩格斯按照反对机会主义、保卫公社的原则，给《法兰西内战》写了一篇著名的导言，他指出：“近来，社会民主主义的庸人又是一听到无产阶级专政就吓得大喊救命。诸君，你们想知道无产阶级专政是什么吗？请看看巴黎公社吧。这就是无产阶级专政。”马克思对巴黎公社历史经验的总结，对全世界无产阶级来说，是具有普遍意义的。列宁始终把俄国的革命经验看成是巴黎公社的继续和发展，认为苏维埃是“再造了巴黎公社型的国家”。认为公社是无产阶级专政发展史上“具有全世界历史意义的第一步”，“苏维埃政权走了第二步”。中国革命是伟大十月革命的继续，当然也是巴黎公社事业的继续。在打碎旧的军阀官僚国家机器、建立无产阶级专政国家机器这一国家与革命学说的最根本的问题上，中国革命的基本经验同十月革命和巴黎公社的基本经验是完全一致的。

《文汇报》，1963年6月18日

革命性与科学性相结合的典范
——读《路易·波拿巴的雾月十八日》

1851年至1852年间,马克思根据1848—1851年法兰西阶级斗争的实际经验,根据路易·波拿巴政变的历史事件,写成了《路易·波拿巴的雾月十八日》。这是科学共产主义的最优秀的著作之一,也是万古不朽的马克思主义的历史名著之一。在这本著作里,马克思为我们提供了运用历史唯物主义具体分析具体历史事件的光辉典范,提供了高度的革命性和高度的科学性相结合的典范,提供了阶级观点和历史主义有机统一的典范。所以,恩格斯称它为“无与伦比的”“天才著作”。

为无产阶级政治服务

马克思研究这段历史,是因为:①1848年的法国革命不仅在法国而且在欧洲也具有特别重要的意义。这次革命,无产阶级反对资本家的斗争所表现的尖锐形式是其他各国所不及的,特别是巴黎无产阶级的六月起义,它实际上是世界近代史上无产阶级企图推翻资产阶级统治的第一次伟大内战,是具有由资产阶级民主革命向无产阶级的社会主义革命过渡的某种倾向;这次革命,“给了马克思以前的一切喧嚷叫嚣、五花八门的社会主义派别一个致命的打击”,并把法国社会的各个阶级的面貌作了充分暴露;这次革命,对革命前由马克思和恩格斯所创立的科学共产主义的基本原理作了一次光辉的和伟大的检验和证实;这次革命又为科学共产主义的发展提供了最宝贵的实际材料和经验。②1848年的法国革命失败后不久,资产阶级和小资产阶级的政论家和历史学家不仅无力说明这一复杂的历史事件,而且对它作了唯心主义的种种歪曲，引起了人们思想上的紊乱，这也给马克思提出了一个战斗的任务，即驳斥他们的种种谬论，以免人们走入迷途。③1848 年的法国革命是沿着下降路线发展的，最后甚至导致了路易・波拿巴的反革命政变，导致了小丑的独裁，法国社会仿佛忽然落到了它的出发点后面去了，回到了“宝剑和袈裟的极端原始的统治去了”，这时，在人们的心目中，特别在无产阶级的队伍中，确实存有一种悲观失望的情绪。马克思的伟大就在于，他不仅想给人们指出事变的真正原因，而更主要的是想通过对历史事件的总结、科学的论证，说明波拿巴的政权由于内部的不可克服的矛盾必然会走向灭亡，从而给人们指出光明的前景，鼓舞无产阶级斗争的信心，引导他们走上正确斗争的道路。

1848 年革命失败后，革命处在暂时的低潮，为了教育无产阶级，为了积蓄力量，迎接未来的斗争，马克思和恩格斯当时活动的一个重要方面，就是对 1848 年革命所提供的经验，作了一次严峻的鉴定和全面、深刻的总结，写出了许多具有伟大历史意义的巨著，如《1848 年—1850 年的法兰西阶级斗争》《路易・波拿巴的雾月十八日》《德国的革命和反革命》《中央委员会告共产主义者同盟书》等，从而丰富了科学共产主义的最基本原理，特别是发展了无产阶级革命的战略和策略。在《路易・波拿巴的雾月十八日》中，马克思对国家与革命、工农联盟的学说作了极为精辟的论述，首次提出了无产阶级革命必须要坚决粉碎资产阶级国家机器的结论。对于这个结论，列宁认为：“是马克思主义国家学说中主要的基本的东西。”它丰富和发展了《共产党宣言》中关于国家和革命问题的提法。

马克思为什么能够写出这样具有高度革命性、战斗性与高度科学性相结合的著作呢？这同他对于法国的历史有精湛的研究，对于法国近代社会有充分的了解，以及高度的科学理论修养相联系的。正如恩格斯所说，他是“科学巨匠”，但是更为重要的，“马克思首先是一个革命家”，“斗争是他得心应手的事情”。如果马克思没有那颗火热的心，没有那种当巴黎的第一声枪响就坚决站在无产阶级一边的激情，即使有很丰富的实际材料、渊博的历史知识，永远也写不出这样光辉的著作。由此可见，充沛的革命热情成为作者高度科学性的先决条件，而作者的革命性和科学性相统一的优秀品质，必然会在他的著作的字里行间充分表现出来。

历史研究怎样为无产阶级的政治服务？马克思的这本著作为我们树立

了实际的光辉榜样。

阶级观点与历史主义的统一

12月2日的事变,确实像晴天霹雳一样,震惊了欧洲所有的政治界,有歌颂,也有咒骂。可是,对于这次政变,谁也无力给予科学的解释,也无从揭露它的实质。"只有马克思一个人是了解1851年12月2日那次政变的原因与结果之真正性质的,也只有他一个人会把它们加以阐发"。马克思之所以能做到这一点,最根本的原因是,他运用了阶级和阶级斗争的观点,具体地分析了这段历史:"说明法国阶级斗争怎样创造了一些条件和情势,使得一个平凡而可笑的人物扮演了英雄的角色。"围绕这条线索,马克思指出,路易·波拿巴政变之所以能够实现,是由于以下几点原因:①作为领导者的资产阶级,在革命过程中,背叛了革命,镇压了无产阶级,剥夺了人民民主权利,侵犯了革命的成果,正是资产阶级这种反革命性的增强,为波拿巴反革命政变扫清了道路;②由于小农的经济地位、阶级特性决定了他们政治上相对的落后、闭塞,思想上自发的资本主义倾向;小资产阶级及其政治代表——小资产阶级民主派软弱、动摇。在客观上,它们都为波拿巴政变提供了条件;③当时,法国无产阶级发展不够成熟,小资产阶级的空想社会主义,尤其是像路易·勃朗之流对工人阶级和革命进行毒害和破坏结果。此外,波拿巴个人的品质恶劣以及由此而产生的种种卑鄙手段,也起了不可忽视的作用。

在这本著作中,马克思还用阶级观点无情地揭露了法兰西第二共和国和1848年宪法的资产阶级的反革命实质及其欺骗性和虚伪性,揭露了波拿巴王朝的阶级实质和社会基础,论证了由于它的内部的不可克服的矛盾,必然导致灭亡的命运:"如果黄袍终于落在路易·波拿巴身上,拿破仑的铜像就将从汪东姆柱顶上倒下来。"后来的历史,完全证实了马克思的这个科学的论断。可见,由于马克思运用了马克思主义的阶级观点,具体地分析了"12月2日事变",他就能真正唯一正确地揭示了政变的真正原因,揭示了这一复杂历史过程的客观规律,他既反对了主观唯心主义——过分夸大波拿巴的个人作用,又反对了客观主义——为波拿巴的罪行开脱责任的错误;既论证了"12月2

日事变”是二月事变以来法国全部历史过程内在联系的自然和必然的结果，又严厉谴责了政变主人公的个人恶劣品质。对于这段历史，如果离开了马克思主义阶级观点和阶级分析方法，那么，任何事变就会成为“晴天的霹雳”，成为一笔历史的糊涂账，成为不可理解的“谜”。因此，阶级观点是这本书的灵魂，是它的指导思想。

马克思在运用阶级观点时，总是严格地把事件提到特定的历史范围内进行具体分析，然后作出正确的结论。在这本书中，马克思对资产阶级和小资产阶级的政论家和历史学家企图把法国的1848年革命看作1789年革命的再版、把1851年12月2日的政变看作雾月18日（1799年11月9日）拿破仑政变的重演等非历史主义的错误，作了无情的嘲笑和驳斥。历史条件不同了，阶级斗争条件变化了，由此而产生的历史事件和政治代表人物也就具有不同的特点，应做不同的评价，不能简单地把在不同的历史条件下产生的时间和人物（虽然他们在外貌上有许多相似之处）画一等号。因为，1848年革命与1789年革命相比，有着显著的区别：1848年的法国革命史是沿着下坡路线滑下去的，最后导致波拿巴反革命政变，这完全是由于不同的阶级关系、阶级力量的配置所决定的，这种情况。又是与不同的历史条件相联系的，就是：①1848年的革命是处在资本主义发展程度比1789年革命时较高的条件下爆发的；②1848年革命时，无产阶级与资产阶级的矛盾日益尖锐化，无产阶级作为一种独立的力量，登上了政治舞台，相反，在1789年革命中，法国的无产阶级不是直接地与自己的敌人——资产阶级开展斗争，而是做了资产阶级的尾巴，同自己的“敌人的敌人”开展斗争；③1848年的法国革命，是在资产阶级民主革命基本任务早已在1789—1794年已经基本解决的情况下进行的，它所面临的事情是，让更多的资产阶级分子参与国家政权的管理，使政治上层建筑更加适应于基础的发展而已。因此，资产阶级在这次革命中，特别是在无产阶级力量壮大的面前，对继续推进革命采取了极端仇视的态度，由1789年的革命阶级转化成为反对革命的反革命阶级了。

马克思之所以能唯一正确地揭露了这一历史事件的内在联系，做到了正如恩格斯所说的那样，他“把图画描绘得如此巧妙，使得后来每一次新的揭露，都只是提供出一些新的证据来证明这幅图画曾是把现实反映得极为真确的”，最根本原因之一，就是坚持了阶级观点和历史主义相统一的原则。

坚持历史唯物主义

1848 年法国革命失败后不久，即出现了许多评述这一事件的著作，值得一提的有两部著作：雨果的《小拿破仑》和蒲鲁东的《政变》。它们几乎是与马克思这本书同时出现的，可是，《路易·波拿巴的雾月十八日》的内容，恰是针对这两部著作所散布的资产阶级主观唯心主义和客观主义所作的批判。

雨果虽然“对政变事件负责发动人作了一些辛辣的和诙谐的詈骂”，如痛斥波拿巴是个渺小的微不足道的人，是一个野心勃勃、满脑子浸透一切卑鄙帝皇欲念的人，是一个强奸法兰西民族、一直蹂躏法兰西国家主权的流氓；说他在两天之内不花吹灰之力做到了驱散议会，逮捕反对派议员，夺取政权，确立自己的绝对统治……可是，“事变本身在他笔下却竟绘成了晴天的霹雳”，成了“一个人的暴力行为”。事实上，“12 月 2 日事件”，虽然与波拿巴的个人恶劣品质有关，但绝不是一个人暴力行为的结果，更主要的是，取决于当时法国阶级斗争的情势和条件，取决于当时所形成的社会基础，波拿巴只是作为当时法国社会所形成的那种社会基础的代表人物而已，在当时的情况下，假如不曾有波拿巴这个人，那么他的角色也会由另一个人代替。这样说并没有为波拿巴的罪恶开脱责任，相反地，它使人们更加全面地，从本质上更加清楚地认识到，政变不仅是主观的原因，同时也有客观的因素；不仅有偶然性的作用，而且是必然性作用的结果。这样，既坚持了唯物主义，又坚持了辩证法。按照雨果那样的解释，只会使人们导致这样的感觉：波拿巴能在历史上表现自己空前的主动的作用，一个阴谋家竟成为巨大的历史人物，这样不仅没有贬低他的身价，反而夸大了他的个人的作用，不仅没有达到轻蔑他的目的，反而产生了抬举他的后果。

如果说，雨果所代表的是主观唯心主义，那么，蒲鲁东则走了另一个极端——客观主义。在《政变》中避而不谈波拿巴个人的恶劣品质，也不谈这种恶劣品质跟实现反革命政变和建立专政之间的关系，他只是“把政变描述成为先前历史发展的结果”，把政变看成是一种绝对的必然性，但这种必然性不是被某种经济条件或由某个阶级来决定的，而且也没有指出这种必然性应以什么条件为转移。蒲鲁东只是从无政府主义立场出发，抽取了国家和政权的阶级内容，抽象地责难国家政权是反人民的、罪恶的东西，在他笔下，政变却被描绘成为国家政权发展的必然结果，而与当时的阶级斗争、资产阶级革命内容和结局无关。这样，正如马克思所指出的，蒲鲁东"对于这个政变所作的历史的说明，却不知不觉地变成他对于政变主人公所作的历史的辩护了。这样，他就陷入了我们那班所谓客观历史学家所犯的错误"。

与此相反，马克思在《路易·波拿巴的雾月十八日》中极其有力地、也是唯一正确地揭露了波拿巴政变的真正原因和实质。马克思认为，路易·波拿巴政变的实现，既是法国当时阶级斗争所创造的情势和条件的合乎规律的结果，又是波拿巴个人的恶劣品质、个人特点在当时的情况下能发生作用的结果，因而也对他进行了无情的揭露和谴责。这样，就做到了正如恩格斯所说，这本书"里面叙述了二月事变以来法国全部历史过程的内在联系，把 12 月 2 日的奇迹解释为这种联系的自然和必然的结果，并且他这样解释时除了对政变主人公表示完全应该的轻蔑之外，是用不着采取其他态度的"。

马克思的这部著作从写作的时候算起迄今已 112 年了，但随着时间的推移，这部著作却越来越放射着它的光辉灿烂的光芒。这本著作所提供的范例，永远成为我们学习的榜样。

《文汇报》，1964 年 3 月 19 日

略论巴黎公社民主制的主要特征

108 年前的 3 月 18 日，巴黎的无产阶级用暴力夺取了资产阶级政权，打碎了旧国家机器，建立了无产阶级专政。巴黎公社无疑是人类历史上无产阶级专政和无产阶级民主相结合的第一面红旗。它在对敌人实行镇压的同时，在人民内部也实行了广泛的民主，体现了无产阶级专政是人类历史上最高类型的民主。

巴黎公社在无产阶级民主方面有哪些重要措施？它具有什么主要特征？首先，公社废除了常备军，代之以人民的武装；其次，公社对政府机关的公职人员采取了普遍的选举制；其三，公社对不称职的政府机关公职人员实行随时撤换制；其四，公社使人民群众对政府机关公职人员实行了监督制；其五，公社对政府公职人员实行普通工人工资制，取消了旧官吏的一切经济特权，等等。

对上述民主措施的伟大意义，列宁曾给予很高的评价，指出："这里恰巧最明显地表现出一种转变：从资产阶级的民主制转变为无产阶级的民主制，从压迫者的民主制转变为被压迫阶级的民主制"，"同时也必然会成为从资本主义过渡到社会主义的桥梁"。

巴黎公社的民主制是由资产阶级的民主制发展而来的，但同时又是它的直接对立物。它与资产阶级的民主制有着根本的区别。从民主的实质来看，巴黎公社是那个"以政变为出生证书，以普选为批准手续，而以宝剑为玉笏的""第二帝国直接对立物"，巴黎公社对少数剥削者实行了专政，对广大劳动人民实行了民主，体现了劳动人民真正当家作主。掌握了国家的命运，而历来的资产阶级民主制都是一种残缺不全的、贫乏的和虚伪的民主制，是只供富人，只供少数人享受的民主制。

正因为如此，巴黎公社所实行的民主是无产阶级民主制，它还表现以下几个主要特征：

首先，巴黎公社把对广大人民内部实行民主和对敌人实行镇压两者结合了起来。公社一方面在人民内部实行广泛的民主，另一方面对于凡尔赛梯也尔的反革命猖狂进攻则采取了“以眼还眼，以牙还牙”实行镇压的措施。它颁布了人质法令，规定只要再杀死公社的一个士兵，公社就用处决一个或两个俘虏来回答。公社还先后逮捕了大约260个反革命分子，其中包括巴黎大主教，并封闭30家反革命报馆等。可见公社显示了这样一个真理：镇压敌人的反抗和保护广大人民的民主权利是一致的，是相辅相成的。

其次，巴黎公社把民主和集中结合了起来。公社在选举的基础上组成了公社委员会，下设十个委员会：执行、财政、军事、司法、公安、粮食、劳动与交换、对外关系、社会服务和教育委员会。各委员会由5~8人组成，公社委员兼各委员会委员，实行集体领导，集思广益，反对个人决定一切，各种法令都由公社或根据公社的委托制定，经公社代表或某一委员会签署公布。这样，公社就用无产阶级的民主集中制代替了资产阶级的官僚集权制，有效地代表和执行了人民的意志。

其三，巴黎公社把实行民主和加强法制结合了起来。实行广泛的民主不是无法无天，不是无政府主义，相反，为了发扬民主，保护人身自由，保障人民的民主权利，防止坏人乘机捣乱，浑水摸鱼，破坏社会治安，公社认为有必要加强法制的建设。公社在短短的72天中，通过了不少提案和决议来加强法制的措施。如4月4日，公社通过了“关于按照治安委员会命令逮捕公社任何委员应在24小时内提请公社批准的决议”；4月18日，公社通过了关于进行逮捕手续的法令，指出，逮捕要有一定的手续，如果违反手续任意逮捕和监禁的必须“严惩”，必须“追究责任”等。此外，公社还采取了实际措施制裁破坏法制的人。如国民自卫军在瓦斯公司搜寻武器的一个营队认为自己有权没收金库，公社知道后，即命令把款项如数发还。又如4月30日，公社还撤销了皮洛泰尔的公社警察委员的职位。因为皮洛泰尔被控在逮捕犯人过程中私吞钱财。这就进一步证明维护法制和加强民主是一致的；保障人民民主权利必须要同反对无政府主义结合起来。

其四，巴黎公社在实行民主时，也同反对绝对平均主义结合起来。公社实行了普通工人工资制，但同时又承认工资的适当差别，按劳分配，反对绝对平均主义。它只是主张缩小高薪和低薪的差别悬殊，而不是消灭一切差异。如国民自卫军军官的待遇，总司令每月为500法郎，将军为450法郎，上校为360法郎，中校为300法郎，上尉为225法郎，中尉为165法郎，少尉每月只领150法郎不等。缩短差距，按劳分配，这是社会主义民主的一项重要措施，也是公社民主措施的一个重要特征。

以上就是巴黎公社所实行的民主制的主要特征，也就是它的基本优点。由于公社实行了无产阶级民主，加强了法制，公社就能最充分地代表劳动人民的利益，最充分地保障人民民主权利，也能最充分地发挥劳动人民的积极性和首创精神。正由于如此，所以马克思说，“公社简直是奇迹般地改变了巴黎的面貌！第二帝国的那个荒淫无度的巴黎已经消失得无影无踪了”，巴黎“在陈尸场内一具尸首也没有了，夜间抢劫事件不发生了，偷窃现象也几乎绝迹了”。巴黎公社——这个劳动人民自己创造的新世界，是劳动人民自己当家作主，自己解放自己的最好的见证！“从来就没有什么救世主，也不靠神仙皇帝”，“是谁创造了人类世界？是我们劳动群众”。巴黎公社完全体现了《国际歌》中所表达的这种无产阶级彻底民主精神！

当然，巴黎公社由于历史条件的限制，由于缺乏一个真正马克思主义政党的领导，因而它所实施的无产阶级民主制还不完善，不可避免地存在这样那样的缺陷，但它的功绩是不可磨灭的。它是在史无前例的情况下，第一次实行了无产阶级的民主制，“公社给共和国奠定了真正民主制度的基础”，为无产阶级管理国家指明了方向，为国际共产主义运动提供了极为珍贵的历史经验，这是很了不起的伟大创举。列宁指出：“发展的辩证法（过程）是这样的：从专制制度到资产阶级民主；从资产阶级民主到无产阶级民主：从无产阶级民主到没有任何民主。”巴黎公社的民主就是属于从资产阶级民主到无产阶级民主，属于无产阶级最高类型的民主，它是比任何资产阶级民主更加广泛的无产阶级民主。按理说，在我们社会主义国家里，人民的民主权利应该得到尊重。但在林彪、“四人帮”横行的日子里，却大搞封建专制主义。他们横行无忌，任意破坏法制，任意侵犯人权，在全国搞了那么多冤案、错案、假案。因此，我们必须牢记这个沉痛的历史教训，我们应该实事求是地总结巴黎公社的经验，发扬无产阶级民主精神，狠批林彪、“四人帮”的封建专制主义，肃清它的流毒，使我们的国家的生活真正沿着巴黎公社所开创的无产阶级专政和无产阶级民主相结合的道路胜利前进！

《文汇报》1979年3月16日

巴黎公社时期的国民自卫军

1973年,“四人帮”的御用文人在帮刊《学习与批判》的创刊号上,刊登了一篇题为《巴黎公社与工人武装》的黑文。他们采用一切机会主义者惯用的卑劣手法,通过歪曲历史事实,篡改马克思主义,为他们大搞反革命“第二武装”、篡党夺权制造理论根据。

“四人帮”垮台之后,我们的理论和史学工作者对这篇黑文已进行了无情的批判,但是,某些同志由于只是出于革命的义愤,似乎缺乏科学的求实精神,仅仅用形而上学“对着干”的办法去代替有分析、有说服力的批判,因而不能击中“四人帮”黑文的要害,反而一巴掌打到了马克思身上,这岂不成了笑话?譬如,有一篇文章曾这样写道:“为了给这一反革命阴谋制造理论根据,他们又炮制了题为《巴黎公社与工人武装》的黑文,把巴黎公社的国民自卫军说成是城市民兵。其实,巴黎公社的国民自卫军恰恰是正规军而不是民兵……”在此之前,报刊上其他文章也有类似的提法,认为巴黎公社时期的国民自卫军是无产阶级的常备军,而不是人民的直接武装,即民兵;巴黎公社主张废除的不是所有的常备军,而仅仅是资产阶级的常备军。这就给我们提出了一个值得注意的问题:公社时期的国民自卫军究竟属于何种性质的军队?把国民自卫军说成是正规军、常备军是否符合法国当时的历史事实?是否符合马克思主义经典作家论述的原意?由于这个问题涉及马克思主义的一个重大理论性和原则性问题,所以不能不将它进一步弄清楚,从而更好地、更准确地批判“四人帮”。

一、法国国民自卫军的由来和发展

弄清楚法国国民自卫军的由来和发展的历史概况，有助于我们对巴黎公社时期国民自卫军的性质和情况的了解。

在法国历史上，国民自卫军（Garde nationale）是由民兵队（Milice），一般亦称为“公民-民兵”（Citoyen-milice）发展而来的。

法国的民兵队开始于墨洛温王朝时期，由地方居民组成，最初是用来为出征中的国王服役的。其后，历代都有民兵队，亦称“自卫队”。1762 年，法国全国的民兵队共计 91142 人。1789 年法国资产阶级革命前夕，巴黎的那支民兵队充当王家巡逻队的一支保安队，计有骑兵 128 名，步兵 950 名。在七月革命风暴的日子里，这支队伍的步兵数目迅速增加。资产阶级议会曾要求所有卫队远离首都，巴黎选民则要求建立 60 营有产者自卫军，“以保证内部的防卫，并对付秩序和公共安宁的破坏者”。几天后，拉法耶特成为这支队伍的统率者，把这支队伍命名为“国民自卫军”。这是法国用国民自卫军这个名称的开始，它的前身就是“民兵队”。

1790 年，1791 年，1793 年，议会曾先后为这支队伍制定条例或颁布法令。当时规定：凡年满 16 到 60 岁的法兰西健康的男性公民都可以参加国民自卫军，国民自卫军各级军官由选举产生。又规定：国民自卫军用三色帽徽，以区别于用白色帽徽的正规军。不过就参加国民自卫军的公民而言，实际上一开始就只限于如 1791 年宪法所说的“积极公民”，所以是一支名副其实的有产者自卫军。这支队伍在那些伟大的革命的日子里，尤其是 6 月 20 日和 8 月 10 日，曾起过重要的作用。国民自卫军于 1789 年 7 月在巴黎一经建立，全国各大城市立即纷纷仿效。

罗伯斯比尔非常重视国民自卫军，认为它是可以同武装部队将领的势力保持均衡的一种力量，并曾为无产公民参加国民自卫军的权利进行过持续斗争。1792 年 7 月 11 日，立法议会宣布祖国在危险中，在以罗伯斯比尔为主要领导人的雅各宾派的号召和推动下，“消极公民”纷纷武装自己，加入国民自卫军。从 7 月 25 日开始，巴黎各区的国民自卫军小队便成了有组织和常设的、军事的,而且是政治的团体,投入了雅各宾派领导的革命斗争,促成了雅各宾专政,直到1794年热月9日反革命政变才解体。

1795年葡月13日,拿破仑平定王党叛乱,国民自卫军亦被击溃,解散。拿破仑称帝后,国民自卫军于1805年被作为各郡有产者的民兵队重又出现,分为军团、大队、连队等,成为一种常备或常驻的国民自卫军(即不是有事集合,无事或平时解散的队伍),高级军官由皇帝任命,下级军官和排长之类则由自卫军内的长官任命。1813年,国民自卫军曾向拿破仑的军队提供过8万人。1815年,国民自卫军作为捍卫既定秩序的象征,成了那些资产阶级自我标榜的东西,甚至路易十八进入巴黎时也要阿尔图瓦伯爵(或译亚多亚伯爵,即后来的查理十世)穿起国民自卫军的制服充当前卫。到1827年,复辟王朝又解散了国民自卫军。

路易·菲利普于1831年再建国民自卫军,称之为"他的心爱的自卫军"。自卫军成员于20岁到60岁的公民中征集,归内政大臣指挥,以支持七月王朝为首要任务。

1848年2月,国民自卫军参加起义,加速了七月王朝的垮台。1852年,国民自卫军进行了改组,规定:不以常备方式建置;凡25岁至50岁的法兰西公民都有义务参加由政府确定各地区人员数额,军官由政府任命;其编制不超过营一级(即没有营以上的团、旅、师……编制,但可以增加营的数量)。1870年,政府征集国民自卫军参加保卫巴黎的防御工事,工人、城市平民争相投效;随后一再举行反政府起义,为建立和捍卫巴黎公社作出了贡献。

从上述国民自卫军的由来和发展的简单的历史事实中,可以非常清楚地看出,法国国民自卫军的前身是民兵队,它于1789年法国革命爆发后组成,到1871年巴黎公社时期止,一直是属于民兵那样性质的队伍。拿破仑统治时期虽然曾一度采取过常备或常驻的方式,但它不是拿破仑及其帝国的那种正规军或常备军。

二、巴黎公社时期国民自卫军的组织状况及其基本特征

巴黎公社时期的国民自卫军是民兵,是全民的直接武装,而不是无产阶

级的常备军和正规军。

首先,从公社时期国民自卫军的组织情况来看。

巴黎公社的国民自卫军是在第二帝国、资产阶级国防政府的国民自卫军的组织基础上扩建和改组而成的。

在普法战争之前,路易·波拿巴的第二帝国已组织了非常备的国民自卫军60个营,主要由资产阶级和小资产阶级组成。在普法战争中,法军在色当惨败,巴黎被围,法国工人阶级目睹资产阶级国防政府叛变卖国,卑躬屈膝于俾斯麦的刺刀之下,便纷纷要求拿起武器,参加国民自卫军组织。1870年9月5日,甘必大迫于形势,在"公报"上声明"一切有选举权的公民都可以参加巴黎的国民自卫军"。9月6日,内政部在"通报"中又建议,除了国民自卫军原有的60个营之外,在48小时内再建立60个新营,每营1500人。可是,巴黎工人在三个星期内共建立了194个营;超过了原建议的3倍。9月底,国防政府害怕工人迅速武装起来会从根本上动摇他们的统治,于是又命令停止建立新营,但这时巴黎的基本工人群众早已全部入伍了。它们分区驻扎,资产阶级居住的市中心各区平均驻扎8~10营,工人居住各区达20营,按居民比例来看,资产阶级居住的区平均8000人有一营,而工人居住的区则平均6000人就有一营,新营主要由工人组成,是在工人区征集的。这时,即使在原有的资产阶级区所征集的60个旧营里,工人所占的百分比也大大提高了。工人们不仅积极参加国民自卫军,而且踊跃捐钱购买大炮和枪支等。到3月18日起义之前,巴黎已有30万工人参加了国民自卫军,约有34万支步枪,几乎所有能荷枪的巴黎人都为国防目的而编入了国民自卫军,后来全巴黎像一个人一样起来自卫,都是靠这支带有全民性的武装的工人队伍,即国民自卫军作为支柱的。

国民自卫军的各级领导都由民主选举产生。自卫军的章程明确规定:"各级长官通过选举产生"是国民自卫军"不容剥夺的权利"。国民自卫军联合总部确定了以下几种组织形式:全体代表会议、营委员会、团会议和中央委员会。全体代表会议由连队代表(每连一名,军阶不限)、军官代表(每营一名,由军官团选出)以及各营指挥官组成。营委员会由每连选派代表3名、参加全体会议的军官1名以及营指挥官组成。中央委员会则由团会议选举出来的代表本区的代表2名(军阶不限)和团部成员选举出来的代表团部的营指挥官一名组成。

国民自卫军在组织上还有另一个特点，就是设有“家庭式”的委员会(Conseils de famille)。起初，“家庭式委员会”只设在连队，后来在营队也成立了。它的工作起先只是检查补充志愿兵的健康状况，处理军饷、名册等问题。后来，变成了一种特殊的机构，它一方面协助国民自卫军指挥官工作，另一方面则监督军官的活动。这个机构的存在，也在一定程度上反映了国民自卫军军内的民主。

以上就是巴黎公社时期国民自卫军组织的大致情况。

其次，从当时法国所盛行的关于废除常备军思潮来看。

19 世纪 60 年代，法国的一些社会主义者就纷纷提出废除常备军、建立国民自卫军的意见。他们不仅主张废除资产阶级常备军，而且明确地提出废除任何常备军。他们认为“常备军始终是实行专制的工具”；它与审判官制度、教会“是当前专制政权的三根支柱”，于是他们提出要“取消常备军”，“立即组织国民自卫军”和“普遍武装工人”的主张。国民自卫军中央委员阿尔诺德号召人们建立一个国际共和国，消灭一切暴君和常备军，他说：“我们再也不要……任何君主政体，任何压迫者和剥削者……首先要建立法兰西共和国，然后建立国际共和国。不要任何常备军……”当时人们认为，抵御外侮，保卫祖国，主要不能靠正规军队，而是要靠人民的直接武装——国民自卫军。因为“人民不懂得什么正规战术。但是，一旦他们掌握了武器，站住了脚跟，他们就不怕任何皇家学校训练出来的战略家”。

其三，从巴黎公社时期所颁布的法令、文件来看。

1871 年 3 月 29 日，即巴黎公社成立后的第二天，就颁布了一道“撤销常备军，改由国民自卫军代替”的著名法令，这道法令明确规定：“巴黎公社决定：一、停止招募新兵。二、除国民自卫军外，不得在巴黎成立或调入任何武装部队。三、所有适合服役的公民都编入国民自卫军。”这就是以武装的人民代替常备军，这个法令一再得到马克思和列宁的赞赏。

1871 年 4 月 7 日，凡尔赛匪帮开始向公社反扑，各省协会联合会所颁布的纲领中也提到：“取消常备军，全体公民受义务军事训练。”

1871 年 4 月初，《国民自卫军中央委员会的战斗纲领》曾具体规定：“凡 17 岁至 30 岁的巴黎男子都编入现役国民自卫军。”“凡 30 岁至 40 岁的巴黎男子都编入第一后备役国民自卫军。”“凡40岁至50岁的巴黎男子都编入第二后备役国民自卫军。”

该纲领还规定:“补充连是现役国民自卫军的核心。现役国民自卫军将全部或局部被调到营房驻扎,根据情况和公社的命令而定。公社可以使用现役国民自卫军来执行城内外各种战斗勤务。第一后备国民自卫军将在各区担任守卫勤务。第二后备国民自卫军仅在极端必要的情况下召集。”

这个纲领也非常明确地说明国民自卫军是全民武装的意思,文件里所提到的补充连是执行各种战斗勤务的主力,像我们现在所说的基干民兵。

巴黎公社的国民自卫军正由于是民兵的组织,所以还带有浓厚的地区性的特点。在上述的文件里规定:“保留国民自卫军按地区的区分;每个地区从属于一位将军和下设的司令部,司令部的人员和职权以后由军事代表决定。”

1871年4月13日,公社委员阿利克斯所提出的法令草案写道,由于取消招募新兵的法令,巴黎公社决定:“在巴黎军队中服役的军人,都被认为是国民自卫军,他们将立刻被编入各街区的各营并将驻扎在那里。”

据国民自卫军中央委员会委员爱德华·莫罗日记,1871年5月3日,公社曾发布命令:“宣布全民皆兵。”

从以上三方面的材料来看,法国巴黎公社时期的国民自卫军组织从总体上看只能得出是全民武装,即民兵,而不是常备军或正规军的结论。我们还可以看出它具有以下三个主要特点:①以直接武装的人民代替常备军和正规军;②按地区划分,绝大部分国民自卫军是有事集合,无事分散回家,而只有部分补充连在区内驻扎;③军内实行广泛的民主,各级军官由民主选举产生……国民自卫军的这些特征都是与它是一支民兵组织这一性质相联系的。巴黎工人阶级正是有了这支国民自卫军作为坚强的后盾,才掀起了19世纪最伟大的革命,才能有效地抵御外敌,狠狠地打击普鲁士侵略者,并使其对武装的人民肃然起敬;同时也给国内的凡尔赛梯也尔的反革命以有力的打击,在敌强我弱,力量极为悬殊的情况下,英勇不屈地进行了保卫战,使公社巍然屹立了72天,在国际共产主义运动史上写下了极其光辉的篇章。恩格斯在《论权威》一文中指出:“要是巴黎公社没有武装人民的权威来反对资产阶级,它能支持一天以上吗?”这里,恩格斯所指的依靠这个对付资产阶级的武装人民的权威,不是别的,正是巴黎的国民自卫军。

然而,巴黎公社由于历史条件的限制,缺乏一个真正的马克思主义政党的领导,因而不可避免地在国民自卫军中存在着一些严重的缺点。如:①没有统一的编制。国民自卫军共有 20 个团(一区一个团),但各个团的营数从 2 营到 25 营不等。每营的人数也极不一致。各团各营兵员和编制也各有差异。②组织不健全。正如公社委员巴里捷尔所说的:“国民自卫军的组织不健全极了;我们士兵非常勇敢,但是可惜得很,我们却没有正规的军队,我希望,在我们作出决定时,对于这一点的考虑能放在其他各种考虑之上。”③社会成分复杂,年龄差别很大。国民自卫军的有些营小资产阶级起了很大的作用,战士年龄差别,从 17 岁到 60 岁,这也影响了战斗步调的一致。④纪律松弛,将官倾轧。从 1871 年 5 月 3 日将领荷卢勃列夫斯基的报告中可以窥见一斑,他说:“我高兴地看到,各处都开始恢复秩序,酗酒现象绝迹,国民自卫军部队的纪律也逐渐好转。总之,我越是深入地分析这个情况,就越相信民兵队伍中一切坏事和无纪律现象的唯一根源是长官的无能,他们做出了不好的榜样,他们之间经常发生小倾轧。”⑤受各街区原则牵制太大。如 1871 年 5 月 25 日第 19 区防务领导人告第 20 区居民书中指出:“现在有一个严重的危险,我们要对你们指出,这就是有些国民自卫军借口保卫丝毫未受威胁的街区的街垒而拒绝开赴前线,请你们占据第 19 区,帮助它赶走敌人,这也是你们的安全问题,这样你们才能获得胜利。”国民自卫军的这些缺点也同它的优点一样,与国民自卫军是全民皆兵这个总的组织形式密切联系在一起的。

尽管国民自卫军存在这些缺点,但它仍不失为无产阶级的一支新型的军队,它为无产阶级所立下的功勋是磨灭不了的。它为国际共产主义运动提供了极其宝贵的经验。

三、马克思主义经典作家关于国民自卫军的论述以及“四人帮”御用文人对马克思主义论述的歪曲

马克思主义经典作家一再歌颂巴黎公社的革命首创精神,极其赞赏巴黎公社的第一号法令,那就是废除常备军,代之以武装的人民——国民自卫军。马克思在总结巴黎公社经验的基础上指出:“公社甚至应该成为一个最小村

落的政治形式,常备军应该在全国范围内,由服役期限极短的民兵来代替。”还指出:“公社实现了所有资产阶级革命都提出的廉价政府的口号,因为它取消了两项最大的开支,即常备军和官吏。”用国民自卫军去代替常备军、正规军,意味着普遍地武装人民,也就是破坏现代国家机器的主要基础。这是马克思提出的打碎资产阶级国家机器,建立无产阶级专政的理论的一个重要组成部分。马克思认为废除常备军代之以武装的人民的好处还有:①“这是一切社会进步在经济方面的第一个必要条件”,因为“它立刻消除捐税和国债的这种根源”,“还解除了农民的血税,使农民不再是各种国家捐税和国债的取之不尽的源泉”;②它消除了反动阶级梦想“篡夺政府的这种经常危险”;③“它也是抵御外国侵略者的最可靠的保障”。马克思之所以主张以武装的人民代替常备军,还因为它是以他的社会主义革命在一切国家,或者至少在几个重要的资本主义国家同时取得胜利这一理论为其前提的,只有把废除常备军的理论与他的“同时胜利”这一理论联系起来考虑,我们才能真正领会它的真义。因为在这种前提下,无产阶级的专政又是劳动人民多数对剥削阶级少数的专政,有了武装的人民就足以对付剥削阶级的反抗,常备军也就不需要了。这正是列宁在论到公社时所说的那种意思:“既然人民大多数亲自镇压压迫自己的人,实行镇压的‘特别力量’也就不需要了!国家就在这个意义上开始消亡。人民大多数可以代替那些享有特权的少数人(享有特权的官吏,常备军军官)的特殊机关来直接进行这些工作,而行使国家政权的职能愈是民主化,这个国家政权就愈不需要了。”

十月革命胜利前,列宁在很多著作中一再强调马克思的以武装人民代替常备军这一原理的正确性。他指出:“这就是巴黎公社型的国家,它以人民自己的直接武装代替脱离人民的军队和警察。巴黎公社的实质就在这里。”又说:“由于我们有巴黎公社以及德国社会民主党多年发展的历史为依据……这就证明,苏维埃政权是没有官僚机构、没有警察、没有常备军并以新的民主代替资产阶级民主的新型的国家……”

但是,“实践是检验真理的唯一标准”,通过实践发现真理,又通过实践发展真理。十月革命胜利后,列宁鉴于 14 国武装干涉和国内白匪叛乱,认为光有武装的人民还不足以巩固和保卫无产阶级政权,所以提出建立工农红军作为无产阶级的常备军。正如列宁在建立红军时指出的:关于建设红军的问题,是过去任何人没有从理论上提出过的,完全是个新问题。因此,这是列宁对马克思关于人民武装思想的重大发展。毛主席在新的历史条件下,根据国际无产阶级革命和我国革命的经验又提出了野战军、地方军和民兵三结合的体制,这又进一步发展了马列主义关于人民武装的思想。由此可见,从国际共产主义运动史经验来看,关于无产阶级的革命军队的理论和建设问题是有一个发展的过程的,我们决不能撇开或回避这个基本发展过程的事实,而简单地认为巴黎公社时期的国民自卫军恰恰“是正规军,而不是民兵”,“是无产阶级的常备军,而不是全民的直接武装”,这岂不是把巴掌打到马克思身上了吗?

那么我们与“四人帮”的御用文人在这个问题上的分歧究竟在哪里呢?换句话说《巴黎公社与工人武装》这篇黑文的阴谋究竟在哪里?

首先,他们故意歪曲马克思的原话。马克思说:“巴黎所以能反抗,只是由于被围困,使它摆脱了军队,建立了主要由工人组成的国民自卫军……”“四人帮”的文痞在摆脱军队上大作文章,有意不指明究竟是谁摆脱谁,完全违背了马克思所指的不是摆脱所有的军队,而是摆脱梯也尔的反革命军队的原意。这只能给人们造成这样的印象:我国的民兵也应像巴黎公社时期的国民自卫军一样摆脱军队,摆脱中国人民解放军。这种移花接木,偷梁换柱,为“四人帮”搞第二武装、阴谋篡党夺权大造反革命舆论的作法实在可鄙可恨!

其次,他们打着马克思主义的旗号,用马克思在一定条件下说的是正确的话来反对已被列宁和毛主席用实践来丰富和发展了的思想。如同机会主义者托洛茨基想用马克思在资本主义上升时期所得出的社会主义革命在世界各国同时胜利的学说,来反对列宁在帝国主义时期提出的社会主义革命可以在一国首先获得胜利的新学说同样荒唐。

其三,他们表面上打着重视民兵建设的幌子,其实,恰恰想千方百计搞垮民兵。因为在今天的条件下,民兵如果离开了中国人民解放军的指导,这样的民兵能有什么生命力呢?因而,在这个意义上说,真正首先受害的和遭到摧残的还是民兵本身,而不单单是中国人民解放军,我们一定不要上当受骗,坚决彻底地揭露他们的罪恶阴谋。

以上三方面就是该黑文的要害,也是我们与“四人帮”御用文人在这个问题上的根本分歧。因此,在批判“四人帮”有关工人武装的谬论时无需说:“国民自卫军恰恰是正规军，而不是民兵……”如果是这样，那么我们该怎么解释马克思所说的“以武装的人民来代替常备军”？怎么解释列宁所说的“巴黎公社型的国家，它以人民自己的直接武装代替了脱离人民的军队和警察，巴黎公社的实质就在这里”呢？又怎么解释列宁所说的“红军建设问题完全是一个新问题，甚至在理论上是从来没有提出过的”呢？

“四人帮”为了篡党夺权，必然要搞篡军乱军，但是“撼山易，撼解放军难”，因为中国人民解放军是毛主席亲自缔造和培育起来的，有着光荣传统的无产阶级队伍。于是“四人帮”就转而利用民兵，在国民自卫军上大做文章，千方百计地为他们搞第二武装寻找历史根据，挑拨民兵和中国人民解放军的关系，以达到篡党夺权的目的。

可是，事与愿违，巴黎公社的历史经验，无产阶级革命发展的历史，马克思主义革命理论，都给了“四人帮”一记响亮的耳光，使他们的阴谋彻底破产。

《世界历史》，1979 年第 2 期

巴黎公社加强法治的几项重要法令和措施

1871年的巴黎公社既是无产阶级专政和无产阶级民主相结合的范例，也是无产阶级民主和无产阶级法制相结合的雏形。

公社的敌人总是竭力污蔑公社，把公社诬陷为"怪物"，把公社的战士诽谤为杀人放火的强盗和无法无天的无政府主义者。其实，只要我们稍微读一读巴黎公社的历史，翻一翻公社时期的原始文件和会议记录，我们就不难做出判断，他们的污蔑纯粹是无耻谎言。

事实证明：巴黎公社为了发扬民主，保护人身自由，保障人民的民主权利，防止坏人乘机捣乱，维护社会治安，在短短的72天中，在极其紧张、极其复杂的环境下，通过了不少法令和决议来加强法制的建设，这些法令和决议直到今天还有它的深刻的现实意义。

4月4日，正当凡尔赛梯也尔匪帮对公社进行军事反扑时，警察局以莫须有的罪名于4月2日逮捕公社委员阿西(Assi)。针对这一事件，公社委员勒弗朗赛(Lefrancais)在4月4日的公社委员会会议上，提议质询驻警察局的公社代表，为什么它没有把逮捕公社一名委员的事报告公社。于是他提出了下列提案："如果24小时内公社没有批准或没有否决这项措施，不能以任何借口预先监禁任何一位委员。"提案经过讨论，由公社委员茹尔德(Jourde)作了如下适当修改："治安委员会所采取的任何预先的强制措施，应在24小时内提交公社全体会议批准。"当天公社通过了这项决议，这就是"关于按照治安委员会命令逮捕公社任何委员应在24小时内提请公社批准的决议"。这项决议保证了公社委员的人身安全，防止了公社领导人被乱抓乱捕的现象。

4月7日，公社执行委员会作了"关于反对任意逮捕的决议。"该决议指出："根据4月5日公社关于中央委员会和治安委员会全部逮捕情况调查的决议,执行委员会建议司法委员会立即提供关于这些逮捕的人数和原因的资料,并发布命令,或者释放被捕人,或者把他们送交起诉法庭审判,并强调:司法委员会应特别重视这个措施;因为它直接涉及共和国的一个主要原则——自由原则。"

4月17日,公社通过了"军事法庭确定审判程序和惩罚措施的决议"。该决议共25条,分两部分,第一部分是"关于军事法庭的审判";第二部分是"关于罪行、过失和惩罚"。其中第三、第四条指出:"法警官有权逮捕被告,把他立刻送往指定监狱,并作成逮捕记录,在逮捕记录中写明被告姓名、职别和特征。""军事法庭警官只有在调解法官或代理调解法官、区长或区长助理之一,或警察委员的陪同下才能进入私人住宅。"……可见,在公社时期,如果不符法庭手续和规定,不准进入私人住宅,不准任意抄家和捕人。

4月18日,公社又通过了关于逮捕手续的法令,这个法令非常重要,现全文引录于下:

"巴黎公社决议:

"第一条。全体官员、警官或国民自卫军在进行任何逮捕时,应将逮捕情况写成记录,并将逮捕情况立即报告司法代表。

"记录中要写明逮捕原因及证人姓名,应该听取证人的有利于或不利于被捕者的意见。

"违反本规定者严惩。

"上述规定应适用于根据关于当场捕获者的法律而行动的公民。

"第二条。一切监狱、拘留所和感化院的首长、全体微吏和书记官如果在监狱证上不注明逮捕监狱理由,将以非法剥夺被捕人自由的罪名,追究责任。

"第三条。被捕人所有的并从被捕人那里扣留的文件、贵重物品及其他任何物品,须交给拘留所的物件保管处。罪证文件(证物)须呈交驻警察局代表。"

接着,公社还接连通过决议和法令来加强法制的建设。如4月18日通过"关于起诉法庭工作程序的法令";4月22日通过"关于成立起诉法庭的法令";4月30日通过"关于组织社会治安委员会的法令""关于审判公社委员会的程序的法令";5月6日发布"公社检审长和军事法庭报告人关于不准任意监禁的通告";5月12日通过关于"成立公社民事法院的法令";5月17日发布“社会治安委员会关于采取措施制裁不执行该会命令的行为的通知”……

除此之外，公社还在行动上采取种种有力措施，对违法者实行严厉的制裁，以利于健全法制。如国民自卫军在瓦斯公司搜寻武器的一个营队，认为自己有权没收金库，公社知道后立即命令把款项如数发还。又如公社警察委员会皮洛泰尔因被控在逮捕犯人过程中私吞钱财，公社知道后就把这个知法犯法的委员撤职了，并在通报上还加了这样一段话：“我们首先是正直的人，我们只想让正直的人为我们服务。”公社对这些滥用职权、破坏法制、无法无天的人不是采取袒护和放纵的态度，而是严加防范和惩治。这对于加强法制，保障人民的民主权利，揭橥自由的原则，起了良好的作用，真正体现了无产阶级铁面无私的精神。这是值得大大赞扬的，这也是对公社的敌人任意诽谤的无耻谎言的有力驳斥。

正因为巴黎公社是无产阶级政府，它实行了无产阶级民主和专政，加强了法制的建设，从而奇迹般地改造了巴黎。马克思对此有很高的评价。他在无情地驳斥敌人的造谣诽谤之后热烈地歌颂道：“公社简直奇迹般地改变了巴黎的面貌！”“第二帝国的那个荒淫无度的巴黎已经消失得无影无踪了。”“巴黎在陈尸场内一具尸首也没有了，夜间抢劫事件不发生了，偷窃现象也几乎绝迹了。”只存在72天的巴黎公社能创造出这样的“奇迹”，在历史上确实是罕见的范例！

《法国史通讯》，1981年第9期

关于巴黎公社研究的若干问题

一、关于巴黎公社政权性质问题

1980 年中国人民大学高放同志在华中师范大学编印的《科学社会主义参考资料》中发表的《什么是社会主义》一文中提到:“1871 年进行了第一次夺取政权的实验,建立了社会共和国,社会主义政治制度模式。”而 1981 年四川社会科学学院的洪韵珊同志在杭州法国史研究会上讨论巴黎公社性质问题时则说:“公社只能是巴黎市的工人自治政府。”并说:“巴黎公社无论从领导集团的政治状况,公社的政治、经济、文化改革措施,对敌斗争的态度和后果来看,都不能认为它是实行了无产阶级专政。”

这就给我们提出了公社究竟属何性质的问题,对于上述两种意见,我认为似乎各有偏颇,按我看公社是工人阶级的政府,是无产阶级的专政,但不是一个完全的无产阶级专政。

马克思在《法兰西内战》一书中曾说过,“公社这个使资产阶级的头脑怎么也捉摸不透的怪物究竟是什么呢?”“是中世纪公社的复活?”“是孟德斯鸠和吉伦特派想的那种许多小邦的联盟?”“是反对过分分散的古老斗争的扩大形式?”……马克思的回答是:不!“公社是帝国的直接对立物”,“实质上是工人阶级的政府”。我认为马克思这种说法是有道理的。

为什么?从以下几个方面去看。

(一)从公社的领导力量和指导思想来看。

先看公社的领导力量。大量事实证明,公社是工人阶级领导的。①从公社委员来看,“差不多是工人或公社的工人代表”。3 月 26 日公社选举出来的 86 名代表,有 12 名资产阶级代表退出,实际上只有 64 名代表,其中工人占 27 名,职员 8 名,革命知识分子、各种自由职业者 29 名;从政治派别来看,蒲鲁东派 20 名,布朗基派 27 名,新雅各宾派 10 名,国际工人协会 64 名中占 28 名。4 月下半月公社进行一次补充选举,委员增至 80 名,其中工人 34 名,职员 12 名,知识分子 34 名,国际工人协会 37 名。②从国民自卫军中央委员会来看,40 名委员中一半是工人,一半是小职员和知识分子,其中国际工人协会会员 16 人。③公社的基层组织和依靠的群众团体大多数是工人、革命知识分子,当时法国国际工人协会的支部有 32 个,工会 20 个,生产合作社 43 个,俱乐部 36 个。

再看公社的指导思想,政权的性质如何,不能只看它的领导成分,还要看它以什么思想作为行动的指导,看它为什么目标而奋斗,以什么任务为己任。马克思指出,公社“已经清楚地有意识地宣告他们的目的是解放劳动和改造社会”,还说,公社“不但以政治改造,而且以经济改造来开始其工作”。在政治上,公社把消灭阶级作为自己的政治改造的指导思想。马克思说:“公社并不取消阶级斗争,工人阶级正是通过阶级斗争致力于消灭一切阶级,从而消灭一切阶级统治。”在经济上,公社“曾想剥夺剥夺者,它曾想把现在主要用作奴役和剥削劳动的工具的生产资料、土地和资本变为自由集体劳动的工具”。“公社应当成为根除阶级的存在所赖以维持、从而阶级统治的存在所赖以维持的那些经济基础的工具”。这就是说公社把消灭剥削制度赖以维持的经济基础作为实现共产主义的根本指导思想。此外,公社还提出要建立工农联盟的思想,1871 年 4 月,公社发布《巴黎公社社员告劳动人民书》,强调了工人和农民利益的一致性。指出:“我们所要求的,也正是你所希望的;我们所争取的解放,也将成为你的解放。”所以马克思说:“公社则将建立在农民的切身利益和他们的实际需要的基础上”。此外,公社还提出了“一系列将把环境和人都完全改变的历史过程的思想”,这就是提出了为实现共产主义而提供思想条件的问题。

(二)从公社所执行的政策措施来看,公社基本上执行了工人阶级利益的政策。看一个政权的性质如何不仅要看它的指导思想、它的纲领,而主要地还是看它的行为和实施的政策如何。

先看国内政策,公社颁布关于禁止面包工人夜间劳动的法令,禁止私人和社会企业当局对工人、职员进行罚款及克扣工资的法令,关于免交房租的法令,典当物归原主的法令等。公社还成立工人工作介绍所,还下令没收逃亡富人住宅供无家可归的工人居住等各种措施。这些措施虽然是属于民主主义性质的,但这种政策措施非常明显地是倾向于有利于工人不利于资产阶级的,这也只有无产阶级掌权之后才有可能实施。

但必须看到公社4月16号颁布的关于从巴黎逃亡的工厂主所抛弃下来的工业企业转变给工人生产合作社的法令。从内容看这个法令是想用购买方式把一部分工厂从私有转变为集体所有,从而带有明显的社会主义性质。

可见,公社的国内政策体现“人民自己实现的人民管理制的方向”。恩格斯说,“它所通过的有些决议则直接有利于工人阶级”,“并且在某种程度上深刺入了旧社会的内脏”。

再看公社的对外政策。公社树立了无产阶级国际社会主义的典范,公社吸收了不少第一国际优秀的成员作为公社的领导人;公社的各个战线上的不少杰出人物是外国革命家。如弗兰克尔是匈牙利人,著名的将领车布罗夫斯基和符卢勃列夫斯基是波兰人,季米特列娃是俄国女革命家,参加公社战斗的还有奥、比、意、俄、匈等国人,仅波兰人就有500。除此之外,公社还把“世界共和国旗帜”作为公社自己的旗帜;公社推倒了具有沙文主义象征的旺多姆圆柱上的拿破仑铜像。可见,从公社的对外政策来看,它完全是“十足的国际性”的。

(三)从公社国家政权形式特征来看,巴黎公社的政权形式和旧的资产阶级政权形式具有本质上的区别,具有许多特征。据我看:①公社废除了常备军,代之以武装人民——国民自卫军的形式,而资产阶级国家的军队则采取常备军的形式;②公社的工作人员由普选产生,随时撤换,工作人员只领普通工人的薪金,一切政府的工作人员不是官僚社会的主人,而是社会的公仆;③公社是兼管行政、立法的工作团体,而不是采取议会“清谈馆”的形式;④公社的组织原则是民主集中制,而不是官僚集权制,这些特点体现公社打碎资产阶级国家机器之后建立了根本有别于资产阶级政权形式的无产阶级专政性质的政权形式,这种政权有利于体现劳动人民利益,有利于防止国家领导人由社会的公仆变成社会的老爷。

总之,从上述公社的领导成分、指导思想,实行的政策措施,国家政权形式的特征等三方面来看公社的政权性质应该是马克思所说的,“它实质上是工人阶级的政府,是生产者阶级同占有者阶级斗争的结果,是终于发现的,可以使劳动在经济上获得解放的政治形式”。所以,恩格斯在驳斥德国社会民主党庸人的时候也说:“先生们,你们想知道无产阶级专政是什么吗？请看看巴黎公社吧！这就是无产阶级专政。”

当然,我们说公社是无产阶级专政并不是说它是一个专政的样板,它只能是不完全的、不巩固的无产阶级专政的雏形,是具有历史意义的第一步而不是第二步,是萌芽而不是它的发展和完成。在这方面列宁和斯大林已有很多论述,现不赘述了。

那么为什么又说它是雏形,是不完全不巩固的专政？

1.公社没有一个真正的无产阶级政党领导,马克思主义还没有真正成为公社起支配作用的思想,公社还缺乏工农联盟。

2.未充分执行无产阶级专政的职能。如在政治上没有彻底地镇压反革命,没有限制生产阶级的权利;在军事上没能摧毁凡尔赛匪帮的老窝;在经济上没有真正实行剥夺剥夺者,如没收法西斯银行等。

3.政权组织体系不完备,连公社的主席都是轮流做的。

4.未能使巴黎公社成为一个从中央到地方,从巴黎到全国的完整的国家组织等。

虽然有以上几方面的缺陷,但绝不影响公社的性质。巴黎公社是工人阶级的政府,是无产阶级的专政。

根据上述事实,我是既不同意把公社看成建立了“社会主义共和国,社会政治制度模式”,又不同意把它看为“不能认为是实行了无产阶级专政”。我认为对公社性质的评价应该实事求是,既不能过高,也不能过低估计,要恰如其分。在这里还应探索一下,一些同志会过高过低估计的原因,提几点供大家参考。

1.公社是特殊历史环境的产物。公社的产生虽然不是偶然的,是法国历史发展的产物,但它是由许多特殊历史环境促成的,因而不是自发的,这些特殊历史环境就是普法战争,由于资产阶级的挑衅,迫使工人奋起夺取政权,而夺取政权之后,仍被困在巴黎,因而要求它成为全国性的政权未免太苛求了,再说,谁也没有为公社的产生进行过准备工作,谁也没有为公社去夺取政权规定过纲领,制定过计划,在这种被迫的情况下夺取了政权,而且仅仅只存在了72天,能要求它是完整意义的无产阶级专政吗?

2.公社期间,领导公社的两大派"多数派"和"少数派"都不是真正的无产阶级专政政党。马克思主义在他们中间还不起决定作用,而巴黎工人运动却本能地冲破了他们的陈腐偏见,使一些朦胧的、不成熟的,甚至错误的东西逐步变成了正确的、现实的东西。所以列宁说:"不管蒲鲁东还是布郎基的荒谬理论怎样,群众会把运动提得更高的。"只要我们翻一翻公社的会议记录,复习一下它的历史,就不难看出,仅仅存在72天的公社,在这样短短的时间里,能够举行起义夺取了政权,打碎了旧的资产阶级国家机器,成立了公社,建立了新型的国家,而且一边与敌人浴血奋战,一边又颁布一系列有利于劳动人民的法令,这是多么不容易!所以马克思曾无限热情地歌颂巴黎人民是具有何等的灵活性、历史主动性和自我牺牲精神!无产阶级革命导师对群众运动往往采用正面的、积极的歌颂态度的。所以恩格斯说:"《内战》一书中,把公社的不自觉的倾向当作多少有些自觉的计划而归功于它,这在当时情况说明是正确的,甚至是必要的。"在这个意义上梅林说"宣言把只是作为可能潜藏在公社本质中的东西描绘成了实际上已经存在的东西"也是可以理解的。

3.要与马克思、恩格斯所处的时代(处于资本主义上升时期)联系起来,与他们的无产阶级革命"同时胜利论"联系起来,与他们的"国家消亡论"联系起来考虑才能从整体上理解他们在当时的一些提法。正如马克思提出废除常备军代之以武装人民的理论一样,他认为公社在夺取政权之后所建立的无产阶级政权,这种国家已不是原来意义上的国家了,民主愈完全,它成为多余的东西就愈接近。所以,恩格斯还曾建议把国家一词全部改成"公团",因为"这是一个很好的德文词汇,相当于法文中的公社"。在这里我还想到用列宁的话来说明这个问题,列宁说:"但是从19世纪末开始的革命年代,产生一种最高类型的民主国家,根据恩格斯的说法,这种国家从某些方面来看已经不成为国家。""已经不是原来意义上的国家了",它就是巴黎公社型的国家,它以人民自己的直接武装代替了脱离人民的军队和警察,巴黎公社的实质就在这里。列宁还说:"我们建立了西欧任何地方都不曾有过的民主类型,它的雏形仅仅在巴黎有过。"恩格斯谈到巴黎公社时说过:"公社已不是原来意义上的国家了,总之,只要劳动群众亲自担负起管理国家和建立维持本国国家制度的武装力量的事业,那么,特殊的管理机构,实行某种国家强力的特殊机构就会消失。”恩格斯和列宁的这些论述对于我们理解公社的政权性质很有帮助。我们决不能用列宁后来对“专政”的论述或用后现代关于资产阶级专政的眼光来看待马克思、恩格斯,甚至是列宁前期对公社时期无产阶级专政的论述,否则是很难理解的。

二、关于巴黎公社原则究竟是什么的问题

马克思 1871 年 5 月 23 日在国际总委员会的发言中指出:“公社的原则是永存的,是消灭不了的。”那么,巴黎公社的原则是什么?从 1961 年开始到现在国内出版书籍和发表的文章对此表达的方式有所不同,但中心意思是一致的,那就是用革命暴力摧毁和打碎旧的国家机器这样一条原则,且举其中的一些说法。

“巴黎公社最根本的原则就是用革命暴力夺取政权,粉碎资产阶级的国家机器。”

“巴黎公社的原则是什么呢?概括起来就是,工人阶级不能简单地掌握现成的国家机器,并运用它来达到自己的目的。”无产阶级必须用革命暴力“摧毁”和“打碎”旧的国家机器,“实行无产阶级专政”。

“在《法兰西内战》中,马克思总结巴黎公社的基本经验,提出了著名的巴黎公社原则,公社的革命原则在《法兰西内战》中被概括为‘工人阶级不能简单地掌握现成的国家机器,并运用它来达到自己的目的’:具体地说,首先是无产阶级必须使用暴力‘摧毁’和‘打碎’旧的国家机器,然后‘实行无产阶级专政’。马克思,恩格斯认为这条原则是对马克思主义原理的新发展。”

“马克思在书中指出:‘工人阶级不能简单地掌握现成的国家机器,并运用它来达到自己的目的。’这就是说,无产阶级必须通过暴力革命‘摧毁’和‘打碎’资产阶级国家机器,实行无产阶级专政。这就是我们通常所说的巴黎公社原则。”

“对于巴黎公社的革命原则,马克思把它概括为‘工人阶级不能简单地掌

握现成的国家机器,并运用它来达到自己的目的’。这就是说,无产阶级必须用革命暴力‘摧毁’和‘打碎’旧的国家机器,实行无产阶级专政。马克思、恩格斯认为这条原则是对马克思主义国家学说的新发展。”

看来,这已成为定论,毋庸置疑了。但是,把巴黎公社的原则作为这样的概括是不是符合马克思的原意呢？或者说,马克思本人是否确实做了这样的概括？再者,从巴黎公社的实践和历史经验能不能得出这样的概括呢？

查马克思的原著,马克思谈到巴黎公社的原则的,只有一次,即1871年5月23日马克思在国际总委员会的发言。当时巴黎公社正遭到资产阶级反动派的血腥镇压并且将被摧毁。马克思却满怀信心地指出:“但是即使公社被搞垮了,斗争也只是延期而已。公社的原则是永存的,是消灭不了的,在工人阶级获得解放以前,这些原则一再表现出来。”在差不多同一时候,马克思在《法兰西内战》初稿里明确指出:“无论公社在巴黎的命运如何,它将遍立于全世界。”很可能,马克思这里谈的“公社的原则永存的”是从总的来说,没有特定的含义,它与公社“将遍立于全世界”表达的是同一个意思。

如果要从马克思的原意上弄清楚“公社的原则”究竟指什么,那么从引文上来看,无论是德文、英文还是法文、俄文都是多数,中文翻译也提到“这些原则将一再表现出来”。所以,不是我们惯常所认为的是“一条原则”或“根本原则”。如果要把公社原则具体化,那就不应归结为“一条原则”,而是一系列原则的总和。例如巴黎公社的国际主义原则,摧毁旧的国家机器,建立新型国家机器的原则,巴黎公社兼管行政、立法的工作机关的原则,一切国家工作人员都由民主选举的原则,国家工作人员薪金相等于一个熟练工人的原则以及政权教会分离的原则等。

当然,其中“摧毁旧的国家机器”的原则具有非常重大的意义,是巴黎公社实践经验的一个基本经验,也是无产阶级专政的一个重要条件。马克思和恩格斯把这个基本经验和条件加进《共产党宣言》作为重要修改,则是强加给马克思的。

1.正如上述,马克思所指的原则是多数,所以绝非一条原则所能替代。

2.马克思从来没有在一篇文章或一部著作中作过这样的概括、这样的归纳,像某些文章的著者所断言的那样。

3.正如马克思给库格曼信中所指出的,关于摧毁旧国家机器的科学理论是马克思总结了1848年革命和波拿巴政变之后于1851年作出的。巴黎公社的革命实践进一步证实、检验和丰富了这条结论，所以，严格地说，它绝不是巴黎公社的首创原则。

4.把第一条具体的原则，即使是非常重要的原则扩大为巴黎公社唯一和绝对的原则、普遍的原则，这显然是不对的。从理论上说，马克思本人1872年9月在荷兰阿姆斯特丹群众大会上说："工人总有一天必须夺取政权，以便建立一个新的劳动组织……但是，我们从来没有断言，为了达到这一目的，到处都应当采取同样的手段。我们知道，必须考虑到各国的制度、风俗和传统；我们也不否认，有些国家，像美国、英国——如果我对你们的制度有更好的了解，也许还可以加上荷兰——工人可能用和平手段达到自己的目的。"虽然，正如列宁和斯大林所指出的，英国和美国的情况以后发生了变化，但是马克思用不同的革命手段摧毁旧国家机器的思想却越来越显出它的理论光辉。从实践上来看，把用革命暴力摧毁资产阶级国家机器说成是巴黎公社唯一的和绝对的原则并以这条绝对的巴黎公社原则作为划分马克思列宁主义和现代修正主义的分水岭、试金石，把一些从本国实际情况出发采取其他革命斗争形式的共产党统统指斥为对巴黎公社原则的背叛，是修正主义的党，这种论调难道经住了国际共产主义运动革命实践的检验了吗？

讲稿选登

巴黎高师独特的办学风格

巴黎高等师范学校(ÉCOLE NORMALE SUPÉRIEURE)是一所世界上公认的著名高等学府,与美国的哈佛大学、麻省理工学院以及英国的剑桥、牛津等大学并驾齐驱,竞相媲美。这所学校有它自己独特的办学风格。1981 年年初到 1982 年年底,我有机会在该校访问进修,对它作了一些了解。值此我国进行教育体制改革之际,介绍一下它的办学特色,对我们不无启示。

一、巴黎高师是一所规模不大但有着悠久历史的著名大学

巴黎高师可以说是法国大革命的产物。1794 年 10 月 30 日(共和三年雾月 9 日)国民公会颁布的法令(DÉCRET DE LA CONVENTION 9 BRUMAIRE AN III)就打算建立这所学校,到 1810 年 3 月 10 日终于建成,至今已有 175 年的历史。1830 年七月王朝时,规定学校分文理两科,固定了 3 年师范学制,学生经考试及格可授予中学骨干和高等院校导师学衔(agrégation),这种学衔分语法、文科和理科 3 种。同年 11 月 19 日增添了历史学衔。1840 年 10 月 2 日,改理学学衔为数学和物理学两种。1845 年 12 月 6 日,该校正式采用高等师范学校这一名称,沿用至今。它的校舍曾历经 3 迁。到 1846 年 10 月才迁到乌尔姆街 45 号(45,RUE DÚLM)新建的校址。因此,后来的乌尔姆街就成为高师的同义语。法国人经常说:“乌尔姆真难进呀!”就是说“高师很难进”。

巴黎高师并非如一般人所想象的是一所规模很大的学校。相反,无论从学生人数、教师人数以及学校占地面积来看,它的规模都是非常小的。1982 年当我在高师时,全校 4 个年级的学生,包括外国留学生在内,总共只有 473

人。每年招生100名左右。我在的那两年,每年只招90名(其中文科40名、理科50名)。至于19世纪40年代,文科只招20~24名,理科只招18~20名。高师的教师也只有100名左右。学校占地面积约46000平方米,大约相当我们华东师范大学的十分之一。

高师的规模虽小,但它的办学质量在法国却是无与伦比的。它培养了许多出类拔萃的人才,不少都蜚声国际,在科技界、文化教育界和政界都是佼佼者。如作家佩居廷(Péguy)和萨特(Sartre),科学家巴斯德(Pasteur)和诺贝尔奖金获得者阿尔弗莱德·卡斯特勒(Alfred Kastler),政界知名人物饶勒斯(Jaurés)和蓬皮杜(Pompidou)等,都是该校毕业生。自第三共和国以来,大概没有哪届政府中没有高师的学生出任部长职位的,甚至还有共和国的总统。现在40名法兰西学士院的院士中就有9名毕业于高师。目前,在法国历史学界掌权的和最有影响的,也大多出自高师。据高师的朋友告诉我,像数学、物理、化学、生物、古典语言等专业也大体如此。

二、巴黎高师的办学特色

巴黎高师之所以能成为高质量、高水平的名牌学府,我看有几点是值得重视的。

(一)入学要经过极其严格的挑选

法国与其他资本主义国家一样,教育上推行严格的双轨制。学生在初中时就开始淘汰,只有一部分升入普通高中,到毕业时能取得毕业证书的人数已不太多。从拿破仑帝国以来,凡进一般大学,只要持有中学毕业会考合格证书就可以注册,无需再进行考试。唯独像高师那样被法国人称为真正的大学(Les Grandes Ecole),却必须再经过严格的考试。准备考高师的本来就是各个中学里的高材生。考试合格后,还不能直接进高师本科,要先在高师预科学习两年,再经过筛选,合格者才能进高师。预科毕业生往往要考两次才能被录取。如果第三次考不上,就被取消报考高师的资格。高师学生的年龄一般不超过21岁。一位法国朋友巴斯蒂夫人(巴黎高等社会科学院研究员)对我说,她就是第二次才考进巴黎高师的。她丈夫(巴黎第一大学教授,某市参议长)也是第二次才考进高师的。

高师的入学考试是单独进行的,考试科目多(约12门),难度高。外语要考两门,物理要考两次,每次6个小时,光题目就有一小本。

(二)学习和研究享有充分的自由,个人的才能可获得充分的发展

巴黎高师的入学考试是闻名的难,但一经录取,在校的学习和研究则享有充分的自由。每个学生可任意选择自己的研究方向,学校给大家提供铸造自己独特个性的可能性。学校只要求每个学生两年内取得硕士(Maitrise)学位,三至四年内取得中学骨干教师和院校教师学衔(法国人认为获得此学衔是一种光荣,就是总统填履历表时,有此学衔也非填不可)。高师的学生在毕业时无需经过毕业考试,这也是它的一个特色。因为学生取得了那个学衔就已经取得教师资格,也取得了研究人员的资格。

但高师的学生必须遵守一项研究合同,也就是一个在校期间的研究计划。这个计划是由学生和他的"监护人"即他的辅导教师一起制定的。合同中有一些具体规定,如学生在两至三年内得不到硕士学位,按规定必须自动延长学习时间,直至通过为止。但总的来说,这种规定并不死板,学生有权在最佳状况下选择比大学时从事的难得多的专业,也可以改行学其他专业。这样,通过和指导教师长时间的交谈,往往会产生一些独特的、内涵丰富的想法来。所以,学生中,数学家成了哲学家,哲学家改行搞信息论,德语专家变为日语教授,历史学家成了楔形文字专家,这样的例子并不罕见,都被认为是高师的荣耀。

从19世纪40年代起,高师的学制是4年,但可以伸缩。例如:已取得中学教师和院校教师学衔的学生要求直接到中等教育部门工作的,也可把学制缩短为3年。同样,学生也可以要求把学制延长至5年,以便开始或继续进行某项研究,通常这是在第三阶段,即攻读博士学位阶段。新入学的学生如果没有学士学位,那他要在第一年取得这个学位,次年读硕士学位,第三年则准备中学骨干教师和院校教师学衔。如果入学者已获得学士学位,那就可以从事硕士学位的工作。总之,学生在第二学年末,必须获得硕士毕业证书。可见,学制的规定和执行,视学生的具体情况而异,非常机动灵活。

高师又是一个学术交流的"沙龙"。它是文理科学生集合在一起,相互切磋、相互理解的场所。在那里,学生和教师也相互变换着自己原来的角色,在研究中彼此协作和共同琢磨。自由的空气,优越的工作条件,严格的学习要求和全校师生不懈的努力,都是高师的独特之处。

学校的作用还在于使自己的学生生活在适合于他们的信息和培养的环境中,不仅通过紧张的教育,也通过扩大研究活动来做到这一点。学校给学生提出不同的问题,介绍正在研究的课题的情况和有关的方法。学校不仅开设正规课程,还辅之以研究讨论班和各有关的讲座等。

由于高师采取了保证学术自由、教学民主、尊重独特个性、因材施教等措施,因而使学生的主动精神和独立工作能力得到充分的发挥。学生的知识面极广,基础非常扎实,适应性也强。因而,法国的政府部门和重要的科学技术部门,都愿意为他们保证职位(如矿业、电信、桥梁公路工程局等)。他们无需考试,只要进行一次简单的"相面"就可录用。这也是国家和社会对高师的一种信任。而高师也确实是当之无愧的。

(三)拥有第一流的师资队伍,第一流的实验室、图书馆和其他设施

巴黎高师的教师大部分都是国内外第一流的学者和专家。担任过高师校长的也都是全国有影响的学者、专家。例如著名的历史、哲学和唯灵论折衷主义的奠基人,第一个把黑格尔哲学介绍到法国的维克多·库赞(Victor Cousin),又如提出著名命题"历史不是艺术,而是纯粹的科学"的客观主义历史学家福斯台尔·德·库朗热(Fustel de Coulanges)等。我在的那两年,校长布斯盖(Bousguet)是古希腊拉丁语的著名专家,蓬皮杜的同班同学,据说比蓬皮杜学得好。后来接任他的是一位比较年轻的法国著名数学家叫布瓦多(Poitou)。两名副校长,一名管理科的是著名的数学家,另一名管文科的是史地著名学者。高师的教师更是文理学科中的名人,例如希腊语言学家韦伊(Weil)、拉丁语言学家里曼(Riemann)、历史学家维克多·杜吕(Victor Duruy)、数学家约瑟夫·贝特朗(Joseph Bertrand)、化学家圣-克莱·德维尔(Saint-claire Deville)等。

高师的设备是非常好的。物理实验室主任在接待我们时说,他们所进行的实验都是国内最先进的。化学实验室也非常先进。化学系除一座老的实验大楼外,还造了新的实验大楼,仪器是最新的,资料齐全,利用率很高。高师的图书馆是最值得我们赞赏的。各系除有自己的专门阅览室、图书馆外,文科还有一个图书馆,藏书60万册,查起来很方便。图书馆的环境也特别幽静、明亮、舒畅。教师和学生都可随时进书库翻书,借阅和复制都很简捷。高师的图书馆和国立图书馆一样,是法国第一流的图书馆。

高师学生还享受优裕的物质待遇。学生都能在学校住宿,每人一个房间、一套设备。学校有很好的食堂,伙食费比一般大学高一倍。学生还享受国家官员的待遇,每月领 5000 左右法郎的奖学金,但毕业后一定要服从国家分配,工作 7 年。不然,得退赔 4 年的奖学金。高师位于市区靠近其他大学的拉丁区,到其他大学听课也很方便。学生还能利用其他大学所垂涎的许多便利条件。有些选修课只有高师有,特别是他们还可以随时去请教年轻的辅导教师,随时出入实验室和讨论班。

三、一点建议

综上所述,巴黎高师办学的独特之处在于它的高质量、小规模。而在我国目前办大学中,却有一种趋向,似乎把学校办得越大越好,层次越高越好,而忽视对实际质量的提高扎扎实实地下功夫。至少,从这一点来说,巴黎高师的经验对我们是有所启发和借鉴的。因此,我认为,在目前教育体制改革中,在我们这样一个国家,不妨也可以试办一两所像巴黎高师这种高质量、小规模的学校,对于出类拔萃人才的培养,可能是有好处的。

《情况与建设》,上海高校研究所,1985 年 7 月

我所知道的巴黎高师

一、巴黎高师——世界公认的著名高等学府

从历史上看,巴黎高师是一所历史悠久的学校。如果从 1794 年 10 月 30 日(共和三年雾月 9 日)国民公会颁布的法令准备建立这所学校算起,已有 205 年的历史;如果从拿破仑帝国 1810 年 3 月 10 日学校最终建成之日算起,也已有 180 年的历史了。高师可以说是法国大革命的产物。其校址曾历经 3 迁,直至 1846 年 10 月才迁到乌尔姆 45 号新建的校址。它坐落于巴黎第五区,即著名的拉丁文化区。后来乌尔姆就成为高师的同义语。法国人说"考乌尔姆"就是指"考高师";"乌尔姆难进呀,"就是指"高师很难考得进"的意思。

从办校宗旨看,高师是一所培养文、理科尖子人才的学校。建校的宗旨明言:"培植国家学子中最聪颖、最好学的、为人师表、负责向社会各阶层传授他的高水准学术的人才。"后来高师要求所招收的每个学生都分别具有文科、理科的高超论点、哲学推理和极强思辨能力的尖子。这是高师与其他学校不同的地方。

从规模看,高师无论从学生人数、教师人数和占地面积来看,都是一所非常小的学校。1982 年当我在高师时,全校 4 个年级的学生包括外国留学生在内,总共只有 473 人。我在的那两年只招生 90 名学生(其中文科 40 名、理科 50 名)。全校教师也只有 100 名左右,仅相当于华东师范大学一个系的教师

人数。学校占地面积约46000平方米，大约相当于华东师范大学的十分之一。但是高师拥有许多出类拔萃、蜚声国际的人才，在科技界、文化教育界和政界都是佼佼者。如作家佩居延和萨特，哲学家和社会学家阿隆，科学家巴斯德和诺贝尔奖金获得者阿尔弗莱德·卡斯特勒，政界知名人物、历史学家饶勒斯和曾任总统的蓬皮杜等也是该校毕业生。法国现有的40名法兰西学士院院士中有四分之一毕业于高师。

二、巴黎高师——拥有独特的办学风格

巴黎高师能成为高质量、高水平的名牌学府，有几项值得重视的原因：

1.学生入学要经过极其严格的层层挑选，择其最优者录取。法国与其他资本主义国家一样，教育上推行严格的双轨制。学生在上初中时就开始经受淘汰，能升入普通高中的仅是毕业生中的一部分。到高中毕业时能取得毕业证书的人数已不太多。从拿破仑帝国以来，凡升入一般大学只要持有中学毕业会考合格证书即可注册，无需再行考试。唯独像高师、综合技术学校等那样的被法国人称为“真正的大学”的，才必须再经过严格的考试。报考高师者本来就是高中阶段的高材生。经考试合格后，并不能直接升入本科，而是先经过两年的预科学习后再接受一次筛选，合格者才能正式录取；而这轮筛选往往要通过两次考试，第二次若考不上即被取消资格。高师学生的入学年龄一般不超过21岁。1981年我国曾选拔了120名考入我国大学一年级的高材生到法国，在里昂学一年法语后报考“真正的大学”，结果仅两人考入综合技术学校，无一人考上高师。

2.教师因材施教，指导极其认真负责，学生的学习和研究享有充分自由，个人的才能和个性可获得充分发展。

高师固然难考，不过一经录取，在校学生就享有充分的学习和研究的自由。每个学生可任意选择自己的研究方向，学校向学生提供铸造自己独特个性的可能性。学校只要求每个学生两年内取得硕士学位，3至4年内取得中学骨干教师和院校教师学衔(agrégation)。法国人很重视这一学衔，即使总统填写履历表，有此学衔也不可遗漏。高师的学生在毕业时无需经过毕业考试

也是一个特色。不过毕业生是否得到 agrégation 学衔,在就业后的工资待遇上差距颇大。

然而,高师的学生必须在教师的严格指导下按照研究合同学习和工作。这个合同即是由学生和他的“监护人”(其辅导教师)一起制定的在校期间的研究计划。合同中有一些具体规定,如学生在 2 至 3 年内得不到硕士学位必须按规定自动延长学习时间直至通过为止。但总的来说这种规定并不死板,学生有权在最佳状况下选择比大学时所学的难得多的专业,也可以改行学其他专业。这样,通过和指导教师长时间的交流,常常会产生一些独特的、内涵丰富的想法。故而学生中往往会有数学家成了哲学家,哲学家改行研究信息论,德语专家变成日语教授,历史学家成了楔形文字专家。这样的例子并不罕见,都被认为是高师的荣耀。

3.学制机动灵活,可长可短。

高师的学制一般为 4 年,但可以伸缩。例如,已取得中学教师和院校教师学衔的学生要求直接到中等教育部门工作的,可以把学制缩短为 3 年。反之,学生也可以要求把学制延长至 5 年,以便开始或继续进行某项研究,这通常在攻读博士学位的阶段。总之,学制的执行可以视学生具体情况变更,十分灵活。

高师又是一座学术交流的学府。它是文、理科学生集合在一起相互切磋相互理解的场所。教师和学生相互变换角色,在研究中彼此协作,共同琢磨,教学相长。高师自由的学术空气,优越的工作条件,严格的学习要求和全校师生不懈的努力都令人瞩目。

值得提出的是高师学生享有优裕的物质待遇。学生在校住宿,每人有一间宿舍。伙食费虽昂贵,但学生可享受国家官员级待遇,领取优厚的奖学金。不过毕业后一定要按照国家的要求工作满 7 年。若有不从者要退赔 4 年的培养费。

三、巴黎高师——拥有第一流的师资队伍和设施

巴黎高师的教师大部分是国内外第一流的学者和专家。例如,希腊语言

学家韦伊、拉丁语言学家里曼、历史学家维克多·杜吕、数学家约瑟夫·贝特朗、化学家圣-克莱·德维尔等。

担任过高师校长的也都是全国有影响的学者、专家。例如,著名的历史、哲学和唯灵论折衷主义奠基人、首先把黑格尔哲学介绍到法国的维克多·库赞、提出著名命题"历史不是艺术,而是纯粹的科学"的客观主义历史学家福斯台尔·德·库朗热等。我在的那两年由古希腊、拉丁语的著名专家布斯盖担任校长,他是蓬皮杜的同班同学,据说其学业在蓬皮杜之上。嗣后接任布斯盖的是比较年轻的著名教学家布瓦多,但不幸于1989年12月患病去世。现在主持学校工作的副校长是汉学家、中国近代教育史专家巴斯蒂夫人。她与我既是同行也是好友。巴斯蒂夫人对中国非常友好,为加强高师和华东师范大学的交流作了许多努力。

高师的设备是非常好的。物理实验室主任在接待我们时说,他们所进行的实验都是国内最先进的。化学实验也如此,不仅仪器新,资料全,而且利用率高。高师的图书馆是最值得赞赏的。环境优越,光线明亮,整洁舒畅。文科设有一个综合图书馆,藏书60万册,全部开架。借阅和复制都很便捷,服务体贴周到,给读者留下深刻的印象。

《上海欧美同学会文刊》,第7期

流光易逝风范永存——忆沈炼之先生

沈炼之先生离我们而去已整整五年了，我们怀着无限崇敬的心情怀念他，回忆他。

沈先生的一生是爱国进步、坦诚耿直、光明磊落的一生；是踏踏实实做学问、孜孜不倦育英才的一生。

沈先生对法国史的研究造诣极深，贡献极大。他是我国法国史研究的拓荒者。他率先在杭州大学历史系建立了全国第一个研究法国史的基地——法国史研究室；又是法国史研究会的创始人之一；他撰写了我国第一部法国大革命史著作——《法国革命史讲话》。

1984 年是他的 80 寿辰，就在他 80 寿辰之后直到 1992 年去世，他仍勤奋耕耘，不顾体弱多病，花了五年时间译完了维拉尔著的《盖德派》一书，共 770 页，60 万字。他同时还主编了国家教委委托的《法国通史简编》一书，共 750 页，57 万字。本书颇具特色，敢于开拓，博采众论，分析缜密，深受读者的欢迎和学术界的好评。在沈老的带领下，杭州大学的法国史研究室同仁主攻了法兰西第三共和国的历史，并取得了突出的成绩。从 1978 年起先后选译和出版了《法兰西第三共和国资料选编》，共 8 期，总计达 1000 页，约 100 万字，为研究第三共和国史提供了大量的第一手资料，并打下了良好的基础。

自沈老去世后，由楼均信教授继承沈老的遗志，接过他的接力棒，主编了《法兰西第三共和国兴衰史》，全书 700 页，52 万字，这是一部很有分量的学术专著。此书的出版不仅说明了杭州大学法兰西第三共和国史的研究在沈老主持下多年辛勤耕耘所播下的种子已结出丰硕的成果，同时也说明杭州大学法国史的研究事业已后继有人。

沈老之所以在法国史研究方面取得如此大的成绩，这与他的一贯的高度认真负责、锲而不舍、一丝不苟、严谨的治学态度是分不开的,这里我还可以举个小小的例子加以说明。

1980 年,我受学会委托主持编辑《法国史通讯》,收到了沈老交来的一篇短文《关于〈法国工人党纲领〉的翻译问题》,后发表在《法国史通讯》的第三期上。就从这篇并未引起人们重视的短文里,也足见沈老学问的功底,尤其是他的一丝不苟的严谨的治学态度。

《〈法国工人党纲领〉导言》和"A. 政治方面"及"B.经济方面"内容由中央编译局翻译,原载 1963 年人民出版社出版的《马克思恩格斯全集》第十九卷。沈老说:"我们对中央编译局翻译的马列主义经典著作一贯采取尊重和信赖的态度。可是我们仔细阅读了原始文件中的中译文后,不禁大失所望。无论在《导言》部分或《纲领》的具体条文中,都发现了不少问题,因此无法采用《马恩全集》中的译文,我们深感遗憾。"

为了提出改正建议,沈老还参阅了多种法文书籍,其中尤其参阅了保尔·路易的《从大革命至今的法国社会主义史》、爱理卡姆的《从 1848 年至今的法国政治社会》等书,一共提出了 16 条具体意见,其中导言部分 5 条、政治部分 2 条、经济部分 9 条,并指明有的是错译,有的是多余的添加,有的是不懂历史和普通常识所导致的错误,有的是内容混淆,"弄得不三不四,令人无法理解"等。沈老还不厌其烦地把原文抄出并指出这条漏掉什么、添加了什么,那条错译什么、意思弄相反了什么,并提出应该如何翻译才好等具体建议,给人深有启迪和帮助。如全集中曾把 Livret 一词译成"工资计算簿",其实这是明显错误的,此词在原文中根据上下文应指的是拿破仑的"工人手册",而绝不是"工资计算簿";又如原文第十一条中的 Annulation 一词应译为"取消"或"废除",而中译本却译为"修改",这也完全是错误的,因为对一切把公共财产让与私人的契约,应用"废除",而不应用"修改"等。

沈老的这种既严肃又诚恳,从不马虎的态度,实在令人钦佩。

沈老虽然学识渊博,学贯中西,满腹经纶,但他始终强调做学问与做人应该以做人为先。"做人为先"这几乎成了他的座右铭。他不只是说说而已,而是身体力行,自己做出榜样。

看看他究竟是怎样做到"做人为先"的。根据沈老的人生历程,我把它归纳为以下几点:一、爱国进步;二、追随马列;三、无私奉献;四、最终成为一名共产主义光荣战士。

事实上,正是他,1933 年在里昂大学获人文博士学位后就怀着赤子之心毅然启程回国,以报效祖国;1941 年,他以法国大革命为题,借题发挥,名义上在撰写《法国革命史讲话》,实则是为了激励全国青年奋起抗日救国,全书的字里行间都流露作者的爱国主义热忱;1944 年在暨南大学任职和 1948 年在温州中学任教时,都冒着被解职和坐牢的风险,竭力营救受国民党反动派迫害和追捕的进步学生。关于此事,我校刘佛年校长和人民教育出版社编审苏寿桐曾多次与我谈及。新中国成立后他满腔热情地投入新中国的建设事业,努力学习马列,宣传马列。50 年代初就开始翻译许多马、恩关于法国史的论文,刊载在《史学译丛》上,很受读者的欢迎。为了法国史的基地建设,他不顾年老体衰,节衣缩食、慷慨解囊,将自己多年的积蓄 5000 元人民币捐献给研究室,供添置图书资料之用。在 70 年代末这可不是一个小的数目。正是由于他的长期努力,1981 年在他 78 岁高龄时实现了他一生的政治夙愿,参加了中国共产党,成为一名光荣的共产主义战士。古人曰:"经师易求,人师难得。"恩格斯在马克思的墓前演说时也说过,马克思"是一位学者",但他"首先是一位革命家"。沈老所一贯主张的"做人为先"与这句话是一个意思,是一脉相承的。对于一个人来说做学问固然重要,但做人应更为重要,这也是沈老之所以在学术界赢得无限崇敬的缘由。

我与沈老虽然是同乡,都是温州人,但在 1976 年之前我们从来未曾见过面。过去只知道他名望很高,只是慕名而尊敬他。直到 1978 年 4 月,因沈老乘杭州大学校庆之机,邀请我们一方面参加校庆学术讨论会,另一方面是共商筹备建立中国法国史研究会事宜而云集于杭州大学历史系。就是从这时起我才平生第一次真正见到了我仰慕已久的沈老,并且一见如故,从此以后,我们的书信联系才频繁密切起来,又几乎每年都有机会见面,都能有幸聆听他的教诲。从实际的接触中,我越来越感到他确是一位可敬可爱的长者,越是接触多也就越感到他人品之高尚。无论从做学问和做人方面,他都是我们永远学习的榜样!

沈老虽死犹生,他的精神和形象永远活在我的心中。流光易逝,而沈老的风范永存!

《沈炼之学术文选》,杭州大学出版社,1998 年 5 月

追忆李平心的读书和治学

李平心教授是我的老师。

“文革”初期，李平心教授被作为反动学术权威抛出示众，当时，我正在安徽定远搞社教。据说大字报里还点到我的名字，说我是李平心的徒子徒孙。因为，一起工作，竟把我这个小讲师与一位大教授联系在一起了。

60年代初，我在华东师范大学跟从李教授做助教，向他学习“社会主义思想史”，其目的是系里要开设一门新课“社会主义思想史”。李平心当时不过五十出头，但娴熟古汉语、甲骨金文，通晓英、法、德、俄、西等多种外语。据说1927年他在上海大学社会学系毕业时就以记忆力惊人、知识渊博而被人誉为“活辞典”。从他早年推出的著作《中国近代史》《中国现代史初稿》《全国总书目》《人民文豪鲁迅》《世界各国革命史》、译作《社会主义辞典》以及汇编成书的《平心文集》《平心史论集》等就可见一斑。

李平心对书有特别的癖好：他以读书为乐，每天很多时间就是看书写作。他的住宅四间大房间全都堆满了书，一跨进他家门槛就像进了书的海洋，但他仍到处求书购书，我曾经梳理了他藏书购书的特色：(1)中外文书的出版信息，从出版书目上选购有用的书；(2)不同版本工具书的选购，英文大百科小百科、俄文大百科小百科、世界大事年表(英文版)、世界人名地名辞典等都有，且有了旧版还要购新版，出一版购一版；(3)全面购书，大人物的书要购，小人物的佳作也绝不放过，甚至系里助教的上课讲义也购买；(4)分专题购书，1963年有一天他来电话，要我到他家去，交代凡是在新旧书店看到有关社会主义思想史方面的书，都要购回。

60年代初，上海旧书店开张，当我们赶到旧书店门前，见已排起长队等待开门，突然发现排在第一号的就是李平心，开门后，他不是一本本选，而是一档档地圈，当场贴好“李平心已购”标签，结账后该旧书店用三轮车帮他将书送到家。

李平心读书很有特点。他读书从不讲究作者是谁，从他逝世后交给华东师范大学历史系的全部家藏数万册的图书，发现他把自己绝大部分的藏书都认真读过了，并记过记号、索引。有的用 A、B、C、D；有的用专题分类，例如马蒂尼的《法国大革命史》一书，他在书的末页空白处就做了人物、经济、政体、政党、阶级、事变、史学的分类索引，其中史学类又细分为现象与本质、经济与政治、人物评价与史料、历史主义阶级分析等，以便再阅时一查即明，非常方便；凡书上记号、眉批、索引都是用红笔做的，非常醒目。李平心读书，每有心得就写笔记，而后就整理成文章，因此他能倚马万言，成果累累，且多有独到的见解。

李平心也是一位严师。1962 年杭州大学有位教师到我系进修，与我一道跟从李平心学社会主义思想史。一天我与平心先生约好，领这位老师到李老师家见面。我们一进门，他就开门见山地问：“你们今天是否带了笔记本和笔？”我们都回答说没有，他就从抽屉里找出两个本子、两支铅笔给我们，说道：“今天是第一回，不带笔记本和笔可以原谅，今后来不可不带。”接着他就要我们首先做好社会主义思想史专业所需读的中外文参考书目、索引，要读的马克思、列宁的有关著作以及空想社会主义的一些原著，如托玛斯·摩尔《乌托邦》，康帕内拉《太阳城》，摩莱里《自然法典》，梅叶《遗书》，德萨米《公有法典》，马布里、巴贝夫、圣西门、傅里叶、欧文等的文选和原著，还要求我们写出读书心得，定期交给他。

李平心很善于培养青年人。有一次，我交给他一篇小文章《自由·平等·博爱口号究竟何时提出?》，他读后很快就对我说：“在我看来，这不是一篇小文章，而是一篇写得非常好的重要文章，你应当拿去发表。”能得到他的首肯，真是一个鼓励。这篇字数不足 5000 字的文章，我是用一年时间写成的，而它的发表却已是十几年后的事了；1982 年又被译为法语在法国巴黎高师通报上转载。

李平心读书治学，很珍惜时间。一次我赴科学会堂参加史学会年会，休息时顺途拜访李平心。他似乎不高兴，说：“你为什么不事先来电话，怎么搞突然袭击?”又说：“今后来看我都要有规矩，要事先打招呼，不然，我一天的计划都会被你打乱。”此事虽小，印象犹深。

《社会科学报》，2000 年 6 月 22 日

祝贺　敬仰　感谢

——王养冲导师百年华诞

王养冲教授百岁华诞在即，这是很值得庆贺的喜事。

王养冲教授的一生是坎坷的一生，但又是学术上取得辉煌成就的一生。

王先生心存高远，意志弥坚，风范昭然，实为后辈之楷模。

新中国成立前，王先生曾在法国留学十年，获巴黎大学文科博士学位。新中国成立后，曾先后在复旦大学、华东师范大学从事高等教育事业。他为华东师范大学历史系世界史的学科建设作出了杰出的贡献，是历史系世界史学科博士点的创建者和学术带头人。多年来担任法国史研究室主任，历任全国法国史研究会副会长和名誉会长。他对法国史和法国大革命史的研究所显示的水平和所取得的成就得到了学界同仁的公认和积极评价。

在我的学术生涯中，能称得上“三生有幸”的是遇上了三位有真才实学的导师：李圣悦（平心），王养冲，索布尔。这三位导师各有所长，各有特色，对我的学术成长都有很大的帮助。而这三位中与我接触最多、时间最长、受益最深的还是王养冲教授。

从 1954 年起，王先生就给我们上世界近现代史课。50 年代后期，系领导就决定让王先生担任我的指导老师，明确规定我要跟从王先生学习西方近代思想史，日后准备为本系高年级开专门史课。从 1958 年起，我还听了王先生为研究生班和进修教师班讲授西方近代思想史的专题讲座，并作了详细笔记。此后，我们一直保持密切的师生关系，迄今约半个世纪。在与王先生的接触过程中使我感受最深、也是最值得我钦佩和尊敬的有以下几点：

一、功底深厚，知识渊博

在我心目中，王先生可以真正能称得上是一位学贯中西、博古通今的学者。他不仅外语好，而且国学基础也很扎实，外语除了精通法语外，还懂英语、德语，兼晓拉丁文等；在专业上不仅懂世界历史，而且对中国历史、中国的传统文化也深为喜好，知之甚多；不仅对中外历史融会贯通、掌握自如，而且对中外的哲学史、思想史、文化史有很深的造诣。如对中国的孔孟之道、老庄哲学、唐宋诗文、明清小品；对法国的思想家如笛卡尔、伏尔泰、孟德斯鸠、卢梭、狄德罗，空想社会主义者圣西门、傅立叶，实证主义者孔德等；对德国古典哲学家康德、费希特、谢林、黑格尔、费尔巴哈以及拉萨尔等；对英国的思想家培根、洛克、休谟、边沁、穆勒以及费边主义等，都有很好很深的研究。

二十多年来，由于工作的需要，他转而从事法国大革命史，以及拿破仑、罗伯斯比尔等人物的研究。他除了翻译大量的世界各国国别史之外，还大量翻译和校核了拿破仑的书信、文件及各家对拿破仑的看法和评价。对罗伯斯比尔也是如此，做了大量的基础性资料收集整理工作，并将其编辑成集交出版社出版，获学术界极好评价。

在此基础上，水到渠成，他还写了高水平、很有影响的学术论文，如《拿破仑研究的演进》《关于法国资产阶级大革命分期的若干问题》《法国大革命史编纂学中的罗伯斯比尔——冤诬与昭雪》等，这些论文在我国法国史的研究中是重量级的，是百读不厌的好文章。

1978 年春，王先生在杭州大学对国内研究法国史的同行和历史系学生做了题为《拿破仑研究的演进》的长达两个多小时的学术报告。不久该报告在《世界历史》上分三期连载。当时在座的中山大学端木正教授对我说：“王先生的报告很精彩，内容丰富，学术水平高，可惜时间太短，如果再延长几个小时，我愿意再听几个小时……”王先生的论文和报告发表后所引起的巨大反响，正说明了他功底的深厚和知识的渊博。

二、思维敏捷，驾驭力极强

王先生在学术研究上不仅显示出他的功底深、基础厚、知识面广，而且也显示出他的思维敏捷和驾驭力极强的特点。

在史学研究中，我认为有三个因素特别重要：史料、理论和现状。谁如果能把这三者密切地结合好，谁就能达到史学研究的制高点。王先生所写的论文就是最好的见证。

在我接触的一些老师中，有的确实很有学问，满腹经纶，但如俗语所说的，“茶壶煮汤圆”，穷于表达。究其原因是理论基础差、思维能力差、驾驭能力不强。而王先生没有这个弱点。正因为他平时重视理论的学习，重视驾驭能力的锻炼，能科学地把史料、理论和现状三者结合起来，所以做学问犹如很有经验、很有水平的导演或交响乐团的指挥那样驾轻就熟，游刃有余。对历史学家来说，这是一个很重要的本领。

三、严字当头，诲人不倦

有两件事让我永世不忘。1954 年，王先生在给我们班上世界近代史课时，要我们交书面作业。当时我们班有一百多名学生，他非常认真仔细地阅读了我们每个学生交的作业，并做了眉批。一天，他在课堂上讲评学生作业，并毫不客气地批评了一些马虎从事的学生，并选了一篇滥竽充数的贴在黑板上批评。王先生态度非常严厉，课堂气氛顿时十分紧张，被批评的学生无地自容、教训深刻。从此以后，大家对王先生的课再不敢马虎，也正因为如此，我们班的世界近代史学得最好。

另一件事是在 20 世纪 50 年代末 60 年代初，我在系里为大学生开经典著作选读课。当时我讲的是《路易·波拿巴的雾月十八日》一书。此书是马克思的史学名著，恩格斯称它是一部“无与伦比”的“天才”著作。它不仅内容深奥，而且写作技巧特别，句子难懂，典故寓言很多，不易读懂和理解。于是，我去请教王先生。王先生不仅没有难色，反而非常高兴地主动提出与我一起读，并且将书中难懂的句子逐一作了解释，甚至为作某些注解还阅读了原版。如文中的“黑格尔在某个地方说过，一切伟大的世界历史事变和人物，可以说都出现过两次。他忘记补充一点：第一次是作为悲剧出现，第二次是作为笑剧出现……”“为什么三千六百万人的民族竟会被三个衣冠楚楚的骗子弄得措手不及而毫无抵抗地做了俘虏呢”“然而波拿巴像阿革西拉乌斯回答国王亚奇斯那样回答了秩序党”“山岳党决定了它的命运。当时山岳党所处的地位就像布利丹的驴子一样，不同的地方只在于不是要在两袋干草之间决定哪一方诱惑力更大，而是要在两顿棒打之间决定哪一方打得更痛”“由于害怕革命的危险，他们曾经退回去追求埃及的肉锅”等，这些费解的句子，都一一为我解释得明明白白，帮助我在阅读时顺利地越过了一个个障碍。

此外，凡是我过去所写的论著，无论是已发表的，还是未发表的都请王先生审阅，他不仅亲自过目，而且必作详细的批示和提出修改意见，尤其是有些不确切、有疑问的地方，他都一一提出修改意见，对我大有帮助，大有启发。他的真知灼见使论著增色不少，提高了学术品位。这也使我深深地体会到王先生的为人，他对我们后辈是何等的关爱和提携，既严又爱。对自己学而不厌，对后人诲而不倦的精神，使我永远不能忘怀，我的感激之情发自于内心！

四、工作有序，生活有规

在课堂上王先生顺便给我们讲了两个故事，一直使我难以忘怀。

一次他说：法国空想社会主义者圣西门家境富裕，家里雇有佣人，他请佣人每天早上到卧房催他起床，以防睡懒觉。佣人说：“主人，快起来吧！伟大的事业在等待着您！”

另一次，他又说：德国哲学家康德工作之余有准时散步的习惯，每天下午5点左右雷打不动地外出散步，天天如此，年年如此，很有规律。科尼斯堡的康德的邻居根据康德上街散步的时间来校正钟表，非常准确。

王先生不只是说说而已，他身体力行，每天工作、生活、休息很有规律。王先生每天散步都在下午5点左右，约一小时许。也是天天如此，年年如此。

工作有序、生活有规，我想也是王先生之所以长寿与学术上取得成就的重要原因之一。

当王先生的百年华诞就要到来之际，我以无比激动、无比喜悦的心情，由衷地感谢他对我的关怀与培养。我再一次衷心地祝愿王先生长寿、长寿、再长寿，快乐、快乐、更快乐！

《下笔须论二百年——王养冲先生百岁华诞献寿文粹》，上海辞书出版社，2006年11月

悼宗绪兄

噩耗传来，悲痛万分。

宗绪的逝世，是我们法国史学界的重大损失。

我与宗绪认识在20世纪70年代后期，由于法国史的研究，法国史研究会的筹建等缘故我们走在一起了。20多年来我们一直相处融洽，彼此信任，互相尊重。他后来确实成为我的一位可敬、可爱、可亲的人。他的优秀品质永远值得我学习！

他为人正直、坦诚真挚、光明磊落；敢于讲真话、实事求是；律己严、待人宽、顾全大局；事业心特强、心存高远、志向弥坚；对学生悉心指导、热情关爱，对同辈肝胆相照、竭诚帮助。

他思维敏捷、才气横溢，善于宏观构思，不断推陈布新；呕心沥血，勤于笔耕，因而成果累累，并在他的学术作品中充满着宏论、新论，火光闪闪，给人许多启迪。

他性格豁达，开朗豪爽；诙谐、幽默、风趣、大度、祥和、大方，人人见到都喜爱。

无论从他的做人、做学问或从他的性格风范都给人留下永不磨灭的似他的体形一样高大的印象。

宗绪虽比我年轻一岁，但他却先我而去，这更使我无比伤心。宗绪您安息吧！您的精神、优秀品质永远留在我们的心里。

2003.6.10 于上海

《法国史简讯》，2003年6月

悼重远教授

重远教授的突然去世，使我感到特别悲痛。

老金小我两岁，是我多年的同事和挚友。20 世纪 50 年代末 60 年代初，我们就开始认识，却很少来往。“文革”之后，我们的来往日趋频繁。1979 年中国法国史研究会成立，我们开始走在一起；1987 年上海世界史学会成立，我们的接触机会更多；此后，还有每届我们的硕士生、博士生论文答辩，市里有什么专业上的重要评审活动，我们经常碰面，关系密切，配合默契，而且经常交流思想，切磋业务。从他的身上，我学到了很多，受益匪浅。

在我们长期的交往过程中，他给了我很深、很好的印象。

他为人正派、耿直、朴素、厚道、谦虚、随和，他淡泊名利、顾全大局，是一位专心致力于事业的、有学者风范的人。

老金的外语和专业水平都很高。他对外语就有特别的天赋和才能。他除了精通俄语外，法语、英语也都是高水平的。一次他在杭州曾对我说：“我的听力特别好，这对学外语提供了有利条件。”还说：“我工作无论如何忙，但每个星期日上午总坚持腾出一个小时听西洋轻音乐，一方面欣赏，另一方面也在训练听觉。”他的话很有意思。其实，在我看来老金的外语水平特别优秀，除了天赋之外，更重要的是他的勤奋和努力。另外，老金知识渊博、功底深厚。他除了从事世界现代史专业之外，对法国历史、法国史学史、法国大革命史也有很深的造诣。如他所写的论文《试论法国大革命中的“平均主义思想”——兼论平均主义在历史上的地位》《雅各宾专政和最高限价政策》《〈民报〉和康有为有关法国大革命的争议》等可见一斑。

老金的一生是兢兢业业、甘愿坐冷板凳做学问的一生。他学而不厌，诲人不倦，一丝不苟，几十年如一日地埋头于自己的教学和科研，因此在教学上普遍受学生的欢迎，在科研上著作等身，成就辉煌。他除了严于律己之外，对学生、对晚辈也诲人不倦、极端负责，既严又爱、宽容提携、关爱备至，因而也赢得了学生和晚辈的爱戴，充分显示出一个学者的风范。

总之，老金的一生正如他的名字一样：金光闪闪，任重而道远。

老金的逝世是我国史学界、世界现代史学界、法国史学界的一个重大损失。

老金虽然已离我们而去，但他的优秀品质、学者楷模却永远活在我们心中，他永远值得我学习和敬仰。

《金重远先生纪念文集》，上海辞书出版社，2013 年 11 月

悼令愉

令愉生于1949年，卒于2017年，享年68岁。相对于上海人80.2岁的平均年龄，尤其是相对于他的“超双百”的高寿父母来说，他应该是“英年早逝”或“壮年早逝”。真可惜。

令愉祖籍浦东南汇。父亲王养冲先生曾留法十年，获巴黎第一大学（Sorbonne）文学博士学位，归国后先在复旦，后在华东师范大学任教授，是老一辈全国著名的法国史、西方思想史研究的学术带头人之一。文脉相继，衣钵传承，令愉从小受父亲的严格栽培和默化熏陶，博览群书，知识面甚广。

恢复高考后，他是第一批考进华东师范大学历史系的大学生。毕业后，因成绩优秀成为我的硕士生和博士生。四十余年他一直从事世界近代史、法国史、法国大革命史、世界近代思想史方面的学习、研究和教学工作。

令愉的学风特别严谨踏实。几十年来，由于他孜孜不倦地努力，在法国大革命史领域，尤其是对大革命初期立宪派执政时期的工农业经济、政治、文化状况，对雅各宾派和雅各宾主义，对大革命时期重要人物孔多塞的思想理论与实践等方面有深入的研究，并作出了出色的成绩。与其父亲王养冲教授合著，曾获得上海社科类特别奖的著作《法国大革命史》就是最好的见证。正是由于他斐然的学术成果，被评为教授，并当选为法国史研究会副会长。

特别值得一提的是，他对法国史专业的坚持与执着精神。华东师范大学历史系法国史研究室鼎盛时有九位成员，先后有六位教授：王养冲、陈崇武、尤天然、洪波、李宏图、王令愉。这六位教授中，尤天然、王养冲先后去世，陈崇武、洪波相继退休，李宏图调到复旦大学历史系执教、带博士生。那时只有令愉留守阵地，继续从事法国史的教学和研究，并带研究生。他的这种“钉子户”精神，获得了同行不断的称赞。

令愉的一生除在专业上做出令人羡慕的成就外,他的为人品格也值得称颂。他耿直正派,光明磊落,不趋炎附势,不讲违心话,不做违心事,对系里的不团结现象不插手,不站边,不推波助澜火上浇油。他孝敬父母,尊敬师长,友爱同事,做好称职丈夫和模范父亲。因而也获得邻里和历史系很多教师的赞许。由此也可以在令愉身上看到做学问与做人是高度一致的。

近几年来,我与令愉的来往特别多。师范大学教授协会要编一套《文脉》,请令愉执笔师范大学法国史研究室学科建设的活动与回眸,我们经常在一起讨论交流,增删修改。历史系决定出版部分教师的学术论文集,他父亲和我的论文集由他负责编辑。在我的论文集的收集和整理上,他花了很多时间、精力。最使我感动的是,他特别关心我们俩如果年老失能以后的护理、送终及身后事怎么办。去年,他与夫人朱莉教授在松江的一家养老院试住时觉得不差,专门给我们写了调查报告,非常仔细认真,很有参考价值。他还想在青浦福寿园公墓(他父母亲长眠的地方)为我们寻找死后归宿的地方,等等。

但不多久就却传来了他身患重病的消息,接着又接到了噩耗,而且是病因未明,人仙逝。这怎么能使我们接受这突如其来的事实?当时确实是晴天霹雳,五雷轰顶,悲痛万分,情不自禁地长吼。天哪,天!你为什么如此不公,如此残忍,夺吾高足,剜吾心!

令愉,请你安息吧!你后继有人,你的事业将由你的晚辈、学生继承并发扬光大。

2018 年 8 月 18 日于亲和源老年公寓

追忆中国法国史学会原会长北大张芝联教授

今年是张芝联教授百年华诞，北大历史系和中国法国史学会为他举行隆重的追思活动。

张先生生于 1918 年，比我大 14 岁。他是位特别值得我崇敬的人。

他学贯中西，学者风范，意志弥坚，光芒四射。

我与张先生的关系可以追溯到 20 世纪五六十年代。那时我是华东师范大学历史系青年教师，从事世界近代史的教学工作。我听过他的学术报告，读过他与杨生茂、程秋原主编的《世界近代史》教材和翻译资料以及有关文章，给我留下了很好的印象。

“四人帮”垮台之后，我们由于有着共同的爱好和兴趣而产生了交往。1978 年，杭大沈炼之老教授、华东师范大学王养冲老教授、中山大学端木正老教授，还有刘宗绪、戴成均、楼均信和我等几位中年教师共同参与筹备法国史学会。1979 年，学会正式成立。张先生被推举为会长，我被选为副秘书长，学会的中心设在我校。这时我与张先生开始有了来往，但并不多。因为端木正当时是副会长兼秘书长，我与端木正先生的交往超过与张先生的交往。直到 1987 年，我担任了副会长兼秘书长之后，我与张先生直接交往就多起来了，越是后面交往越密切。他不仅把我当作得力助手，还把我当作知心朋友。我们经常讨论学术和学会的有关事宜，此外还经常交流思想，如工作上遇到一些困难，心中有些苦闷，都会互相倾诉。正如张师母郭心晖给我的信上所说：“你们成了好伙伴。”现在，我还保留着他写给我的 80 多封信，这些信件可以作证。张先生开头给我的信都是一本正经，台头称呼是崇武同志，后来就随便了，台头都是直呼名字，非常随和亲切。现在回头再读他给我的信件，其内容确实引起我对他的无限思念和爱戴。

除了信件来往之外，我与张先生见面的机会增多，互相帮忙的事也越来越多。有不少事都值得一提。比如，法国著名汉学家、巴黎高师原副校长、法兰西学院院士巴斯蒂夫人，是张先生介绍给我认识的，后来成了我的好朋友；著名法国大革命史学家索布尔虽不是他推荐成为我导师的，但他在索布尔面前为我讲了很多好话；还有伏维尔（Vovelle）、戈蒂埃（Gauthier）都是他介绍我认识的，后来这些专家对我研究法国大革命和罗伯斯比尔给予了很大的帮助。1989年，我将刚出版的拙著《罗伯斯比尔评传》寄给他指正，他很快给我回信称："内容是头等的，但纸张和出版不配合，是美中不足。"在另两封信中，他把北京书展书架上有我的书再得奖的消息告诉我，给了我很大的鼓励。在巴黎，张先生经常与我商量北大与华东师范大学如何分工引进资料，避免重复，以便节约和合理使用经费。大部头多卷本的法国大革命议会档案（parlementaire）和拿破仑书信文件全集34卷（包括两卷索引）均成功引进，前者由北大购买，后者由华东师范大学出资引进；拉布罗斯的一篇重要经济史文章，张先生在巴黎时没有找到，他回国后来信要我继续去找并复印交给他，我做到了；他曾在原光华大学一个杂志上发表一篇文章，因编辑他父亲的传记需要我在华东师范大学图书馆设法寻找并复印交给他。文章查到了，不好复印，我只得手抄寄给他，他非常高兴，一再致谢。最有意思的是，他竭力为恢复光华大学而不辞辛苦地奔走呼号，他在上海总是带我一起去奔波，如曾两次拜访华东师范大学校长刘佛年，光华老校友毛仲磐，也都由我陪同，可见，他完全把我当作自己人，当作好伙伴。

另外，在多年的接触中，我感觉张先生确系学识渊博，专业、外语水平一流，是一位具有国际影响的中国史学家。

2000年4月，商务印书馆出版的《张芝联讲演精选（1979—1999）》（*Zhang Zhilian Renewed Encounter*：*Selected Speeches and Essays*，1979—1999）可见一斑。

一次，我在巴黎高师访问进修期间一位香港学者对我说，你们的张芝联教授讲的英语连英国人都称赞他讲的是地道的英语。另一次，英国的法国大革命史学专家赫特（Hutt）来华讲学，是张先生亲自为他当翻译。赫特先生授课和学术交流时喜欢英语讲讲，法语讲讲，双语并用，而张先生也即席英语翻翻，法语翻翻，效果很好，听众和赫特本人都很钦佩赞赏。

一天，巴斯蒂夫人对我说："张芝联先生在法国所认识的史学家、学者比我还多。他对加强中法文化交流和中法友谊做出了杰出的贡献。"现在我再回头读读张先生的部分论文以及他给我的长信谈到与法国学者、资深外交活动家阿兰·佩雷斐特的关系完全证实巴斯蒂夫人上述所说的是千真万确的。

总之，由于张先生超强的学术活动能力、高超的专业和外语水平以及在事业上的出色贡献，1983 年他被选为法国大革命国际委员会理事，同年，又当选为史学史国际委员会中国通讯员，1985 年还获得法国荣誉军团骑士勋章，为中国史学界增光添彩。

再者，张先生对学会所作的贡献可以说是他一生最突出的贡献，他视学会与他自己的生命一样重要，又视学术研究和论文的质量和创新是学会的灵魂，他对学会的工作可以说做到了呕心沥血，"鞠躬尽瘁，死而后已"。因此，他无愧于被我们几位（刘宗绪、楼均信和我）从内心一致认为是我们的"终身会长"。

不说别的，单就 1987—1989 年从事筹备和召开法国大革命 200 周年的国际学术讨论会所作的贡献，就是最好的证明。

为了开好大型国际学术会议，他日以继夜，废寝忘食地在工作。从确定会议的中心议题：请哪些国内外专家与会，组稿和审查与会成员所提供的每篇论文，出版两部中英文论文集，以及筹措会议活动的经费等，可以说都由他一人操办，有些事别人要帮忙也很难插手。

为了筹措经费他伤透脑筋，花了很多时间和精力到美国、英国、法国去争取，还受了不少怨气。他在信中说道，法国外交部及法国驻中国使馆曾答应资助 10 万法郎，但后来又变卦了，说 10 万法郎只能用在参加会议的法国专家的路费及在上海活动的费用上，等等。来来回回不知打了多少交道，花了多少笔墨和口水，最后才得以解决。张先生最后说，要别人的钱真不容易。

还有两本论文集（一本英文论文集）的出版、组稿、审稿，其工作量之大可想而知，而且我们不能忘记张先生已是古稀老人，并患有严重的心脏病。有几次我上北京参加社科规划会议、社科基金评审会议，全国中学历史教材审查会议等，他都先后请我到他的住家（雅宝路、燕东园、朗润园）以及阜外住院病房去商量学会工作，有时看到他身边还放有氧气袋。有次他一人在家（朗润园）发高烧，躺在床上与我谈工作，脸色苍白，怪可怜的。写到此处，我还想引用张师母给我的信的几句话更能说明问题。她说:“芝联从不服老,但年岁是客观现实,年逾古稀的老人,如此奔波,年年出国,心脏不好,怎不担忧……”为了学会,为了工作他确实豁出去了,不惜以生命为代价。

最后,我还想追忆一下张先生的为人。

有两件事使我记忆犹新。

张先生给我的信中曾写道,一天他在北京与一位新到任的法国驻京文化专员约会,他早到了10分钟,等了20分钟仍不见文化专员出来接见。张先生恼火了,说“从未碰到过这类事”。于是他对其他使馆人员毫不客气地对这种失约、失礼提出抗议,并说他走了。他说他平时与人约会过了15分钟,不管是谁,他都要走人。过了一段时间,张先生给我的另一封信附带地提到了文化专员在另一场合当面向他道歉,请求原谅。张先生说算了,大人不记小人过。

另一件事是我们在杭州开年会,邀请法国驻上海领事馆文化专员参加会议,在吃午饭时,张先生与我们一桌人围着他谈到法国对台军售之事,请文化专员谈谈看法。文化专员脸有难色,被大家逼得没有办法的时候抛出了一句:反正台湾是中国的一部分,武器卖给台湾也是卖给中国。让人啼笑皆非,哭笑不得。

从以上两件小事可以看出,张先生为人很讲原则,很重视人格、国格,不卑不亢,表现了一个中国学者应有的风度和气派,以及高度热爱祖国的精神,这很值得我们敬仰和学习。

安息吧!张先生,你的精神永远活在我们心中,你的业绩永远值得我们纪念!

2018年9月15日于上海亲和源养老公寓

沈汉教授多卷本史学文集序言

商务印书馆决定出版沈汉教授的多卷本史学文集，我认为这不仅对他本人，而且对世界史学界也是一件好事，值得庆贺。

读了沈汉教授的著作，有几点特别值得一谈。

首先，著作等身，成果斐然。

30余年来，沈汉教授已出版的著作有14部。其中包括《资本主义史》(3卷)、《世界史的结构和形式》、《西方社会结构的演变——从中古到20世纪》、《欧洲从封建社会向资本主义社会过渡研究——形态学的考察》、《英国土地制度史》、《英国宪章运动》、《资本主义时代农业经济组织的个案和理论》、《西方国家制度和国家理论史》、《中西近代思想形成的比较研究——结构发生学的考察》等。译著有5部，如《近代国家的形成——社会学导论》、《资本主义社会的国家》、《宗教和资本主义的兴起》等。著译作共有七百数十万字。

我是搞世界史教学和研究的过来人。深知在世界史领域里能写出一部有学术价值的专著是谈何容易。有的学者一辈子能写一两本就算不错了。而沈汉教授这样两三年一本地出书确实不多，使我十分震惊。

沈汉教授的著作每本都下了很大的功夫。例如为写《英国土地制度史》一书，他曾多次到英国访问研究，尤其在雷丁大学乡村史中心做了半年研究，是在搜集和参考了18世纪英国各郡农业调查报告，英国农业、渔业部出版的《1865至1966年大不列颠一个世纪的农业统计》等原始资料和数百种研究专著和论文的基础上写成。又如写《资本主义史》及《资本主义时代农业经济组织的个案和理论》，都引用了近千种外文资料。他的著作资料翔实、内容丰富、质量上乘，给人面貌一新的感觉。

第二，善于吸收，锐意创新。

与某些见洋不食、故步自封、孤陋寡闻的史学家不一样，沈汉教授善于引进并吸收外国史学研究的最新成果和方法，融会贯通，成为自己学术研究的新鲜血液。如他对英国史学家汤普逊，法国史学家和经济史学家布罗代尔、勒高大、拉布鲁斯，美国史学家伊格尔斯等情有独钟。对国外诸多学派，如形态学、结构学、计量学、社会学等的研究成果和方法，加以有舍取的吸收，使其为我所用。他在吸收外来各学派及其代表人物的研究成果和方法时，绝不囫囵吞枣、全盘照搬，而是经过自己消化，去伪存真，扬弃其糟粕，吸收其精华。他对某些权威学者的学术观点并非亦步亦趋，而是大胆挑战和质疑。如对诺贝尔经济学奖得主诺斯和托马斯关于17世纪英国已经确立了土地绝对产权制度的论点，勒高夫关于中世纪知识分子的分类方法，马克斯·韦伯对资本主义的定性，甚至马克思主义者关于资本主义起源于农业的论点等都提出了质疑。这是一种很值得赞赏的研究精神和态度。正因为如此，他所写的著作给人以与时俱进、不断创新的印象。

第三，把理论、史料、现状三者融为一体。

在我看来，史学研究中只有把理论、史料、现状三者密切结合，才能写出较好的著作，攀登史学研究的制高点。史学研究如果没有史料，就等于是无米之炊；但如果没有理论，也等于一个人只有躯体而没有灵魂；如果没有现实感，史学研究也会失去价值和活力。从沈汉教授的著作来看，他能把三者巧妙地结合起来，犹如一位有经验的交响乐团的指挥，驾驭自如，游刃有余。例如在《西方国家制度和国家理论史》一书中，他在史料研究的基础上，能对马克思主义政治学必须包含的理论范畴做出阐述，这为未来我国政治体制的改革有理论启示，从而把史学研究推向一个有活力的更高阶段。

宁静致远，淡泊明志。从沈汉教授著述的内容和学术历程来看，他所走的是一条甘愿坐冷板凳、孜孜埋头做学问的学术道路。沈汉教授之所以能写出如此多有分量的作品，固然有他的天赋成分，但更重要的是他的勤奋所致。商务印书馆决定给沈汉教授出版文集，这不仅是他本人的史学成果的充分肯定，也是对我们世界史学界同仁一个莫大的鼓舞和鞭策！

2018年2月25日

商务印书馆